HEYNE

NATASHA KORSAKOVA

TÖDLICHE SONATE

*Ein Fall für
Commissario Di Bernardo*

Kriminalroman

WILHELM HEYNE VERLAG
MÜNCHEN

Sollte diese Publikation Links auf Webseiten Dritter enthalten, so übernehmen wir für deren Inhalte keine Haftung, da wir uns diese nicht zu eigen machen, sondern lediglich auf deren Stand zum Zeitpunkt der Erstveröffentlichung verweisen.

Alle Ähnlichkeiten mit lebenden Personen sind rein zufällig und nicht beabsichtigt.

Verlagsgruppe Random House FSC®-N001967

Originalausgabe 11/2018
Copyright © 2018 by Natasha Korsakova
Copyright © 2018 by Wilhelm Heyne Verlag, München,
in der Verlagsgruppe Random House GmbH,
Neumarkter Straße 28, 81673 München
Redaktion: Steffi Korda
Printed in Germany
Umschlaggestaltung © Favoritbüro
Satz: GGP Media GmbH, Pößneck
Druck und Bindung: GGP Media GmbH, Pößneck
ISBN: 987-3-453-42267-4

www.heyne.de

Für meine Eltern Yolanta und Antonio,
und für Manrico

»Wahrhaftig, Herr Tarisio, dann ist Ihre Violine wie der Messias: Alle warten auf ihn, aber er erscheint nie.«

JEAN-DELPHIN ALARD

Prolog

Cremona, 12. August 1716

Antonio Stradivari öffnete die Augen und blinzelte. Die Strahlen der Mittagssonne drangen durch die Spalte der zugezogenen Gardinen und bildeten ein strenges geometrisches Muster auf dem dunklen Holzfußboden – ein heilsamer Gegensatz zum Rest der Werkstatt, dachte er und seufzte.

Überall lag Holz herum: in großen und kleinen Stücken, in naturbelassener bis wunderlicher Form, frisch geschnitten oder getrocknet. Unter der niedrigen Decke hingen Violinen an Leinen, mit kräftigen Schnecken aus Ahorn, wie der Boden und die Zargen.

Doch sie kümmerten Antonio nicht. Nicht an diesem Tag.

Tief atmete er den Geruch nach Holz, Leim und frischem Lack ein. Sein Blick wanderte zu der Werkbank mit den unzähligen Messerspuren. Zwischen den Hobelspänen lag eine Violine mit sinnlichen Formen und frischem goldenem Lack. Am frühen Morgen erst hatte er sie vollendet. Ihm war, als hätte sie sein Innerstes in sich aufgesogen, er fühlte sich seltsam leer und beglückt zugleich.

Welchen Weg das Instrument wohl gehen würde? In wessen Hände es geraten würde, wessen Hände wieder verlassen? Ob es noch gespielt werden würde, wenn er selbst nicht mehr unter den Lebenden weilte?

Antonio griff sich in den Nacken und kämpfte gegen einen leichten Schwindel an. Seine Söhne kamen ihm in den Sinn.

Keiner der Jungen begriff, was es mit dem Geigenbau wirklich auf sich hatte. Eine Meistervioline zu erschaffen war kein bloßes Handwerk; es war eine Kunst, die einem zuweilen alles abverlangte. Da war das Wesen des Holzes. Ahorn und Fichte, doch nicht jeder Baum war ein Geigenbaum. Dann die Wahl der Öle und Harze. Die alles verändernden Pigmente, so winzig, so gering in der Menge, dass er sie selbst lange Zeit unterschätzt hatte. Und schließlich das Unwägbare, das keiner beeinflussen konnte, auch nicht er selbst. Kleinste Asymmetrien, geboren aus einer Eingebung heraus.

Sachte fuhr er mit dem Finger über den glänzenden Lack bis hin zum linken F-Loch. Nur wer sehr genau hinsah, würde bemerken, dass es ganz leicht nach oben gezogen war. Er hätte selbst nicht sagen können, wie es dazu gekommen war. Eine Maserung im Holz, das zu ihm gesprochen hatte. Eine Laune des Augenblicks.

Von der Gasse her waren Schritte zu hören. Im nächsten Augenblick trat Omobono ein, sein jüngerer Sohn. Behutsam schloss er die Tür wieder hinter sich. Er war später als sonst erschienen, wohl, um seinem Vater ein wenig Ruhe zu gönnen.

Antonio warf einen flüchtigen Blick auf die Werkbank seines Sohnes. Ein eintöniger Tag lag vor ihm: Stege waren zu schnitzen, und auch ein Geigenkasten war in Auftrag gegeben worden – allesamt niedere Arbeiten. Dabei war der Klang seiner Violinen geschmeidig und kraftvoll. Aber ihre Gestaltung verriet die Eile und Ungeduld ihres Schöpfers. Kein Wunder, weilte er doch mit seinen ungestümen Gedanken ständig an anderen Orten. Und nicht nur mit seinen Gedanken.

»Vater!«, grüßte Omobono ihn und schlenderte auf ihn zu. Der Boden war von lockenförmigen Holzschnipseln bedeckt, die unter den Schuhen wie trockene Blätter raschelten und knirschten. Omobono zerstreute sie wie früher als Kind mit den Füßen und verteilte sie dabei im Raum.

Antonio lag eine unwirsche Bemerkung auf der Zunge, doch da hielt sein Sohn ihm eine Rose entgegen. Seine dunklen Augen blitzten. »Für Euch, nehme ich an. Sie lag auf der Türschwelle.«

Verwirrt blickte Antonio auf die Rose. »Was sagst du da? Wo hast du die her?«

»Jedenfalls nicht aus unserem Garten. Hat wohl eine Verehrerin von Euch hinterlassen«, sagte Omobono schmunzelnd.

Antonio griff nach der Rose und drehte sie zwischen seinen knochigen Fingern hin und her. Überraschung und Zweifel wanderten in schneller Folge über sein müdes Gesicht.

Aus dem Augenwinkel bemerkte er, wie Omobono ihn mit einem sorgenvollen Blick bedachte. Unwillkürlich schnaubte er. Wie so oft hatte sein Sohn keine Ahnung! Es ermattete ihn, sich und seine Stimmungen ständig erklären zu müssen. Längst hatte er begonnen, sein Inneres abzuschotten und niemandem Zugang zu gewähren, auch seiner Familie nicht.

Doch vielleicht irrte er ja. Vielleicht steckte mehr in Omobono, schließlich hatte sein Sohn ihn schon des Öfteren überrascht. Anders als Francesco, sein überaus gewissenhafter Ältester, erinnerte Omobono Antonio an sich selbst – an früher, als er noch jung gewesen war.

Als Omobono sich nun achselzuckend umdrehte und sich an seine Werkbank begeben wollte, hielt Antonio ihn zurück. »Warte ...« Mühsam richtete er den steif gewordenen Körper auf. »Dein Fund hat eine Bedeutung«, sagte er mit heiserer Stimme, während sein Blick fast zärtlich von der Rose zur Geige wanderte. »Nicht jedes Instrument entfaltet seine Schönheit. Viele erinnern an Rosenknospen, die sich niemals öffnen, sodass wir ihre wahre Herrlichkeit nicht bewundern können. Der

Klang bleibt in ihrem Inneren fest verschlossen.« Er sah auf und lächelte seinen Sohn an. »Dagegen die anderen – sie blühen auf wie die bezauberndsten Rosen. Solche Violinen sind wahre Kunstwerke. Sie haben keine Rivalen. Ihr Klang verzaubert die Menschen, umhüllt sie und ruft das Schöne, das Gute in ihnen hervor.« Er räusperte sich. »Verstehst du, was ich meine?«

Ohne eine Antwort abzuwarten, tat Antonio etwas, das ihn selbst überraschte: Er steckte die Rose in eins der F-Löcher der vor ihm liegenden Geige und ließ sie dort wie in einer Blumenvase stehen.

»Vater ...«, murmelte Omobono und runzelte die Stirn, doch Antonio schnitt ihm mit einer Geste das Wort ab.

Einen Herzschlag lang verweilten sie beide, als könne jede Bewegung die Violine dabei stören, zu erblühen.

»Sieh schnell draußen nach, ob auch keiner lauscht«, flüsterte Antonio Stradivari nach einer Weile. »Es ist wohl an der Zeit, dich in ein Geheimnis einzuweihen. In ein Geheimnis und einen Plan.«

1

Rom, 24. Januar 2017

Der Regen hat aufgehört, und feuchte Kälte dringt durch die Jacke bis auf meine Haut. Ich stehe gut verborgen im Schutz der Pinien und ziehe mir fröstelnd die Kapuze über den Kopf. Es ist fünf vor halb neun am Abend, und die Dunkelheit ist verlässlich. Nach dem Gewitter, das vor nicht einmal einer Stunde über die Stadt hinweggefegt ist, jagen nun finstere Wolken über den Himmel.

Die glänzend nasse Straße liegt ruhig und verlassen da. Selbst in den frisch renovierten Apartmenthäusern auf der gegenüberliegenden Straßenseite rührt sich nichts.

Das dreistöckige graue Patrizierhaus steht etwas versetzt. Aus den beiden Fenstern der oberen Etage dringt gedämpftes Licht. Eine Taube duckt sich auf dem Sims, drückt sich an die schützende Fensterwand, als ahne sie, dass etwas Schreckliches geschehen wird.

Ein Wagen hält an. Drei Frauen steigen aus und überqueren lachend und schwatzend die Straße.

Unwillkürlich halte ich den Atem an, doch niemand schenkt mir in meinem Versteck Beachtung. Hastige Schritte klackern staccatohaft über das Kopfsteinpflaster, bis die Frauen im Eingang des übernächsten Hauses verschwinden.

Mein Zeitfenster ist extrem klein. Alles in mir drängt danach, endlich tätig zu werden. Aber ich darf nichts dem Zufall überlassen. Mein Blick wandert suchend die Straße entlang.

Das Warten auf die perfekte Stunde, Minute, Sekunde. Heute liegt die Zeit in meiner Gewalt.
    Drei Autos fahren nahezu gleichgültig an mir vorbei. Ein letzter Blick auf die Uhr. Jetzt! Ich wage mich aus dem Dunkel und überquere die Straße.
    Unmittelbar vor dem Hauseingang bricht die Angst über mich herein. Mein Puls beschleunigt sich, ich spüre, wie Schweiß aus meinen Poren dringt.
    Verdammt! Das darf nicht sein.
    Nicht jetzt!
    Ich balle die Hände zu Fäusten, bis es wehtut. Werde ich etwa kneifen? All die Zeit, die ich aufgewendet habe! Die Suche nach Überwachungskameras. Das eintönige Beobachten. Die Kälte und, schlimmer noch, die Nässe. Nervenzehrende Abende wie dieser, allein im einsamen Schutz der Dunkelheit. Die immer gleichen Abläufe, die ich einstudiert habe, präzise wie nach dem Takt eines Metronoms. Soll das alles umsonst gewesen sein?
    Nein. Mir bleibt keine Zeit mehr. Heute. Jetzt. Und ich weiß: Es wird ein einzigartiger, unvergesslicher Abend werden! Der Glaube an meinen Erfolg muss größer sein als das Lampenfieber.
    Mein Herz rast, jeder Muskel in meinem Körper ist angespannt. Ich löse die rechte Faust und schiebe die Hand in die Jackentasche. Meine Finger berühren die scharfe Klinge. Ich taste nach dem Griff und umklammere ihn, als wäre er mein einziger Halt. Ich zähle bis fünf, dann lasse ich los.
    Allmählich schwindet meine Nervosität. Ich fokussiere mich, sauge die feuchtkalte Luft tief in die Lungen. Dann betrete ich den Flur. Ein schneller Blick sagt mir, ich bin allein. Ich hole die Pantoffeln aus dem Rucksack und ziehe sie über meine Schuhe.
    Mein Blick wandert zum Lift. Kurz durchfährt mich ein Schrecken wie ein Echo aus meiner Kindheit. Ein anderer Aufzug, der in die Tiefe stürzte, ich selbst im freien Fall …

Ich atme gegen die aufkommende Panik an, lasse den Aufzug links liegen und nehme die steinerne Treppe. Fast gleite ich auf den marmornen Stufen aus. Ich zwinge mich, langsamer zu gehen, auch wenn alles mich nach oben treibt, meinem Ziel entgegen.

Der dritte Stock. Die Tür steht halb offen. Still lege ich den Rucksack auf den Boden, dann streife ich die Jacke ab und lege sie daneben.

Geräuschlos nähere ich mich der Tür.

Sie sitzt mit dem Rücken zu mir, tippt etwas in den Computer. Ein Glas steht neben ihr, daumenbreit mit Whisky gefüllt.

Ich halte inne, betrachte die gerade Haltung ihres Rückens. Ich denke an die Angst und die Demütigungen. An ihre Macht, andere zu zerstören. Eiskalt, ohne den Hauch eines Gefühls.

Heute Abend tauschen wir die Rollen. Heute bin ich es, der die Macht in den Händen hält.

Eine atemberaubende Vorstellung!

Wenn ich diesen Moment doch noch länger auskosten könnte.

2

Commissario Dionisio Di Bernardo nutzte die abendliche Regenpause und quälte sich den Joggingpfad im Gianicolo hinauf.

Sein Atem ging stoßweise, und die Seite tat ihm weh. Die leicht feuchte Trainingsjacke klebte unangenehm an seinem Unterhemd. Notgedrungen verlangsamte er das Tempo. Noch nicht einmal fünf Kilometer hatte er geschafft.

In der alles umhüllenden Dunkelheit des Winterabends wirkten sogar die prächtigen Gebäude des Vatikans verwaschen und müde. Auch der weite Blick über den Tiber, über dem ein blassgräulicher Nebel hing, konnte den Commissario heute nicht zum Joggen motivieren. Im Gegenteil, die Trägheit des Flusses schien sich auf ihn zu übertragen. Er überlegte gerade, ob er nicht lieber den Weg hügelabwärts nehmen sollte, als sein Handy klingelte. Es war die Questura.

»Scusi, Commissario, aber wie es aussieht, haben wir einen Mordfall. Eine Musikagentin ist in ihrem Büro in der Via Giovanni Antonelli tot aufgefunden worden«, berichtete Ispettore Roberto Del Pino. »Ich fahre mit Magnanti und Ricci nach Parioli. Die Spurensicherung ist auch schon im Anflug.«

»Ich beeile mich.« Di Bernardo drückte das Gespräch weg und sah auf die Uhr. Es war zehn vor neun. Der allwöchentliche Busfahrerstreik war gegen neunzehn Uhr zu Ende gegangen; er schätzte, mit dem Auto in ungefähr fünfundzwanzig Minuten am Tatort sein zu können.

Leicht resigniert verließ er den Joggingpfad und eilte nach

Hause. So viel zu den guten Vorsätzen, wieder regelmäßig zu joggen. Die drei Kilo, die sich hinterhältigerweise an seinem Bauch angesammelt hatten und seiner Silhouette etwas Behäbiges gaben, versuchte er schon seit Wochen wieder loszuwerden. Mit der Betonung auf *versuchte*, wie sein siebzehnjähriger Sohn ihm ständig unter die Nase rieb.

Di Bernardo seufzte. Abgesehen davon, dass er nicht zum Laufen kam, war nun auch der geplante Abend mit Alberto in die Ferne gerückt, und das ausgerechnet an dem Tag, da der Junge bei ihm übernachtete. Dabei hatte er ihm versprochen, den neuesten Film mit Checco Zalone anzusehen.

Fünfzehn Minuten später hatte Di Bernardo sein verschwitztes Sportoutfit gegen einen braunen Anzug mit honiggelber Krawatte getauscht. Das Haar hatte er tags zuvor akkurat schneiden lassen; wie der Kinnbart war es am Ansatz ergraut. Einigermaßen zufrieden mit seiner Erscheinung, machte er sich auf den Weg nach Parioli. Als er am Tiber entlangfuhr, schälte sich Castel Sant'Angelo zu seiner Linken aus dem Dunst wie eine Trutzburg. Er erinnerte sich, wie er die Engelsburg mit seinem Vater besichtigt hatte. Er war kaum älter als zehn oder elf gewesen. Sein Vater hatte ihn auf den geheimen Gang aufmerksam gemacht, der als gewöhnliche Mauer getarnt war und zwischen der Residenz des Papstes und der Burg verlief: den Passetto di Borgo. Er hatte den Päpsten die Möglichkeit gegeben, zu fliehen, wenn Eindringlinge sie im Vatikan bedrohten oder der römische Pöbel vorhatte, sie in den Fluss zu werfen. Di Bernardo schmunzelte unwillkürlich. Die Römer waren so manches Mal nicht gerade zimperlich mit den Oberhäuptern der Kirche umgegangen.

Ein schlammfarbener Fiat vor ihm wechselte so plötzlich auf seine Spur, dass der Commissario gezwungen war, auszuscheren. Es war immer ein Risiko, wenn man im Straßenverkehr Roms ins Tagträumen geriet. Aber die Stadt machte es ihm schwer, sich auf die schlangengleichen Straßen und Gassen zu konzentrieren. Von überallher sprang ihn die Geschichte des römischen Imperiums geradezu an. Als kleiner Junge aus dem Süden hatte er sich ausgemalt, zwischen den Ruinen nach geheimen Schätzen zu graben. Was hätte er dafür gegeben, einen Aureus zu finden, am besten gleich eine ganze Kiste voll. Oder zur Not auch Denare und Sesterzen.

Inzwischen war es die zerfressene und dennoch unzerstörbare Schönheit der Bauten, die ihn faszinierte und die er in keiner anderen Stadt derart geballt gesehen hatte. Monumente von Krieg und Frieden, so wie hier, am Tiber, die Ara Pacis mit ihren Marmorreliefs, die über Jahrhunderte ebenso in Vergessenheit geraten war wie der zweihundertjährige Römische Frieden, zu dessen Anlass sie errichtet worden war. Letztlich schien jeder Frieden in einen Krieg zu münden, so wie das Leben in den Tod.

Womit ich in meinem Metier gelandet bin, dachte Di Bernardo und verzog das Gesicht. Nur, dass in seinem neuen Fall vermutlich keine Barbaren eingefallen waren und den Tod gebracht hatten. Aber wer wusste schon so genau, was Menschen zu Mördern machte.

Mit einem Mal hatte er es eilig, an den Tatort zu kommen. Am Ministerium der Marine bog er rechts auf die Piazzale delle Belle Arti ab und hatte Minuten später Parioli erreicht – das schickste Viertel Roms, in welches sich die durchschnittlichen Bürger nur selten verirrten. Denn die Pariolini blieben nun mal lieber unter sich.

Als der Commissario um halb zehn in der Via Antonelli im Herzen des Quartier Parioli aus dem Wagen stieg, zog er den Bauch ein und reckte die Schultern. Obwohl er nur eins fünfundsiebzig maß, wirkte er durch seine aufrechte Körperhaltung um einiges größer. Zumindest redete er sich das gern ein.

Während er den Wagen abschloss, ließ der Commissario den

Blick über die weitläufige Straße schweifen. Außer den Polizeiwagen entdeckte er etliche Passanten unweit des Tatorts. Ein weiteres Auto hielt an: zwei Schaulustige mehr, die wegen der Absperrung neugierig geworden waren. Di Bernardo ließ den Blick wachsam über die Menge und weiter zu dem Patrizierhaus mit dem Schild *Giordano Artists Management* gleiten. Über der Eingangstür bemerkte er ein geschwungenes farbiges Ornament, das auf den ersten Blick wie eine Fabelgestalt wirkte und sich bei näherem Hinsehen als Medusenhaupt entpuppte. Für einen Moment verharrte er, um alle Einzelheiten in sich aufzunehmen. Dann bückte er sich unter dem Absperrband hindurch und trat ins Innere des Jugendstilgebäudes.

Im Flur roch es nach schon lange in den Wänden nistender Feuchtigkeit. Eine breite Treppe mit reich verziertem Handlauf wand sich neben einem kleinen und nicht besonders vertrauenerweckend wirkenden Aufzug die Stockwerke empor. Der Commissario nahm die Treppe zum dritten Stock, wo Del Pino vor der Wohnungstür auf ihn wartete und ihm wortlos Schuhüberzieher und Einmalhandschuhe reichte.

Vor der Türschwelle lagen zwei in fettige Servietten gewickelte belegte Brote auf dem Boden. Daneben lag ein Plastikbecher, aus dem Kaffee hinausgeflossen war. Er machte einen Schritt zur Seite und betrat die Räumlichkeiten der Agentur.

Das Erste, was Di Bernardo wahrnahm, war der Blutgeruch. Trotz der sechsundzwanzig Jahre, die er nun im Dienst war, hatte er sich daran nie gewöhnen können. Unwillkürlich zog er die Nasenflügel zusammen, atmete flacher. Als er den Blick senkte, stockte ihm der Atem.

Die Tote lag in unnatürlich verrenkter Pose auf dem Boden, an ihrem Hals klaffte eine lange Schnittwunde. Eine Menge Blut war aus der Wunde ausgetreten und bildete eine Lache, die ihren Körper umrahmte.

Sie sah aus, als wäre sie regelrecht abgestochen worden.

Di Bernardo zwang sich, einen Schritt näher zu treten. Das Gesicht der Toten, die er auf Anfang bis Mitte siebzig schätzte, war vor Schreck verzerrt, die braunen Haare vom Blut verklebt. Ihre aufgerissenen Augen waren zur Decke gerichtet. Für einen Moment verschränkte sich sein Blick mit ihrem, hielt ihn fest, als könne er ihn zwingen, ihm preiszugeben, wen das Opfer als Letztes gesehen hatte. Dann atmete er geräuschvoll aus und löste den Bann.

Di Bernardo hätte nicht mehr sagen können, wie viele Mordopfer er in den vergangenen Jahrzehnten gesehen hatte; in Kalabrien hatte er aufgehört zu zählen. Seine Kollegen behaupteten, dass sie mit der Erfahrung abstumpften. Darauf wartete er noch immer. Jeder einzelne Tote hatte sich in sein Gedächtnis eingebrannt, und er wusste, dass auch dieses Gemälde des Grauens, das er hier vor sich sah, nicht so bald verblassen würde.

Ganz automatisch versuchte er, sich auszumalen, welches Szenario sich hier abgespielt haben mochte. Kaltblütige Rache. Überhitzte Wut. Eifersucht, Habgier.

Er spürte, dass sein Jagdinstinkt geweckt war. Obwohl der Mörder noch nicht greifbar war, wusste Di Bernardo, dass er seine Gedanken beherrschen würde, bis er ihn gefasst hatte. Er würde ihn ins Visier nehmen und so lange jagen, bis er ihn zur Strecke gebracht hatte.

Dottor Fabio Ricci, der Gerichtsmediziner, kniete neben der Leiche. Er war ein sportlicher Mann Anfang vierzig mit Hornbrille und rötlichem Haar, das auf seine venezianische Abstammung hindeutete. Der Commissario mochte seine Art, die im Vergleich zu der vieler anderer Pathologen ungewöhnlich sensibel und zurückhaltend war.

»Ein tiefer, präziser Schnitt. Um zu wissen, wie sie starb, brauchen Sie keine Obduktion.«

»Ein einziger Schnitt. Spricht nicht gerade für eine Tat im Affekt«, überlegte Di Bernardo.

»Wenn Sie mich fragen, Commissario, es ist weitaus brutaler, einen einzigen akkuraten, kraftvollen Schnitt zu ziehen als wild draufloszustechen«, sagte Ricci und blickte zu ihm auf.

Di Bernardo nickte. »Das sehe ich auch so. Die Tatwaffe?«

»Bisher unauffindbar.«

»Der Todeszeitpunkt?«

»Vor etwa fünfzig Minuten. Der Kehlschnitt hat die Arterien und die Luftröhre durchtrennt. Nach dem Öffnen der Arterien ist der Blutverlust enorm. Der Tod erfolgt binnen Sekunden.«

Di Bernardo betrachtete die Szenerie. Neben der Toten lag ein umgekippter Bürostuhl. Der Computer stand seltsamerweise so, dass Cornelia Giordano mit dem Rücken zur Tür am Schreibtisch gesessen haben musste. Die Wand gegenüber wurde von ihrem überlebensgroßen Porträt beherrscht; es zeigte eine attraktive Frau, offenbar auf dem Zenit ihrer Macht. Der Commissario runzelte die Stirn. Unwillkürlich kam ihm ein Gemälde der englischen Königin Victoria aus dem neunzehnten Jahrhundert in den Sinn. Die majestätische Körperhaltung, der stolze Blick. Auch den herrschsüchtigen Ausdruck in den Augen und um den Mund hatte der Maler nicht vertuschen können.

Dottor Ricci folgte Di Bernardos Blick und zuckte mit den Schultern. »Künstler.« Dann wandte er sich wieder dem Opfer zu. Sein Gesicht nahm einen konzentrierten Ausdruck an, während er die Hände der Toten inspizierte und nach Fasern und DNA unter den Fingernägeln suchte. Minuten später drückte er Cornelia Giordano die Augen zu und richtete sich auf. »Sie wissen, dass ich morgen für ein paar Tage nach Neapel fahren wollte«, sagte er zögernd. »Ich werde aber bleiben, bis ich die Ergebnisse der Obduktion habe. Weil Sie es sind, Commissario.«

»Danke, Fabio. Auf Sie ist Verlass, das weiß ich zu schätzen.«
Mit einem Nicken wandte Di Bernardo sich um und blickte sich erneut im Raum um. An einer Wand waren rote Streifen von Blut zu sehen, als hätte jemand Farbe dagegen gespritzt. Hunderte CDs standen in Regalen, die linke Wand hing voller gerahmter Porträts.

Die Musik kam aus einer Stereoanlage in einem der Regale. Klassische Musik, irgendetwas Barockes. Die Kollegen von der Spurensicherung geisterten in weißen Schutzanzügen herum und durchforsteten den Raum Zentimeter für Zentimeter, während der Fotograf aus verschiedensten Winkeln Bilder schoss.

Di Bernardo zog die Latexhandschuhe an und griff nach der CD-Hülle, die auf der Stereoanlage lag.

»Johann Sebastian Bach«, sagte Roberto Del Pino. »Die CD wurde auf Wiederholung programmiert.«

Di Bernardo drehte die Lautstärke herunter. Die eintretende Stille war eine Erleichterung. »Wer hat die Leiche entdeckt?«

»Marina Adamová, die Sekretärin. Angeblich war sie zur Tatzeit draußen, um für ihre Chefin was zu essen zu holen. Als sie zurückkam, hat sie so laut geschrien, dass die Menschen aus den Nachbarhäusern auf die Straße gelaufen sind. Giorgia Magnanti wartet mit ihr in der Bar zwei Häuser weiter.«

»Gibt es Überwachungskameras? Haben die Nachbarn etwas beobachtet?«

»Negativ. Wir haben die Personalien aufgenommen.«

»Was ist mit der Wohnung im Erdgeschoss?«, wollte Di Bernardo wissen.

»Ist abgesperrt. Sie steht seit über einem Jahr leer. Ein Nachbar hat erzählt, eine Zeit lang hätte dort ein Schild ›Zu vermieten‹ im Fenster gehangen. Das soll aber vor gut zwei Monaten wieder verschwunden sein.«

»Was ist mit Giordanos Familienangehörigen?«

»Geschieden, zwei Söhne. Der ältere ist Konzertagent in Mailand.«

Di Bernardo nickte und wandte sich wieder der Toten zu. Der entsetzte Ausdruck auf ihrem Gesicht ließ darauf schließen, dass sie bei vollem Bewusstsein gewesen sein musste, als ihr die Kehle durchschnitten worden war.

Di Bernardos Augen verengten sich. Ob sie den Mörder gekannt hatte? Abrupt wandte er sich ab. Was brachte einen Menschen dazu, eine solche Tat zu begehen? Und wie lang war wohl die Kette von Ereignissen, die zu dieser Tat geführt hatte?

Sein Blick fiel auf eine Whiskyflasche und ein halb volles Glas neben dem Computer. Das Glas war ohne Untersetzer abgestellt worden, darunter zeichnete sich ein angetrockneter Ring ab. Mit Sicherheit hatte Cornelia Giordano keinen einzigen Augenblick daran gedacht, dass es ihr allerletzter Single Malt sein könnte. Der Gedanke erfüllte den Commissario mit einer eigentümlichen Tristesse.

Aus einem Impuls heraus drehte er die Stereoanlage wieder auf.

Die Musik schien den schaurigen Anblick noch zu verstärken. Wieder kroch ihm der penetrante Blutgeruch durch die Nase in den Hals und weiter in den Magen. Angestrengt sah Di Bernardo sich um. Ein Mensch hinterließ immer Spuren. Er musste nur genau hinsehen.

Er ging zu der Wand mit den Fotos und betrachtete sie genauer. Sie zeigten Cornelia Giordano mit dem Staatspräsidenten, mit Luciano Pavarotti und etlichen kostümierten Opernsängern. Auf allen Bildern strahlte die Giordano eine stolze Selbstgewissheit und die Arroganz einer Diva aus.

Ein goldgerahmtes Foto einer blonden Geigerin in einem eng anliegenden Abendkleid stach ihm ins Auge. Die Frau war noch jung, Ende zwanzig vielleicht oder Anfang dreißig. Die blonden

Haare waren kunstvoll hochgesteckt, die Lippen dunkelrot geschminkt. Sie wirkte selbstbewusst und doch auf eine schwer zu benennende Weise zerbrechlich. Daneben hing eine gerahmte Titelseite der *Oggi* mit der Schlagzeile: »*Arabella Giordano – das Supertalent!*«. Auf dem Zeitungsfoto war dieselbe Frau zu sehen. Eine Verwandte des Opfers?

Ein Kaschmirblazer lag auf dem Schreibtisch, der so groß war wie ein Esstisch für sechs Personen in einem Nobelrestaurant. Di Bernardo griff in die Taschen und zog einen Lippenstift, Taschentücher und ein paar Münzen hervor. Er fand weder eine Handtasche noch ein Handy.

Nachdenklich trat er ans Fenster und blickte hinaus. Das Büro lag im obersten Stock, von hier oben hatte man einen herrlichen Blick auf die Kronen der alten Pinien in der Via Antonelli. Das Leuchten der Straßenlaternen verbreitete ein geradezu intimes Licht in der winterlichen Dunkelheit. Seufzend drehte er sich um und wandte sich wieder der verbluteten Leiche auf dem Boden zu.

»Außer dem Messer fehlen Handtasche und Handy des Opfers«, sagte Roberto Del Pino, als hätte er seine Gedanken gelesen. »Ein Raubmord?«

»Oder ein Ablenkungsmanöver«, erwiderte Di Bernardo. »Das Haus muss durchsucht werden. Kümmern Sie sich auch um den Computer, die Schubladen und die Mülleimer hier drinnen – alles kommt in die Questura. Ich unterhalte mich erst mal mit der Sekretärin.«

3

Längst habe ich die Kleider gewechselt und es mir auf dem Fauteuil bequem gemacht. Wie sie habe ich mir einen Whisky eingeschenkt und nippe daran, während meine Gedanken zurückschweifen.

Als wären sie auf Wiederholung programmiert, sehe ich wieder und wieder die Szene vor mir.

Sie sitzt mit dem Rücken zur Tür und dreht sich nicht um, denn sie hat mich nicht bemerkt. Ich schleiche mich von hinten an, dann packe ich sie an Hals und Bauch zugleich und reiße sie mitsamt dem Stuhl mit aller Wucht zu Boden. Ein dumpfer Knall ertönt. Voller Panik japst sie auf. Ich keuche vor Anstrengung, denn jetzt wehrt sie sich gegen meinen festen und unbarmherzigen Griff.

Fest drücke ich ihr die Hand auf Nase und Mund. Sie versucht, Luft zu holen, doch es gelingt ihr nicht. Auf den Knien bewege ich mich in ihr Sichtfeld, suche Augenkontakt. Das Entsetzen lässt ihre Gegenwehr erlahmen. Dieser Moment ist mein Triumph.

Und noch bin ich nicht fertig. Ich presse ihren Kopf gegen die Dielen.

Wie in Zeitlupe senkt sich das Messer herab, zieht eine tiefe Spur über ihren Hals. Dann der Schwall Blut, der mit verblüffender Kraft hervorschießt. Blitzschnell richte ich mich auf. Sehe zu, wie mit dem Blut alles Leben aus dem Schnitt in ihrer Kehle strömt.

Sie zuckt heftig, kann nicht einatmen.

Entsetzliches Würgen.
Röcheln.
Wenig später ist sie tot.
Ich atme auf.
Langsam breitet sich das Blut um ihren Kopf aus wie ein Heiligenschein. Der Geruch, er berauscht mich.

4

Die schummrige Deckenbeleuchtung tauchte das kleine Lokal in ein gemütliches Licht. Marina Adamová saß im Mantel an einem Tisch links vom Eingang der Bar, in eine rot karierte Wolldecke gehüllt. Giorgia Magnanti, die Polizeipsychologin, hatte der jungen Frau den Arm um die Schulter gelegt und redete leise auf sie ein.

Di Bernardo schätzte Giordanos Sekretärin auf Mitte zwanzig; das Gesicht war von nachlässig gefärbten Haaren umrahmt, deren Rotton sich geradezu schmerzhaft mit dem der Wolldecke biss. Als er zu ihr trat und sich vorstellte, erhob sich Giorgia mit einem kaum merklichen Nicken und gesellte sich zu dem Barbesitzer an die Theke.

»Signorina Adamová, ich weiß, wie schwierig das für Sie sein muss«, begann Di Bernardo und nahm ihr gegenüber Platz. »Können Sie mir vielleicht trotzdem einige Fragen beantworten?«

Die junge Frau blickte auf; ihre Augen waren vom Weinen rot und geschwollen. »Signora Magnanti hat mir gesagt, dass Sie mit mir sprechen wollen.«

Di Bernardo nickte und kam ohne Umschweife zur Sache. »Schildern Sie mir bitte möglichst genau, was passiert ist.«

Marina Adamová legte die Hände um ihre Teetasse und nahm einen Schluck. Silberner Lack glänzte auf ihren Fingernägeln. Behutsam stellte sie die Tasse wieder ab und stützte das Kinn auf die Hände. Die ausgeprägten Wangenknochen verliehen ihrem Aussehen etwas Slawisches, ebenso der leichte Akzent. Polnisch vielleicht oder tschechisch, überlegte Di Bernardo.

»Ich bin um acht ins Büro gekommen. Um halb neun bin ich hierher in die Bar gegangen, um meiner Chefin was zu essen zu holen. Nach etwa einer Viertelstunde bin ich zurück. Da fand ich Signora Giordano ... am Boden ...« Sie schluchzte auf. »Das ganze Blut ...«

Di Bernardo nickte ihr beruhigend zu. »Lassen Sie sich Zeit. Das war bestimmt ein Schock.«

Die junge Frau wischte sich über die Wangen. »Ich bin die Treppen runter und raus auf die Straße gerannt. Ich glaube, ich habe laut geschrien. Jedenfalls kamen von überallher Leute angerannt. Dann habe ich die Polizei gerufen.«

»Sind Sie jeden Abend in der Agentur?«

»Zurzeit vier- bis fünfmal die Woche. Von Dezember bis Februar muss ich Überstunden machen, da ist immer eine Menge zu tun.«

»Kommen Sie immer zur selben Zeit?«

»Ja, um acht ... so bis um zehn.«

»Und haben Sie Ihrer Chefin jedes Mal etwas zu essen geholt?«

»Ja, jeden Abend, immer gegen halb neun. Außer wenn sie in einem Konzert war.«

»Sind Sie dafür hierhergegangen oder auch mal woandershin?«

»Immer in die Bar hier.« Ihre Antworten kamen schnell, fast automatisch.

Di Bernardo überlegte. Wenn es kein Mord im Affekt gewesen war, dann musste der Mörder akribische Vorarbeit geleistet und die Abläufe genau gekannt haben – bei dem kleinen Zeitfenster, das ihm für seine Tat geblieben war.

»Signorina Adamová, ist Ihnen in letzter Zeit vielleicht etwas aufgefallen? Gab es irgendwelche ungewöhnlichen Vorfälle in der Agentur? Oder war Signora Giordano irgendwie verändert? Wirkte sie angespannt? Besorgt?«

Marina dachte eine Weile nach. »Nein«, sagte sie dann und schüttelte leicht den Kopf. »Sie kam mir nur ein bisschen müde vor. Sonst war sie so wie immer.«

»Und wie war sie immer?«

»Selbstbewusst, erfolgreich. Kompromisslos.« Sie reckte das Kinn, wie um die Worte zu bestätigen. »So kenne ich sie jetzt seit drei Jahren.«

»Gut. Wer war außer Ihnen heute in der Agentur?«

»Tagsüber niemand. Abends bin ich normalerweise sowieso mit Cornelia allein. Heute aber ... na ja, heute kam ihre Nichte vorbei, um kurz nach acht. Arabella. Die Geigerin.«

»Das ›Supertalent‹?«

Marina verzog das Gesicht. »Das ›Talent‹.« Sie spuckte das Wort aus, als hätte es einen schlechten Geschmack. »Als Cornelia Giordanos Nichte muss man kein Supertalent sein. Da kommt die Karriere ganz von allein.«

Di Bernardo zog die Augenbrauen hoch. Es verwunderte ihn nicht, dass auch in der Welt der Musik Vetternwirtschaft gang und gäbe war. Die berüchtigten *raccomandazioni* oder »Empfehlungen« waren wie ein allgegenwärtiger Sog, der sämtliche Branchen im Lande langsam, aber sicher in den Abgrund riss. Was ihn vielmehr überraschte, war diese Giftigkeit in Marina Adamovás Stimme. Er war neugierig, was dahintersteckte. Eifersucht? Neid? Eine persönliche Fehde?

»Als Sie in die Bar gegangen sind, war Arabella Giordano da noch im Büro?«, fragte er.

Sie überlegte länger, als für ihre Antwort nötig gewesen wäre. »Nein«, sagte sie schließlich und zuckte die Achseln. »Sie ist kurz vor mir gegangen. Sie war ziemlich wütend nach dem Streit mit ihrer Tante.«

»Wütend? Warum?«

Marina schüttelte den Kopf und schwieg.

»Sie sagten, es gab Streit. Worum ging es da?«, beharrte Di Bernardo.

»Ich habe nicht gelauscht, wenn Sie darauf hinauswollen. Die Tür stand offen, also konnte ich nichts dafür, dass ich einen Teil mitbekam. Die beiden schrien sich nicht an, nein, so war es nicht. Arabellas Stimme klang eher ... gehässig.« Sie sah den Commissario an, und ihr Gesichtsausdruck bekam plötzlich etwas Zickiges. »›Verflucht! Du mit deiner sinnlosen Sturheit.‹ Genau das waren Arabellas Worte, bevor sie aus dem Büro gestürmt ist.«

»Haben Sie gesehen, ob sie das Haus verließ?«

Marina sah ihm direkt in die Augen. »Nein, das nicht«, sagte sie schließlich. »Aber ich bin ihr auch nicht begegnet, als ich die Treppe hinunterging.«

Di Bernardo machte sich eine Notiz. Die erste.

»Wie war das Verhältnis zwischen Signora Giordano und ihrer Nichte?«

»Gut. Schlecht. Keine Ahnung. Ich kenne Arabella nicht gut genug. Zum Glück.«

»Kennen Sie sonst jemanden, der Signora Giordano übelwollte? Mitarbeiter oder Musiker, mit denen es Streitigkeiten gab? Die sie schlecht behandelt hat?«

Marina spitzte die Lippen. »Das kommt auf den Blickwinkel an. Für Musiker ist es eine Katastrophe, wenn ihre Karriere ins Stocken gerät. Da gibt es so einige, die sich für wahre Götter halten, warum auch immer. Für die Branche dagegen kann es eine Gnade sein, wenn sie weniger protegiert werden. Dann wachsen neue vielversprechende Talente nach. Aber die meisten Menschen sind sowieso naiv ... oder dumm.«

Di Bernardo zog die Augenbrauen zusammen. »Ist das Ihr eigenes Urteil? Oder eher das Ihrer Chefin?«

Marina ging nicht auf seine Frage ein. »Die Signora war oft hart, aber immer gerecht.« Sie verschränkte die Arme vor der

Brust. »Ich tue bloß meine Arbeit. Sie sollten besser andere befragen.«

»Wir werden jeden überprüfen, Signorina Adamová. Sie sagten, Sie sind seit drei Jahren in der Agentur? Haben Sie die ganze Zeit Verträge bearbeitet und Telefonate weitergeleitet?«

»Ich bin aus der tschechischen Provinz nach Rom gekommen und habe mit dreiundzwanzig Jahren eine gut bezahlte Arbeit gefunden. Ja, meine Chefin hat viel verlangt, vor allem aber Diskretion. Ich habe Cornelia eine Menge zu verdanken, und ich werde mich an ihre Regeln halten.«

»Ihre Diskretion in Ehren, Signorina, aber wir ermitteln in einem Mordfall. Schweigen ist an dieser Stelle nicht angebracht. Wenn Ihnen also noch etwas einfallen sollte …« Er hielt inne. »Sagen Sie, hatte Signora Giordano ihr Handy immer dabei oder ließ sie es gelegentlich zu Hause?«

»Natürlich hatte sie es dabei, was ist das für eine Frage. Sie musste schließlich ständig erreichbar sein.«

»Haben Sie sie heute mit dem Handy telefonieren sehen?«

»Ja.«

Marina Adamová wurde zunehmend verschlossener, eine Reaktion, die Di Bernardo bei Menschen in Extremsituationen öfter bemerkte. Gleichzeitig wirkte sie erschöpft: Sie zitterte und zog sich die Wolldecke noch etwas enger um die Schultern.

»Finden Sie das Schwein, das meine Chefin getötet hat. Das hat sie nicht verdient, so zu sterben«, stieß sie nun hervor.

»Wir werden den Mörder finden.« Di Bernardo nickte ernst und reichte ihr seine Visitenkarte. Dann stand er auf und strich sein Jackett glatt. »Ich danke Ihnen fürs Erste. Ein Kollege wird Sie nach Hause bringen. Sie sollten jetzt erst einmal schlafen. Morgen werden wir Sie bitten, sich das Büro genau anzusehen – vielleicht fällt Ihnen irgendeine Veränderung auf, die uns auf eine Spur führt. Und bitte rufen Sie an, falls Ihnen noch etwas einfällt.«

Marina Adamová streckte eine blasse Hand aus der Wolldecke und nahm die Karte entgegen. »In Ordnung, dann bis morgen, Commissario. Ach ja. Richten Sie Arabella Giordano aus, dass ich ihr Alibi bin.«

Einen Atemzug lang verharrte Di Bernardo in seiner Bewegung. Dann drehte er sich um und verließ die Bar.

»Warte, ich komme mit dir.«

Einige Schritte hinter sich hörte Di Bernardo die warme Stimme von Giorgia Magnanti. Sie holte ihn ein, als er eben die Straße überqueren wollte.

Er schenkte ihr ein kurzes Lächeln. »Was hältst du von ihr?«, fragte er dann unumwunden.

»Marina hat nichts mit dem Mord zu tun, da bin ich sicher. Sie zeigt alle Anzeichen einer akuten Belastungsreaktion. Meiner Einschätzung nach hat sie Cornelia Giordano geradezu vergöttert.«

»Campresi soll sie nach Hause bringen und im Auge behalten. Ich will wissen, was sie die nächsten Tage anstellt.«

Giorgia nickte. »Ich richte es Francesco aus. Und sonst? Wie geht es dir? Was macht Alberto?«

Di Bernardo seufzte. »Zu Hause auf mich warten, vermute ich. Er hat irgendeine neue Idee, was sein Studium angeht, hat sich aber noch nicht getraut, mir davon zu erzählen.«

Giorgia lachte, dann waren sie am Haus angelangt und gingen nebeneinander hinein. »Aufzug oder Treppe?«, fragte sie.

»Treppe natürlich«, sagte Di Bernardo, ging forsch voran und nahm dabei immer zwei Stufen auf einmal.

Während Di Bernardos Abwesenheit waren in der Agentur sämtliche Bemühungen fehlgeschlagen, ein Signal von Cornelia Giordanos Handy zu orten.

»Der Täter kennt sich offenbar aus mit unseren Möglichkeiten«, sagte Federica Giglioli. »Wir versuchen es weiter.«

»Zumindest werden wir ihre Anrufe durch die Telefongesellschaft ermitteln können.« Di Bernardo nagte nachdenklich an seiner Unterlippe. »Man muss schon verdammt gute Nerven haben, wenn man nur wenige Minuten hat, um einen solchen Mord zu begehen.«

»Der Barbesitzer hat bestätigt, dass Signorina Adamová zur Tatzeit bei ihm war und zwei Panini bestellt hat«, warf Giorgia Magnanti ein. »Sie hat einen Kaffee getrunken und blieb ungefähr eine Viertelstunde. Sie ging in der Bar auf die Toilette, anschließend sprachen sie über das Wetter.«

»Das Wetter?!«, erwiderte Di Bernardo kopfschüttelnd. »Wir müssen sämtliche Leute aus der Nähe befragen. Irgendjemand *muss* etwas gesehen haben.«

»Campresi hat in Erfahrung gebracht, dass in der Agentur jeden Morgen vor neun geputzt wird«, sagte Giglioli. »Das letzte Mal also vor etwa dreizehn Stunden. Demnach stammen die meisten Haare und Fasern aus der Zeit dazwischen.«

Der Commissario nickte abwesend. Bis die Spurensicherung etwas hatte, würde es noch Stunden dauern. Er wandte sich an del Pino. »Statten wir dem Supertalent einen Besuch ab.«

5

Die Autofahrt zur Via Gramsci dauerte fünf Minuten. Wie so oft, wenn es Di Bernardo in das Quartier Parioli mit seinen grünen Parks und noblen Villen verschlug, wurde ihm der Kontrast zu Kalabrien nur allzu bewusst. Die ländlichen Gebiete Italiens verkamen immer mehr. Es war eine Schande.

Hier, in Parioli, stellten die Besitzer der Villini und Pallazzi ihren Wohlstand nur allzu gern zur Schau. Dabei war vieles nichts als Fassade – bröckelnde Fassade, wenn man es genau nahm. Neulich erst war gar nicht weit von hier ein Palazzo in sich zusammengefallen wie ein Kartenhaus. Statt die Risse im Mauerwerk zu kitten, hatten die Besitzer in pompöse Statuen in der Auffahrt investiert. Alles für den äußeren Schein.

Dennoch mochte Di Bernardo Parioli. Hier wich die Hektik Roms einer diskreten Intimität, und die moderne Architektur neureicher Bauten mischte sich mit der barocken Tradition. Pinienkronen breiteten sich wie dunkelgrüne Dächer über Häuser und Gärten aus. Um diese späte Uhrzeit war die Via Gramsci verlassen und strahlte eine strenge, geschlossene Schönheit aus. Die Bürgersteige mit ihren Schlaglöchern und den allgegenwärtigen Hundehaufen fielen jedenfalls weniger auf als bei Tageslicht.

»*Porca miseria!*«, fluchte Del Pino in Di Bernardos Gedanken hinein. »Wie alt war die Frau? Über siebzig. Hat immer noch gearbeitet, statt sich einen schönen Lebensabend zu machen. Und dann so ein Ende. Das ist doch übel.«

»Vermutlich ging ihre Vorstellung von einem schönen Lebensabend mit ihrer Arbeit einher.«

»Meinen Sie, sie war einsam?«

»Das wissen wir noch nicht.«

»Aber als Konzertagentin, was hat man da eigentlich zu tun? Man macht Verträge mit irgendwelchen überkandidelten Künstlern und geht abends ins Konzert, um seine Schäfchen zu begutachten«, sagte Del Pino und zog die Schultern hoch. »Ich verstehe das nicht. Wie passt das alles zusammen? Die Musik und dann diese Art zu sterben. Haben Sie das ganze Blut gesehen ...«

»Konzentrieren wir uns auf ihre Nichte, und überbringen wir ihr die traurige Nachricht«, sagte Di Bernardo etwas schärfer als beabsichtigt. Er hat sehr wohl das Blut gesehen, und anders als bei seinem jüngeren Kollegen beschwor es bei ihm eine Erinnerung herauf. Eine Erinnerung, die er mit aller Macht verdrängen musste, um weiter zu funktionieren.

»Da vorn ist es«, rief Del Pino und deutete mit dem Zeigefinger auf ein vierstöckiges Apartmenthaus.

Di Bernardo bremste, parkte den Wagen und warf einen flüchtigen Blick auf die Uhr. Es war eine halbe Stunde vor Mitternacht.

Als der Commissario und sein Ispettore aus dem Auto stiegen, wirbelte eine frische Brise tote Blätter von den Bäumen, die raschelnd durch die Luft tanzten. Danach war es wieder still. Nicht einmal eine streunende Katze war zu sehen.

Durch das geöffnete Tor gelangten sie zu dem terrakottafarbenen Haus, in dem Arabella Giordano wohnte.

Del Pino klingelte. Nichts geschah. Nach einigen Sekunden drückte er erneut auf den Klingelknopf. Sie warteten. Dann öffnete sich die Tür einen Spaltbreit. Arabella Giordanos Gesicht kam zum Vorschein; ihr fragender Blick wanderte vom Commissario zum Ispettore.

»Commissario Di Bernardo von der Questura.« Er zog seine Dienstmarke und blickte zu Del Pino. »Mein Kollege, Ispettore Del Pino.«

»Was wollen Sie von mir, und noch dazu um diese Zeit?« Ihre Stimme klang angespannt.

»Entschuldigen Sie die späte Störung, Signorina Giordano. Dürfen wir reinkommen?«

Zögernd öffnete die junge Frau die Tür, trat beiseite und bat sie ins Wohnzimmer.

Eine angenehme Wärme schlug ihnen entgegen; im Kamin verglomm gerade ein Feuer und tauchte den Raum in einen rötlichen Schein.

Arabella Giordano hatte einen Bademantel über ihren Pyjama gezogen. Sie war groß und schlank, das Gesicht war jugendlich, mit vollen Lippen, die Wangenknochen markant und die Augen dunkel. Anders als auf dem Foto fiel ihr das blonde Haar sanft auf ihre Schultern.

Di Bernardo ließ den Blick über die Sammlung von antiken Kunstgegenständen schweifen, an deren Echtheit er keinerlei Zweifel hegte. Zwei offen stehende Türen führten in weitere Zimmer. Das, was er erkennen konnte, wirkte ebenso stilsicher und elegant. Unwillkürlich fragte er sich, ob Cornelia Giordano wohl an der Finanzierung dieser luxuriösen Wohnung beteiligt gewesen war. Er hatte keine Ahnung, was eine Musikerin wie Arabella Giordano verdiente. Sein Blick streifte sie; in diesem Moment erinnerte sie ihn an Paula, die ebenso schöne wie selbstbewusste Protagonistin in Jack Londons Novelle *Die Herrin des Großen Hauses*, die zur Hälfte gelesen auf seinem Nachttisch lag.

»Bitte verzeihen Sie unser Auftauchen zu so später Stunde«, begann er, worauf Arabella sich für den Bademantel entschuldigte.

Er holte tief Luft; dann sagte er in die eintretende Stille hinein:

»Wir kommen wegen Cornelia Giordano. Ich bedaure sehr, Ihnen mitteilen zu müssen, dass Ihre Tante tot aufgefunden wurde.«

»Meine Tante Cornelia? *Tot?*« Arabellas Benommenheit war wie weggewischt. Sie blickte den Commissario einen Moment verdutzt an, dann stieß sie ein glockenhelles Lachen aus, als handele es sich um einen makabren Witz.

Di Bernardo hatte im Laufe seiner Dienstzeit schon viele Nachrichten dieser Art überbringen müssen. Die Reaktionen darauf fielen unterschiedlich aus, sie reichten von Bestürzung bis hin zu Wut, geboren aus Verzweiflung. Gelacht hatte bis zu diesem Tag jedoch noch niemand.

»Unser herzliches Beileid, Signorina Giordano.«

Sie schüttelte vehement den Kopf. »Sie *kann* nicht tot sein. Das ist unmöglich. Sie kennen meine Tante nicht.«

»Nein. Ich kannte sie nicht.«

»Soll das vielleicht ein dummer Scherz sein? Ich muss doch sehr bitten.«

»Halten Sie unseren Besuch um diese Uhrzeit wirklich für einen Scherz?«, entgegnete er ruhig.

Arabella starrte ihn an, ohne zu blinzeln. Ihm fiel auf, dass ihre Augen vom gleichen Braun waren wie seine, warm und dunkel. Einen Moment lang war er wie gebannt.

Wieder schüttelte sie den Kopf, zuerst unschlüssig, dann vehementer. »Es ... es muss sich um eine Verwechslung handeln«, sagte sie, doch ihre Stimme klang eine Spur brüchiger als zuvor.

»Leider nicht«, sagte Di Bernardo leise.

»Aber sie war kerngesund! Vielleicht war sie ein wenig überarbeitet, doch ...«

Er hasste sich selbst für seine Worte, als er fortfuhr: »Signorina Giordano, es tut mir leid, aber Ihre Tante wurde ermordet.«

Arabella riss die Augen auf. Dann taumelte sie, als hätte man ihr einen Schlag versetzt. Del Pino fing sie auf und führte sie vorsichtig zum Sofa.

»Ermordet?«, stammelte sie. »Aber wie ... wie ist das passiert?« Ihr Blick sprang zwischen Di Bernardo und Del Pino hin und her.

Der Ispettore ergriff das Wort. »Sie wurde mit einem Messer angegriffen und ist verblutet.«

»Es muss sehr schnell gegangen sein«, warf Di Bernardo ein.

Arabella barg den Kopf in den Händen. Ihre schmalen Schultern bebten.

Del Pino ließ sich nicht beirren. »Wann haben Sie Ihre Tante zum letzten Mal gesehen?«

Viele Sekunden verstrichen, bevor Arabella in der Lage war zu antworten. »Heute Nachmittag gegen drei. Ich war kurz bei ihr im Büro.«

Di Bernardo zog kaum merklich die Augenbrauen zusammen. Das war eine Lüge. Oder Marina Adamová hatte eine Falschaussage gemacht.

»Darf ich fragen, wo Sie heute Abend zwischen acht und neun waren?«, fuhr Del Pino fort.

»Ich bin gegen sechs nach Hause gekommen.«

»Kann das jemand bezeugen?«

Sie sah auf, ihr Blick war unstet. »*Don Matteo* und der gesamte Cast«, sagte sie dann.

»Mit anderen Worten, Sie saßen vor dem Fernseher«, stellte Del Pino fest.

»Ich habe mir die Doppelfolge auf Rai angesehen.«

»Die zweite Folge war um acht zu Ende«, wandte er ein.

Arabella zögerte einen kaum merklichen Moment. »Das stimmt. Nach der Sendung habe ich eine Freundin in Mailand angerufen.«

»Das sollten wir am besten gleich überprüfen.«

Wortlos zog sie ihr Handy aus der Tasche des Bademantels und reichte es Di Bernardo. Er tauschte einen schnellen Blick mit Del Pino, dann kontrollierte er das Gesprächsprotokoll. Es bestätigte Arabellas Angabe.

Del Pino äugte über die Schulter des Commissario, dann deutete er auf das Display und zog eine Braue hoch. Tatsächlich waren dort zwei Gespräche mit derselben Mailänder Nummer verzeichnet. Zwischen ihnen lag eine Pause von einer Dreiviertelstunde.

»Sie haben Ihre Freundin zweimal angerufen«, stellte Di Bernardo fest.

»Sie hatte bei meinem ersten Versuch keine Zeit und hat mich auf später vertröstet.«

»Wo waren Sie zwischen den beiden Anrufen?«

»Im Bad.«

Del Pino lächelte süffisant. »In welchem denn? Zufällig im Bad bei Ihrer Tante?«

Di Bernardo warf ihm einen warnenden Blick zu. »Wir haben hier eine kleine Ungereimtheit«, sagte er dann, an Arabella gewandt. »Die Sekretärin Ihrer Tante hat angegeben, dass Sie um kurz nach acht in Signora Giordanos Büro gewesen wären, während Sie darauf beharren, hier gewesen zu sein. Sagt Signorina Adamová nun die Wahrheit oder Sie?«

Arabella sah ihn unverwandt an. Dann legte sich ein Hauch Herablassung auf ihr Gesicht. »Nun gut. Ich war da. Mache ich mich deshalb verdächtig? Hat Marina schon Beweise gegen mich gesammelt?«

»Signorina Adamová hat Sie aus der Agentur weggehen sehen, da lebte Cornelia Giordano noch. Allerdings meinte sie, Sie hätten einen Streit mit Ihrer Tante gehabt.«

»Dann ist dieser schreckliche Streit mit Cornelia also mein Alibi«, sagte die junge Geigerin und lachte resigniert auf. Tränen traten ihr in die Augen. Sie erhob sich und ging zu einem Rolltisch voller Flaschen. Dort schenkte sie sich einen Single Malt ein und trank das Glas in einem Zug leer. Offenbar kam sie nicht auf die Idee, den beiden Polizisten ebenfalls etwas anzubieten. Gedankenverloren starrte sie auf das barocke Gemälde über dem Kamin. Di Bernardo folgte ihrem Blick. Auf dem Bild waren ein pummeliger Engel mit blonden Locken und zwei junge Frauen zu sehen. Sie hatten sich mit leichten Tüchern verhüllt und spielten auf einer Harfe und einer Laute. Eine musikalische Idylle.

Di Bernardos Blick schweifte zurück zu Arabella. Sie wirkte trotz ihrer Größe zerbrechlich. Die Vorstellung, diese Frau könnte einen derart blutigen Mord begangen haben, ging ihm einfach nicht in den Kopf.

»Laut Aussage der Sekretärin haben Sie Ihrer Tante sinnlose Sturheit vorgeworfen«, nahm Del Pino den Faden wieder auf.

»Aus welchem Grund?«

»Sie ... sie wollte mein Musikfestival finanziell nicht unterstützen.«

»Und was ist dann passiert?«

»Ich bin nach Hause gegangen, wo es mir gut ging. Bis Sie kamen.«

»Ist Ihnen an Ihrer Tante in der letzten Zeit etwas aufgefallen? War sie verärgert, nervös? Gab es Auseinandersetzungen in der Familie?«

»Nein.« Ihr Zögern war kaum wahrnehmbar. »Das heißt, ja«, sagte sie denn schnell. »Aber das war vor knapp vier Jahren, mit meinem jüngeren Cousin Boris. Er musste wegen Drogenhandels ins Gefängnis. Das hat kein gutes Licht auf die Familie geworfen. Inzwischen ist er aber längst wieder frei.«

»Wir brauchen seine Adresse und Telefonnummer«, bat Di Bernardo.

Arabella ging zum Sekretär, nahm ein Blatt Papier aus einer Schublade, kritzelte etwas darauf und reichte es dem Commissario.« »Hier. Allerdings haben die beiden kaum Kontakt gehabt, soweit ich weiß. Alle paar Wochen ein Telefonat, wenn überhaupt.«

Di Bernardo warf einen schnellen Blick auf die Adresse. Tor Bella Monaca. Ausgerechnet die verrufenste Ecke Roms.

Arabella setzte sich wieder, zog die Beine zu sich heran und schlang die Arme darum, während sie in die Glut des erlöschenden Feuers starrte.

»Und wann haben Sie Ihren Cousin zum letzten Mal gesehen?«, fragte der Commissario.

»Boris? Vor über zwei Monaten. Er hat immer mal wieder seine ›Reflexionsphasen‹, wie er sie nennt. Dann verschwindet er für eine Weile, stellt sein Handy aus, und keiner weiß, wo er ist.«

Di Bernardo wartete, während der Ispettore sich Notizen machte. Er bemerkte, wie Del Pinos rote Sneakers den Blick der Geigerin auf sich lenkten. Mit leicht zusammengekniffenen Augen musterte sie den jungen Polizisten mit den pechschwarzen Haaren und der Nase, die für sein schmales Gesicht definitiv zu lang war. Ihr Blick war abschätzig, aber Di Bernardo wusste sehr wohl, dass es ein Fehler war, Del Pino zu unterschätzen, nur weil er sich seltsam kleidete und eine Vorliebe für Kaugummis an den Tag legte.

»Ist etwas, Signorina Giordano?«, fragte Del Pino herausfordernd.

»Oh, nein.« Arabella verschränkte die Arme vor der Brust. »Nur, dass meiner Tante gerade die Kehle durchgeschnitten wurde. Sonst nichts.«

Stille legte sich über den Raum. Nur vom Kamin war ab und zu ein Knacken der letzten, noch nicht verkohlten Holzstücke zu hören.

»Ich weiß, dass unser Mitgefühl für Sie kaum von Bedeutung

ist, aber trotzdem noch mal unser tief empfundenes Beileid«, sagte Di Bernardo schließlich. »Sie waren anscheinend die Letzte, die Ihre Tante lebend gesehen hat. Melden Sie sich bei uns, wenn Ihnen noch etwas einfällt. Und bitte denken Sie darüber nach, ob Ihre Tante irgendetwas erzählt hat, das Ihnen ungewöhnlich vorkam. Egal, wie lange es her ist.«

Arabella nickte.

»Und nun würden wir uns gerne kurz in Ihrer Wohnung umsehen.«

»Haben Sie einen Durchsuchungsbefehl?«

»Es handelt sich nicht um eine offizielle Durchsuchung. Falls es doch eine werden sollte, reichen wir den Durchsuchungsbeschluss jederzeit nach«, gab Di Bernardo müde zurück.

Arabella zuckte die Achseln. »Nun gut. Tun Sie, was Sie tun müssen.« Dann stierte sie weiter wortlos ins Leere.

Leise erhob sich Di Bernardo und wanderte, von Del Pino gefolgt, durch die übrigen Räume. Wie es aussah, sammelte die junge Frau nicht nur Kunst, sondern war auch bibliophil. In allen Räumen standen Regale mit teils alten Ausgaben. Im Schlafzimmer stapelten sich mehrere Taschenbücher auf ihrem Nachttisch. Er warf einen flüchtigen Blick auf die Titel. Dreiser, Sinclair und Hailey neben Camilleri und Mankell. Während er weiter alle Details der Wohnung in sich aufnahm, dachte er über die junge Geigerin nach. Was wussten sie bisher über sie? Arabella Giordano war offenbar alleinstehend. Mit ihrer kühlen Fassade schien sie ihre wahren Gefühle gekonnt zu kaschieren. Zwar wirkte sie betroffen, aber Di Bernardo nahm kein übermäßiges Gefühl von Trauer an ihr wahr. Er musste an die treffenden Worte seines Vorgesetzten Questore Enrico Borghese denken, der stets zu sagen pflegte: »Die Reaktion jedes Einzelnen ist unterschiedlich. Vergessen Sie nicht, dass die meisten Menschen noch nie mit einem Mord in Berührung gekommen sind. Ziehen Sie deshalb keine voreiligen Schlüsse aus ihrem Verhalten.« Mit diesem Rat war er in den vergangenen zweieinhalb Jahren gut gefahren. Was Arabella Giordano anging, so hatte Di Bernardo das Gefühl, als hätte das Geschehen erst an der Oberfläche ihres Bewusstseins gekratzt und müsste noch bis in die Tiefe vordringen. Er dachte an ihre allererste Reaktion. An ihr Lachen. Cornelias Giordanos Tod schien für sie undenkbar gewesen zu sein. Sie musste das Ganze wohl erst einmal verarbeiten; wer müsste das nicht? Würde sie mit jemandem sprechen wollen? Würde sie sich zurückziehen? Sich gar mit Alkohol behelfen? Oder war doch alles nichts als ein durchkalkuliertes Schauspiel? Sein Unbehagen wollte nicht weichen.

Kurz vor dem Hinausgehen reichte er ihr seine Visitenkarte. »Vielleicht rufen Sie jemanden aus der Familie an, der heute Nacht bei Ihnen bleiben könnte«, schlug er vor.

»Vielleicht. Ich werde Sie kontaktieren, falls mir noch etwas einfällt.«

»Bitte, jederzeit. *Buona notte.*«

Der Nebel kroch aus allen Ecken und hing über Rom wie eine milchige Kuppel. Als Di Bernardo sich auf dem Weg zum Auto noch einmal umdrehte, sah er, wie auf dem Balkon im dritten Stock des Hauses eine Zigarette angezündet wurde. Die zittrige Flamme erhellte ganz kurz ein ebenmäßiges Frauengesicht, umrahmt von langen blonden Haaren. Als der Commissario sich abwandte und in den Wagen stieg, meinte er den Blick der zerbrechlichen Geigerin noch immer im Rücken zu spüren.

Langsam passierten Di Bernardo und sein Kollege die Via Gramsci.

Plötzlich sog Del Pino scharf die Luft ein. »Woher wusste sie, dass ihrer Tante die Kehle durchgeschnitten wurde?«

Di Bernardo machte eine Vollbremsung und brachte den Wagen mitten auf einer dunstverhangenen Kreuzung abrupt zum Stehen. Bestürzt blickte er seinem Kollegen ins Gesicht. »Verdammt!«

6

Grübelnd fuhr der Commissario am Tiber entlang durch das nächtliche Rom. Sosehr er die Stadt mochte, fühlte er sich immer noch ein wenig fremd hier. *Patria indefinita* – unbestimmte Heimat – war der Begriff, mit dem er seine eigene Abstammung verband. Von seinem Vater, der aus dem südlichen Apulien stammte, hatte er das aufbrausende Temperament, aber auch die Warmherzigkeit geerbt, von seiner Mailänder Mutter die Disziplin und Pünktlichkeit. Doch Wurzeln hatte er in den fünfzig Jahren seit seiner Geburt keine geschlagen, nicht in Lecce, seiner Heimatstadt, und auch nicht hier, in Rom.

Nach dem Jurastudium hatte er bei der Polizei in Lecce gearbeitet, später bei der Kriminalpolizei in Reggio di Calabria. Die Allgegenwart der 'Ndrangheta hatte seinen Glauben an das Gute im Menschen erschüttert. Wie ein Krebsgeschwür war die Mafia in sein Leben gedrungen, hatte seine Ehe zerfressen, ihm den besten Freund genommen und ihn selbst um ein Haar in die Luft gesprengt. Und das war längst nicht alles gewesen. Aber daran konnte er jetzt nicht denken. Nicht an diesem Abend.

Aus Sorge um die Sicherheit seines Sohnes hatte er sich nach Lucca versetzen lassen. Monica, seine Frau, hatte auf einen Neuanfang in der beschaulichen Puccini-Stadt gehofft. Doch das war das Tückische an der Vergangenheit: Wie weit man auch reiste, sie fand einen doch. Man nahm sich selbst eben immer mit.

In Lucca hatte er oft an die Worte eines Freundes denken müssen, der als Journalist beruflich einige Monate in Wien verbracht und sich über »zu wenig Geschehen« beschwert hatte. Die Arbeit hatte ihn nicht ausgefüllt. Unterforderung konnte genauso zersetzend sein wie ihr Gegenteil.

Dann hatte Monica ihn verlassen. Sein vorherrschendes Gefühl war Erleichterung gewesen, auch wenn er darauf alles andere als stolz war. Er hatte all den Streit und die Vorwürfe schon lange nicht mehr ertragen. Und gerade als er mit dem Gedanken gespielt hatte, nach Kalabrien zurückzukehren, hatte sich die Questura in Rom an ihn gewandt.

Di Bernardo streckte den Rücken durch. Noch fünf Minuten, dann wäre er zu Hause. Er war froh, das ermüdende Gewirr aus Gassen und Straßen der Stadt hinter sich gelassen zu haben. Die schlichte Architektur der Bauten in Monteverde Vecchio war eine Wohltat für seine Augen. Hier lebte es sich unaufgeregter, eine Spur gemächlicher. Wobei das nicht immer so gewesen war. In den Achtzigern hatte es hier jede Menge Cine-Clubs und Bars gegeben. Durch die Zeit reisen müsste man können.

Eine Sirene riss ihn aus seinen Gedanken. Er fuhr rechts ran und ließ den Rettungswagen passieren, der auf die Notfallambulanz des Ospedale San Camillo zuraste. Gebaut worden war das Krankenhaus Anfang der Dreißigerjahre mit dem Geld der Faschisten, aber das konnte dem armen Teufel, der da gerade eingeliefert wurde, ziemlich egal sein. Di Bernardo beneidete ihn nicht, das Krankenhaus war dermaßen überfüllt, dass regelmäßig Patienten auf den Fluren untergebracht wurden. Aber auch das war besser als der Tod.

Di Bernardo schauderte, als er an den Gesichtsausdruck der Toten dachte. Wie viel war ein Leben wert, wenn es so enden musste? Und was, wenn die Sekretärin nicht mit dem Barmann über das Wetter gesprochen hätte? Wenn sie zwei Minuten früher zurückgekommen wäre?

Was wäre, wenn …

Di Bernardo parkte den Alfa Romeo dicht neben der Haustür. Die Müdigkeit hatte sich über ihn gelegt wie eine schwere Decke. Den Autoschlüssel in der Hand, lehnte er sich zurück, atmete einmal tief durch und sortierte die Ereignisse der letzten Stunden. Lange hatte er den Irrglauben gehegt, Kalabrien hinter sich gelassen zu haben. Doch heute hatte es ihn eingeholt.

Der Mord an Cornelia Giordano weckte Erinnerungen an all die Ehrenmorde. Der Blutgeruch. Das Entsetzen in den weit aufgerissenen Augen des Opfers. Es waren die immer gleichen Motive, die zu derart brutalen Verbrechen führten: Eifersucht. Rache. Gier. Hass.

Di Bernardo rieb sich die Augen. Wie passte Arabella Giordano in dieses Schema?

Giorgia hatte ihn neulich erst zutiefst altmodisch genannt. »Du fühlst dich mit jedem Verbrechen persönlich herausgefordert, unsere aus den Fugen geratene Welt zurechtzurücken«, hatte sie gesagt.

Dio mio, das klang pathetisch! Doch sie hatte den Nagel auf den Kopf getroffen. Er sehnte sich danach, Gerechtigkeit dort zu erwirken, wo sie erbarmungslos vertrieben worden war. Dabei vertraute er vor allem seiner Intuition und Menschenkenntnis. Im digitalen Zeitalter war er ein *Commissario d'arte* geblieben. Er konnte sich lebhaft vorstellen, wie die jüngeren Kollegen ihn sahen … Solange er Erfolge vorzuweisen hatte, gut. Aber wenn er strauchelte, dann würden sie aus ihren Löchern kriechen und hinterrücks lästern, dass er nicht mit der Zeit ging. Dass er den allerneuesten technischen Schnickschnack ablehnte. Dass er keinen Profiler an seiner Seite hatte.

Lächerlich. Aus seiner Sicht fehlte in Italien – in diesem Land, das so viele legendäre und unsterbliche Künstler hervorgebracht hatte wie kein anderes – ausgerechnet die Kunst der altmodischen Ermittlung. So gesehen, war sein Ermittlungsstil ein kleiner Ausgleich dieses Mankos an sich. Und was den Profiler anging ...

Mitten in seine Überlegungen hinein klingelte sein Handy. Es war Giorgia, natürlich.

»Ich wollte dich noch rasch auf den neuesten Stand bringen«, sagte sie. Di Bernardo unterdrückte ein Gähnen. »Lass mich raten. Von den Nachbarn will keiner etwas gesehen haben.«

»Wie recht du mal wieder hast.«

»Ich habe immer recht«, neckte er sie.

Sie lachte ihr warmes, ungekünsteltes Lachen.

Für einen Moment wünschte er sich ihre Nähe. Dann erinnerte er sich an den Grund, warum sie nicht hier neben ihm saß.

»Was habt ihr über die Agentur in Erfahrung gebracht?«, fragte er betont geschäftsmäßig. »Hat Campresi etwas rausgefunden?«

Die Musikbranche war für ihn eine unbekannte Welt. Er erinnerte sich kaum mehr daran, wann er zum letzten Mal in einem Konzert gewesen war. Wahrscheinlich in Lucca, mit Monica. Sie hatte klassische Musik geliebt. Er hatte die gemeinsamen Konzertbesuche genutzt, um Schlaf nachzuholen. Power-nap, so nannte man das doch heute. Von wegen, er ginge nicht mit der Zeit.

»Cornelia Giordano hat die renommierte Künstleragentur in der dritten Generation geführt. Ihr Großvater Carlo war am Anfang des Jahrhunderts eine Legende. Ihr Vater Cesare hat Mitte der Zwanzigerjahre die Musikagentur in Florenz übernommen und später die berühmtesten Dirigenten jener Zeit vertreten. Cornelia ist in die Fußstapfen ihres Vaters getreten und hat die Agentur nach Rom verlegt. Mittlerweile unterhalten die Giordanos weitere Büros in Mailand, London und New York.«

»Hast du eine Ahnung, wie hoch ihre Provisionen waren?«, fragte Di Bernardo.

»Francesco ist noch dran. Arm war sie bestimmt nicht. Neben der Agentur war sie Inhaberin eines Musik-Labels, das hohe Qualität zu niedrigen Preisen verspricht.«

»Ich komme mir vor wie ein Anfänger«, sagte er unvermittelt. »In der Musikbranche kenne ich mich überhaupt nicht aus. Doch wer immer sie auf diese Weise umgebracht hat, muss ein starkes Motiv gehabt haben.«

»Verletzte Eitelkeit? Angst um die Karriere?«, schlug Giorgia vor.

»Hm«, brummte Di Bernardo. Gegen seinen Willen tauchte das Bild von Arabella Giordano vor seinem inneren Auge auf. »Ich sollte besser schlafen«, sagte er. »Und du auch.«

Im Haus empfing ihn Stille, Alberto war offenbar schon im Bett. Einem Impuls folgend, durchstöberte Di Bernardo im Wohnzimmer die CD-Sammlung. Jazz, Stefano Bollani natürlich und Mina. Klassischer Musik hatte er nie viel abgewinnen können. Etwas beschämt dachte er an all die Ausreden, die er vorgebracht hatte, um nicht mit seiner Frau in die Oper gehen zu müssen. Wäre er doch nur etwas neugieriger gewesen, dann stünde er jetzt nicht da wie ein Narr!

Sein Magen knurrte, und er schlenderte in die Küche. Der volle Kühlschrank stand im wohltuenden Kontrast zu dem seiner Studienzeit, dessen Leere ihn immer an die Wüste Gobi hatte denken lassen. Er holte gerade den Rest einer am Vortag zubereiteten Lasagne heraus, als er hinter sich ein Geräusch hörte. Reflexartig drehte er sich um.

Im Türrahmen sah er seinen siebzehnjährigen Sohn Alberto stehen. Täuschte er sich, oder war der Junge schon wieder ein Stück gewachsen? Inzwischen überragte er ihn um einen halben Kopf. Ein eigentümliches Gefühl.

»Erwischt! Ich bin Zeuge deines Nachtmahls, du kannst also gleich ein Geständnis ablegen, dass es mit deinem Diätversprechen mal wieder nichts wird.«

»Ich verlange einen Anwalt.« Di Bernardo grinste. »Bist du schon oder noch immer wach?«

»Ähm. Sowohl als auch. Hab noch ein bisschen gelesen.«

Di Bernardos Blick fiel auf das Strafgesetzbuch, das Alberto lässig unter den Arm geklemmt hatte. Bisher hatte er kein Interesse an Jura gezeigt, außer dass er sich gern wie ein Staatsanwalt ausdrückte – eine Angewohnheit, die zu gleichen Teilen belustigend wie enervierend war.

»Noch ein bisschen gelesen?«, fragte er.

»Ich hab's durchgeblättert. Erzähl, was passiert ist.«

»Das ist doch kein Klatschmagazin zum Durchblättern«, entgegnete er. »Raus mit der Sprache.«

Alberto zögerte kurz. »Okay«, sagte er dann. »Versprich mir aber, dass du nicht gleich ausrastest.« Er lehnte sich lässig gegen den Tisch, ohne den Blick von seinem Vater abzuwenden. »Du weißt ja, meine ehrenamtlichen Aktivitäten. Obdachlosen- und Tierschutzverein, Wahlkampfkampagne …«

»Ohne mit siebzehn wählen zu dürfen«, warf Di Bernardo ein. »Ich weiß. Das Engagement für Grönlandeskimos und Kongounterstützung online. Bei allem Respekt, gibt es sonst noch etwas, das dich von der Schule ablenkt?«

»Hey, lass mich ausreden. Du willst doch, dass ich ins Ausland gehe. Ich fand's bisher ganz okay, ohne groß drüber nachgedacht zu haben. Die Lage in Italien ist für uns Jugendliche ein Desaster, da hast du recht.« Eine dunkle Locke fiel Alberto in die

Stirn, die er nachlässig wegpustete.»Trotzdem haben alle meine älteren Freunde nach dem Studium hier einen Job gekriegt. Warum sollte das bei mir nicht auch klappen? Sprachen studieren, um ins Ausland zu verschwinden – das ist echt nicht der Renner.«

»Und was ist für dich der Renner?«

»Politologie oder Jura. Und nach dem Studium gründe ich meine eigene Partei. Jemand muss hierbleiben und das Land aus der Krise retten.« Albertos dunkle Augen funkelten.

Für einen Moment hatte Di Bernardo befürchtet, sein Sohn könnte in seine Fußstapfen treten wollen. Jetzt fühlte er geradezu Erleichterung in sich aufsteigen. »Und dieser Retter, das bist ausgerechnet du?«

»Warum nicht? Nur weil in meinem Zimmer Chaos herrscht, heißt das nicht, dass es in meinem Kopf genauso aussieht.«

»Na, bei *dem* Chaos würde Italien wohl bald Atlantis heißen. Aber wie kommst du auf die Idee, eine politische Partei zu gründen? Was soll das überhaupt für eine sein?«

»Eine, die die Bedürfnisse des Volkes über ihre eigenen stellt. Das Land hat den Glauben an sich selbst verloren, ist dabei, in Stücke zu zerfallen. Der Zeitpunkt ist perfekt, um nach vorn zu schauen, denn sei mal ehrlich: Schlimmer als jetzt kann es ja kaum noch werden.« Alberto sah ihn trotzig an. »Es kann nur bergauf gehen, und dann, in zehn Jahren …« Er hielt inne und reckte das Kinn. »Ich habe die Ausstrahlung und bin nicht blöd. Ehrenamtlich aktiv, ideenreich. Ein Menschenmagnet!«

»Ein Selbstbewusstseinsmagnet!« Di Bernardo lachte, dann wurde er nachdenklich. »Ein Jurastudium ist kein Zuckerschlecken. In den ersten Semestern kommt es einem wie trockene Materie vor. Später wirst du feststellen, dass es zwischen den Zeilen der Gesetzestexte viel Raum für kreatives und freies Denken gibt. Aber die Politik …«

»Genau«, unterbrach ihn Alberto. »Wenn ich das Studium erst mal hinter mich gebracht habe, dann bin ich gewappnet für die Politik. Nein, sieh mich nicht so an ...«

»Wie denn?«, meinte Di Bernardo und zog eine unschuldige Miene.

»Na so ... so, als würde ich auf der sinkenden Titanic stehen! Nur weil ich mich der Absolventenflucht nicht anschließen will, bin ich doch kein Versager.« Er suchte seinen Blick. »Ich schaffe das, Papà. Genauso, wie du es geschafft hast.«

Darauf wusste Di Bernardo nichts zu erwidern. Alberto pflegte seine Pläne im monatlichen Turnus zu ändern. Andererseits war er sein Sohn, und er war stolz auf ihn.

»Deine Lasagne ist fertig. Ich seh schon, deine Diät beginnt dann nach dem Essen. So wie immer.« Schadenfroh tätschelte Alberto den Bauchansatz seines Vaters.

»Warte nur, bis du in mein Alter kommst«, sagte Di Bernardo, seufzte und reichte seinem Sohn Teller und Gabel. »Komm, iss was mit. Dann fühle ich mich nicht ganz so schlecht.«

Schweigend aßen sie, und Di Bernardo ließ sich das unnachahmliche Gemisch aus säuerlich-süßen Tomaten, cremiger Béchamelsauce und gereiftem Parmesan genüsslich auf der Zunge zergehen.

»Warum kommst du eigentlich so spät?«, fragte Alberto nach einer Weile mit vollem Mund.

Schlagartig zerstob das wohlige Gefühl, das sich in Di Bernardo ausgebreitet hatte. Er ließ die Gabel sinken. »Die Musikmanagerin Cornelia Giordano ist in ihrer eigenen Agentur ermordet worden.«

»Giordano ... Der Name sagt mir was.« Alberto hielt die Gabel in die Höhe, kaute und dachte angestrengt nach. »Da gibt's doch so eine Geigerin, die Mama ständig hört ... Arabella irgendwas ...«

Di Bernardo nickte. »Sie ist die Nichte.«
»Aha. Mama hat sie neulich im Konzert gesehen und mich am nächsten Morgen davon vollgelabert. Verdächtigst du sie etwa?«
»Spielt sie so schlecht?«
»Da darfst du mich nicht fragen. Bei Gangsta oder Radio 105, da schon. Aber Klassik ... puh.« Alberto stand auf, holte den Teller mit Profiteroles aus dem Kühlschrank und stellte ihn in die Mitte des Tisches. »Hier, nimm dir welche. Ist jetzt eh schon egal.«

Di Bernardo zog die Augenbrauen hoch, dann schob er den blitzblank leer gegessenen Lasagneteller von sich und nahm einen himmlisch süßen Bissen. Eigentlich, dachte er, war sein Bauch doch gar nicht zu dick. Vielleicht waren die Hemden ja eingegangen beim Waschen. Er hatte seit Anfang des Jahres eine neue Wäscherei. Wer wusste schon, wie die mit feinster ägyptischer Baumwolle umgingen.

»Noch mal zu dir«, sagte er zu Alberto und kratzte etwas Schokoladensoße vom Teller. In seinem Inneren focht er einen Kampf aus, ob er einen zweiten Profiterole auf seine Gabel spießen sollte oder besser nicht. Er seufzte. »Vor drei Wochen wolltest du noch unbedingt Sprachen studieren. Gut, das mit dem Ausland war meine Idee. Ist die Sache jetzt wirklich gegessen?«

»Wann hast du dich denn entschieden, zur Kriminalpolizei zu gehen?«, konterte Alberto.

»Zur Polizei wollte ich schon immer«, sagte Di Bernardo und schmunzelte. »Genauer gesagt, nachdem ich das erste Mal ›Räuber und Gendarm‹ gespielt hatte.« Schlagartig wurde er ernst. »Später dann, weil ein Freund von mir in der Schule gemobbt wurde. Ich konnte und kann Ungerechtigkeit nicht ausstehen, wie du ja weißt. Als ich mich endgültig entschieden hatte, war mir klar, dass mein Leben sich vollständig ändern würde. Dass es mit Verbrechen durchsetzt sein würde. Mit grausamen Taten, die weit außerhalb meiner jugendlichen Fantasie lagen.«

»Du hast nie was von deiner Arbeit erzählt, damals in Kalabrien.«

»Nein. Mir war schon früh klar, dass ich nie wieder ruhig schlafen würde. Nicht abstumpfen, mich nicht an die Brutalität gewöhnen würde. Aber all das war nebensächlich, denn ich wollte die Wahrheit herausfinden. Bei jedem einzelnen Fall.«

»Und dein Wille treibt dich immer noch an, oder?«, warf Alberto ein. »Dein unbändiger Wille.«

Di Bernardo nickte. »Allerdings. Hinzu kommt das Gefühl der Verpflichtung den Opfern und ihren Familien gegenüber. Ja, ich zahle einen hohen Preis für meine Arbeit, aber die aufgeklärten und besonders die verhinderten Fälle sind eine umso größere Belohnung.« Er lehnte sich zurück und legte die Gabel auf den Tisch. »Und mit dir an meiner Seite hole ich das Beste aus mir heraus.«

Alberto betrachtete seinen Vater nachdenklich. Er schien sich die Worte durch den Kopf gehen zu lassen, sie zu prüfen und abzuwägen. »Gerechtigkeit ist auch für mich fundamental«, sagte er schließlich. »Ich hab keine Angst vor Herausforderungen.«

»Meine Unterstützung hast du. Du wirst das Beste aus deinem Studium machen.«

»Danke, Papà!« Alberto reckte den Daumen in die Höhe. »Du weißt, wie viel mir dein Vertrauen bedeutet. Deshalb verspreche ich dir auch hoch und heilig, nicht mitten im Semester zur Violine zu wechseln.«

Di Bernardo musste lachen. Wer wusste schon, was Alberto als Nächstes in den Sinn kam?!

Eine Weile blieben sie schweigend in der Küche sitzen. Der Teller Profiteroles war längst leer. Ein Auto fuhr vorbei, danach war es wieder still. Es ging auf drei Uhr morgens zu. Durch Di Bernardos Kopf zogen die Bilder, Personen und Gespräche des vergangenen Abends. Er seufzte und stützte den Kopf auf die angewinkelten Arme. Irgendwo draußen ertönte der kurze krächzende Schrei einer Krähe.

»Geh ins Bett, Papà«, sagte Alberto. »Du musst morgen fit sein für deine gierigen Freunde von der Presse.«

Di Bernardo streckte sich. »Da hast du recht.«

»Ich hab immer recht«, sagte sein Sohn und grinste breit.

7

Ich dachte, diese Nacht würde ich endlich wieder befreit schlafen. Doch ich kann es nicht. Ich gieße mir noch einen Whisky ein und stürze ihn hinunter. Brennend rinnt er durch meine Kehle.

Das Ganze war viel zu schnell vorbei. Wenn ich ehrlich bin, dann muss ich sagen: Ich bin enttäuscht.

Erst die Idee. Das ewige Zögern. Selbstgespräche, Zweifel. Die lange Vorbereitungszeit. Dann, endlich, das Messer, blitzartig in ihrer Haut.

Und das soll alles gewesen sein?

Dieser Moment war wirklich kurz. Zu kurz.

Und doch ... Keiner kann ihn mir nehmen, den Augenblick. Das rauschhafte Gefühl. Ich erlebe es wieder und wieder. Mein Bewusstsein füllt sich mit Selbstherrlichkeit, als öffnete sich das Tor in eine bessere Welt.

Nur für mich allein.

Ob Perseus sich so gefühlt hat, als er Medusa enthauptete? Perseus. Er konnte dem Ungeheuer nicht einmal ins Gesicht blicken. Ich schon!

Ich habe ihr in die Augen gesehen, bis ihr Blick brach.

8

Der Nebel lag immer noch in dicken Schwaden über der Stadt, als der Commissario seinen Alfa Romeo um kurz vor acht Richtung Questura lenkte. Die Scheinwerfer der Autos vor ihm bewegten sich wie Irrlichter und verloren sich in dem allgegenwärtigen Dunst über dem Tiber. Auf der anderen Seite des Flusses, am Largo di Torre Argentina, schienen die Ruinen wie von Watte umhüllt. Rom im Winter. Der Verkehr wurde nun dichter, jeder schien sich in Zeitlupe voranzutasten. Minuten später tauchte schemenhaft der Altare della Patria mit seinen verschiedenen Stufen auf, der Di Bernardo immer an ein übergroßes Stück Hochzeitstorte erinnerte. Dann wurde auch er trotz all seiner Monstrosität wieder vom Nebel verschluckt. In den vergangenen Jahren hatte es keinen Morgen wie diesen gegeben. Gab es überhaupt noch Farbe auf der Welt?

Als er aus dem Wagen stieg, umhüllte ihn feuchtkalte Luft, und ein leichter Nieselregen legte sich auf sein Gesicht. Di Bernardo schlug den Mantelkragen hoch und betrat eiligen Schrittes das Gebäude.

In seinem Büro in der Questura wartete bereits Enrico Borghese, sein Vorgesetzter, auf ihn. Er war kräftig und hochgewachsen; im Schein des Deckenstrahlers glänzte seine Glatze. Mit heimlichem Vergnügen bemerkte Di Bernardo, dass der Bauchansatz Borgheses weiter gewachsen war.

»Endlich, Dionisio!«

»*Buongiorno, Signori.*«

Mit einem Nicken begrüßte er Roberto Del Pino, der Kaugummi kauend auf dem Besuchersessel fläzte und nun zu ihm aufsah. Unter seinen Augen zeichneten sich dunkle Ringe ab, und das Haar stand in alle Richtungen ab. Di Bernardo widerstand dem Impuls, einen Kamm aus seiner Schreibtischschublade zu ziehen und ihn seinem Kollegen zu reichen.

»Ich hoffe, Sie warten noch nicht allzu lange auf mich«, sagte er an Borghese gewandt.

»Eine halbe Stunde schon!«, klagte dieser. »Das Telefon klingelt ununterbrochen, und Staatsanwalt Ruggieri hat angekündigt, dass er zur Pressekonferenz kommt. Kann ich mich auf Sie verlassen?«

»Nur wenn Sie in meinem Büro Ordnung walten lassen«, brummte Di Bernardo und blickte demonstrativ auf die beiden leeren Kaffeebecher, die dicke Ränder auf dem Glastisch hinterlassen hatten. Mit geübtem Griff entnahm er einer Schublade ein Löschblatt, entfernte die Flecken und polierte die Stelle mit der Rückseite seiner Krawatte nach. Borghese verdrehte die Augen, doch er verkniff sich eine Bemerkung. Del Pino nutzte die Gunst der Stunde und blies den Kaugummi zu einem Miniballon auf.

»Wir werden eine Menge Journalisten am Hals haben«, sagte der Questore mit einem irritierten Seitenblick auf Del Pino. »Giordano war eine berühmte Musikmanagerin.«

Di Bernardo vermutete, dass auch Borghese bis zum vorherigen Tag noch nie etwas von Cornelia Giordano gehört hatte, wollte den Questore aber nicht unnötig reizen. Der Morgen brachte schon genug Probleme mit sich. Er lehnte sich gegen den wuchtigen Schreibtisch und fasste zusammen, was sie bisher ermittelt hatten.

»Ich gehe davon aus, dass der Mörder Cornelia Giordano kannte, genauso wie den täglichen Ablauf in der Agentur«, begann er. »Er muss die Tat geplant haben. Von einer Seitengasse oder vom Park aus kann man das Kommen und Gehen im Haus gut beobachten. Außerdem war gestern ein scheußlicher Abend und kaum eine Seele auf den Straßen unterwegs.« Er räusperte sich. »Der Täter wartet, bis Giordanos Nichte und die Sekretärin das Haus verlassen, dann schlägt er zu. Er nimmt die Tatwaffe und Giordanos Handtasche mit und verlässt das Haus über den Hinterhof. Die Spurensicherung hat keine Blutspuren in den übrigen Räumen gefunden. Es ist ein frei stehendes Haus, Pförtner oder Videokameras gibt es keine. Das ist das eine Szenario.«

Borghese nickte. »Und das andere?«

»Die Sekretärin geht hinaus, kurz bevor der Mord geschieht ...«

»Sie meinen, sie geht hinaus, *damit* der Mord geschieht«, mutmaßte der Questore.

»Exakt. Außerdem blieb sie einige Minuten länger in der Bar als sonst – angeblich, um sich mit dem Barmann über das Wetter zu unterhalten.«

Borghese verzog die Mundwinkel. »Wie schätzen Sie sie ein?«

»Marina Adamová wirkte ziemlich mitgenommen. Doch in ihren Aussagen klang sie eher sachlich, beinahe kühl.«

»So wie jemand, der es gewohnt ist, ein wahres Blutbad und mittendrin seine Chefin vorzufinden?«

Di Bernardo strich sich über den Bart. »Nein. So jemandem bin ich in Rom noch nicht begegnet.«

»Giorgia Magnanti hat die Nachbarn vernommen. Niemand will etwas gesehen haben. Konnten Sie herausfinden, woran Cornelia Giordano vor ihrem Tod am Computer gearbeitet hat?«

»An der USA-Tournee für ihre Nichte«, meldete sich Del Pino zu Wort. »Die letzte E-Mail muss sie kurz vor dem Mord verschickt haben.«

»Die Sekretärin und die Nichte waren also die Letzten, die Cornelia Giordano lebend gesehen haben.« Borghese wandte sich wieder an Di Bernardo. »Motive?«

»Bisher unklar. Signorina Adamová verdankt Giordano die Arbeit, Arabella Giordano verdankt ihr die Karriere. Das spricht gegen beide. Dennoch hat Arabella Giordano anfangs abgestritten, kurz vor der Tat in der Agentur gewesen zu sein. Sie gab es erst zu, nachdem wir sie mit der Aussage der Sekretärin konfrontiert hatten. Sie hat ihre Tante aufgesucht, um finanzielle Unterstützung für ein Festival zu erbitten – das behauptet sie zumindest. Sie soll das Büro nach einem Streit verlassen haben.«

»Endgültig?«

»Das können wir nicht mit Sicherheit sagen.« Di Bernardo zuckte mit den Schultern. »Die Sekretärin sah Arabella Giordano aus der Agentur gehen und ist kurz danach selbst aufgebrochen, um in der Bar Kaffee und Ciabatta für ihre Chefin zu holen. Wenige Minuten danach muss der Mord passiert sein. Adamová gab an, Arabella weder im Treppenhaus noch draußen auf der Straße gesehen zu haben.«

»Hätte sie sich verstecken können?«

»Klar«, meinte Del Pino. »Im Aufzug zum Beispiel. Oder unten im Erdgeschoss, dort steht eine Wohnung leer. Möglich wäre es, auch wenn wir noch keine Spuren gefunden haben.«

»Verstehe. Was noch?«

Di Bernardo runzelte die Stirn. »Arabella wirkt berechnend. Sie verbirgt etwas, da bin ich mir ziemlich sicher. Außerdem hat sie sich mit einer Aussage bezüglich der Todesursache verdächtig gemacht. Wir sind dran.«

»Das ist ja schon mal was.« Borghese sah Di Bernardo forschend an. »Aber Sie halten sie trotzdem nicht für schuldig.«

Di Bernardo schüttelte kaum merklich den Kopf. »Mord im

Affekt, das liegt natürlich im Bereich des Möglichen. Wenn sich der Streit um etwas Essenzielles drehte, wenn die Karriere in Gefahr war – wer weiß? Aber was ist mit der Mordwaffe? In dem Fall hätte sie das Messer bei sich tragen müssen, was wiederum für eine vorsätzliche Tötung spräche.«

»Könnte sie es bei sich gehabt haben, um die Tante zu bedrohen? Um ihren Argumenten mehr Druck zu verleihen?«

Di Bernardo stieß sich vom Schreibtisch ab und begann auf und ab zu gehen, was sich in dem kleinen Büro zunehmend unbefriedigend anfühlte. »Selbst wenn sie mit einem Messer in der Tasche herumläuft – wie soll es ihr dann gelungen sein, ihre Tante zu überwältigen und anschließend brutal abzustechen, ohne Spuren an der Leiche zu hinterlassen?«

»Sie könnte mit dem Mörder unter einer Decke stecken«, meldete sich Del Pino zu Wort. »Nehmen wir an, er wartet draußen. Als der Streit eskaliert, verlässt Arabella das Büro und gibt ihm ein Zeichen. Er steigt die Treppen hoch zur Agentur, bedroht die Tante mit dem Messer, und als sie nicht nachgibt – ratsch.«

»Nicht unbedingt, wie ich es formulieren würde, aber da ist was dran«, sagte der Questore anerkennend. »Was meinen Sie, Commissario?«

Di Bernardo runzelte die Stirn. »Denkbar wäre es.« Das war es in der Tat. Dennoch sträubte sich alles in ihm gegen den Gedanken, dass Arabella schuldig sein könnte. Er wusste selbst nicht, warum. »Es ist zu früh, solche Schlüsse zu ziehen«, sagte er schließlich schulterzuckend.

»Ist sie attraktiv?«, fragte der Questore geradeheraus.

Di Bernardo spürte, wie sein Hals rot anlief. »Wir lassen sie beschatten«, beschied er knapp.

»Vorerst kein Wort über sie zur Presse. Wir brauchen nicht auch noch einen Skandal. Sonst noch was?«

»Giordanos älterer Sohn Vincenzo arbeitet erfolgreich in der Musikbranche. Boris, der jüngere Sohn, saß wegen Drogenhandel im Gefängnis«, berichtete Del Pino. »Scheint so etwas wie das schwarze Schaf der Familie zu sein.«

Borghese legte die Stirn in Falten. »Boris Giordano ... Nannte er sich nicht anders?«

»Tinelli, nach dem Vater«, warf Del Pino ein.

»Richtig, Boris Tinelli ... Ich erinnere mich an die Geschichte. Weiß man schon, wo er sich aufhält?«

»Wir suchen nach ihm.«

»Gut«, meinte der Questore und blickte auf die Uhr. »Wir müssen.«

Di Bernardo trat vor den Spiegel und musterte den Sitz seiner Krawatte. Seine Leidenschaft für Krawatten war in der Questura allgemein bekannt. Dank Geschenken von Freunden und Kollegen besaß er über dreihundert Stück. Mit geübtem Griff richtete er den Knoten. Dann öffnete er die Bürotür und überließ den anderen beiden den Vortritt.

Direkt vor dem Eingang des Konferenzsaals klingelte sein Handy. Es war der Staatsanwalt Dottor Andrea Ruggieri. Seine Stimme klang wie üblich leicht beleidigt. Er beschwerte sich, noch immer nicht persönlich über die Entwicklungen im Mordfall informiert worden zu sein. In fünf Minuten werde er zur Pressekonferenz eintreffen und erwarte anschließend einen umfassenden Bericht. Und bevor Di Bernardo etwas sagen konnte, hatte der Staatsanwalt auch schon wieder aufgelegt.

Di Bernardo atmete geräuschvoll aus. Man gewöhnte sich im Leben an alles, auch an das Leitmotiv des Staatsanwalts, der unabhängig von den Bemühungen in der Questura jedes Mal die gleiche Litanei anstimmte. Doch er musste sich nun mal gut mit ihm stellen. Er brauchte Ruggieris Genehmigung, um Cornelia Giordanos Vermögensverhältnisse, die Telefonverbindungen,

Kontobewegungen und Zahlungsvorgänge ihrer Kreditkarten überprüfen zu können. Also würde er den Staatsanwalt nach der Pressekonferenz möglichst unterwürfig in die mageren Interna einweihen.

»Dottor Ruggieri und ich erwarten täglich einen Bericht von Ihnen«, ergänzte Borghese nun überflüssigerweise. »Und noch etwas, Dionisio. Ein Unglück kommt selten allein. Passen Sie besser auf.«

9

Der Morgen danach. Noch immer umweht mich der Blutgeruch. Und mit ihm die Euphorie, die nur langsam verebbt. Ich will die Erinnerung an die Tat festhalten. Jedes noch so kleine Detail, jede Sechzehntelpause und jeden einzelnen Ton.

Dazu das Crescendo der anschwellenden Lust, begleitet von ihrem Röcheln.

Dann ein Diminuendo, die abebbende Lust.

Das Hochgefühl danach: die Coda.

Würde ich es noch mal tun?

Da Capo?

Wieder alles erleben? Noch einmal ein Allegro diabolico?

Ich lächle unwillkürlich.

Die Antwort ist Ja.

10

»Commissario!«

Di Bernardo drehte sich um.

Del Pino kam mit langen Schritten über den Korridor auf ihn zugelaufen. »Vincenzo Giordano hat von der Stazione Termini angerufen. Wegen des Nebels kommt er jetzt mit dem Zug, offenbar hat sein Flieger ewig Verspätung.«

»Hm«, brummte Di Bernardo. »Und wann wird er hier sein, vorausgesetzt, der Zug kommt einigermaßen pünktlich?«

»Gegen Mittag. Fahren wir zu Giordanos Villa und sehen uns ein bisschen um?«

»Das kann ich allein erledigen. Ich brauche jemanden, der die Ergebnisse der Spurensicherung zusammenträgt«, sagte Di Bernardo. »Ah, und ich will wissen, was Arabella heute macht.«

»Apropos Arabella«, sagte Del Pino und zog sein Handy aus der Tasche seiner Jeans. Die Hose saß so eng, dass es ungesund wirkte. Di Bernardo überlegte wieder einmal, ob er Del Pino darauf ansprechen sollte. Auf die Hose und die roten Turnschuhe. Und den Haarschnitt. Und so manches andere.

»Ich wollte Ihnen das hier zeigen. Das letzte Konzert, das Cornelia Giordano besucht hat. Haben Sie einen Moment Zeit? Oder hat das Treffen mit dem Staatsanwalt Ihnen die Laune verdorben?«

Anstelle einer Antwort gab Di Bernardo der Tür zu seinem Büro einen Schubs und trat ein.

Bevor er etwas sagen konnte, hatte Del Pino sich in den Besuchersessel gefläzt und hielt das Handy so, dass Di Bernardo sich vorbeugen musste, um etwas sehen zu können. Der Minzgeruch von Del Pinos Kaugummi stieg ihm in die Nase.

Die Aufnahme stammte vom 22. Januar, zwei Tage vor Cornelia Giordanos Tod. Ein Text erschien: Eugène Ysaye, Sonate Nr. 5 für Violine Solo. 1. Satz, »L'Aurore – der Sonnenaufgang«. Die Orchestermusiker saßen noch auf der Bühne und hatten ihre Instrumente auf dem Schoß. Vielleicht war es ja eine Zugabe. Konzentriert stand Arabella auf dem Podium in der Basilica di Santa Sabina, einem wahren Schmuckstück der frühchristlichen Architektur. Das Fresco hoch über ihr in der Apsis schien sie geradezu zu krönen. Die Kamera fuhr näher an sie heran. In ihrem figurbetonten weißen Kleid und mit dem blonden Haar, das sie zu einem Knoten gebunden hatte, sah sie atemberaubend aus. Di Bernardo beugte sich unwillkürlich ein Stück näher heran.

Arabella hob die Geige an die Schulter. Einen Moment verweilte sie mit dem Bogen in der erhobenen Hand, dann senkte sie ihn auf die Saiten und begann zu spielen. Di Bernardo war fasziniert von der Intensität, mit der Arabella sich dem Spiel hingab: angefangen mit einer ruhigen Melodie aus langen Tönen, die sich immer leidenschaftlicher entwickelte und zu einem explosiven Finale führte. Und tatsächlich kam es ihm so vor, als würde mit ihrem Spiel langsam und majestätisch die Sonne aufgehen.

Die Kamera schwenkte an den antiken Säulen vorbei zu der Zedernholztür mit ihren berühmten Paneelen. Die Musik schien jeden Quadratzentimeter der Basilica zu erfüllen. Langsam fuhr die Kamera weiter, zu den Zuschauern.

»Da!«, rief Del Pino plötzlich aus und stoppte die Aufnahme. In der ersten Reihe war Cornelia Giordano zu erkennen. Del Pino vergrößerte den Ausschnitt. Auf ihrem Gesicht zeichnete sich Anspannung ab, aber vielleicht war es nur ein ungünstiger Moment.

Del Pino berührte das Display, und die Musik erklang wieder. Di Bernardo heftete den Blick auf die Agentin, doch die Kamera glitt nun die Reihen der Zuschauer entlang. Unruhe entstand, als ein Mann in einer der vorderen Reihen aufstand und sich an den Sitzenden entlang Richtung Ausgang bewegte. Die Kamera wechselte wieder zu Arabella, und Del Pino spulte vor.

»Das geht jetzt ewig so weiter mit dem Gegeige«, sagte er.

»Ich will es bis zum Schluss hören«, erwiderte Di Bernardo, der sich eingestehen musste, dass die Musik ihn wider Erwarten in den Bann zog. Die Musik und ihre Interpretin.

Er beobachtete Arabella, wie sie den Bogen führte, energisch und doch elegant. Die geschlossenen Augen, die Mimik – konnte eine Frau, die so engelsgleich spielte, eine brutale Mörderin sein? Wenn er sie so sah, sinnlich-versunken in der Musik, würde er ihr nicht mal eine Lüge zutrauen. Und doch hatte sie ihnen eine Geschichte aufgetischt, die gelogen war. Hatte zunächst behauptet, am Abend nicht bei ihrer Tante in der Agentur gewesen zu sein. Und das, ohne rot zu werden.

Nachdem das lange Echo des letzten Tons verklungen war, nahm Arabella Giordano die Violine langsam und geradezu königlich von der Schulter. Es folgten Sekunden einer atemlosen magischen Stille. Dann setzte donnernder Applaus ein.

Di Bernardo richtete sich auf und streckte den Rücken durch.

»Und?«, fragte Del Pino. »Was sagen Sie zu unserem Supertalent?«

»Suchen Sie nach anderen Aufnahmen des Konzerts, wo wir mehr von der Giordano sehen. Wir sollten auch die Zuschauer im Auge behalten.«

Del Pino schlug die Beine übereinander. »Und Arabella?«

»Lassen wir weiter beschatten. Klären Sie die Sache mit dem Festival oder worum auch immer der Streit ging, ja? Ich fahre jetzt zur Villa und statte der Haushälterin einen Besuch ab.«

Mit einem Nicken entließ er Del Pino und griff nach den Autoschlüsseln.

Er hatte das starke Gefühl, dass Arabella nicht nur eine hervorragende Geigerin, sondern auch eine gewiefte Schauspielerin war. Sie wusste definitiv, wie man sich in Szene setzte. Zugleich wirkte sie eigentümlich hilflos, ja schutzbedürftig.

Vielleicht war es ja das, was in ihm eine Saite zum Klingen brachte, die nichts, aber auch gar nichts in einem Mordfall zu suchen hatte.

11

Der Weg zum Anwesen der Musikagentin führte den Commissario erneut nach Parioli, wo abgesehen von der Agentur auch die Wohnung von Arabella Giordano lag. Offensichtlich war der noble Stadtteil das bevorzugte *quartiere* der Familie.

Der alles umhüllende Nebel hatte sich inzwischen verzogen, und man konnte endlich wieder etwas weiter sehen, doch der Verkehr war zäh. Als Di Bernardo den Largo di Torre Argentina mit seinen spalierartigen Säulen im Schritttempo passierte, sah er die Katzen des Sanktuariums über die Ruinen stolzieren. Ein cremefarbener Langhaarkater thronte sphinxhaft auf einer antiken Balustrade, offenbar der Big Boss des Reviers.

Di Bernardo wechselte auf die linke Spur, musste aber augenblicklich feststellen, dass das ein Fehler gewesen war: Der VW vor ihm kroch förmlich, und aus seinem Auspuff drang beißender Gestank.

Zwanzig Minuten später hatte er sein Ziel erreicht. Beim Aussteigen aus dem Auto trat Di Bernardo in ein mit Regenwasser gefülltes Straßenloch. Er fluchte und bückte sich, um den nassen Hosensaum ein wenig hochzuziehen. Der Tag konnte nur besser werden.

Die eingeschossige Villa auf der Via Barnaba Oriani wirkte mit ihrem gelben Anstrich auch an einem trostlosen Tag fröhlich und wie ein Fremdkörper zwischen den grauen Nachbargebäuden. In der offenen Garage sah er einen weißen Lancia Delta stehen.

Sein Blick wanderte zum Portal. Die dunkle Kassettentür wurde von einem Bogen aus Jura-Marmor gerahmt, der an der oberen Spitze mit einer Venusmuschel verziert war. Alles war sehr erlesen.

Er spürte, dass jemand ihn durch den Türspion beobachtete. Di Bernardo zog wortlos seinen Polizeiausweis hervor und hielt ihn hoch. Prompt wurde die Tür aufgeschlossen, und eine kleine, kräftige Frau um die sechzig kam dahinter zum Vorschein. »Treten Sie ein, Commissario. Ich habe schon auf Sie gewartet.«

»Signora Ortalli?«, fragte er.

Sie nickte und führte ihn in einen eleganten Salon. Der Marmorboden war mit einem seidenen Orientteppich bedeckt, die Fransen akkurat gekämmt. Auf den antiken Möbeln war kein einziges Staubkörnchen zu sehen.

»Zehn Jahre«, sagte Signora Ortalli in den verlassen wirkenden Raum hinein. »Zehn Jahre habe ich für Cornelia hier den Haushalt gemacht. Ich fasse es nicht. Jeden Augenblick denke ich, sie kommt zur Tür herein. Ich kann es einfach nicht glauben! Erst gestern noch ...«

»Signora Ortalli«, unterbrach Di Bernardo sie sanft, aber bestimmt. »Ich müsste Ihnen ein paar Fragen stellen.«

»Ja, natürlich ... «

»Sie wohnen hier in der Villa?«

»Ja, ich bin vor zwei Jahren eingezogen. Lassen Sie mich nachdenken ... Anfang Dezember war es, also Dezember vor zwei Jahren. Da hat Cornelia mir das Angebot gemacht, hier bei ihr zu wohnen. Sie war ja die meiste Zeit sowieso nicht da, immer hat sie gearbeitet, von früh bis spät, und dann an den Abenden, da war sie bei Konzerten. Natürlich ist sie nicht zu allen gegangen, aber – ›Elsa‹, hat sie gesagt, ›ich darf keine Schwäche zeigen. Die Konkurrenz lauert wie die Hyänen.‹ Das waren ihre Worte. Oder waren es Wölfe? Ja, ich glaube, sie hat Wölfe gesagt. Das ...«

Di Bernardo massierte sich angestrengt die Schläfen. Schon jetzt bereute er inständig, dass er nicht Del Pino hergeschickt hatte.

»Jedenfalls dachte ich mir, das ist ein Angebot, das ich nicht ausschlagen sollte. Kaffee?«

Di Bernardo fuhr zusammen.

»Wollen Sie einen Kaffee, Commissario?«

Di Bernardo wollte keinen, nickte aber eifrig. Das verschaffte ihm die Gelegenheit, einen Augenblick durchzuatmen und sich unauffällig im Zimmer umzusehen.

Geschäftig verließ die stämmige Frau den Salon. Kurz darauf hörte Di Bernardo das Klappern von Geschirr aus der Küche.

Sein Blick fiel auf ein kleines Gemälde: eine Wiese, ein blühender Baum, im Hintergrund eine Stadt. Und dazu ein wohlgenährter blauer Esel, der im Himmel schwebte. Er trat näher heran. Ein Chagall? Sein Großvater hätte es gewusst, er liebte die Kunst.

»L'asino nel cielo blu«, sagte Elsa Ortalli hinter ihm. Di Bernardo schreckte zusammen. »Die Signora hat das Bild erst letztes Jahr erstanden. Wenn Sie mich fragen, ich begreife nicht, warum der Esel nicht auf der Wiese *steht*. Aber wahrscheinlich ist das Bild deshalb so teuer gewesen. Knapp vierhunderttausend.«

Di Bernardo machte sich gedanklich eine Notiz. Es war an der Zeit, dass er einen Einblick in die Vermögensverhältnisse des Opfers bekam!

Elsa Ortalli stellte ein Tablett mit Kaffee und einem Teller Biscotti auf einen Beistelltisch und bat ihn, Platz zu nehmen. Der Kaffee war lauwarm und sauer; es fiel Di Bernardo schwer, beim Trinken nicht das Gesicht zu verziehen. Sein Magen meldete sich. Er stellte die Tasse wieder ab und hielt sich an die Kekse. Die zitronige Füllung war eine Wohltat nach dem bitteren

Gebräu und einfach köstlich. Er würde am Abend joggen gehen. Diesmal wirklich.

Elsa Ortalli schwatzte unaufgefordert über ihre verstorbene Chefin, gerade so, als wäre Di Bernardo nicht als Ermittler in einem Mordfall, sondern auf einen Kaffeeklatsch vorbeigekommen.

»Cornelia, sie lebte für ihre Arbeit«, sagte Elsa Ortalli, und hier wurde ihre Stimme ehrfurchtsvoll. »Sie schätzte Ordnung, Pünktlichkeit und Disziplin. Und wenn jemand sich ihr in den Weg stellte? Ha, selber schuld. So hoch angesehen, wie sie war, wagte das ohnehin keiner. Zumindest nicht in den letzten Jahren, nicht, seit ich für sie gearbeitet habe.«

»Hatte sie mit jemandem vielleicht persönliche Schwierigkeiten?«, fragte Di Bernardo.

»Na ja, natürlich gab es ständig Probleme mit Boris. Sie wissen ja … Eine Schande für die Familie!« Elsa Ortalli verschränkte die Arme vor der Brust. »Nachdem Boris aus dem Gefängnis kam, hatte er kaum Kontakt zu seiner Mutter. Ich habe die beiden seither vielleicht zwei-, dreimal zusammen gesehen. Und kann man ihr das verdenken? Nein! Das kann man nicht. Deshalb bin ich ja auch so überrascht gewesen, als Boris vor zwei Wochen oder so plötzlich hier zu Hause aufgetaucht ist …« Sie senkte die Stimme. »Überrascht, nein … das ist das falsche Wort. Ein Schreck war das. Ich bin vor Schreck zusammengefahren!«

Di Bernardo beugte sich automatisch vor. »Warum sind Sie denn so erschrocken, Signora Ortalli?«

»Weil Boris so gut wie nie hier gewesen ist! Außerdem hatte ich ihn gar nicht gehört, so leise, wie er in die Diele trat. Wie auf Pantoffeln. Ob es mit Absicht war, weiß ich nicht. Ich dachte zuerst, jemand wäre ins Haus eingebrochen. Ich war gerade in der Küche und habe die Füllung für die Tomaten gemacht, die

Cornelia so gerne aß, hart gekochte Eier und Feta-Käse. Das ist wichtig, dass man den richtigen Käse nimmt, sonst schmeckt das nach nichts. Dazu glatte Petersilie, die bekommt man am besten auf dem Markt an der Via Parioli, aber niemals montags, da fahre ich lieber zum Campo de' Fiori, Sie wissen schon … Ach, wo war ich stehen geblieben … ah, ja. Ich habe ein Geräusch gehört, genau. Also packte ich das Hackmesser, schlich an die Tür und stieß sie auf. Und da stand er im Flur. Boris. Er begrüßte mich unwirsch und meinte, ich solle mich nicht aufregen, er werde gleich wieder gehen. Er wollte etwas in Cornelias Auftrag abholen. Aber er sagte mir nicht, was es war. Und dann war er schon wieder weg, bevor ich auch nur ein paar Worte mit ihm reden konnte.«

Di Bernardo unterdrückte ein saures Aufstoßen. Er konnte nachfühlen, dass der Mann vor dieser Frau die Flucht ergriffen hatte! Aber dennoch musste jemand der Sache nachgehen. Del Pino. Oder Campresi. Ja, er würde Campresi herschicken. Der Gedanke erfüllte ihn mit einem Hauch Genugtuung.

Er räusperte sich. »Was war denn mit Cornelias älterem Sohn? Können Sie mir zu ihm etwas erzählen?«

»Unser Vincenzo«, sagte Elsa Ortalli mit einer Mischung aus Bewunderung und Ehrfurcht in der Stimme. »Er war schon immer Cornelias ganzer Stolz. Er ist häufig hier zu Besuch gewesen, obwohl er so viel Arbeit in Mailand hat. Der gute Junge. Da fällt mir ein, Cornelias Nichte Arabella, sie ist wirklich eine Violinistin *straordinaria*. Aber das wissen Sie bestimmt, oder? Sie ist die Tochter von Cornelias Schwester Margarita und …« Elsa Ortalli schwieg plötzlich und sah ihn mit großen Augen an.

Di Bernardo bemerkte ihr Zögern. »Bitte sprechen Sie weiter, Signora Ortalli!«

»Ach, Commissario, wie soll ich sagen. Die Beziehung zwischen den Schwestern war irgendwie seltsam«, meinte Elsa

Ortalli. »Cornelia wohnte in Rom, Margarita in Florenz, aber es hätte genauso gut der Mond sein können. Was sag ich, der Jupiter! Margarita war nur ein einziges Mal in Rom zu Besuch, seit ich hier arbeite. Es war trotzdem ein Schock, als sie vor vier Jahren bei einem Autounfall ums Leben kam. Selbst verschuldet.« Sie zuckte die Schultern.

Di Bernardo beschloss, hier nicht weiter einzuhaken, und wandte sich lieber dem Freundeskreis zu.

»Freunde? Ich sage Ihnen was, Commissario. Eine Frau wie Cornelia hatte keine Zeit für Freunde. Und die wollten sie sowieso alle nur ausnutzen.«

»Und wie war es mit Bekannten?«

Über Cornelia Giordanos Bekanntenkreis wusste Elsa Ortalli wenig. Sie hatte aber bemerkt, dass ihre Chefin in den letzten Wochen besonders viele Anrufe erhalten hatte, auch zu Hause. Sie sei anfangs davon ausgegangen, dass es mit der Arbeit zu tun habe. Doch seit Kurzem hätten die Anrufe Cornelia gestört.

»Sie hat mich mehrmals gebeten, das Gespräch nicht weiterzuleiten. Ich habe sie gefragt, was ich denn tun solle, wenn der Anrufer zu aufdringlich würde und sich nicht abwimmeln ließe.« Elsa Ortalli verstummte und senkte den Blick.

»Und was sagte Signora Giordano dazu?«, drängte Di Bernardo.

»Sie meinte, ich solle einfach sagen ... *sie sei tot*.« Elsa Ortalli presste die Hände auf die Augen, dann schluchzte sie.

Di Bernardo runzelte die Stirn. Auch er wünschte sich manchmal, sich vorübergehend tot stellen zu können, besonders wenn Anrufe aus der Questura oder, schlimmer noch, von Ruggieri kamen. Aber dass man jemand anderen bat, zu sagen, man sei tot, das war geradezu bizarr.

»Erinnern Sie sich an die Anrufer? Waren es verschiedene oder immer ein und dieselbe Person?«

Elsa Ortalli zog ein Taschentuch hervor und wischte sich die Augen. »Da waren verschiedene. Einige sprachen mit Akzent. An die Namen erinnere ich mich leider nicht mehr. Außer an diesen französischen Geiger ...« Sie errötete leicht und suchte nach Worten. »Nun ... Sie wissen schon.«

»Was genau soll ich wissen, Signora?« Di Bernardo setzte ein einnehmendes Lächeln auf, das die Wirkung nicht verfehlte.

»Der Geiger, dieser René ... René Bellamy. Er ist Student an der *Accademia*. Durch die Agentur hatte er viele Konzerte und bekam ein teures Instrument geliehen. Und wenn ich jetzt an Signora Giordano denke, ihre gute Laune und den Wunsch nach französischem Essen ...« Wieder stieg ihr die Röte ins Gesicht, und sie senkte den Blick.

»Sie meinen, die beiden haben sich auch privat getroffen? War René Bellamy hier im Haus? Keine Sorge, Signora. Es dringt nichts an die Presse.«

Sie nickte eifrig und senkte dann die Stimme. »Einmal war er da, Anfang Januar. Zum Abendessen. Aber da hat mir Signora Giordano freigegeben und mir eine Kinokarte geschenkt. Für die Spätvorstellung.«

»Seit wann wurde er von der Agentur vertreten?«

»Seit etwa zwei Jahren, würde ich sagen. Wie schnell es doch ging, dass ...« Elsa Ortalli brach mitten im Satz ab. Womöglich bedauerte sie, das Thema angeschnitten zu haben.

Di Bernardo sah sie forschend an. »Was genau ging schnell, Signora?«

Jetzt waren ihre Wangen purpurrot. »Sie ... na, sie schwärmte anfangs so von Renés Geigentalent und seiner Persönlichkeit. Noch einen Kaffee, Commissario?« Ihre Miene wirkte plötzlich verschlossen.

Hastig hielt er die Hand über die Tasse. »Nein danke. Sie sagten anfangs?«, bohrte er nach.

Elsa Ortalli zog die Schultern hoch und breitete dann die Hände aus. »Also ich würde sagen, der Stern dieses jungen Mannes ist bereits wieder am Sinken.«

Di Bernardo verengte die Augen. »Hat er deshalb angerufen? Bekam er weniger Konzerte oder …«

»Es tut mir leid, Commissario, aber über den Inhalt der Gespräche weiß ich nichts.« Elsa Ortalli erhob sich und stellte die Kaffeetassen und den leeren Biscotti-Teller zurück aufs Tablett.

Die Geste war eindeutig. Vorerst würde er nicht mehr über die Sache mit dem Geiger erfahren.

Während Elsa Ortalli das Tablett zurück in die Küche brachte, rief er kurz René Bellamys Website auf dem Smartphone auf und bookmarkte sie.

Das brachte ihn auf einen Gedanken. »Signora Ortalli«, sagte er, als die Haushälterin in den Salon zurückkam. »Denken Sie bitte gut nach. Hatte Signora Giordano ein zweites Handy?«

Sie schüttelte den Kopf. »Ich habe nie eins gesehen und hatte auch nur eine Nummer von ihr.«

»Nun gut. Darf ich mich ein wenig umsehen?«

Elsa Ortalli nickte. »Natürlich. Ich bin in der Küche, wenn Sie mich brauchen.«

Di Bernardo stand auf, zog sich Einmalhandschuhe über und ging in den Flur hinaus.

»In einem der Zimmer oben sind die Wände mit wunderschönem Bambus verkleidet«, rief Elsa Ortalli ihm nach. »Wurde aus Indonesien geliefert. Der Raum ist fast leer, weil der Boden geschliffen werden muss.«

Zwei Zimmer im Erdgeschoss gehörten Elsa Ortalli, während Cornelia Giordano die drei Zimmer im oberen Stock bewohnt hatte. In der Bibliothek fand Di Bernardo Giordanos Laptop, der im Ruhemodus war. Kurzerhand packte er ihn zusammen mit dem Aufladekabel in seine Tasche.

Die Bibliothek enthielt eine Sammlung von Kunstbüchern und Dokumentationen über den Zweiten Weltkrieg. Er fuhr mit dem Finger über die Buchrücken, die millimetergenau aneinandergereiht waren. Auf dem Schreibtisch standen Familienfotos, die meisten von Cornelia Giordano mit ihrer Nichte Arabella. Auf mehreren Fotos war ein selbstbewusster Mann um die vierzig mit Brille zu sehen, der die Arme um die beiden Frauen legte. Eine Familienidylle. Di Bernardo tippte auf Vincenzo Giordano. Ein Bild zeigte Arabella in enger Umarmung mit einem großen dunkelhaarigen Mann. Ihr Freund? Oder Boris Giordano? Die beiden sahen einander glücklich an.

Auch das Schlafzimmer war geschmackvoll und exklusiv. Cremefarbener Damast, ein Hauch Louis-quatorze. Di Bernardo ging weiter ins ungeheizte Nachbarzimmer. Außer einem Schreibtisch gab es hier keine Möbel, Gardinen oder Teppiche. Durch den Bambus war der Raum recht düster, aber die Leere ließ ihn größer wirken, als er war. In einer Ecke des Raumes hatte eine Spinne begonnen, ihr Netz zu bauen. Di Bernardo nahm sich den Schreibtisch vor. Die obere Schreibtischschublade war fast leer, nur Cornelia Giordanos Reisepass lag darin. Sie war vor Kurzem vierundsiebzig Jahre alt geworden.

Der Commissario studierte das Passfoto, fand auch hier den harten, fast herrischen Zug um die Augen und den Mund. Eine Frau, die es gewohnt war, das zu bekommen, was sie wollte.

Als Nächstes wandte er sich der unteren Schreibtischschublade zu. Sie quoll nahezu über. Nach und nach zog er verschiedene Mappen heraus, die Konzertprogramme, ein paar abgelaufene Verträge und Zeitungsausschnitte enthielten. Als er die Schublade weiter aufziehen wollte, um sich zu dem Chaos im hinteren Teil vorzuarbeiten, merkte er, dass sie klemmte. Stirnrunzelnd fischte er weitere Unterlagen und einzelne Blätter heraus. So ganz wollte die Unordnung nicht in sein Bild von der

Agentin passen. Die Schublade klemmte noch immer. Di Bernardo bückte sich und sah, dass sich dahinter etwas verfangen hatte. Vorsichtig zog er daran, bis er einen braunen Umschlag in der Hand hielt.

Er war nicht zugeklebt. In seinem Innern befanden sich einige aktuelle Zeitungsausschnitte.

Ein Interview mit Fabrizio Emme, einem neapolitanischen Dirigenten, über eine Produktion in der Mailänder *La Scala*.

Ein Bericht über einen »Wundergeiger« aus Paris, dem eine Meistervioline von J. B. Vuillaume zur Verfügung gestellt worden war. René Bellamy. Di Bernardo betrachtete das zum Artikel gehörende Porträtbild aufmerksam. Der Geiger sah definitiv zu jung aus für eine Affäre mit Cornelia Giordano. Zehn, zwanzig Jahre Altersunterschied, warum nicht. Aber fünfzig? Vermutlich hatte sich Elsa Ortalli das nur eingebildet. Er blätterte weiter.

Ein Bericht über die junge Geigerin Laura Maffia.

Und schließlich ein Artikel über Arabella Giordano, über dem ein quer über die Seiten verlaufendes Kreuz prangte: Der Text war mit einem dicken schwarzen Filzstift vertikal und horizontal durchgestrichen. Schon nach zwei Sätzen war klar, dass es sich um einen Verriss handelte.

Das letzte Blatt war mit Druckbuchstaben beklebt, die aus Zeitungen herausgeschnitten worden waren.

Liebe Cornelia,
Du bist mächtig, aber nicht allmächtig. Du bist stark, aber nur ein Mensch. Geniesse deine Zeit, und am Ende wünsche ich Dir eine gute Nacht. Erinnere Dich daran, dass die lange Nacht für Dich gerade erst beginnt.
»Ich fahr sicher hin mit Frieden. Es ist genug.«
J. S. Bach, BWV 60

Eine merkwürdige Spannung kroch Di Bernardos Rücken hoch. Er las das Schreiben noch einmal. Etwas an den Worten erkannte er nicht, obwohl es ihm fast entgegensprang. Fieberhaft rief er sich die Unterhaltungen mit Arabella Giordano und Marina Adamová ins Gedächtnis. Gesprächsfetzen zogen durch seinen Kopf und entschwanden ohne eine Verbindung zu dem Brief.

Di Bernardo schaute hinter und unter den Schreibtisch, fand jedoch keine weiteren Papiere oder Notizen.

Er richtete sich wieder auf und streckte sich. Dann steckte er seufzend die Unterlagen und den Brief in eine Klarsichtfolie und verstaute sie in der Tasche. Später würden die Mitarbeiter der Spurensicherung das Haus auf den Kopf stellen müssen.

Beim Verlassen der Villa fiel dem Commissario einen Moment zu spät eine Gruppe von Klatschreportern auf, die in diskretem Abstand wartete und nun wie auf Kommando mit Kameras und Mikrofonen auf ihn losstürmte.

Alle redeten durcheinander, Mikros wurden ihm unter die Nase gehalten, und er verstand kein Wort. Um den Fragenschwall zu stoppen, hob Di Bernardo die Hand. »Über den letzten Stand der Ermittlungen wurde auf der Pressekonferenz berichtet«, sagte er stereotyp. »Es gibt nichts Neues.«

Netter Versuch, der das Problem natürlich nicht löste. Entnervt griff er nach dem Autoschlüssel, bahnte sich einen Weg durch die Menge, schloss den Wagen auf und setzte sich hinters Steuer. Im Rückspiegel sah er, wie die Journalisten ihm heftig gestikulierend etwas nachriefen. Er war froh, dass er sie nicht hören konnte.

12

Cremona, 8. September 1716

Trotz der frühen Nachmittagsstunde war es dunkel in der Werkstatt. In zitternden Streifen lief der Regen die Fensterscheiben hinunter. Antonio Stradivari zündete die Öllampe an und sah auf die Piazza San Domenico. Im Laufe der letzten Stunde hatte sich der Regen in eine Flut verwandelt und die engen Gassen Cremonas unter Wasser gesetzt. Die feuchte Luft tat dem Holz gut, doch ihm schlug das Wetter aufs Gemüt.

Nach kurzem Nachdenken rief er nach seinen Söhnen Francesco und Omobono. Nur das Prasseln des Regens antwortete ihm. Er versuchte es erneut, mit kräftigerer Stimme, und endlich hörte er Schritte auf der Treppe.

Francesco öffnete die Tür zur Werkstatt. »Vater, Ihr habt uns gerufen?«

»Kommt rein«, sagte Antonio ungeduldig. »Und lasst die Tür einen Spalt offen. Es ist stickig hier unterm Dach, und ich mag die Fenster bei dem Regen nicht öffnen.«

Sein Blick wanderte über seine beiden Söhne. Sein Ältester war inzwischen fünfundvierzig Jahre alt, Omobono siebenunddreißig. Wie schnell die Jahre doch vergangen waren! Die Lebenszeit schien zu verebben wie der Klang einer gezupften Saite.

Er räusperte sich. Es musste in der Tat am Wetter liegen, dass er so wehmütige Gedanken hegte. »Setzt euch, ich möchte etwas mit euch bereden«, sagte er und wies auf die Bank ihm gegenüber.

Wie unterschiedlich die beiden doch waren. Für Francesco war Ordnung das oberste Gebot. Seine Leidenschaft für die Präzision begeisterte und irritierte Antonio zugleich. Eine Geige war doch kein Uhrwerk! Und dennoch … Im Gegensatz zu Omobono ging ihm sein Ältester nun schon seit Jahrzehnten verlässlich zur Hand. Ohne seine akkurate Arbeit hätte er die vielen Aufträge niemals bewältigen können. Im Stillen hatte er gehofft, Francesco würde einmal etwas Neues wagen. Den Boden mehr wölben … Die strenge Symmetrie verlassen … Aber nein, der Junge war der Tradition vollkommen verhaftet. Ja, es war ein Wagnis, etwas zu verändern. Es mochte sein, dass man versagte und ein Instrument ruinierte. Doch wer niemals einen neuen Pfad in der Geigenbaukunst beschritt, konnte auch nicht hoffen, einen ausdrucksstärkeren Klang zu schaffen. Widerwillig schüttelte er den Kopf. Solange er lebte, würde Francesco in seinem Schatten verharren. Und danach?

»Vater … Was wolltet Ihr denn von uns?«, fragte Omobono nun. Eine leise Ungeduld lag in seinen Zügen, wie stets. Antonio sah auf, antwortete jedoch nicht gleich. Er griff nach seinem Glas Wasser und trank in großen Zügen. Vielleicht wollte er einfach nur die gemeinsame Zeit mit den beiden ausdehnen, Zeit, die für sein Empfinden viel zu schnell verging …

Der Regen prasselte noch heftiger als zuvor gegen die Fenster, während Antonio nach der goldorangefarbenen Violine griff, die er einen Monat zuvor fertiggestellt hatte. Am Morgen erst hatte er den Geigenzettel auf den Boden geklebt. Beinahe zärtlich fuhr er mit dem Finger über das rechte F-Loch und blickte hindurch auf den Zettel. Dort war in filigranen Buchstaben zu lesen:

Antonius Stradivarius Cremonensis
Faciebat Anno 1716

»Dieses Instrument wird einmal einen außerordentlichen Ruf haben«, sagte er. »Sollte ich mich irren, dann bin ich nicht derjenige, für den mich ganz Italien hält.«

»In der Tat.« Francesco lächelte zustimmend. »Die Geige wurde gesund geboren, ihr Ton und ihre Eleganz sind atemberaubend. Die feinen Konturen, der besondere Boden ... sie ist einzigartig. Ein Meisterwerk!«

Antonio drehte das Instrument in den Händen. Der Boden bestand aus Ahorn, die Zargen waren höher, und die F-Löcher fielen etwas schräger aus als sonst. Feinheiten, die der Geige einen besonderen Klang verliehen, der mit den Jahren weiter erblühen würde. Die Rose auf seiner Türschwelle war tatsächlich ein Zeichen gewesen, da war er sich gewiss. Seither hatte er Tag für Tag eine frische Rose in seiner Werkstatt stehen. Omobono war überzeugt, dass eine Liebschaft dahintersteckte. Antonio verkniff sich ein Lachen bei dem Gedanken. Natürlich! Omobono witterte überall Liebschaften, hatte er selbst doch ständig das schöne Geschlecht im Sinn.

»Ich hoffe natürlich, noch länger unter den Lebenden zu weilen«, sagte Antonio nun. »Trotzdem möchte ich über mein Testament sprechen und euch etwas Besonderes zeigen.« Er gab Omobono ein Zeichen, der daraufhin die Werkstatt durchquerte. Auf der anderen Seite des Raumes nahm er eine Violine vom hintersten Regal, um sie in die Hand seines Vaters zu legen.

»Du hast recht, die Geige ist einzigartig«, sagte Antonio zu Francesco. »Aber nun sieh dir ihren Zwilling an.«

Neugierig nahm Francesco das Instrument entgegen. Das gleiche Holz, der gleiche geteilte, dramatisch abwärts geflammte Boden. Und dann der goldorangefarbene Lack. Dies war nicht nur eine schlichte Kopie der anderen Violine, wie man sie zuweilen herstellte. Sie war ein Meisterwerk in der Ausführung – genau wie ihr Zwilling.

Antonio Stradivaris Nackenhaare stellten sich auf, als Francesco die Violine an sein Kinn legte und stimmte. Nach kurzem Überlegen hob er den Bogen und begann zu spielen. Die ersten Töne des Themas von Corellis »Follia« klangen noch etwas unentschlossen, als müsste Francesco sich mit dem neuen Instrument erst zurechtfinden. Doch dann führte er den Bogen fester, und die Geige begann förmlich zu strahlen. Die E-Saite hatte eine fast unheimliche Klarheit. Als Francesco die Variation mit den Doppelgriffen spielte, hörte Antonio zu seiner größten Zufriedenheit, dass jede der vier Saiten ihren eigenen Charakter hatte, während sie gleichzeitig durch einen großen, geschmeidigen Klang miteinander verbunden waren.

Konzentriert spielte Francesco weiter, verweilte nun länger auf der G-Saite, um ihre Tiefe zu messen. Selbst das Rauschen des Regens schien leiser zu werden, während Antonio und Omobono gebannt lauschten. Als Francesco die Violine von der Schulter nahm, kehrte Stille ein – eine Stille, die noch erfüllt war vom Nachhall des Spiels.

Francesco holte tief Luft. »Ihr habt es tatsächlich geschafft, zwei außerordentliche Instrumente zur gleichen Zeit zu bauen, Vater. Eins steht dem anderen in nichts nach«, sagte er voller Ehrfurcht. »Ein wahres Wunder.«

»Solange ich lebe, sollen beide Violinen nicht verkauft werden«, beschied Antonio. »Das Geschäft läuft gut genug, sodass ich mir diesen Herzenswunsch erfüllen kann. Nach meinem Tod bekommst du, Francesco, den ersten Zwilling und Omobono den zweiten.« Er wandte sich an seinen jüngeren Sohn. »Es ist kein Zufall, dass du zur Tür hereinkamst, gerade als ich die Arbeit an dem ersten Instrument beendet hatte. Erinnerst du dich? Du hast mich auf die Idee mit der Rose gebracht.« Nachdenklich drehte Antonio Stradivari den Geigenzettel mit seinem Namen und der Jahreszahl 1716 zwischen den Fingern, der für den

Zwilling bestimmt war. Die Blicke der Brüder folgten den Bewegungen seiner Hand. Dann ergriff Antonio die Feder, tauchte sie in die schwarze Tinte und setzte zu schreiben an.

»Das ist nicht möglich ...« Omobono erhob sich unwillkürlich und sah auf den Zettel.

Auch Francesco hielt es nicht auf seinem Platz. »Was macht Ihr da?«

Keiner der beiden Brüder wagte zu atmen, während Antonio die Feder über das winzige Stück Papier gleiten ließ.

13

Von der Villa Giordano war es nur ein Katzensprung zur Accademia Nazionale di Santa Cecilia. Kaum hatte Di Bernardo die südlichen Ausläufer des Parco di Villa Glori passiert, kamen auch schon die futuristisch anmutenden Konzerthallen in Sicht. Auch wenn er ihrem Erbauer Renzo Piano vermutlich unrecht tat, musste er bei dem Anblick des Auditoriums immer an überdimensionale Käfer denken. Es war schwer zu glauben, dass hier eine der ältesten musikalischen Institutionen der Welt ihren Sitz hatte.

Ein kurzer Anruf im Sekretariat hatte ihm bestätigt, dass René Bellamy voraussichtlich bis zum Nachmittag hier anzutreffen sei. Der Parkplatz war um diese Zeit relativ leer. Noch im Wagen rief Di Bernardo erneut die Webseite des Geigers auf. Das Foto zeigte einen nicht unattraktiven Mann, der kaum älter als Alberto wirkte. Doch der Eindruck täuschte: Bellamy war 1994 in Paris geboren und hatte am dortigen Conservatoire de Musique studiert. Seit zwei Jahren besuchte er die Meisterklasse an der Accademia in Rom bei Hugo Bruni.

Auf die Fakten folgten sich vor Begeisterung geradezu überschlagende Kritiken, die Di Bernardo grob überflog. Das jüngste Video – eine »Fantaisie brillante sur Faust« von einem Komponisten, dessen Namen er noch nie gehört hatte – sah er sich kurz an, dann scrollte er weiter zum Repertoire in der Gewissheit, dass ihm die Stücke nicht das Geringste sagen würden. Es war frustrierend, wie wenig er sich in der Welt der Klassik auskannte. Wenn doch nur … Mitten in seinen Gedanken hielt er inne und klickte zurück. Die Kritiken …

Wer auch immer die Webseite erstellt hatte, schien eine Vorliebe für fett gedruckte Überschriften zu haben. »Virtuoses Ausnahmetalent!« – »Grandioser Nachwuchsgeiger« – »Violin Hero« – »Der neue Paganini« ... Doch es waren nicht die Superlative, die Di Bernardos Aufmerksamkeit auf sich gezogen hatten. Sämtliche Überschriften waren original eingescannt und zu einer Fotomontage arrangiert worden.

Di Bernardo zog den Drohbrief aus der Tasche und sog scharf die Luft ein. Die Ähnlichkeit mit der Schrift auf der Webseite sprang ihm förmlich ins Auge. Kurz lehnte er sich zurück in seinen Sitz, um sich zu sammeln. Ein junger Geiger, der sich auf eine wie auch immer geartete Beziehung mit seiner Mäzenin einließ, die ihn mit Konzerten und einem teuren Instrument versorgte ... Elsa Ortalli hatte angedeutet, dass das junge Genie den Zenit seiner Karriere bereits überschritten haben mochte. Vielleicht war Bellamy ja in der Gunst seiner Agentin gefallen – aus Gründen, die nicht zwingend mit seinem musikalischen Talent zu tun haben mussten. Di Bernardo spürte, wie sein Puls sich beschleunigte. Er sah Bellamy vor sich, wie er Cornelia Giordano umgarnte, wie er dann fallen gelassen wurde wie ein ausgedientes Spielzeug ... Wie er sie in der Folge bedrohte und schließlich kaltblütig ermordete.

Hass, Neid, Ehrgeiz. Hieß es nicht, Ehrgeiz sei die letzte Zuflucht des Misserfolgs?

Di Bernardo öffnete schwungvoll die Wagentür und stieg aus. Es war Zeit, den »neuen Paganini« kennenzulernen.

Im Sekretariat beschrieb man Di Bernardo den Weg zu dem Proberaum, wo Bellamy für sein nächstes Konzert übte. Nebenbei hatte er sich erkundigt, ob der Meisterschüler auch am Abend zuvor einen Raum belegt hatte. Tatsächlich fand sich ein

Eintrag auf dem Plan. Hatte er damit ein Alibi? Nun, das würde sich noch herausstellen.

Nach gut fünf Minuten Fußmarsch durch das Labyrinth der Accademia und weiteren drei, weil er die falsche Abzweigung genommen hatte, gelangte Di Bernardo zu dem angegebenen Raum.

Ohne anzuklopfen, öffnete er die Tür. Ein Schwall von Klängen drang an sein Ohr und riss plötzlich ab, als der Musiker ihn bemerkte und ihm einen gleichermaßen verwirrten wie empörten Blick zuwarf.

Das Künstlerfoto auf der Webseite hatte wenig Ähnlichkeit mit dem erschreckend jung wirkenden Bellamy. Mit dem etwas zu langen dunklen Haar, den angedeuteten Koteletten und den geschwungenen Brauen, die sich unheilvoll zusammengezogen hatten, erinnerte Bellamy Di Bernardo entfernt an einen Schlagersänger aus den Siebzigerjahren.

»Was wollen Sie? Hören Sie nicht, dass ich übe«, fuhr Bellamy ihn an.

Di Bernardo zog seinen Dienstausweis heraus und stellte sich vor. »Ich nehme an, Sie haben vom Tod Cornelia Giordanos gehört«, sagte er ohne Umschweife.

Der junge Mann, der eben noch so forsch gewirkt hatte, schien mit einem Mal unsicher. Seine rechte Hand krampfte sich um den Hals seiner Geige, während er sie von der Schulter nahm. Er nickte der zierlichen Pianistin zu, die ihn begleitet hatte und die auf sein Zeichen hin aus dem Raum huschte.

»Weiß man schon, wer es getan hat?«, fragte er dann.

Sein Akzent ließ Di Bernardo unwillkürlich an einen Film mit Louis de Funès denken – nicht, dass Bellamy dessen Humor zu teilen schien. Er schüttelte den Kopf. »Die Ermittlungen laufen noch. Kannten Sie Cornelia Giordano gut?«

Bellamy wich seinem Blick aus. »Sie war meine Agentin«,

sagte er. »Ich habe ihr sehr viel zu verdanken. Es ist verheerend. Ein großer Verlust.«

Für einen Moment wünschte Di Bernardo sich, Giorgia wäre bei ihm, um in Bellamy zu lesen. Hinter den schlichten Worten wirkte der junge Mann mit einem Mal äußerst fragil. Unvorstellbar, dass Cornelia Giordano eine Affäre mit ihm gehabt haben sollte.

»Erzählen Sie mir von ihr«, forderte er ihn auf. »Wo haben Sie sie kennengelernt?«

»Cornelia hat ein Konzert von mir hier in der Accademia besucht und mich gleich danach unter Vertrag genommen. Sie hat sich bemüht, mich mit jedem guten Orchester und für jedes Festival zu buchen. Im letzten Jahr habe ich um die sechzig Konzerte gespielt.«

»Also kannten Sie sich gut, nehme ich an.«

Stockend beschrieb René Bellamy sein Verhältnis zu Cornelia Giordano. Sein Italienisch war perfekt, bis auf die enervierende Angewohnheit, jedes »e« wie ein »ö« klingen zu lassen. Es war doch kurios, dass ein so schüchterner, beinahe unauffälliger Mensch imstande war, sich auf eine Bühne zu stellen und alle Blicke auf sich zu ziehen. In diesem Moment wirkte Bellamy in Di Bernardos Augen eher so, als wolle er sich hinter seinem Instrument verstecken.

»Haben Sie Kontakt zu den anderen Künstlern von Signora Giordano? Sind Sie mit jemandem befreundet?«, fragte Di Bernardo.

René Bellamy zögerte erneut. »Nicht richtig.«

»Bitte etwas konkreter. Hatten Sie Kontakt oder nicht?«

»Ich habe Arabella Giordano einmal getroffen und ein paar Worte mit ihr gewechselt. Ansonsten kenne ich niemanden persönlich. Höchstens vom Sehen.«

»Nicht mal flüchtig?«

»Nein.«

»Ist das üblich? Ich dachte immer, Künstler seien so eine Art Familie …«

René lachte auf, es klang bitter. »Das kommt darauf an, was Sie unter Familie verstehen. Ich kam frisch aus Paris, und Cornelia wollte mir Rom zu Füßen legen. Alle waren sie neidisch, sogar Arabella.«

»Haben Sie andere darüber sprechen hören, oder ist das nur Ihre Vermutung?«

René Bellamy blies die Backen auf und ließ die Luft dann wieder entweichen. »Eine sichere Vermutung.«

Di Bernardo runzelte die Stirn. »Nun gut. Haben Sie Signora Giordano auch außerhalb der Konzerte getroffen?«

»Vor einer Weile, bei einem Abendessen.«

»Bei ihr zu Hause in Parioli«, ergänzte der Commissario.

René Bellamy errötete.

»Wie verlief denn das Abendessen?«, fragte Di Bernardo. »Ist es nicht eher ungewöhnlich, von seiner Agentin nach Hause eingeladen zu werden?«

Mit einem Mal änderte sich Bellamys Haltung. Er straffte sich, hob den Kopf und sah ihn herausfordernd an. »Was ist eigentlich der Grund dafür, dass Sie mir derartige Fragen stellen, Monsieur le Commissaire?«, fuhr er Di Bernardo an.

Der Commissario schwieg und musterte sein Gegenüber. Plötzlich schien ihm eine Affäre zwischen Cornelia Giordano und René Bellamy doch nicht mehr völlig undenkbar. Wären die Geschlechter vertauscht und es hätte sich um einen siebzigjährigen Agenten und ein junges Sternchen gehandelt, hätte er vermutlich weniger Zweifel gehabt.

»Cornelia war zu mir wie eine Mutter – oder sagen wir, sie versuchte, wie eine zu sein«, behauptete Bellamy. »Sind Sie jetzt zufrieden?«

»Es geht hier nicht um meine Zufriedenheit, Signor Bellamy«, entgegnete Di Bernardo. »Sondern darum, den Mord an Signora Giordano aufzuklären. Also, wie war Ihr letztes Treffen?«

»Professionell. Wie sie und ich immer waren.«

Und wie es sich für »Mutter und Sohn« gehörte.

»Hat Signora Giordano vielleicht irgendetwas Ungewöhnliches erwähnt? Etwas, das Sie heute in einem anderen Licht sehen? Ärger mit Musikern, Veranstaltern oder dergleichen? Fühlte sie sich am Ende gar von irgendjemandem bedroht?«

»Nein. Wir haben genug zu besprechen gehabt. Es ging schließlich um meine Karriere.«

»Und hatte Cornelia Giordano vor, Sie weiterhin so gut zu vermitteln?«

René Bellamys Miene war unbewegt. »Natürlich«, sagte er.

Di Bernardo sah den Geiger abwartend an. Auf seiner Stirn bemerkte er kleine Schweißperlen. Er log beinahe so glatt wie Arabella.

»Haben Sie sonst noch Fragen an mich, Commissario?«, brach Bellamy das Schweigen. »Ich will nicht unhöflich sein, aber meine Pianistin wartet, und wir haben den Raum heute nur bis sechzehn Uhr.«

»Nur der Ordnung halber – können Sie mir sagen, wo Sie den gestrigen Abend verbracht haben?«

»Selbstverständlich. Ich habe geprobt. Gestern hatte ich den Raum bis um neun Uhr abends, und da ich nächsten Monat ein großes Konzert hier im Parco della Musica gebe, muss ich jede Minute nutzen.«

»Ein Konzert, das Ihnen Cornelia Giordano vermittelt hatte?«

»Natürlich. Ich sagte ja, dass ich ihr sehr viel zu verdanken habe. Ihr Tod ist eine Tragödie. Für mich wie für die Musikwelt.«

Bellamy wandte sich ab, legte die Geige ans Kinn und führte den Bogen kraftvoll über die höchste Saite. Unwillkürlich musste Di Bernardo an das Messer denken, das durch Giordanos Kehle gefahren war. »Was ist das für ein Stück?«, fragte er. »Etwas Zeitgenössisches?«
»Eine Eigenkomposition«, erwiderte Bellamy, während seine Finger über die Saiten tanzten.
Di Bernardo verengte die Augen. Er konnte sich keinen Reim darauf machen, ob er hier einem Phantom oder womöglich einer Spur nachjagte. Unzufrieden mit sich selbst wandte er sich zum Gehen. Die Türklinke schon in der Hand, drehte er sich noch einmal um. »Übrigens, wer macht eigentlich Ihre Webseite?«, fragte er in den Raum hinein.
Doch Bellamy spielte selbstvergessen seine furiose Komposition und schenkte ihm keine Beachtung mehr.

14

Zurück in der Questura ging Di Bernardo Stück für Stück die gesammelten Aussagen durch – nur um festzustellen, dass er nichts in Händen hielt – nichts außer zwei winzigen Spuren: Arabellas verdächtiger Aussage und dem anonymen Drohbrief. Zwar hatte Bellamy behauptet, zur Tatzeit geprobt zu haben, doch eine Bestätigung seines Alibis stand noch aus.

Der Commissario zupfte an seiner Krawatte.

Neben dem Drohbrief, Arabellas Verriss und dem Artikel über Bellamy hatten zwei weitere Zeitungsartikel in dem Umschlag gesteckt, einer über Fabrizio Emme und einer über Laura Maffia, beides Musiker. Gab es da einen Zusammenhang?

Vielleicht konnte Vincenzo Giordano ihm weiterhelfen, nachdem seine Mutter dazu nicht mehr in der Lage war.

Mitten in seine Überlegungen hinein schlenderte Roberto Del Pino ins Büro und deutete auf seine Armbanduhr: Zeit fürs Mittagessen. Sein Ispettore legte Wert auf geregelte Mahlzeiten mit üppigen Portionen. Di Bernardo verspürte einen kurzen Anflug von Neid. Trotz der Essensmengen, die Del Pino bewältigte, war er schlank, ja richtiggehend dünn.

Die Kantine hatte sich bereits mit den ersten Hungrigen gefüllt. Di Bernardo hoffte auf Fleisch, eine köstliche Saltimbocca vielleicht, mit nur einem Hauch Salbei, oder auch ein Abbachio mit in Butter geschwenkten Kartoffeln. Sein Magen knurrte vor Erwartung.

Doch wie es aussah, hatte der Koch heute seinen tierlieben Tag. »Warmes Brennesselsoufflé«, sagte Del Pino und deutete mit dem ausgestreckten Finger auf die Speisekarte. »Ich fasse es nicht.«

Außerdem befanden sich noch Spinatgnocchi und ein Kohlgericht darauf.

Während Del Pino eine doppelte Portion Gnocchi auf seinen Teller schaufelte und esslöffelweise Parmesan darüber gab, entschied sich Di Bernardo, dem Kohl eine Chance zu geben, nicht ohne ihn vorher kräftig zu salzen.

Sie fanden einen Tisch abseits der hungrigen Massen, wo Del Pino knapp von seinem ereignislosen Vormittag berichtete. Marina Adamová hatte das Haus lediglich verlassen, um in der Panetteria gegenüber ein Brot zu holen. Sie hatte Schwarz getragen und niedergeschlagen gewirkt.

»Übrigens habe ich vorhin die Liste mit dem Abfall von der Spurensicherung bekommen«, sagte er und goss dabei reichlich Olivenöl über seine Gnocchi. »Der Mülleimer in der Küche enthielt einen schmutzigen Kaffeebecher mit Giordanos Lippenstiftspuren, außerdem eine Brottüte und einen Rest Zwieback. Nichts von Bedeutung, außer dass der Müll nicht getrennt wurde.«

Di Bernardo stocherte lustlos in seinem Essen herum. Die Adern der Kohlblätter stachen hervor und erinnerten ihn an Beine von Radrennfahrern. »Und in ihrem Büro?«

»Eine leere Zigarettenschachtel, zwei Kippen mit demselben Lippenstift wie auf dem Kaffeebecher, ein kaputter Kugelschreiber und ein benutztes Papiertaschentuch.«

»Hm«, machte Di Bernardo. So kamen sie nicht weiter. »Vincenzo Giordano dürfte bald eintreffen und wird wissen wollen, wer seiner Mutter das angetan hat.« Er schob den Kohl von sich, der leicht schwefelige Geruch ging ihm auf die Nerven. »Lassen Sie uns den Espresso bei mir im Büro trinken. Ich will Sie bei dem Gespräch dabeihaben. Wir sollten auch Magnanti hinzuziehen. Vielleicht kriegen wir mithilfe von Vincenzo mehr über

Boris heraus.« Di Bernardo tupfte sich den Mund mit einer Serviette ab und stand auf.

Del Pino schob sich rasch die letzten Gnocchi in den Mund. Noch kauend folgte er Di Bernardo auf dem Weg nach unten.

Kaum waren sie im Büro angekommen, erschien Borghese. Nach der Pressekonferenz am Morgen hatte der Questore darauf bestanden, über alle Schritte auf dem Laufenden gehalten zu werden. Mehr noch, er wolle sich selbst in die Ermittlungen einschalten, um das Team zu unterstützen – so seine Worte. In Di Bernardos Ohren hatte es wie eine Drohung geklungen.

»Hier, Dionisio.« Borghese legte ein Blatt Papier auf den Tisch. »Gerade hat mich Dottor Tononi angerufen, Giordanos Notar. Er hat das Testament eröffnet und uns eine Kopie davon gemailt.«

Del Pino beugte sich vor, um mitzulesen, und stieß einen leisen Pfiff aus. Das Vermögen der Managerin belief sich auf siebzehn Millionen Euro. Einen Teil ihres Geldes hatte sie in Kunst investiert, wobei Di Bernardo sogleich das Bild mit dem blauen Esel in den Sinn kam. Sie hatte keine Schulden und, was erstaunlich war, keinerlei Lebensversicherung.

»*Però*«, sagte Del Pino und deutete auf den nächsten Absatz. Elsa Ortalli sollte eine halbe Million Euro in bar erhalten. »Ziemlich großzügig.«

Überraschenderweise war auch Marina Adamová im Testament bedacht: Der Sekretärin der Agentin wurden fünfzigtausend Euro zugesprochen.

Verschiedene Wertpapiere und ihre Villa vermachte Cornelia Giordano ihrem älteren Sohn Vincenzo, dem neuen Chef der römischen Künstleragentur.

Giordanos Nichte Arabella erbte sieben italienische Violinen aus Giordanos Stiftung, die zusammen einen Wert von über zwei Millionen Euro hatten.

Boris Giordano bekam eine Villa in der Toskana im Wert von knapp zwei Millionen.

»An seiner Stelle würde ich schnell nach Florenz umziehen«, sprach der Questore aus, was Di Bernardo dachte. »Hat er sich inzwischen gemeldet?«

Der Commissario schüttelte den Kopf.

»Interessant, dass die Sekretärin auch eine hübsche Summe geerbt hat, oder?«, beharrte Del Pino. »Aber für fünfzigtausend einen Mord begehen ...«

»Es sind schon Menschen für weit weniger umgebracht worden«, gab Di Bernardo zu bedenken.

»So, wie ich das sehe, hätte sie durchaus die Gelegenheit gehabt, ihrer Chefin die Kehle durchzuschneiden«, sagte der Questore.

Di Bernardo schüttelte den Kopf. »Sie schlachtet ihr Opfer förmlich ab und geht dann in die Bar, um dort über das Wetter zu plaudern? So abgebrüht kam sie mir nicht vor.«

»Sie muss die Tat ja nicht selbst begangen haben. Hat sie einen Freund, der Schulden hat? Gibt es jemanden, der sie erpresst? Finden Sie es heraus!«, beschied der Questore streng.

Di Bernardo schwieg einen Moment. Dann zog er den anonymen Brief aus der Tasche und hielt ihn dem Questore hin. »Sehen Sie sich das an.«

»*... Dass die lange Nacht für dich gerade erst beginnt ...*« Borghese fuhr sich mit der Hand über die Glatze. »Eine Drohung. Was sagt die Spurensicherung?«

»Sie fahren am Nachmittag in die Villa. Dann sollen sie den Brief gleich mit untersuchen«, sagte Di Bernardo.

Der Questore nickte. »Gut. Lassen Sie außerdem Giordanos privaten Computer, Mails, Social Media und so weiter kontrollieren. Wurde das Mobiltelefon inzwischen lokalisiert?«

»Nein«, antwortete Di Bernardo. »Und da man heute sein ganzes Leben in einem Smartphone herumträgt, heißt es: kein Gerät – kein Mensch. Geben Sie uns etwas Zeit.«

»So viel Sie wollen, Dionisio«, sagte Borghese und wandte sich zum Gehen. »Nur nicht zu lang.«

Kaum war der Questore draußen, verdrehte Del Pino die Augen. »Computer, Mails, Social Media und so weiter kontrollieren … Ist ja mal was ganz Neues.«

»Gut, dass wir Unterstützung bekommen«, sagte Di Bernardo lachend. »Nehmen Sie sich Marina Adamová trotzdem noch mal vor.«

Del Pino ließ sich auf Di Bernardo Bürostuhl plumpsen. »Campresi beschattet sie doch.«

»Wenn wir mit Vincenzo fertig sind, fahren Sie zu ihr. Gehen Sie mit ihr in die Agentur, sie soll prüfen, ob etwas fehlt. Dann befragen Sie sie nach ihrem Privatleben. Überprüfen Sie ihre finanzielle Situation und die ihrer Verwandten. Wir müssen unser Netz weit auswerfen und aufpassen, dass der Mörder uns nicht unbemerkt durch die Maschen schlüpft.«

Del Pino nickte. »Und was ist mit Campresi?«

Di Bernardo räusperte sich. »Schicken Sie ihn zu Elsa Ortalli. Er soll sich dort mit der Spurensicherung treffen und dafür sorgen, dass alle Dokumente aus der Schreibtischschublade untersucht und abfotografiert werden. Dann soll er sich mit der Haushälterin zusammensetzen, um noch ein bisschen mehr über Giordanos Privatleben rauszukriegen. Wer kam in die Villa, wie oft hatte sie Besuch und von wem, wer rief an und warum …«

»*D'accordo*, Commissario.« Del Pino sprang auf und lief zur Tür.

»Ach ja, er soll sich ruhig einen guten Kaffee von ihr kochen lassen. Da wird sie gesprächig.«

Del Pinos Brauen zuckten kaum merklich, doch er sagte nichts.

Di Bernardo grinste in sich hinein. Campresi war kein schlechter Ispettore. Eigentlich war er sogar ganz ausgezeichnet. Aber er hatte ihm auf die Füße getreten, und dafür musste er büßen. So war das nun mal.

15

Eine Viertelstunde später betrat Vincenzo Giordano Di Bernardos Büro. Der neue Chef des Giordano-Musikimperiums war mittelgroß und hatte ein kantiges Gesicht. Das schwarze Haar war mit Gel glatt zurückgekämmt. Er trug eine markante Brille mit grafitfarbenem Gestell, die ihn älter erscheinen ließ, als er war. Anstelle einer Krawatte hatte er einen grauen Seidenschal zum elegant schwarzen Anzug gewählt – eine stilvolle Kombination, wie Di Bernardo befand. Dem Sohn von Cornelia Giordano fehlte es nicht an Geschmack.

»Nehmen Sie doch Platz«, bat Di Bernardo ihn, nachdem er ihm Giorgia und Del Pino vorgestellt hatte.

Vincenzo Giordano kam seiner Aufforderung nach und ließ den Blick aus seinen stahlblauen Augen über die Anwesenden schweifen. Für den Bruchteil einer Sekunde blieb er an Giorgias aparter Erscheinung hängen.

»Es tut mir leid, dass wir uns unter solch tragischen Umständen kennenlernen, Signore Giordano. Unser herzliches Beileid.«

Mit einem Mal schien Vincenzo Giordanos selbstsichere Fassade einzustürzen, und er rang um Fassung. »Es ist unfassbar«, antwortete er matt. »Ich habe immer gedacht, meine Mutter würde uns alle überleben. Sie war so … voller Energie und Tatendrang.«

Di Bernardo stellte eine Flasche Mineralwasser und Gläser auf den Tisch und schenkte Giordano ein. Dankbar nahm Vincenzo einen Schluck.

»So ähnlich hat es auch Ihre Cousine Arabella formuliert«, sagte Di Bernardo. »Ein plötzlicher, gewaltsamer Tod ist schwer zu begreifen. Doch ich versichere Ihnen, die Ermittlungen laufen auf Hochtouren. Wir tun alles, um den Mörder zu finden.«
»Ich habe vollstes Vertrauen in Ihre Kompetenz, Commissario.«
Di Bernardo nickte höflich. »Wir würden gern mit allen Familienangehörigen sprechen. Wissen Sie, wo sich Ihr Bruder Boris momentan aufhält?«
»Nein, leider nicht.«
»Erzählen Sie uns von ihm«, forderte Giorgia ihn mit ihrer warmen Stimme auf.
Vincenzo sah auf. Eine Aura der Distanz umgab ihn, als er zu sprechen begann. »Boris ist verbittert, er sieht sich als verkanntes Genie. Unsere Mutter war immer der Meinung, er habe kein musikalisches Talent.« Vincenzo nahm die Brille ab und putzte sie akribisch mit einem Tuch, das er zuvor aus seiner Tasche befördert hatte. »Er hat sie dafür gehasst.«
Kaltblütige Rache. Überhitzte Wut. Eifersucht, Habgier, Hass ...
Di Bernardos Nasenflügel blähten sich kaum merklich. Boris, das verkannte Genie? Der Bruder, der immer zurückstecken musste und sich aus unbekannten Gründen brutal dafür rächte? Bevor er weiterdenken konnte, bremste Di Bernardo sich, um keine voreiligen Schlüsse zu ziehen. »Welches Instrument hat er denn gespielt?«, fragte er, bemüht um einen möglichst neutralen Tonfall.
Vincenzo verzog den Mund zu einem schiefen Lächeln. »Boris war schon immer unstet. Heute Geige, morgen Klavier, übermorgen Klarinette und dazu ein paar Versuche als Komponist. Aber das sind alte Geschichten. Ich wünschte, ich könnte ihn erreichen. In solch einer Zeit sollte die Familie zusammenstehen.«

»Haben Sie beide ansonsten einen eher engen Kontakt?«, wollte Giorgia wissen.

Vincenzo schüttelte bedauernd den Kopf. »Nein, wir sind einfach zu verschieden. Und ich fürchte, ich habe einen gewissen Anteil daran, dass sich Boris' Konflikt mit meiner Mutter noch verschärft hat. Obwohl das nie meine Absicht war. Sehen Sie, Mutter hat mir vertraut. Immer schon. Sie hat mir früh Verantwortung übertragen, hat mich zu ihrem Nachfolger aufgebaut. Ich vermute, das hat nicht gerade dazu beigetragen, Boris zu … besänftigen.«

»Sie meinen, er war eifersüchtig auf Sie?«, fragte Di Bernardo geradeheraus.

»Vielleicht«, sagte Vincenzo, dann sah er auf. »Ich muss gestehen, ich bin derart in meine Arbeit eingebunden, dass ich wenig Zeit habe, über Boris' Probleme nachzudenken. Ich habe über meine Tätigkeit in Mailand hinaus versucht, Mutter zu entlasten. Sie kennen es doch vermutlich von sich selbst: Wenn man beruflich derart eingespannt ist, bleibt wenig Raum für anderes. Man schiebt alle möglichen Dinge vor sich her, die man eigentlich erledigen sollte.«

Di Bernardo ließ den Blick nachdenklich auf Vincenzo ruhen. Der Konzertagent hatte ihn geschickt von Boris abgelenkt. Wusste er mehr über seinen Bruder, als er preisgeben wollte? Er machte sich eine gedankliche Notiz und fuhr fort. »Darf ich Sie fragen, ob Ihnen in letzter Zeit etwas Ungewöhnliches an Ihrer Mutter aufgefallen ist?«

»Nicht das Geringste. Das macht es umso schwerer, diese grauenhafte Tat zu verstehen.«

»Signora Giordano wurde geschätzt und bewundert«, sagte Di Bernardo. »Gleichzeitig hat der Täter sie möglicherweise gehasst und wollte Rache nehmen …«

»Da Sie gerade Hass und Rache erwähnen«, unterbrach ihn

Vincenzo. »Wenn Sie tiefer ins Konzertbusiness einsteigen, werden Sie auf Politik und Intrigen stoßen, die der allgemeinen Ansicht nach nicht das Geringste mit Musik zu tun haben. Und da kann ich meine Mutter nicht ausschließen. Ja, sie wurde hochgeschätzt, genoss ihren Erfolg und hatte zahlreiche Bewunderer. Aber Sie wissen vermutlich nicht, wie es wirklich um die Dinge steht: Krisen, Sparmaßnahmen, Geldmangel. Die klassische Musikwelt steht vor dem Kollaps. Theater und Orchester werden geschlossen, der Musikunterricht drastisch reduziert. Irgendwelche selbst ernannten Künstler produzieren sich auf YouTube und bekommen unendlich mehr Klicks als das Konzert eines begnadeten Stars Zuschauer. Viele der einst führenden Plattenfirmen sind längst bankrott gegangen. Aber meine Mutter hat es dennoch geschafft, in dieser krisengeschüttelten Branche zu überleben. Sie ist ein Genie ... sie *war* eins.« Vincenzo Giordano räusperte sich. »Sie war ein Mensch, der alle anderen überstrahlte. Und sie war unschlagbar darin, einflussreiche Personen für sich zu gewinnen: für ihre Musikagentur, die Plattenfirma und ihre Instrumentenstiftung. Wer sich ihr jedoch entgegenstellte, wurde aus dem Weg geräumt. Sollte man sie dafür verurteilen?« Vincenzos Augen leuchteten hell, als er so glühend von seiner Mutter sprach. Kurz wirkte er auf Di Bernardo wie eine Maschine, die unbeirrt Energie produzierte.

»Hatte Ihre Mutter mit jemandem Streit? Kürzlich — oder vielleicht auch vor geraumer Zeit? Einen Streit, der nicht beigelegt wurde?«, fragte Giorgia.

Vincenzo wandte sich ihr zu. »Von aktuellen Konflikten weiß ich nichts, nein. Mutter wurde von ihren Musikern geliebt, weil sie für sie gekämpft hat wie eine Löwin. Neid ist in unserer Branche natürlich immer präsent, und zwar auf vielen Ebenen. Manager, die von den Künstlerprovisionen nicht so leben können, wie sie sich das vorstellen. Plattenfirmen, die wegen katastrophaler Verkaufszahlen schließen mussten, während Mutters Label regelmäßig in den Verkaufscharts vertreten ist. Frustrierte Musiker, die keinen Vertrag mit uns bekommen haben oder deren Vertrag nicht verlängert wurde.«

»Was ist mit der Konkurrenz? Es gibt ja noch mehr Agenturen, und nicht alle stehen so gut da, vermute ich?«

»Natürlich gibt es Konkurrenz, aber sie ist weit abgeschlagen. Wie sagte Mutter immer so schön? ›Es ist ein Genuss, den Feind zu jagen und ihn hinterrücks ins Wasser zu stoßen. Um dann vom Ufer aus zu beobachten, wie er um sein Leben kämpft und untergeht.‹«

»*Das* waren die Worte Ihrer Mutter?«

»Ja. Sie kommen Ihnen vermutlich grotesk vor, weil Sie nicht in der Musikbranche arbeiten und Konzerte eher als kulturelle Zerstreuung betrachten.«

»Dennoch klingt es drastisch«, sagte Di Bernardo, dem Cornelia Giordano langsam ziemlich unsympathisch wurde. »Und wenn der Feind sie zuerst hinterrücks ins Wasser gestoßen hätte?«

»Mutter attackierte immer als Erste. Und sie war es gewohnt, zu gewinnen.«

»Außer dem letzten Mal. Dem entscheidenden Mal«, sagte Giorgia leise.

Stille breitete sich aus. Es war immer ein Fehler, sich im Leben allzu sicher zu fühlen, dachte Di Bernardo. Das galt auch für die oberen Zehntausend. »Wie sah es mit dem Privatleben Ihrer Mutter aus?«, fragte er schließlich.

»Ich glaube, Sie haben es noch nicht richtig verstanden, Commissario. Meine Mutter war mit ihrer Arbeit verheiratet. Die Agentur war ihr Leben. Unentwegt und pausenlos.« Vincenzo räusperte sich; in seiner Stimme schwang ein bitterer Unterton mit, als er weitersprach. »Mein Vater hat uns verlassen, als ich neun war und Boris vier. Nicht, dass er meiner Mutter jemals in irgendeiner Weise zur Seite gestanden hätte. Aber wie heißt es so schön? Über Tote soll man nicht schlecht reden. Andrea Tinelli starb 1992 in den USA.«

»Boris führt den Nachnamen des Vaters, Sie aber haben den Ihrer Mutter gewählt ...«

»Exakt. Den Namen meiner Mutter und unseres Familienbetriebes. Die Agentur Giordano wurde von meinem Urgroßvater mütterlicherseits gegründet. Aber es war meine Mutter, die sie zu einer der größten der Musikwelt gemacht hat.«

»Ich hatte eigentlich etwas anderes gemeint, als ich das Privatleben angesprochen habe. Gab es Beziehungen zu Künstlern, die sie besonders gepflegt hat? Die über das rein Berufliche hinausgingen?«

»Nicht, dass ich wüsste.«

»Was sagt Ihnen der Name René Bellamy?«

Vincenzo nestelte an seinem Schal herum und atmete hörbar aus. »Ein junger Geiger, der derzeit noch bei uns unter Vertrag ist. Meine Mutter hat ihn eine Weile intensiv gefördert. Doch wie soll ich sagen ...« Er zuckte mit den Schultern und schien nach Worten zu suchen. »Ich drücke mich wohl besser etwas ... weltlicher aus, damit Sie mich verstehen. Sagen wir, ein Verein kauft einen Fußballer ein, weil der bei der Weltmeisterschaft großes Talent zeigt. Dann kann es durchaus sein, dass dieser Fußballer den Höhepunkt seiner jungen Karriere schon überschritten hat. Dass er, grob gesagt, das viele Geld nicht wert ist, das man in ihn investiert hat. Sie verstehen?«

Di Bernardo ärgerte sich im Stillen. Natürlich verstand er, und es gefiel ihm nicht, dass sein Gegenüber ihn für einen Kulturbanausen hielt, der sich besser in der Welt des Sports zurechtfand. Auch wenn es wirklich so war.

Er schob die Unterlagen auf seinem Schreibtisch zu einem Stapel zusammen. »Kennen Sie Laura Maffia?«

Es entging ihm nicht, dass Vincenzos rechtes Augenlid zuckte. Im nächsten Moment hatte er sich jedoch wieder unter Kontrolle. »Laura Maffia … nur vom Namen her. Ein noch recht junges Talent, leicht überfordert. Ich glaube, sie spielt eine Violine aus der Stiftung meiner Mutter.«

»Was ist das für eine Stiftung?«, fragte Del Pino, der sich bisher auffällig zurückgehalten hatte.

Vincenzo nahm den Ispettore ins Augenmaß. »Die Stiftung Giordano verleiht Instrumente an junge talentierte Musiker. Es sind keine Stradivari oder Guarneri, aber trotzdem sehr wertvolle Violinen.«

»Bellamy spielt eine Violine der Stiftung?«, fragte Di Bernardo.

»Eine Vuillaume.«

»Von welcher Größenordnung sprechen wir hier? Was ist so eine Geige wert, die Sie verleihen?«

»Zweihundertzwanzigtausend«, sagte Vincenzo.

Del Pino ließ eine Kaugummiblase platzen.

Immerhin verkneift er sich einen Pfiff, dachte Di Bernardo und seufzte kaum merklich. »Wer ist Fabrizio Emme?«, fragte er.

Vincenzo schien zu überlegen. Er rieb sich die Nase, dann lehnte er sich zurück. »Emme ist ein Dirigent. Ich bin ihm persönlich nie begegnet.«

Di Bernardo hatte das untrügliche Gefühl, dass Vincenzo Giordano ihn anlog. Er würde Giorgia später nach ihrem Eindruck fragen. Ihr reichten oft schon winzige Nuancen in der Stimme oder Körpersprache, um eine Lüge oder ein Ausweichmanöver zu identifizieren.

»Unsere Agentur hat Musiker immer unterstützt und nach oben gebracht«, sagte Vincenzo vehement. »Wir haben alle gleich gut behandelt, und meine Mutter hätte sich nie in ein Ärgernis verwickeln lassen.«

»Für irgendjemanden war Ihre Mutter aber ein Ärgernis, Signor Giordano«, warf Giorgia ein. »Ein ganz großes sogar.« Vincenzos Miene verhärtete sich. Sein Kinn wirkte dadurch noch kantiger. »Dann hoffe ich, dass Sie denjenigen finden. Und zwar bald.«

Di Bernardo ahnte, dass hinter all der Distinguiertheit, die Vincenzo vor sich hertrug wie eine Trophäe, Schwäche steckte. Das Gefühl ließ ihn nicht los, dass der Konzertagent seine Mutter in einem anderen, besseren Licht darzustellen versuchte.

Er war geneigt, ihn fürs Erste zu entlassen, als Del Pino sich vorbeugte und das Wort ergriff. »Was wissen Sie über die Pläne Ihrer Cousine Arabella, ein Musikfestival ins Leben zu rufen?«

»Ein Musikfestival?« Vincenzo runzelte die Stirn. »Keine Ahnung.«

»Wirklich? Hat sie Ihnen nichts davon erzählt?«

»Nein, und ich bin, ehrlich gesagt, überrascht. Es ist zwar nicht so, dass Arabella und ich all unsere Ideen austauschen, aber so ein Projekt … Das hätte sie gewiss mit mir besprochen.«

»Hat sie aber nicht. Sie hat mit ihrer Tante darüber geredet.«

»Mit meiner Mutter? Das hätte ich mit Sicherheit erfahren«, erwiderte Vincenzo.

»Offenbar nicht«, fuhr Del Pino ungeniert fort. »Immerhin hatte sie deswegen einen Streit mit Signora Giordano. Minuten vor dem Mord.«

Vincenzo wurde blass. »Ein Streit? Am Abend von Mutters Tod? Aber warum? Wollte sie Geld?«

»Das vermuten wir.«

»Und Cornelia hat Nein gesagt«, ergänzte Vincenzo, und es klang nicht wie eine Frage.

»Was macht Sie da so sicher?«

Vincenzo verschränkte die Hände. »Über das Festival weiß ich nichts, aber es wäre nicht das erste Mal, dass Arabella meine Mutter um Geld gebeten hätte.«

»Wissen Sie denn auch, wofür?«

Er schüttelte abschätzig den Kopf. »Sie wollte unbedingt, dass Cornelia ihr eine Stradivari kauft.«

»Ist ihre eigene Violine denn nicht gut genug?«

»Sie spielt auf einer Vuillaume von 1863. Das Instrument ist hervorragend und kostet eine Viertelmillion. Nicht gut genug für Arabella, die sich eine der besten Violinen aus Cremona in den Kopf gesetzt hat. Achtzehntes Jahrhundert: mindestens eine Guarneri del Gesù, Bergonzi, vorzugsweise aber eine Stradivari. Zum Vergleich: Der Wert einer Stradivari liegt zwischen drei bis zwölf Millionen.«

»Das ist ja mal ein Unterschied«, bemerkte Del Pino trocken. »Allerdings immer noch ziemlich günstig im Vergleich zu einem guten Fußballer.«

Di Bernardo unterdrückte ein Lachen. Del Pino sollte man in der Tat nicht unterschätzen!

Vincenzo ging auf die Anspielung nicht ein. »Arabellas Vuillaume war ein Geschenk von Cornelia. Sie musste die Violine gar nicht bezahlen.«

Giorgia beugte sich vor. »Warum weigerte sich Signora Giordano, eine Stradivari zu kaufen? Aus Kostengründen?«

»Genau. Deshalb war die Situation etwas heikel.« Vincenzo hob die Arme und ließ sie abrupt wieder fallen. »Arabella spielt so gut, dass bei ihr selbst eine Schuhschachtel klingt! Aber sie ist völlig auf Stradivaris fixiert. Es ist ihr Traum.«

Di Bernardo ließ sich die neuen Informationen durch den Kopf gehen.

Cornelia Giordano war nicht bereit, mehrere Millionen für eine Stradivari hinzublättern. Ihre Nichte musste sich mit einer jüngeren Violine begnügen, die immerhin eine Viertelmillion gekostet hatte. Die »sinnlose Sturheit«, die sie ihrer Tante laut Aussage Adamovás vorgeworfen hatte, ergab jetzt einen Sinn. Ziemlich sicher hatte Arabella ihn am Abend zuvor angelogen, was den Grund für den Streit anging. Di Bernardo konnte sich bildhaft vorstellen, wie Arabella aus der Haut gefahren war und wutschnaubend die Agentur verlassen hatte. Die Enttäuschung hatte tief gesessen. Der Verriss in der Zeitung mochte sein Übriges getan und zu dem unerfüllten Traum noch die Angst zu versagen hinzuaddiert haben. Ein Gefühl, das zu heftig war, als dass sie es hätte auf sich beruhen lassen können. Also wartete sie, bis Adamová das Haus verließ, und ging zurück, um ihre Tante zu bedrohen. Sie griff nach einem Brieföffner …

»Meine Mutter und Arabella haben sich öfter gestritten, und dabei ging es auch mal laut zu. Ich bitte Sie, das nicht überzubewerten«, sagte Vincenzo, als hätte er Di Bernardos Gedanken gelesen. »Als Agentin war meine Mutter für Arabellas Karriere der Fels in der Brandung, und meine Cousine liebt ihren Beruf über alles. Aber das ist natürlich längst nicht alles. Arabella war für meine Mutter wie eine Tochter, für mich die Schwester, die ich nie hatte. Für sie lege ich meine Hand ins Feuer.«

»Und für Ihren Bruder?«, fragte Giorgia und ließ Vincenzo keine Zeit zu antworten. »Wie kommt es, dass er ausgerechnet in Tor Bella Monaca wohnt? Man entscheidet sich ja vermutlich nicht freiwillig, in diesen Moloch zu ziehen.«

»Sie kennen meinen Bruder nicht. Er hat sich das tatsächlich selbst ausgesucht, obwohl wir ihm unsere Hilfe angeboten haben. Boris war im Gefängnis und hat seitdem keine feste Arbeit. Die Miete in der Gegend kostet so viel wie ein Abendessen in Parioli. Die Armut dort ist kaum vorstellbar. Aber das wissen Sie wohl besser als ich.«

»Wer könnte uns sagen, wo Ihr Bruder sich gerade aufhält?«

»Probieren Sie es bei Luciano Malini. Er wohnt auch in Tor Bella Monaca und ist eng mit Boris befreundet.«

Di Bernardo reichte ihm einen Notizblock und einen Stift, um die Adresse zu notieren.

Ein plötzlicher Regenguss klatschte gegen das Fenster. Di Bernardo seufzte unmerklich. Das Wetter war wie geschaffen für einen Ausflug in die trostloseste und zugleich gefährlichste Gegend Roms, um dort eine schier aussichtslose Suche nach Boris Giordano zu starten: endlose Staus auf der Grande Raccordo Anulare und als Höhepunkt der Fahrt Ermittlungen in der Heimstatt der Gesetzlosen mit fragwürdigem Ergebnis.

Für einen Augenblick kam ihm die Idee, Francesco Campresi dorthin zu schicken. Doch wenn Boris sich wirklich bei seinem Freund aufhielt, dann wollte er ihn selbst befragen. Und außerdem ... wie viel Sinn machte es, Campresi durch Rom zu jagen? Was änderte das an seiner Beziehung zu Giorgia?

Er wandte sich wieder an Vincenzo und entschied, die Vernehmung für heute zu beenden. »Signor Giordano, wenn wir irgendetwas für Sie tun können ...«

»Ich würde gern meine Mutter noch einmal sehen«, sagte Vincenzo und blickte zu Boden.

»Es ist wichtig, Abschied zu nehmen«, sagte Giorgia verständnisvoll. »Wie immer bei einem Mordfall befindet sie sich noch in der Gerichtsmedizin. Sobald die Untersuchungen abgeschlossen sind, können Sie zu ihr. Ich gebe Ihnen Bescheid.«

Vincenzo sah auf, seine Augen waren gerötet. »Es ist ... Ich kann mir einfach nicht vorstellen, dass sie wirklich tot ist.«

Giorgia nickte. »Das ist auch schwer zu verstehen. Wenn ein Mensch ganz plötzlich stirbt, erscheint einem alles so unwirklich. Geben Sie sich Zeit.«

Vincenzo nickte und erhob sich. »Finden Sie ihn«, sagte er. »Bitte.« Dann wandte er sich abrupt ab und verließ den Raum.

16

»Und jetzt?«, fragte Del Pino.

»Arabella und Boris«, beschied Di Bernardo. »Adamová kann warten. Die Zeitungen werden den Mordfall morgen auf den Titelseiten haben. Wir müssen Tempo machen.« Der Gedanke an die morgige Pressekonferenz schlug Di Bernardo auf den Magen. Vielleicht war es aber auch der Kohl. Am Abend würde er sich eine große Portion Spaghetti al ragù kochen. Ausgerechnet jetzt eine Diät zu machen, inmitten dieser nervenaufreibenden Ermittlungen, war kompletter Unsinn.

»Ich würde gern noch ein paar Dinge mit dir besprechen«, sagte Giorgia.

»Dann schau ich mal bei der schönen Nichte vorbei und hake nach, worüber sie wirklich mit ihrer Tante gestritten hat«, schlug Del Pino vor.

»In Ordnung. Lassen Sie uns anschließend gemeinsam nach Tor Bella Monaca fahren.« Di Bernardo blickte auf die Uhr. »Sagen wir, gegen vier? Ich möchte nur ungern später dorthin. Nicht ohne Schutz.«

»*Va bene!*« Der Ispettore schob sich einen frischen Kaugummi in den Mund und wandte sich zum Gehen.

»Du willst selbst nach Tor Bella Monaca?«, fragte Giorgia, als die Tür zugefallen war.

»Von wollen kann keine Rede sein«, erwiderte Di Bernardo. »Warum fragst du? Falls du mitwillst: Nein. Nicht, wenn es sich irgendwie vermeiden lässt.«

»Oh, das meinte ich nicht, wobei es mir nicht viel ausmachen würde. Ich wundere mich eher, dass du nicht Francesco hinschickst.«

Ertappt sah Di Bernardo auf.

»Er hat mir gerade eine SMS geschickt und von dem köstlichen Kaffee berichtet, den er auf dein Geheiß mit der liebenswürdigen Haushälterin getrunken hat.« Wie zum Beweis wedelte sie mit ihrem Handy. »Du weißt schon, dass wir uns vor drei Wochen getrennt haben?«

»Du und Campresi? Getrennt?« Di Bernardo war für einen Moment sprachlos. Er sollte wohl etwas sagen, irgendeine Floskel, dass es ihm leidtäte oder dergleichen – aber sein Mund fühlte sich mit einem Mal ganz pelzig an. Dann war Campresi wohl doch nicht die große Liebe, für die sie ihn verlassen hatte …

»Wir passen nicht zusammen. Es war ein Fehler. Zufrieden?«

Di Bernardo schüttelte unwillkürlich Kopf. Zu seiner eigenen Überraschung fühlte er keine Genugtuung. »Nein, nicht zufrieden«, sagte er. »Ich … ich habe mir gewünscht, dass du glücklich bist.«

Giorgia blickte ihn mit ihren großen braunen Augen wortlos an.

»War es das, was du mit mir besprechen wolltest?«, fragte er sanft.

»Nein«, sagte sie lächelnd und wurde gleich wieder ernst. »Ich wollte wissen, wie es dir geht. Mit dem Mordfall.«

»Pffff. Der Druck der Presse macht mir zu schaffen. Wenn irgendeine verarmte Rentnerin ermordet aufgefunden wäre, dann wäre das gerade mal zwei Zeilen wert. Aber so … Du hättest Borghese hören sollen.«

»Und das ist alles?« Forschend sah sie ihn an.

Di Bernardo wusste, es hatte keinen Zweck, Giorgia etwas vorzumachen. Nicht, wenn er sie wieder für sich gewinnen wollte. Doch wollte er das überhaupt? Er spürte, dass er nicht klar denken konnte.

»Du warst weiß wie eine Wand, als du die Leiche gesehen hast.«

»Wundert dich das? Die Lache um ihren Kopf ... das weckt Erinnerungen. Erinnerungen und böse Geister.« Er lachte bitter.

»Manche wird man eben nicht mehr los.«

Unwillkürlich legte sie eine Hand auf seinen Arm. »Wie kann ich dich unterstützen?« Die Wärme, die von ihr ausstrahlte, drang durch den Stoff seines Sakkos auf seine Haut. Wobei das rational betrachtet wohl kaum möglich war.

Es klopfte an der Tür, und Di Bernardo entzog Giorgia seinen Arm. Borghese kam herein und wedelte mit einem Blatt Papier.

»Hier, der Obduktionsbericht.«

Also hatte der Dottore seinen Urlaub doch noch nicht angetreten.

Borghese legte den Bericht auf Di Bernardos Schreibtisch.

»Wir sehen uns morgen um zehn in meinem Büro. Ruggieri wird auch da sein.«

»In Ordnung«, sagte Di Bernardo.

»Ach, was hat denn der Sohn gesagt? Irgendwas Neues?«

»Vincenzo Giordano ist nichts Ungewöhnliches aufgefallen. Sie hat sich für ihre Musiker eingesetzt, und alle waren angeblich glücklich und zufrieden.«

»Und was glauben Sie?«

»Es ist eine Lüge.«

»Warum sollte Vincenzo lügen?«, erwiderte der Questore.

Di Bernardo dachte kurz nach. »Um seine Mutter zu schützen. Auch nach ihrem Tod.«

»Finden Sie es raus.« Polternd verließ Borghese den Raum.

Der Commissario atmete durch und legte das Schreiben schräg auf den Tisch, sodass Giorgia mitlesen konnte.

Zum Zeitpunkt ihres Todes war Cornelia Giordano vierundsiebzig Jahre alt gewesen. Bei ihrem ausgezeichneten Gesundheitszustand hätte sie locker weitere fünfzehn Jahre leben können. Sie hatte keine ernsthaften Erkrankungen, nahm weder Drogen, noch rauchte sie, hatte jedoch einen leicht erhöhten Alkoholspiegel.

»Das wird am Whisky liegen«, murmelte Di Bernardo und las weiter.

Einige kleine Narben, eine Blinddarmoperation. Die Hände waren sauber, die Nägel lang und gepflegt. Es gab keine Anzeichen eines Kampfes sowie weder aktive noch passive Abwehrverletzungen.

»Wenn sie keine Verletzungen hat, dann hat es ziemlich sicher auch keine tätliche Auseinandersetzung gegeben. Entweder ging es ganz schnell, oder sie hat ihren Mörder gekannt«, warf Giorgia ein.

»Der Stuhl, auf dem sie gesessen haben muss, war umgefallen. Die Leiche lag anderthalb Meter daneben. Demnach wurde sie nicht hinterrücks auf ihrem Stuhl sitzend ermordet, sondern hat den Mörder gesehen«, überlegte Di Bernardo laut. »Sie hat sich nicht gewehrt, weil sie zu geschockt war – oder weil sie, wie du sagtest, den Täter kannte. Oder beides natürlich.«

»Bei einem Unbekannten hätte sie sich reflexhaft gewehrt«, erwiderte Giorgia. »Vielleicht nicht im ersten Moment. Aber überleg doch … Der Mörder musste sie mit einer Hand festhalten, um das Messer ansetzen zu können. Das ist normalerweise der Moment, wo dem Opfer bewusst wird, dass es ermordet werden soll. Wenn man die Klinge sieht, weicht die Schockstarre, und man kämpft um sein Leben. Und solange man nur mit einer Hand festgehalten wird, hat man eine Chance, sich zu befreien.«

»Aber es gab wie gesagt keine Anzeichen eines Kampfes. Also gehen wir davon aus, dass sie ihren Mörder mit großer Wahrscheinlichkeit gekannt hat.«

»Oder ihre Mörderin.« Vor Di Bernardos innerem Auge zog Arabella wie ein Schatten vorbei. Er zwang sich, weiterzulesen. Die Todesursache war laut Dottor Ricci der massive Blutverlust infolge starker Gewalt. Der Täter hatte die Halsschlagadern durchtrennt und dabei auch die Luftröhre verletzt. Die Schnittwunde war tief und geradlinig, die Wundränder glatt, woraus zu schließen war, dass der Täter die Klinge mit Präzision geführt hatte. Die Tatwaffe war laut Ricci höchstwahrscheinlich ein scharfes Messer mit flacher Klinge. Einen gewöhnlichen Brieföffner als Tatwaffe schloss er aus.

»Also hat der Täter die Waffe dabeigehabt und wieder mitgenommen«, sagte Di Bernardo.

Giorgia zog den Bericht der Spurensicherung zu sich heran, um besser lesen zu können. »Sieht ganz so aus. Hier, sieh mal … Es wurde keine Tatwaffe gefunden. Im Büro und im Bad gibt es DNA-Spuren, die noch überprüft werden, ein paar Haare und einen Nagelschnipsel. Ich wette, sie stammen von Giordano selbst.«

»Also war die Tat geplant – vermutlich von irgendeinem enttäuschten, rachsüchtigen Musiker, den die noblen Römer beim nächsten Konzert bejubeln werden, weil wir nicht in der Lage sind, ihn zu identifizieren. Weil angeblich jeder Giordano bewundert und respektiert und niemand irgendetwas Ungewöhnliches bemerkt hat.« Di Bernardo spürte, wie ihn eine tiefe Müdigkeit ergriff. Er stützte den Kopf auf die Hände. Bellamy tauchte in seinen Gedanken auf, wie er kraftvoll den Bogen führte. Dann Arabella. Und der gesichtslose Boris.

»Wie kann ich dich unterstützen?«, fragte Giorgia erneut in die Stille hinein.

Di Bernardo rieb sich über das Gesicht und sah auf. »Hilf mir, den Mörder zu finden«, sagte er. »Giordanos Mörder.«

»Dafür arbeite ich ja hier«, sagte sie lachend und vertrieb augenblicklich die Schwere, die sich über ihn gelegt hatte.

»Ich meinte, ich will wissen, was für ein Typ er ist. Oder sie.«

»Ich bin keine Profilerin.«

»Du weißt, dass ich für diesen neumodischen Kram nicht viel übrig habe. Generationen von Commissarios vor mir haben Fälle mit dem gesunden Menschenverstand gelöst.«

»Also gut. Dann benutze ich mal meinen gesunden Menschenverstand.« Sie verschlang die Finger ineinander, so, wie sie es immer tat, wenn sie einen Augenblick Ruhe brauchte, um sich zu sammeln. Leise stand Di Bernardo auf und ging dicht an ihr vorbei, um ihnen einen Kaffee zuzubereiten. Der Duft ihres Haars drang in seine Nase und weckte Erinnerungen.

Aus dem Schrank holte er eine Packung Cassatelle. Als er sie öffnete, rieselte Puderzucker auf seinen Schreibtisch. Giorgia lachte und fuhr mit dem Finger durch die Spuren. »Hier hast du schon mal meine Fingerabdrücke«, sagte sie und nahm sich einen Keks. Dann richtete sie sich auf. »Also gut. Jeder Mord hat seine Logik. Auch dieser.«

Er hatte sie vermisst, diese unwiderstehliche Mischung aus klarem Verstand und menschlicher Wärme. Ohne Giorgia war er ein wenig zynisch geworden.

Sie erinnerte ihn an Camilla. Das hatte er ihr nie gesagt. So wie er fast nie über Camilla gesprochen hatte. Nur ein einziges Mal. Über sie und dieses nagende Gefühl von Schuld, weil er sie nicht beschützt hatte, obwohl er es besser hätte wissen müssen.

»Cornelia Giordano muss sich sicher gefühlt haben in ihrer Agentur«, begann Giorgia. »Sicher und nicht angreifbar. Sie saß mit dem Rücken zur Tür an ihrem Computer. Das war das Erste, was mir aufgefallen ist. Wer sich bedroht fühlt, will die Dinge im Blick haben. Sie hätte bewusst oder unbewusst ihren Platz gewechselt.« Sie nickte, wie um ihre Worte zu bekräftigen. »Der Mörder oder die Mörderin muss sie von hinten gepackt haben. Dabei ist der Stuhl umgefallen. Es kam zu keinem großen Kampf, das Opfer hatte nicht mal Zeit zu schreien – zumindest hat keiner der Nachbarn etwas gehört. Die Frage ist, ob der Mörder wusste, dass sie mit dem Rücken zur Tür saß ... Ich würde sagen, ja. Er hatte nur ein kleines Zeitfenster, da kam ihm das Überraschungsmoment entgegen. Das wird er eingeplant haben. Hätte sie ihn gesehen, wäre ein Wortwechsel gefolgt, womöglich ein lautstarker Streit, und er hätte sie mit mehr Kraft überwältigen müssen. Ein Streit würde wiederum für Kampfspuren sprechen, von denen es aber keine gibt, weder im Raum noch an ihrem Körper.«

»Das heißt, er kannte die Agentur, war schon öfter dort und wusste, an welchem Platz sie arbeitete«, fasste Di Bernardo zusammen.

»Genau. Ich vermute, er verschwand nach dem Mord durch die Hintertür, um Marina nicht zu begegnen. Schließlich konnte er nicht wissen, dass sie an diesem Tag länger mit dem Barmann schäkerte. Und ehe du fragst, ich halte sie für unschuldig. Sie stand unter Schock. Völlig überrascht, böse überrascht. Macht sich Sorgen, wie es für sie weitergeht und ob sie ihre Stelle behalten wird. Was auch bedeutet, sie hat keine Ahnung, dass sie so viel erbt.«

Di Bernardo brummte zustimmend. Er glaubte selbst nicht, dass Adamová einen Mord verübt hatte, das war ihm nach zwei Sätzen mit ihr klar gewesen. Es war Borghese, der die These vertrat – die typische Idee eines Schreibtischermittlers.

»Und die Tat selbst ...«, fuhr Giorgia fort und suchte kurz nach Worten. »Das war kein Mord wegen des Geldes. Da stecken

Gefühle dahinter, das spüre ich. Dunkle Gefühle.« Sie fröstelte unwillkürlich.

Di Bernardo schob ihr den heißen Kaffee hin, den sie dankbar entgegennahm. »Sag mir mehr über die Gefühle des Mörders«, bat er und lehnte sich gegen seinen Schreibtisch. »Wer tut so etwas und warum.«

»Starke Gefühle, die plötzlich aufwallen, wie zum Beispiel bei einem hitzigen Wortgefecht, würden für eine Handlung aus dem Affekt heraus sprechen. Nehmen wir Arabella. Vorhin, bevor Vincenzo kam, hast du mir von dem Verriss erzählt, den du in dem Umschlag zusammen mit dem Drohbrief gefunden hast. Angenommen, sie regt sich darüber auf und hat sich in den Kopf gesetzt, dass sie in Zukunft eine bessere Geige braucht. Sie ist voller Wut und Ehrgeiz und beschließt, Druck auf ihre Tante auszuüben. Also steckt sie ein Messer in die Tasche. Es kommt zum Streit, Arabella rauscht hinaus, kann die Sache aber nicht auf sich beruhen lassen. Sobald Marina fort ist, geht sie zurück und bedroht ihre Tante mit dem Messer ...«

»Das passt nicht mit dem sauber gesetzten Schnitt zusammen«, sagte Di Bernardo, der versuchte, sich die Szene vorzustellen. »Es hätte Kampfspuren gegeben. Mehrere Einstiche.«

»*Esattamente!* Arabella wollte etwas von ihr. Sie wollte ihre Tante nicht töten, sie wollte die Geige. Sie war wütend. Doch eine Tat ohne jegliche Spuren erfolgt nicht aus einer augenblicklichen Wut heraus, sie ist kalkuliert.«

»Warum hat sie dann gewusst, dass ihrer Tante die Kehle durchgeschnitten wurde?«

Giorgia musste nicht lange überlegen. »Del Pino hat mir erzählt, ihr hättet zu ihr gesagt, dass sie verblutet ist. Da stellt man sich entweder einen Bauch- oder einen Kehlschnitt vor. Wenn sie ein visueller Mensch ist, hatte sie bei euren Worten ein Bild vor Augen. Das war dann ihre Realität.« Sie zuckte mit den Schultern. »Frag sie, woher sie es wusste. Ich komme gern mit.«

Di Bernardo nickte. »Ich kann sie mir eigentlich auch nicht als Mörderin vorstellen. Wobei sie schwer einzuschätzen ist. Doch lass uns beim Tathergang bleiben.«

»In Ordnung. Wenn die Tat also geplant war, dann wäre sie nach meinem Gefühl Ausdruck einer schon länger gehegten wachsenden Abneigung. Ursache für diese Abneigung könnten eine Demütigung sein, Verletzung der persönlichen Würde, über Monate oder gar Jahre hinweg. Ich nehme auch eine unterdrückte Wut wahr, für die die Gewalttat das Ventil ist.« Sie trank einen großen Schluck Kaffee und setzte die Tasse mit Nachdruck ab. »Der Mord war geplant, Dionisio. Ich wette mit dir, dass der Mörder über sämtliche Abläufe in der Agentur im Bilde war. Er wusste, dass Marina am Abend da war. Dass sie immer um halb neun etwas zu essen holte. Dass es ein winziges Zeitfenster gab, das er nutzen konnte. Dass er die Giordano nur hinterrücks überwältigen musste.«

»Was macht dich so sicher?«

»Die Spurensicherung hat nichts gefunden. Keine fremden Fingerabdrücke, keine Schuhabdrücke, keine Spuren von Nässe oder Erde auf dem Teppich. Kein Speichel. Keine Hautzellen. Der Mörder hat sich akribisch vorbereitet. Die Tat hat die Handschrift ... die Handschrift von ...«

Di Bernardo wartete gebannt, während Giorgia gedankenverloren an ihrem Zeigefinger knabberte.

»Ich hab's«, sagte sie. »Die Tat ist wie ein kontrollierter Rausch. Er schmiedet einen Plan und folgt diesem akribisch. Er erlaubt sich nur den einen Schnitt, effektiv und präzise. Er zahlt ihr heim, was ihm angetan wurde. Physische Dominanz zu klassischer Musik. Sie ist nur ein Mensch, und er spielt Gott.«

»Meinst du, er hat es genossen? Ein Sadist?«

»Möglich. Aber wenn, dann einer, dessen Sadismus gerade erst zutage tritt.«

»Warum?«

»Sieh mal, Dionisio, er hat sie nicht zusätzlich gequält. Es fanden sich keine weiteren Einstiche, die ihr Schmerz zugefügt hätten. Schmerz, an dem er sich ergötzt hätte. Nur der eine notwendige Schnitt, um sie auszuschalten …«

Di Bernardo legte die Stirn in Falten. »Demnach war es keine Gewaltfantasie, in der er schwelgen wollte. Es war das Motiv, das ihn zu der Tat getrieben hat.«

»Ja, das denke ich auch.«

»Kommt dir sonst noch was in den Sinn?«, drängte Di Bernardo.

»Hm. Er muss einen eiskalten Plan geschmiedet haben und hat akkurat danach gehandelt. Fast so, als wäre er ein professioneller Killer. Aber trotzdem hat der Mord etwas ganz Persönliches. Sonst hätte er es sich doch leicht machen können und sie von hinten erstochen oder erdrosselt.«

»Du hast recht.« Di Bernardo griff nach ihrer Hand, sie war eiskalt.

Giorgias Blick verschwamm und schien in die Ferne zu schweifen, während sie weitersprach. »Er geht davon aus, dass sie ihm eine solch drastische Tat niemals zutrauen würde. Als er sie in seiner Gewalt hat, blickt er ihr ins Gesicht. Er sieht zu, wie das Messer in ihren Hals dringt und das Blut herausquillt. Das ist seine Rache an ihr. Mit der Tat hat sie sich erfüllt. Er lässt Cornelia Giordano dort liegen, lässt sie ausbluten wie ein geschächtetes Tier.«

Di Bernardo ließ Giorgias Hand los. »Wir müssen Boris finden.«

17

Fünfundzwanzig Kilometer trennten den Commissario und seinen Ispettore von Tor Bella Monaca, der ödesten Vorstadt Roms. Wie so oft, wenn es Di Bernardo an die Peripherie verschlug, wurde in ihm eine Erinnerung an seine Anfangszeit in Rom lebendig.

Er hatte in einem Taxi im Stau gesessen, mitten auf der Via Veneto, und gefragt, wie weit das Stadtzentrum reiche und wo die Außenbezirke anfingen.

»Die Grenzen sind unsichtbar«, hatte der Fahrer gesagt und eine weit ausladende Geste gemacht. »Man kann nicht sagen, wo ein *quartiere* aufhört und das andere anfängt. Wir sagen lieber: Es ist Rom.«

Wie lange war das her? Zweieinhalb Jahre, von Di Bernardos Blickwinkel aus betrachtet, oder zwei Minuten, wenn man die römische Geschichte zugrunde legte.

Der Verkehr floss zäh über die Ringstraße, und die Fahrt nach Tor Bella Monaca erschien Di Bernardo einmal mehr wie ein Ausflug in die äußeren Kreise der Hölle. Del Pino klopfte einen wirren Rhythmus auf das Armaturenbrett, nur unterbrochen von seiner zerplatzenden Kaugummiblase. Auch ein Weg, um Nervosität abzubauen, dachte Di Bernardo. Sie trugen kugelsichere Westen, doch im Ernstfall war das eine fadenscheinige Lebensversicherung.

Als die Vorstadt endlich in Sicht kam, riss die Wolkendecke auf. Die goldene Abendsonne fiel gnadenlos auf die schäbigen Plattenbauten mit ihren Graffiti und die mit Lumpen verhängten

Fenster, in denen das Glas ebenso zersprungen war wie jegliche Hoffnung. Tor Bella Monaca, das war die Kloake Roms, bevölkert von einem traurigen Haufen verarmter, benachteiligter Menschen, von Gesetzlosen und Mitgliedern des organisierten Verbrechens – denen, die in der Hierarchie ganz unten standen. Unwillkürlich musste er an Alberto denken, an den innigen Wunsch seines Sohnes, die Welt zu verbessern.

»Eine Schande, dass Menschen im einundzwanzigsten Jahrhundert so leben müssen«, sagte Di Bernardo und wich einem Müllsack aus, der mitten auf der Straße lag. Luciano Malini wohnte in einer Gasse, die rechterhand von der Via Guiseppe Baldrighi abging. Di Bernardo parkte den Wagen neben einem Sportplatz, und sie stiegen aus. Ein ätzender Geruch nach verbranntem Plastik hing in der Luft.

»Still ist es hier«, sagte Del Pino und sah sich aufmerksam um. »Wie vor einem Gewitter.«

Tatsächlich hing eine unbehagliche Stille in der beißenden Luft.

»Wir werden beobachtet«, sagte Di Bernardo und gab Del Pino ein kaum merkliches Zeichen. In den rostigen Autowracks, die den Sportplatz säumten, hatten sich mehrere Junkies breitgemacht und sahen zu ihnen herüber. Ein drahtiger Mann um die dreißig löste sich von dem Pulk und ging provozierend langsam auf sie zu. Der Dealer, vermutete der Commissario, und beschloss, den Mann zu ignorieren.

Del Pino tat es ihm gleich. »Da drüben«, sagte er und deutete auf ein orangefarbenes Haus, das einmal recht hübsch gewesen sein musste. Jetzt war der obere Balkon zur Hälfte abgebrochen; ein Teil der Balustrade lag noch im Vorgarten und ragte aus dem Erdreich wie gebrochene Knochen.

Als sie sich dem Eingang näherten, sah Di Bernardo ein Spritzbesteck auf dem halb verfallenen Mäuerchen liegen. Wie viele mochten es wohl benutzt haben?, dachte er resigniert. Und wie viele würden es noch benutzen? Wollte man das Heroin hier ausrotten, musste man sich mit der Mafia anlegen und mit der 'Ndrangheta gleich dazu. Die Aussichtslosigkeit eines solchen Unterfangens war ihm nur zu bekannt. Sie hinterließ einen galligen Geschmack in seinem Mund.

Die Fenster im Erdgeschoss des Hauses, in dem Boris' Bekannter wohnte, waren noch halbwegs intakt, vielleicht war es aber auch die Patina aus Dreck, die die Scheiben zusammenhielt. Die Klingelanlage mit den sechs Namen hing aus dem Mauerwerk heraus. Malini schien unten links zu wohnen. Di Bernardo hob die Hand, um den Klingelknopf zu drücken, doch Del Pino deutete auf den durchschnittenen Draht.

»Das ist zwecklos«, sagte er und klopfte fest gegen die Tür.

»Signor Malini?«, rief Del Pino. »Signor Malini, sind Sie da?«

Nach einer gefühlten Ewigkeit waren Schritte zu hören. Ein klein gewachsener, ausgemergelter Mann öffnete die Tür. Sein Gesicht hatte einen fiebrigen Glanz.

»Signor Malini?«

Der Mann nickte knapp.

»Wir suchen nach Boris Tinelli«, sagte Del Pino. »Es handelt sich um eine Familienangelegenheit. Sein Bruder meinte, Sie wüssten vielleicht, wo wir ihn finden könnten.«

»Familienangelegenheit«, sagte der Mann, verzog spöttisch den Mund und hustete. Mit einem schmutzigen Taschentuch wischte er sich Speichel und Blut vom Mund. »Ich hab Boris seit Tagen nicht gesehen.« Er trat einen Schritt zurück und schickte sich an, ihnen die Tür vor der Nase zuzuschlagen.

»Es geht um seine Mutter«, sagte Del Pino schnell.

»Und wenn es um den Papst ginge, ich hab keine Ahnung, wo er steckt«, erwiderte der Mann und warf ihnen einen abfälligen Blick zu.

»Wären Sie so freundlich, ihm etwas auszurichten, falls er sich bei Ihnen meldet?«, bat Di Bernardo und machte den Arm lang, um Malini seine Karte zu reichen. »Er möge sich bitte in der Questura melden. Ich bin Commissario Di Bernardo. Es ist wichtig.«

Malini wandte sich brummend ab und ließ die Tür hinter sich zufallen. Von drinnen war erneut der quälende Husten zu hören.

Del Pino zog eine Augenbraue hoch und wandte sich zum Gehen. Der Commissario folgte ihm, dann hielt er inne. Er meinte, eine winzige Bewegung am Fenster links des Eingangs bemerkt zu haben. Hinter dem schmierigen Glas stand jemand und beobachtete sie. Boris?

Er bückte sich, zog den Knoten seiner Schnürsenkel fest und richtete sich abrupt wieder auf, den Blick auf das Fenster gewandt. Da! Unverkennbar ein Schatten. Jemand wich hastig zurück. Der Größe nach zu urteilen, handelte es sich nicht um Malini.

Für den Bruchteil einer Sekunde zögerte Di Bernardo erneut, dann setzte er eine unbeteiligte Miene auf und folgte seinem Ispettore zum Wagen.

»Fahren wir noch zu Boris' Wohnung?«, fragte Del Pino, als sie wieder im Auto saßen.

»Ja. Aber wir werden ihn dort nicht antreffen«, sagte Di Bernardo. »Ich wette, er ist bei Malini. Hinter dem Fenster stand jemand und hat uns beobachtet.«

»Hm. Sollen wir hier warten?«

»Nein. So dumm ist er nicht. Außerdem habe ich keine Lust, Bekanntschaft mit denen da zu machen.« Mit dem Kopf deutete er in Richtung der anderen Straßenseite, wo sich eine Gruppe Halbstarker feixend näherte.

»Nette Gesellen«, bemerkte Del Pino, während Di Bernardo den Motor anließ und Boris' Adresse in sein Navi eingab.

Eine Straße weiter war der Bürgersteig mit Müll übersät. Räudige Hunde zerrten an den Säcken auf der Suche nach Essbarem. Das gleißende Sonnenlicht ließ die Risse in den Fassaden scharf hervortreten.

Di Bernardo bog nach links ab. »Sie haben Ihr Ziel erreicht«, tönte die Stimme aus dem Navi.

Als sie ausstiegen, bot sich ihnen nahezu das gleiche Bild wie bei Malini. Das gleiche Bild und der gleiche Gestank.

»Immerhin funktioniert die Klingel«, sagte Del Pino und drückte den Knopf.

Wie erwartet, öffnete ihnen niemand. Auch die übrigen Bewohner des Hauses, die sie befragten, hatten Boris seit Tagen nicht gesehen. Von Giordanos jüngerem Sohn, der mit den Nachbarn außer ein paar Worten zur Begrüßung kaum je ein Wort gewechselt hatte, fehlte jede Spur.

»Krasser Gegensatz zu Parioli«, sagte Del Pino, als sie sich auf den Rückweg machten und Tor Bella Monaca hinter sich ließen.

Di Bernardo schüttelte den Kopf, wie um die bedrückende Atmosphäre loszuwerden. Del Pino hatte recht. Der Gegensatz war krass und menschenverachtend: Auf der einen Seite die prachtvollen, gepflegten Palazzi von Parioli, auf der anderen nichts als verkommene Bruchbuden. Palmen, Zypressen und der Duft von Akazien hier, stinkender Müll und Fäkalien dort. Eleganz und Trostlosigkeit. Das Ergebnis von Misswirtschaft und Korruption. Und obendrauf die Unfähigkeit, gegen das organisierte Verbrechen vorzugehen, weil es den gesamten Machtapparat infiltrierte. Doch auch das war ein Teil des Gesichts von Rom.

»Dass Boris dort wohnt, ist eine Botschaft«, sagte er. »Der rebellische Sohn, der sich nicht um den Ruf der Familie schert.

Der sich nicht mit der berühmten Mutter, sondern mit dem Vater identifiziert, mit dem Schuft, der sie verlassen hat ...« Er legte die Stirn in Falten. »Wenn ich mir vorstelle, mein Sohn würde später freiwillig in Roms Bronx wohnen wollen ...« Di Bernardo schob die Sonnenblende herunter, die Abendsonne war hartnäckig. »Wenn Alberto lieber in solch einem Slum als in meinem Haus leben wollte, wäre das für mich wie ein Schlag ins Gesicht.«

»Sie meinen, Boris verachtet Mutter und Bruder?«

»Er bestraft sie. Indem er sich von ihnen abwendet und die Nachbarschaft von Kriminellen, Junkies und den Ausgeburten der Mafia ihnen vorzieht. Da muss eine Menge Aggression dahinterstecken.«

»Genug Aggression, um einen Mord zu begehen?«

»Möglicherweise.«

»Haben wir was, um ihn zur Fahndung auszuschreiben?«, überlegte Del Pino.

»Wir haben nichts. Ich gebe ihm bis morgen. Dann werde ich mit Borghese sprechen müssen.«

»Apropos Familie«, warf Del Pino ein. »Wir sollten noch mal bei Arabella vorbeifahren.«

Di Bernardo warf einen Blick auf die Uhr. Vor halb acht würden sie nicht in Parioli sein, selbst wenn er Rom von Nordosten her großzügig umfuhr und den übelsten Stau vermeiden konnte. »Rufen Sie noch mal bei ihr an«, bat er.

Del Pino verrenkte sich halb auf dem Sitz, um sein Handy aus der Tasche der viel zu engen Hose zu ziehen, und wählte ihre Nummer. Doch Arabella nahm nicht ab. »Seltsam«, meinte er. »Ob sie in irgendwelchen Proben steckt?«

»Für ein Konzert? So kurz nach dem Tod ihrer Tante? Nun ja, die Konkurrenz schläft nicht«, sagte Di Bernardo und musste an Bellamy denken.

»Musiker«, schnaubte Del Pino und fingerte ein dickes Sandwich aus einer braunen Papiertüte. Der würzige Geruch nach geräuchertem Prosciutto breitete sich im Wagen aus und erinnerte Di Bernardo daran, dass er fast nichts zu Mittag gegessen hatte. »Giorgia meint, sie ist unschuldig«, lenkte er sich selbst vom Essen ab. In knappen Worten schilderte er, was Giorgia über Arabella gesagt hatte.

»Wer kurz nach einem Mord verschwindet, macht sich verdächtig«, erwiderte Del Pino mit vollem Mund.

»Wir wissen ja noch gar nicht, ob sie verschwunden ist«, sagte Di Bernardo automatisch.

»Magnantis Theorie hängt«, meinte der Ispettore und kaute andächtig auf seinem Schinkenbrot herum. »Wenn zwei Millionen winken, kann sich die Wut schnell abkühlen. Sie fetzen sich, Arabella rauscht ab, dann legt sich in ihr ein Schalter um. Kalkül nennt man das. Sie geht zurück, bedroht ihre Tante. Die macht sich über sie lustig, denkt, Arabella würde niemals Ernst machen, und dann passiert's.«

Di Bernardo seufzte. Eins war sicher: Del Pino war gegen Arabellas Reize immun. Er dachte daran, wie sie reagiert hatte auf die Todesnachricht, dachte an das Lachen, die porzellanhafte Blässe, den einsetzenden Schock. »Nein«, sagte er. »Sie wirkte auf mich nicht wie jemand, der gerade einen blutigen Mord begangen hat.«

»Und warum hat sie uns dann angelogen? Behauptet, sie wäre zu Hause gewesen?«

Di Bernardo gab keine Antwort. Über Intuition ließ sich nur schwer diskutieren. Dennoch, sollte Arabella wirklich nicht auftauchen, musste er Giorgias Theorie noch einmal überdenken. Der Verriss in der Zeitung hatte sie bestimmt hart getroffen. Möglicherweise hatte er gar nichts mit ihr zu tun, sondern war in Wirklichkeit ein übler Schachzug desjenigen, der Cornelia bedrohte. In dem Fall war Arabella das Bauernopfer. Ob sie von dem Drohbrief gewusst hatte? Hing der Streit damit zusammen? Fragen über Fragen und keine Antworten.

Eine knappe Stunde später hielten sie vor dem Apartmenthaus in der Via Gramsci. Di Bernardo stieg aus und atmete tief durch. Die Luft roch nach Pinien und vertrieb den noch immer Übelkeit erregenden Geruch der verstopften Abwasserkanäle Tor Bella Monacas aus seiner Nase nur langsam. Ein Bekannter hatte ihm mal erzählt, dass der Gestank an manchen windigen Tagen bis zum fünften Stock eines Wohnhauses hochreichte. Plötzlich wünschte er sich nichts sehnlicher als ein Bad und dann einen großen Teller Spaghetti, eine Stunde vor dem Fernseher und eine Nacht ohne Grübeleien.

Del Pino, der mehrmals geläutet hatte, schüttelte den Kopf.

»Das passt mir nicht«, murmelte Di Bernardo und blickte an der Fassade hinauf.

Rastlos gingen sie drei Mal die Via Gramsci rauf und runter, während dunkle Wolken am Himmel aufzogen und sich hoch über ihnen zusammenbrauten. Es würde wieder regnen, ohne Zweifel. Sie traten in eine kleine und spärlich beleuchtete Bar. Drei junge Männer standen an der Theke und unterhielten sich lautstark. Di Bernardo und Del Pino tranken ihren Espresso aus, ohne die Tassen abzustellen, und gingen voller Unruhe wieder auf die Straße.

Kurz danach versuchte Del Pino es ein letztes Mal mit der Klingel. Wieder blieb die Tür ungeöffnet. Arabella Giordano schien ihrem Cousin Boris ins Ungewisse gefolgt zu sein.

18

Ich verspüre keinerlei Trauer. Denn alles ist besser, als zu versagen. Besser, als den Erfolg anderer aus dem Schatten zu beobachten. Zuzulassen, dass das eigene Talent mit Füßen getreten wird. Die Enttäuschung, sie hatte mein Inneres wie ein Krebsgeschwür zerfressen. Doch jetzt bin ich frei davon. So frei.

Ich darf mir nur keinen Fehler erlauben.

Heute habe ich einen Blick auf meinen Jäger geworfen. Commissario Dionisio Di Bernardo. Dass ich nicht lache.

Ich werde einen stillen Krieg gegen ihn führen. Ihn in eine Sackgasse nach der anderen treiben. Ich werde mir zum Abschluss die Befriedigung gönnen, das Messer in seinen Hals zu stoßen.

Allein die Vorstellung lässt meinen Puls rasen. Als wäre ein süßes Gift in meine Adern gedrungen. Das Gegenmittel? Ein schneller Schnitt.

Mein Atem geht schneller. Nein, ich darf dem Gefühl nicht nachgeben. Es droht mich unachtsam zu werden.

Die Morde sollen eine Komposition sein. *Meine* Komposition. Cornelias Tod: der fulminante Auftakt, erster Satz der tödlichen Sonate. Dann der zweite Satz – die erfolglose Suche des Commissario, ein schleppendes Tempo, in Moll. Und zum Schluss die Coda: Wenn die Spitze des Messers in Di Bernardos Hals dringt und das Blut meiner Opfer sich vermischt, während der Commissario Cornelia in das Land der Toten folgt.

Für einen Moment gebe ich mich den Fantasien hin. Dann lege ich den Schalter um und bin wieder bei klarem Verstand.

Ich werde Kraft brauchen, um den rundlichen Commissario zu überwältigen. Also muss ich die Überraschung auf meiner Seite haben. Ich werde akribisch vorgehen müssen.

Doch jetzt kann ich nicht länger untätig hier herumsitzen. Ich muss raus, mich bewegen, muss mit der Planung beginnen. Vielleicht sollte ich meinen Jäger ein wenig beschatten. Heute schon. Jetzt. Jetzt gleich. Seine Adresse habe ich längst herausgefunden. Es ist ein Spiel mit dem Feuer. Doch ich spüre: Ich muss ... Muss es wieder tun ...

19

Dionisio Di Bernardo streckte sich und zog an seinem rechten Arm, der völlig taub war. Nach einem heißen Bad war er auf dem Sofa vor dem laufenden Fernseher eingenickt. Als er die Schultern kreisen ließ, knackte es – ein kleines, hinterhältiges Geräusch, das definitiv arthritisch klang.

Sein Blick wanderte automatisch zum Bildschirm. Es lief eine beklemmende Dokumentation über Kernkraftwerke in Belgien und Frankreich, die alles andere als sicher waren.

»Die Welt ist vom Wahnsinn beherrscht«, sagte er kopfschüttelnd zu sich selbst und schaltete den Fernseher aus.

Die Luft war abgestanden. Di Bernardo trat zur Terrassentür, öffnete sie weit und atmete tief durch. Es roch nach Schnee. Er sah hinaus. Der Regen fiel nun stärker, und es war eisig kalt. Vielleicht würde es in der Nacht Frost und den letzten Schnee dieses Winters geben.

Eine Weile lauschte er den peitschenden Regentropfen. Als er das zweigeschossige Haus in Monteverde Vecchio vor einem Jahr bei einer Zwangsversteigerung erworben hatte, war es ihm so vorgekommen, als sei er inmitten des steilen Preisanstiegs für Immobilien vom Glück geküsst worden. Er hatte sich ausgemalt, es gemeinsam mit Giorgia zu renovieren und Alberto ein neues Zuhause zu schaffen. Nach Feierabend würde er ein wenig im Garten arbeiten, als Ausgleich …

Nun, es war darauf hinausgelaufen, dass er die Wände im Innern des Hauses nach und nach gemeinsam mit Alberto gestrichen hatte. Und was den Garten anbelangte, so war der im vergangenen Herbst längst wieder zugewuchert und bildete ein abweisendes Dickicht, in das sich nur ab und an ein Eichhörnchen verirrte.

Sein Magen knurrte und erinnerte ihn daran, dass er außer den unerquicklichen Kohlblättern heute kaum etwas gegessen hatte. Hungrig machte er sich auf in die Küche. Auf halbem Weg blieb er plötzlich wie angewurzelt stehen. Hatte sich im Flur nicht etwas bewegt? Adrenalin schoss durch seine Adern. Seine Hand fuhr zu seinem Gürtel, wo sonst seine Waffe steckte. Es dauerte den Bruchteil einer Sekunde, bis er begriff, dass er sich selbst im Spiegel gesehen hatte. »*Maledizione*«, murmelte er, knipste das Licht an und warf einen kritischen Blick in den mannshohen Spiegel. Alles an ihm war rund, sein Gesicht, der Bauch … Er war älter geworden in den vergangenen Monaten. Die Trennung von Giorgia, dazu die ewigen Diskussionen mit Albertos Mutter und nicht zuletzt die Arbeit in der Questura hatten ihm zugesetzt. Und natürlich sein vorletzter Fall, der Mord an einer Dreiundzwanzigjährigen. Alle hatten auf den krankhaft eifersüchtigen Exfreund getippt. Doch er war seiner Intuition gefolgt, die ihm gesagt hatte, dass der Täter dem Opfer noch näherstand. Und er hatte recht behalten.

Di Bernardo überlegte, ob er eine Runde Joggen gehen sollte, zehn Kilometer vielleicht oder wenigstens fünf. Er warf einen Blick zur Tür hinaus. Draußen fiel der Regen jetzt in dicken Tropfen vom Himmel. Ein einsamer Spaziergänger lief auf der anderen Straßenseite entlang, den Kopf eingezogen gegen die allgegenwärtige Nässe. Di Bernardo zögerte. Er kam langsam in ein Alter, in dem er auf sich achten musste. Die vielen Stunden hinter dem Schreibtisch taten ihm nicht gut. Wenn er so weitermachte, würde er noch wie Borghese enden.

Andererseits musste er sein Training ja nicht gerade dann wiederaufnehmen, wenn sich ein Platzregen über Monteverde

Vecchio ergoss. Kurz musste Di Bernardo an den Winter vor einigen Jahren denken, an die überschwemmten Straßen, an die Autos im Wasser, von denen nur noch Dächer zu sehen gewesen waren, und an eine zwanzig Meter hohe Ulme, die in der Nähe seines Hauses umgekippt war und dem ganzen Unglück wortwörtlich die Krone aufgesetzt hatte. Nachdenklich sah er aus dem Fenster auf die nasse Straße, die das Licht der Laternen reflektierte. Der Joggingpfad den Gianicolo hinauf würde rutschig sein. Wenn er sich den Fuß verstauchte, brachte ihn das auch nicht weiter.

In der Küche mied er den Kühlschrank, trank nur ein Glas Wasser und aß ein paar knusprige Fette biscottate.

Noch immer hungrig ging er zu Bett und ließ den Tag Revue passieren. Diese Intrigen, von denen Vincenzo Giordano im Zusammenhang mit seiner Mutter gesprochen hatte – dafür hatte Di Bernardo nicht das Geringste übrig. Er versuchte, sich die Agentin zu Lebzeiten vorzustellen. Ein solches Vermögen scheffelte man nicht, indem man nett und umgänglich war. Was hatte Giorgia gesagt? *Jeder Mord hat seine Logik ...* Er musste diese Logik finden. Irgendein Ereignis in der Vergangenheit, an dem sowohl Cornelia Giordano als auch der Täter beteiligt waren, war so skrupellos oder demütigend oder enttäuschend gewesen, dass die logische Konsequenz daraus letztlich der Mord an ihr war. So brutal das auch klang. Derart betrachtet, verwischten die Grenzen zwischen Opfer und Täter. Wer war Cornelias Opfer? Was war passiert? Was hatte das Opfer zum Täter gemacht?

Und dann war da noch Arabella, schön und begabt – offenbar auch, was das Lügen anging.

Di Bernardo setzte sich im Bett auf. Er brauchte Fakten, nicht tausend »Wenn« und »Vielleicht«. Ein Blick auf sein Handy zeigte ihm, dass es kurz vor Mitternacht war, doch das kümmerte ihn nicht. Er würde Arabella befragen und sich diesmal nicht von ihr auf irgendwelche Irrwege schicken lassen. Er wollte diese Wand aus Lügen und widersprüchlichen Botschaften durchbrechen, verdammt! Wenn sie doch wenigstens den Anruf entgegennähme … Nachdem es acht Mal geläutet hatte, meldete sich die Mailbox. Di Bernardo legte auf.

Frustriert rollte er sich auf die Seite, den Blick auf die leere Hälfte seines Bettes gerichtet.

Giorgia kam ihm in den Sinn, zum hundertsten Mal an diesem Tag. Warum sie ihm wohl erzählt hatte, dass sie sich von Campresi getrennt hatte – damit er ihn besser behandelte? Oder lag dahinter eine versteckte Botschaft?

Wir passen nicht zusammen. Es war ein Fehler.

»Giorgia«, flüsterte er und spürte dem Klang ihres Namens nach. Zu lange hatte er ihn nicht mehr geflüstert, zu lange war er nun schon allein. Er war sich ihrer so sicher gewesen.

Dann schob sich ein anderes Gesicht vor Giorgias. Die Konturen feiner, der Zug um den Mund herum spöttischer. Das ganze Wesen zerbrechlicher und zugleich exaltierter. Arabella. Wo mochte sie nur stecken? Was hatte es zu bedeuten, dass sie verschwunden war?

Wenn sie auch am kommenden Tag nicht auffindbar wäre, müsste er mit Borghese sprechen. Ausgerechnet. Es wäre ein Skandal sondergleichen, wenn an die Presse dringen würde, dass die Nichte der Ermordeten abgetaucht war und sich den Ermittlungen entzog. Die Medien würden Arabella verdächtigen, sie in der Luft zerreißen, und wenn sich ihre Unschuld herausstellen sollte, ihn gleich dazu …

Di Bernardo schob das Kissen in seinem Nacken zurecht. Er kam einfach nicht weiter. Und zu allem quälte ihn das Gefühl, ein wichtiges Detail übersehen zu haben.

Die Müdigkeit schien zu verdunsten wie morgens der Nebel über dem Tiber. Di Bernardo wälzte sich im Bett herum, drehte sich auf die Seite und legte den Arm unter das Kopfkissen. Zuerst einmal brauchte er Schlaf. Er fing an, Städte in Italien nach dem Alphabet aufzuzählen. Agropoli, Airola, Alessandria, Ancona, Aosta, Asolo ... Bari, Belluno, Bergamo ... Das langweilte ihn aber schnell wieder und machte nur noch wacher. Bei den Geburtstagen von Familie und Freunden ging es besser voran, er rief sich über dreißig Daten in Erinnerung. Bei einer Cousine zweiten Grades aus Santa Maria di Leuca stockte er und spürte, wie er davondriftete.

Sein letzter wacher Gedanke galt der Terrassentür und der Frage, ob er sie zugemacht hatte oder nicht. Aber er war zu müde, um nachzusehen. Als er einen Atemzug später in den Schlaf sank, warteten schon die Träume auf ihn.

Er sieht sich um.

Kein Mensch, kein Auto, nichts als trockene Bäume, die Skeletten gleich in den Himmel ragen. Kein Lebenszeichen, nicht einmal der Schrei einer Krähe.

Wie ein Nadelstich kommt die Erkenntnis. Was er sieht, ist die Apokalypse! Sie haben das Atomkraftwerk wieder ans Netz gehängt. Trotz aller Warnungen. Und jetzt hat es eine Explosion gegeben.

Er rennt die Straße zu seinem Haus entlang, stürzt auf die Eingangstür zu. Sie ist verschlossen, es steckt kein Schlüssel. Er läuft um das Haus herum, bis er im Garten plötzlich Alberto vor sich sieht. Sein Gesicht ist blutüberströmt. Mit einem Schrei, in dem sich seine ganze Verzweiflung entlädt, streckt er die Arme aus, um ihn zu erreichen. Ein Augenpaar starrt ihn gequält an. Jetzt merkt er, dass Alberto von oben bis unten von einer schwarzen Aura umrahmt ist. Er fällt zu Boden, und die Schwärze sammelt sich um seine Kehle und den Kopf, gerinnt zu einem düsteren Heiligenschein. Di Bernardo sucht verzweifelt Albertos Blick, will ihn zum Leben zwingen, ihn wenigstens trösten ...

Als Alberto ihn wieder ansieht, wandeln sich seine Züge, werden zu Giordanos. Und daneben steht Arabella, sieht auf ihn und seinen sterbenden Sohn herab und lacht. Sie lacht ihn aus. Er öffnet den Mund zu einem Schrei. Und er schreit, bis sich Schwärze über ihn senkt.

20

Ich habe es wieder getan.
Ich habe einen Menschen getötet.
Ich musste es tun. Musste spüren, welch ein grandioses Gefühl es ist, wenn ich mein Opfer bezwinge. Musste seinen Schmerz spüren, zugefügt von meiner eigenen Hand.
Diesmal habe ich nicht so sauber geschnitten. Ich wollte den Widerstand des Knorpels fühlen und wie er unter der scharfen Schneide nachgibt. Dazu das Entsetzen in den Augen – köstlich.
Ich schenke mir einen Whisky ein und trinke das Glas in einem Zug leer. Und während meine Kehle brennt, spüre ich, wie meine Befriedigung sich in wachsenden Zorn wandelt. Zorn auf mich selbst.
Verdammt, wem mache ich hier eigentlich etwas vor! Ich hätte es nicht tun sollen, noch nicht. Ich bin schwach geworden. Habe die Kontrolle verloren. Habe blind reagiert, statt präzise zu handeln. Das Ergebnis: ein Mord mit fadem Beigeschmack, bei dem der Rausch und die Ästhetik fehlten. Das Gefühl war so ... billig.
Ich habe mir den Genuss entrissen.
Von wegen stiller Krieg. Von wegen Todessonate. Das war eine unbeholfene Fingerübung.
Über allem quält mich die Sorge, einen dummen Fehler begangen zu haben. Was, wenn ich eine Spur hinterlassen habe?
Alles drängt mich zurück zum Tatort, um mich zu vergewissern. Doch ich darf mich dort nicht blicken lassen, nicht in Monteverde Vecchio.

Ich balle die Hand um das Glas, dann schleudere ich es mit aller Kraft gegen die Wand.

Die Splitter auf dem Boden fangen den frühen Morgen ein, der durch den Spalt der Vorhänge dringt. Der Kontrast aus gebrochenem Licht und tödlicher Schärfe lenkt mich von meiner Dummheit ab. Ich atme tief durch. Langsam gewinne ich die Kontrolle zurück.

Ich werde keine Schwäche mehr zulassen, egal, wie unerträglich das Verlangen ist. Ab jetzt wird alles in meinem Leben akribisch geplant werden.

Genau. So. Muss. Es. Sein.

21

Cremona, 8. September 1716

Der achtjährige Paolo Stradivari scharrte mit den Füßen auf dem Boden herum und wurde mit jeder Minute ungeduldiger. Tonleitern üben machte einfach keinen Spaß! Viel lieber wäre er draußen, um in das reißende Wasser zu springen, das durch die Gassen strömte. Wie tief es wohl war?

Er nahm die Geige von der Schulter, trat zum Fenster und blickte hinaus. Das Wasser war braun und bildete richtige Strudel. Jetzt sah er einen Stuhl von der Piazza, der die Straße hinuntergespült wurde. Ein ganzer Stuhl! Signor Mosconi rannte ihm hinterher, glitt aus und fiel auf den Hosenboden. Dann packten ihn die Wassermassen und trieben ihn zwei, drei Schritte vorwärts. Fluchend rappelte er sich auf, ballte die Hand zur Faust und schickte dem Stuhl eine Verwünschung hinterher. Solch ein Spaß!

Und er, Paolo, sollte ausgerechnet an solch einem Tag Geige spielen.

Niemals würde die Mutter ihm erlauben, hinauszugehen. Er würde seine Beinkleider ruinieren. Und außerdem sollte er ja üben. Wie er das hasste. Wenn er doch wenigstens so gut spielen könnte wie sein ältester Bruder Francesco! Kaum hatte Paolo das gedacht, hörte er Geigenklänge von oben aus der Werkstatt dringen. Es klang so schön, dass er einen Atemzug lang ganz verzaubert war. Wenn Francesco spielte, quietschte oder kratzte die Geige nie. Wie das möglich war, blieb Paolo ein Rätsel. Jeder

Ton war so rein ... Solch einen Klang würde er mit seiner Viertelgeige niemals hinbekommen. Omobono hatte sie extra für ihn gebaut, aber er hatte ihm damit keine Freude gemacht. Vielmehr war er gespannt auf das neue Holzpferd, das sein Bruder ihm versprochen hatte. Ob es wohl schon fertig war?

Jetzt verlor er keinen Gedanken mehr daran, weiterzuüben. Er legte die Geige beiseite und beschloss, hinauf in die Werkstatt zu laufen. Er mochte es so gern, dem Vater und den beiden Brüdern bei der Arbeit zuzusehen. Vergangene Woche hatte Omobono gleich fünf Kästen geschreinert und sie anschließend, als das Holz lackiert war, mit weinrotem Tuch ausstaffiert wie eine Schatzkiste.

Auf Zehenspitzen lief er zur Tür, öffnete sie leise und spähte hinaus. Von der Mutter war nichts zu hören. Mit ein wenig Glück war sie mit der Magd drüben in der Küche und gab ihr Anweisungen. Die Gelegenheit war wirklich günstig.

Paolo schlich die Treppe hinauf. Die Tür zur Werkstatt stand einen Spalt offen. Er reckte den Hals, um – hoffentlich! – einen Blick auf das Pferd zu erhaschen, doch seine Brüder versperrten ihm die Sicht. Gerade als er sich bemerkbar machen wollte, spürte er, dass irgendeine seltsame Spannung in der Luft lag.

Sein Vater, Francesco und Omobono sprachen sehr leise. Zu leise! Sie flüsterten fast, und egal wie Paolo sich auch anstrengte, er konnte die Worte nicht verstehen. Eigentlich gab es im Hause Stradivari keine Geheimnisse. Es sei denn ... Es sei denn, sie sprachen über ihn! Das musste er hören.

Ohne lange zu überlegen, machte Paolo sich ganz klein, huschte in die Werkstatt und unter den Tisch. Von seinem Versteck aus konnte er nur die Beine der anderen sehen. Er wagte kaum zu atmen.

»Das ist nicht möglich ...«, sagte sein Bruder gerade und zog die Füße nach hinten, um aufzustehen. »Was macht Ihr da?«

Auch Francesco stand auf und beförderte einen Schwung Holzschnipsel unter die Bank. Feiner Staub drang in Paolos Nase, und er spürte, wie ein verräterisches Niesen in ihm hochkroch. Schnell zwickte er die Nasenflügel zusammen und atmete tief durch den Mund. Zum Glück hatte er Erfahrung darin, sich zu verstecken. Obwohl es nicht richtig war zu lauschen, wie die Mutter immer betonte.

Er hörte, wie eine Feder über Papier kratzte. Was hätte er dafür gegeben, wenn er hätte sehen können, was sein Vater da schrieb! Dass es hier um ein Geheimnis ging, war völlig klar.

Paolo war sich ziemlich sicher, dass er die drei mit seinem plötzlichen Erscheinen verärgern würde. Er wusste, wie schrecklich es war, wenn jemand ein Geheimnis herausbekam, er hatte es selbst schon mal erlebt. Dennoch ... sie mussten ja nicht wissen, dass er ihnen auf die Schliche gekommen war.

»Bocciolo di Rosa. Antonius Stradivarius Cremonensis. Faciebat Anno 1716«, sagte Omobono.

»Gebt Ihr Eurer Geige etwa selbst einen Namen? Das habt Ihr noch nie getan«, rief Francesco und klang ganz aufgeregt.

»Als Andenken an die letzte Rose des Sommers 1716«, flüsterte sein Vater.

Paolo verstand kein Wort. Was hatte eine Bocciolo di Rosa, eine Rosenknospe, mit einer Geige zu tun? Erwachsene regten sich aus den seltsamsten Gründen auf. Obwohl das wirklich merkwürdig war, dass eine Geige einen Namen bekam. Sie war doch kein Kind.

»Aber was ist mit dem ersten Zwilling?«, beharrte Francesco. »Bleibt er namenlos?«

Zwilling? Jetzt begriff Paolo gar nichts mehr. Er hätte doch besser hinausgehen sollen auf die Straße, Holzpferd hin oder her.

»Im Augenblick, ja«, antwortete sein Vater nach einer kurzen

Pause. »Aber bestimmt nicht lange. Ich bin sicher, der Name wird sich aus der Geschichte ergeben.«

Im nächsten Moment passierte es. Omobono ließ sich auf die Bank fallen und streckte die Beine aus. Das hieß, er wollte sie ausstrecken. Aber da war ein Hindernis, nämlich er, Paolo. Und das Hindernis schaffte es nicht schnell genug, in Deckung zu gehen.

Oh weh, das würde Ärger geben!

22

Angespannte Stille herrschte in dem kahlen Besprechungszimmer in der Questura, das zu dieser frühen Morgenstunde bis zum Bersten gefüllt war.

Der Commissario blickte in die Runde. »Ich erwarte, dass wir heute einen Durchbruch erzielen«, sagte er mit Nachdruck und sah einen nach dem anderen an.

Da war Del Pino, der aussah, als brauche er dringend einen Espresso. Neben ihm Giorgia mit sphinxhaftem Gesichtsausdruck. Sie allein wusste, was in ihm vorging: Er hatte genug. Genug vom Nachsinnen, Reflektieren, gedanklichen Stöbern in Eventualitäten. Er brauchte etwas Greifbares.

Neben ihr saßen Campresi und sein Teampartner Salvatore Ciampi, der vergangenen Monat aus Neapel zu ihnen gestoßen war. Auf seiner Stirn hatten sich trotz der Kühle im Raum Schweißperlen gebildet. Der Mann schwitzte ständig, Di Bernardo wusste nicht, ob er krank oder nervös war. Etwas versetzt hatten Federica Giglioli von der Spurensicherung und Riccardo Magno Platz genommen, ihr IT-Spezialist. Riccardo war ein gebürtiger Römer, der in seinem Outfit Del Pino an Sorglosigkeit in nichts nachstand. Neben ihm saß Anna Cantoni, die mit ihrer Fünfzigerjahrebrille und dem Tellerrock wie aus der Zeit gefallen schien. Für die Schreibtischarbeit und Koordination war Anna unverzichtbar. Außerdem hatte er noch Luigi Quaranta und Enrico Ronco aus Commissario Granatas Team zur Verstärkung angefordert. Die beiden waren zwei scharfe Hunde, die unerbittlich jeder Spur nachgingen. Er hatte schon bei seinem allerersten Fall in der Questura vor über zwei Jahren beste Erfahrungen mit ihnen gemacht.

»Wir konzentrieren uns vorerst auf die Befragung derjenigen, die ein Motiv haben könnten. Signora Cantoni, bitte notieren Sie unseren Einsatzplan, und tragen Sie die Ergebnisse, die Sie von den Ispettori bekommen, zusammen. Ich möchte, dass der Bericht ständig aktualisiert wird und an die Teams rausgeht, damit jeder von uns auf dem neuesten Stand der Ermittlungen ist. Federica, setzen Sie sich bitte anschließend mit Anna zusammen, damit sie die Ergebnisse der Spurensicherung für uns zusammenfassen kann. Riccardo, Sie kümmern sich um den Computer in der Agentur und den privaten Laptop von Giordano. Durchsuchen Sie die Mails nach offenen oder versteckten Drohungen und scharfem Wortwechsel, enttäuschten Künstler-Egos und was weiß ich. Anschließend sichten Sie bitte die Konten. Holen Sie sich Verstärkung, wenn nötig.« Er straffte die Schultern und fuhr fort. »Wir alle müssen mit der größten Wachsamkeit vorgehen. Auch wenn zu diesem Zeitpunkt der Ermittlungen alles dafür spricht, dass es sich um einen Racheakt an Cornelia Giordano handelt, wissen wir nicht, ob die Fehde des Täters nicht am Ende auf die gesamte Agentur oder die restliche Familie abzielt – also Vincenzo und Arabella Giordano.« Das war ein Punkt, den Giorgia und er am Tag zuvor völlig übersehen hatten. Er hätte sich selbst dafür ohrfeigen können. Er konnte nur hoffen, dass Arabella unversehrt wiederauftauchte.

Als Nächstes hielt er den Drohbrief in die Höhe, den Federica bereits freigegeben hatte. Wie befürchtet, waren nur Spuren von Cornelia Giordano darauf zu finden gewesen, was bedeutete, dass der Absender äußerst sorgfältig vorgegangen war – und dass Elsa Ortalli ihre Finger nicht in der Schublade gehabt hatte. »Ich fasse zusammen. Wir suchen den Verfasser des Drohbriefes, weil wir vermuten, dass er mit dem Mord in Verbindung steht. Als

Anhaltspunkte dienen uns die vier Zeitungsartikel, die im selben Umschlag steckten. Campresi und Ciampi, Sie befragen den Dirigenten Fabrizio Emme und die Geigerin Laura Maffia. Emme wird übrigens nicht durch die Giordanos vertreten. Ich will wissen, ob das seine Entscheidung war und warum. Wenn er in Neapel steckt, dann laden Sie ihn vor, und zwar pronto. Nehmen Sie ihn und die Geigerin ins Kreuzverhör. Finden Sie raus, ob sie ein Alibi haben. Wie sie zu Giordano standen. Und sie sollen uns bloß nicht mit dem Spruch kommen, Cornelia sei eine großartige, hochgeschätzte Agentin gewesen und immer für alle da.« Er wandte sich an die Runde. »Cornelia Giordano hat sich über die Jahre hinweg an die Spitze des Musikgeschäfts gearbeitet und Millionen gemacht, trotz rückläufiger Konzertbesucherzahlen, trotz YouTube, iTunes, Spotify und wie sie alle heißen. Und wie? Ich vermute, mit Gefälligkeiten, Intrigen, Drohungen und wer weiß was. Allein der Drohbrief gibt zu denken. Klammern Sie – und das gilt für uns alle – aus, dass es sich um die Welt der Musik handelt. Stellen Sie sich von mir aus vor, Giordano sei … sie sei die Chefin eines florierenden Konzerns im Baugewerbe auf Sizilien gewesen. Die Machenschaften sind vermutlich die gleichen.«

»Hilfreicher Vergleich«, murmelte Federica anerkennend.

Di Bernardo atmete durch. Seine Rede zeigte offenbar Wirkung. Campresi machte sich eifrig Notizen, während Riccardo Magno am Rand des Stuhls herumrückte und so aussah, als würde er am liebsten aufspringen und den Computer anwerfen. Vielleicht wollte er auch bloß nach draußen und eine Zigarette rauchen.

Aber der Commissario war noch nicht fertig. »Quaranta und Ronco, machen Sie den Musikkritiker ausfindig, der den Verriss über Arabella verfasst hat. Schleppen Sie ihn hierher. Kriegen Sie raus, ob er geschmiert wurde und wenn ja, von wem. Notfalls behalten Sie ihn den ganzen Tag hier, aber denken Sie dran, er ist von der Presse. Also Vorsicht mit Informationen.« Er rückte seine Krawatte zurecht. Aus einem nostalgischen Gefühl heraus hatte er sich heute für die fuchsiafarbene entschieden, die Giorgia ihm geschenkt hatte. Sie hatte lange genug im hintersten Winkel seines Schrankes gehangen. »Campresi«, fuhr er fort. »Wenn Sie mit der Geigerin und dem Dirigenten durch sind, fahren Sie zu Adamová. Durchbrechen Sie ihr Loyalitätsgehabe. Als Sekretärin muss sie etwas wissen oder zumindest ahnen. Setzen Sie sie von mir aus emotional unter Druck. Sagen Sie ihr, dass sie den Mörder kennen muss und dass ihr Schweigen ihn deckt. Vergessen wir nicht, dass ihm die Örtlichkeiten vertraut sind, also stimmt das wohl sogar. Fordern Sie Namen, und gehen Sie allen möglichen Spuren nach. Ach ja, und sie soll sich in Ihrem Beisein in der Agentur umsehen und sagen, ob etwas fehlt.« Sein Blick wanderte zu Giorgia. »Signora Magnanti, Ispettore Del Pino und ich knüpfen uns René Bellamy vor und suchen anschließend nach Boris Tinelli und Arabella Giordano. Wir werden auch Vincenzo Giordano hinsichtlich der angedeuteten Intrigen befragen. Wobei er vermutlich den Ruf seiner Mutter schützen wird.« Kurz blickte er auf seine Uhr. »Wir treffen uns um neunzehn Uhr zur Lagebesprechung wieder hier in diesem Raum. Ein langer Tag liegt vor uns. Ein Tag, der uns dem Mörder ein ganzes Stück näher bringen wird. *A più tardi!*«

Allgemeines Stühlerücken war die Antwort. Trotz der frühen Stunde wirkte sein Team energiegeladen und voller Tatendrang. So sollte es sein!

Giorgia und Del Pino traten zu ihm.

»Gut gemacht«, sagte Giorgia. Ihr Blick verharrte einen Moment auf seiner Krawatte.

»Danke«, sagte Di Bernardo. »Jetzt muss ich bloß noch Borghese loswerden.«

»Wen müssen Sie loswerden, Dionisio?« Wie ein Deus ex machina tauchte der Questore neben ihm auf, einen Stapel Zeitungen unter dem Arm.

»*Buongiorno*, Signor Borghese«, sagte Di Bernardo und setzte eine unbeteiligte Miene auf. »Was gibt's Neues?«

»Eine Tote in Gianicolo«, sagte der Questore. »Sie ...«

»In Gianicolo?«, unterbrach ihn Di Bernardo ungläubig. Das war gleich bei ihm um die Ecke. »Was ist passiert?«

»Eine Prostituierte wurde ermordet im Gebüsch gefunden. Commissario Granata wird sich darum kümmern. Bleiben Sie bloß bei Ihrem Fall, da haben Sie genug zu tun.«

Di Bernardo runzelte die Stirn. Er erinnerte sich, dass er in der Nacht zuvor hatte joggen gehen wollen. Ihn fröstelte. Ein Mord in Monteverde Vecchio, quasi auf offener Straße. Die ruhigen und sicheren *quartiere* gehörten in Rom längst der Vergangenheit an.

»Da ist noch etwas«, sagte der Questore. »Arabella Giordano. Ich habe eben einen Anruf bekommen. Sie wurde nachts gegen zwei Uhr im Wald der Villa Ada bewusstlos aufgefunden. Wahrscheinlich ein Überfall.«

»*Was?*« Di Bernardo spürte, wie sein Puls in die Höhe schnellte. Genau das, was er befürchtet hatte! »Wie geht es ihr?«

»Sie hat eine üble Kopfverletzung und war stark unterkühlt, schwebt aber nicht in Lebensgefahr. Hätte schlimmer ausgehen können.«

»Wo hat man sie hingebracht?«

»Clinico Agostino Gemelli.«

»Ich fahre sofort hin! Del Pino und Giorgia, ihr übernehmt Bellamy.«

»Warten Sie doch, Dionisio!«, rief Borghese ihm hinterher. »Was ist mit der Pressekonferenz und Ruggieri?«

Doch der Commissario war bereits losgestürmt.

Auf dem Weg zum Universitätsklinikum staute sich der Verkehr. Frustriert schlug Di Bernardo auf die Hupe. Der Fahrer des Wagens auf der Spur neben ihm warf ihm einen abschätzigen Blick zu und schüttelte den Kopf. Di Bernardo war selbst klar, dass er so auch nicht schneller vorwärtskam. Um kurz vor acht an einem Donnerstagmorgen war auf dem Lungotevere die Hölle los.

Aber die Hölle war nicht nur draußen, sie tobte auch in seinem Innern. Wie hatte er nur so sorglos sein können! Er hätte Arabella schützen müssen. Aber das hatte er ja schon bei Camilla nicht fertiggebracht, dachte er grimmig. Hätte er es vorhersehen können? Oder hätte er es müssen? Jedenfalls hatte er die Situation falsch eingeschätzt. Er musste dringend in Erfahrung bringen, was überhaupt geschehen war.

Im Krankenhaus traf Di Bernardo auf die junge Neurologin Elena Gherzi, die Arabella behandelte. Entfernt erinnerte sie ihn an die ebenso hübsche wie energische Politikerin Maria Elena Boschi.

»Die Computertomografie hat eine Hirnquetschung ergeben, aller Wahrscheinlichkeit nach infolge eines Schlages mit einem stumpfen Gegenstand. Aber das ist nicht alles.« Sie strich sich das lange Haar zurück und sah ihn mit ernster Miene an. »Meine Patientin leidet unter einer Amnesie, so etwas kann nach einer solchen Verletzung auftreten. Auch wenn ich zum jetzigen Zeitpunkt zuversichtlich bin, dass sie ihr Gedächtnis wiedererlangt, ist sie nicht vernehmungsfähig.«

Innerlich stöhnte Di Bernardo auf. Von solchen Aussagen hatte er die Nase voll! Er würde Arabella befragen, und wenn er durchs Fenster klettern müsste. Er bemühte sich um eine beherrschte Stimme, als er sagte: »Wie Sie möglicherweise wissen, wurde ihre Tante brutal ermordet. Wir können nicht ausschließen, dass noch andere Menschen in Gefahr sind.«

Dottoressa Gherzi verschränkte zur Antwort die Arme vor der Brust.

»Bitte erlauben Sie mir wenigstens eine Frage nach ihrem Befinden«, sagte er und bemühte sich, seine Ungeduld zu zügeln. »Hat sie sonst irgendwelche Verletzungen erlitten? Wunden, die ihr zugefügt wurden? Oder ... oder eine Vergewaltigung?«

»Da kann ich Sie beruhigen, sie ist ansonsten unversehrt. Abgesehen von der Hypothermie. Sie muss mindestens drei, wenn nicht mehr Stunden bewusstlos im Wald gelegen haben. Zwei Jugendliche haben sie gefunden und einen Krankenwagen gerufen. Die Personalien wurden meines Wissens an die Questura durchgegeben.«

Di Bernardo atmete auf. Arabella hatte keine weiteren äußeren Verletzungen. Das war eine gute Nachricht. »Sie sagten, aller Wahrscheinlichkeit war es ein Schlag mit einem stumpfen Gegenstand. Was käme sonst noch infrage? Könnte sie sich die Verletzung auch ohne Fremdeinwirkung zugefügt haben?«

»Signor Commissario, ich bin keine Hellseherin, und auf mich warten derzeit noch sieben weitere Patienten. Wie wäre es, wenn Sie morgen wiederkommen ...«

»Sehr gern komme ich morgen wieder, Dottoressa Gherzi. Ich komme wieder und stelle voraussichtlich dieselben Fragen. Aber im Augenblick ziehe ich es vor zu warten, bis Sie mich zu Arabella Giordano lassen. Das kann ja durchaus vor morgen sein, nicht wahr? Falls es ihr besser geht. Oder falls Sie verstehen, dass ich in einem Mordfall ermittle. Im Übrigen ist es mir auch ein privates Anliegen, dass es Signora Giordano den Umständen entsprechend ...«

»Himmel, dann kommen Sie mit. Aber nur kurz und nur, wenn es sie nicht überanstrengt«, sagte Dottoressa Gherzi und seufzte. »Ein Gedächtnisverlust kann sehr quälend sein. Verletzungen des Gehirns stellen uns häufig vor Rätsel, da sie uns die Nichtgreifbarkeit der menschlichen Seele offenbaren.«

Di Bernardo nickte höflich. Für seinen Geschmack hatte er schon genug Rätsel zu lösen.

Das Krankenzimmer roch antiseptisch, die Jalousien waren zugezogen und ließen nur wenig Licht herein.

Arabellas Gesicht unterhalb des Kopfverbands war wachsbleich, die geschlossenen Augen dunkel umrandet und eingefallen. Nur ihre Haare leuchteten in ihrem goldenen Naturton. Ein durchsichtiger Schlauch wand sich von ihrem Arm hinauf zu einer Infusionsflasche, die an einem galgenförmigen Ständer hing.

Das ist meine Schuld, beharrte eine quälende Stimme in Di Bernardos Kopf.

»Signora Giordano, der Commissario möchte sich mit Ihnen unterhalten«, sagte die Ärztin.

Arabella öffnete die Augen und sah von Dottoressa Gherzi zu Di Bernardo. In ihrem Blick deutete nichts auf ein Wiedererkennen hin.

Der Commissario zog leise einen Stuhl ans Bett und blickte in Arabellas Gesicht.

Fassungslosigkeit und Angst hatten Spuren auf ihren ebenmäßigen Zügen hinterlassen. »Wer ... wer sind Sie?«, fragte sie mit rauer Stimme.

»Dionisio Di Bernardo. Ich habe Sie vorgestern Abend aufgesucht. Erinnern Sie sich noch daran?«

Arabella schüttelte den Kopf und stöhnte gleich darauf gequält auf. »Alles dreht sich«, sagte sie. Ihre Stimme klang wie die eines kleinen Mädchens. »Mir wird schlecht.«

Dottoressa Gherzi griff beruhigend nach ihrer Schulter. »Schließen Sie die Augen, bis der Schwindel sich legt, und atmen Sie tief durch. In der Infusion hier ist auch ein Mittel gegen die Übelkeit. Es wird Ihnen gleich etwas besser gehen. Aber versuchen Sie, den Kopf so wenig wie möglich zu bewegen.« An den Commissario gewandt, sagte sie: »Signora Giordano hat erst vor einer guten Stunde ihr Bewusstsein wiedererlangt. Ich gebe Ihnen fünf Minuten. Nicht länger. Und bitte gehen Sie behutsam vor.«

Di Bernardo nickte. Eine Amnesie war das Letzte, was er in dieser Situation brauchen konnte. Wenn Arabellas Erinnerung über kurz oder lang nicht zurückkehrte, müsste er sie zum zweiten Mal über den Tod ihrer Tante informieren. Eine Horrorvorstellung.

Sobald die Ärztin das Zimmer verlassen hatte, bat er Arabella: »Erzählen Sie mir, woran Sie sich noch erinnern können.«

Arabella schlug die Augen auf. Ihr Blick verschwamm und schien in ein fernes Universum zu reichen. »Ich bin mir nicht sicher, was passiert ist«, sagte sie zögerlich. »Ich bin aufgewacht. Es war dunkel. Ich muss so tief geschlafen haben, dass ich eine ganze Zeit brauchte, um zu verstehen, dass ich noch lebe.« Sie räusperte sich. »Ich dachte, ich würde am Boden einer gotischen Kathedrale liegen. Da waren Säulen … sie ragten um mich herum auf, sodass ich mich fühlte wie auf einem Opfertisch. Dann … dann muss ich wieder bewusstlos geworden sein. Als ich das nächste Mal aufgewacht bin, war die Kathedrale verschwunden. Unter mir war nackte Erde, es war kalt und feucht. Die Luft war frisch, sie roch würzig und herb, nach Zedern … Das war schön. Über mir sah ich die Zedern, sie standen in einem Sechseck um mich herum. Sie sahen aus wie Fabelgestalten mit riesigen Lanzen, und sie flüsterten einander etwas zu …«

Di Bernardo runzelte die Stirn. Ob ihre Worte damit zusammenhingen, dass sie Künstlerin war? Oder eine Kopfverletzung hatte? »Hatten Sie Schmerzen?«, fragte er, um sie zurück in die Wirklichkeit zu holen.

Unwillkürlich griff Arabella sich an den Kopf. »Schmerzen, ja ... Da war ein bohrender Ring aus Schmerz. Ich wusste nicht, ob er in meinem Kopf war oder von außen kam und sich in mich hineinfräste. Ich weiß es auch jetzt nicht sicher.« Tränen traten in ihre Augen. »Ich habe mir gewünscht, jemand würde mir den Kopf abschlagen, so weh hat es getan.«

»Es wird bald wieder gut«, sagte er mit sanfter Stimme. »Waren Sie allein? Oder war jemand in Ihrer Nähe?«

»Allein ...«, sagte Arabella. »Ich habe gerufen: ›Ist da jemand?‹ Doch da war keiner. Nur die Bäume, sie flüsterten ...« Erneut drohte sie wegzudriften.

»Und dann? Konnten Sie aufstehen? Wie sind Sie hierhergekommen?«

»Aufstehen ... nein. Ich erinnere mich, wie ich meine Finger bewegt habe, einen nach dem anderen ... Ich hatte solche Panik, dass ich mir etwas gebrochen haben könnte. Meine Hände griffen in eine Schicht von nasskaltem Laub. Ich habe versucht, mich aufzustützen. Aber da war ein Rucksack ... Ein Rucksack, der an den Riemen um meine Schultern lag. Dann wurde mir wieder schwarz vor Augen.«

»Und als Nächstes? Konnten Sie aufstehen?« Di Bernardo warf verstohlen einen schnellen Blick auf die Uhr. Nur noch eine Minute, dann würde die Ärztin hereinkommen und ihn fortscheuchen.

»Ich habe gezittert, denn es war so kalt. Da waren Tropfen, Regentropfen. Sie fielen auf meinen Kopf. Ich habe hinauf zum Himmel gesehen. Auf einmal drehten sich die Bäume im Kreis, und ich musste mich übergeben. Ich weiß nicht, ob ich wieder das Bewusstsein verloren habe. Aber da war ein Gedanke ...« Orientierungslos sah sie ihn an. »Ich dachte ... Ich dachte, ich will nicht sterben. Nicht dort. Nicht jetzt. Nicht jetzt, wo ...« Mit einem Mal verstummte sie, und ihr Blick wurde leer.

»Wo … was?« Di Bernardo spürte, wie seine Nackenhaare sich aufstellten. Auf dem Flur waren jetzt Schritte zu hören, die sich näherten. »Sagen Sie es mir«, drängte er. »Arabella!« Die Tür zum Krankenzimmer öffnete sich. »Commissario, die fünf Minuten sind um«, forderte die Ärztin ihn leise, aber unmissverständlich auf.

Er ignorierte die Ärztin. »Arabella … sagen Sie es mir. Nicht jetzt, wo …?«, wiederholte er eindringlich und beugte sich vor. Arabella hatte sich leicht aufgerichtet.

»Bitte, Commissario, es reicht!« Dottoressa Gherzi stellte sich vor das Bett wie eine Wärterin.

Di Bernardo stand seufzend auf. Er würde sich gedulden müssen. Resigniert nickte er den beiden Frauen zu und wandte sich zum Gehen.

Da, plötzlich, erklang Arabellas dünne Stimme hinter ihm. »Nicht jetzt, wo … wo das Hindernis beseitigt ist«, flüsterte sie und sank dann zurück in die Kissen.

23

Cremona, 12. Februar 1775

Paolo Stradivari erwachte früh an diesem Wintermorgen und streckte sich. Im Kamin war bereits frisches Brennholz nachgelegt worden. Verschlafen beobachtete er das Funkenspiel und genoss die wohlige Wärme, die sich im Schlafzimmer ausbreitete. Seine Gemahlin war bereits aufgestanden; durch die halb offene Tür hörte er, wie sie Anweisungen für das Morgenmahl gab.

Antonio Stradivaris jüngster Sohn gönnte sich das Vergnügen, noch ein wenig länger im Bett liegen zu bleiben. Dieser Tag würde eine bedeutende Rolle in der Geschichte seiner Familie spielen. Im Gegensatz zu seinem Vater und seinen älteren Brüdern hatte Paolo die Geigenbaukunst nie wirklich interessiert. Wenn es um die Musik ging, gefiel er sich viel mehr in der Rolle des Zuhörers. Seine Leidenschaft galt den Tuchen – weichen Samtstoffen, glänzendem Atlas oder den edlen Wollstoffen, ganz zu schweigen vom kostspieligen Damast. Er mochte das Gefühl, wenn sie durch seine Finger glitten, so, wie er es mochte, ein gutes Geschäft zu machen und der Konkurrenz zuvorzukommen. Also war er Tuchhändler geworden. Es lief nicht schlecht für ihn, weiß Gott nicht, doch keiner konnte sagen, was der morgige Tag bringen würde.

Sein Vater und seine Brüder waren längst gestorben. Genau genommen waren es seine Halbbrüder gewesen, doch er hatte nie einen Unterschied zu seinen anderen Geschwistern gespürt, außer dass die beiden um vieles älter gewesen waren als er. Mit ihrem Tod war auch die Geigenbautradition der Familie Stradivari zu Ende gegangen. Von Francesco und Omobono hatte Paolo die große Kollektion geerbt, die all die Werkzeuge, Muster, Zeichnungen und auch die Korrespondenz Antonios enthielt. Was das Ganze aber erst zu etwas Einzigartigem machte, waren die fünfzehn Violinen seines Vaters von höchster Qualität und im exzellenten Zustand.

Paolo hatte vor Kurzem beschlossen, alle Instrumente an den jungen Grafen Cozio di Salabue aus Piemonte zu verkaufen. Es fehlten nur mehr die Formalitäten, die heute Abend in Anwesenheit des Grafen erledigt werden sollten. Als Besitzer dieser Sammlung, die außer den Stradivaris auch Instrumente von Carlo Bergonzi und Gian Battista Guadagnini beinhaltete, hatte Paolo die Vor- und Nachteile seiner Entscheidung zwei Wochen lang gegeneinander aufgewogen, und auch jetzt mischten sich Zweifel wie Wermutstropfen in die Vorfreude und verliehen ihr einen leicht bitteren Beigeschmack.

Paolo gestattete sich ein Seufzen. Er war siebenundsechzig Jahre alt; der Verkauf würde ihm und seiner Familie ein sorgenfreies Leben bescheren. Das sollte eigentlich genügen, um die Zweifel zu vertreiben!

Träge erhob sich Paolo Stradivari vom Bett und begab sich in den Salon, wo die Instrumente aufgereiht waren. Die Februarsonne fiel durch die Fenster, blendete ihn einen Atemzug lang, und er geriet ins Schwanken. Als er sich wieder gefangen hatte, öffnete er die Holzkästen einen nach dem anderen und ließ den Blick über die Violinen und Violoncelli gleiten.

Später konnte er sich selbst nicht erklären, was in jenem Augenblick mit ihm geschah. Es war wie ein Sog, eine Kraft, unüberwindlich wie die Liebe zu seiner Familie, die ihn zu den Violin-Zwillingen führte. Es waren die zwei schönsten Geigen, die Antonio Stradivari in seinem Leben geschaffen hatte. Auch sie warteten darauf, vom Grafen Cozio di Salabue abgeholt zu werden.

Paolo erinnerte sich noch genau an den Tag in der Werkstatt seines Vaters, als er sich unter der Werkbank versteckt hatte. Bald neunundfünfzig Jahre war das nun her, ein ganzes Menschenleben. Omobono hatte ihn am Schlafittchen gepackt, hervorgezogen und ihn für sein Lauschen ordentlich geschimpft. Zur Strafe hatte er den Boden der Werkstatt säubern müssen. Jetzt musste er selbst schmunzeln, sah sich wieder, wie er auf Knien den Boden schrubbte und versuchte, der allgegenwärtigen Holzschnipsel Herr zu werden. Spätestens als er sich einen fiesen Splitter zugezogen hatte, war ihm die Begeisterung für den Geigenbau abhandengekommen.

Schließlich hatte sein Vater ihn zu sich gerufen. »Da, sieh mal«, hatte er gesagt und auf das rechte F-Loch der einen Zwillingsgeige gedeutet. Paolo hatte ein Auge fest zugekniffen und mit dem anderen hindurchgespäht. Neben dem eigentümlichen Namen – *Bocciolo di Rosa, Rosenknospe* – hatte sein Vater eine filigrane Rose gezeichnet. Das hatte hübsch ausgesehen. Dann hatte er ihm von der frischen Rose erzählt, die ein Unbekannter – oder wohl eher eine Unbekannte – an einem heißen Augusttag vor seine Türe gelegt hatte.

Paolo liebte diese Geschichte. Erst Jahre später hatte er sich gefragt, ob nicht vielleicht Omobono in Wahrheit die zweite Geige gebaut hatte, so, wie sie er in Ehren hielt. Doch sein Bruder hatte bis zu seinem frühen Tode niemals ein Wort darüber verlauten lassen. Paolo spürte einen Anflug von Schwermut, und mit einem Mal vermisste er die Familie seiner Kindheit, das Leben unter der Werkstatt mit ihren Geigenklängen und dem Geruch des Lacks, der zuweilen durchs ganze Haus gezogen war – Spiritus und Mastix, und andere geheim gehaltene Ingredienzien. Erinnerungen an seinen Vater kehrten zurück. Er wusste, dass Antonio diese beiden Violinen aus welchem Grunde auch immer in sein Herz geschlossen hatte, gerade so, als hätte Amor einen Pfeil auf ihn abgeschossen. Paolo wollte über die eigene Gefühlsseligkeit lachen, doch er brachte keinen Ton heraus. Plötzlich war ihm, als würde er mit dem Verkauf der Kollektion sämtliche alten Familienbande kappen. Was bedeuteten die *Rosenknospe* und ihre noch unbenannte Schwester wohl für den Grafen? Vermutlich dasselbe wie alle anderen Instrumente, die der passionierte Sammler auf seiner Rückreise nach Casale Monferrato mitnehmen würde.

Gedankenverloren griff Paolo in die Kästen und nahm die beiden Geigen heraus. Es war höchst ungewöhnlich gewesen, dass sein Vater einem seiner Instrumente einen Namen gab. Dergleichen war nie zuvor geschehen und auch danach nicht wieder. Hätte er ihn doch gefragt, damals ... Aber er hatte nur die überschwemmte Gasse im Sinn gehabt und kaum abwarten können, dass der Vater ihn entließ. Wie viele andere Gelegenheiten hatte er in den siebenundsechzig Jahren seines Lebens wohl noch ungenutzt verstreichen lassen?

Die Geigen in der Hand, trat Paolo zum Fenster und spähte in den morgendlichen Dunst hinaus, der Hof und Garten einhüllte. Nach einer kurzen Auseinandersetzung mit sich selbst traf er eine Entscheidung:

Er legte den ersten Zwilling in den Kasten, bedeckte die Geige sorgsam mit einem rosenroten Tuch, schloss den Kasten ab und stellte ihn zu den anderen Instrumenten für die Sammlung des Grafen. Die *Rosenknospe* aber trug Paolo ins Schlafzimmer. Wieder ergriff ihn ein Schwindel, und er sank aufs Bett. Der Schein des Kaminfeuers ließ die goldene Oberfläche der Geige auflodern. Paolo fuhr mit den Fingerspitzen sachte über den Lack. Fast meinte er zu spüren, wie sein Vater ihn aufgetragen hatte, morgens nach einer durchgearbeiteten Nacht. Als Paolo die Geige wendete, war ihr glänzender Boden wie ein Spiegel, der Raum und Zeit überwand und in dem er sie alle wieder vereint sah: sich selbst als kleinen, vorwitzigen Jungen, Francesco, Omobono, den Vater. Kurz schauderte ihn, als hätte sich die Hand des Todes nach ihm ausgestreckt. Er riss sich von dem Anblick los, holte den Kasten und verstaute die Geige darin. Dann legte er ihn auf den Schrank im Schlafzimmer.

Damit besiegelte er das Schicksal der Zwillinge. An dem heutigen Abend würden sie getrennt werden. Die Chance auf ein Wiedersehen mochte klein oder groß sein – er würde es wohl nicht mehr erfahren.

24

Aufgewühlt stand Dionisio Di Bernardo auf dem Gang vor dem Krankenzimmer und starrte auf die weiße Tür.

Ich dachte, ich will nicht sterben ... Nicht jetzt, wo das Hindernis beseitigt ist ...

Welches Hindernis? Cornelia? Vielleicht interpretierte er da ja etwas hinein. Oder war das am Ende gar ein unfreiwilliges Geständnis? Ein Geständnis, das in ihrem Zustand vor Gericht nicht viel wert wäre, dachte er bitter.

Die Doppeltür am Ende der Station glitt auf. Di Bernardo erkannte die schlanke Gestalt von Vincenzo Giordano.

Als der den Commissario sah, eilte er sogleich auf ihn zu. »Bitte sagen Sie mir, wie geht es Arabella? Was ist passiert? Ist sie in Lebensgefahr?«

Di Bernardo berichtete ihm in knappen Worten, was die Ärztin gesagt hatte.

Vincenzo stieß die angehaltene Luft aus und fuhr sich durchs Haar. Er sah fürchterlich aus. Das Gesicht war von Sorge zerfurcht, die Augen gerötet. Sein Mantel war schief zugeknöpft.

Er schien den Blick des Commissario zu bemerken. »Entschuldigen Sie meinen Aufzug. Ich bin sofort losgefahren, als ich den Anruf bekam, dass Arabella hier eingeliefert wurde. Meinen Sie, ich kann zu ihr?«

»Die Ärztin ist gerade bei ihr. Am besten besprechen Sie alles Weitere mit ihr.«

Vincenzo nahm die Brille ab und rieb sich die Augen. Dunkle

Ringe lagen darunter. »Erst meine Mutter, jetzt Arabella ... Wer tut so etwas? Wer will meiner Familie etwas anhaben?«

»Das muss ich Sie fragen. Gestern haben Sie Intrigen und Politik erwähnt. Signor Giordano, wir brauchen Details. Details und Namen.«

Vincenzo nickte abwesend. Seine selbstbewusste Fassade war eingestürzt – ein typisches Zeichen des einsetzenden Trauerprozesses.

»Geben Sie mir ein paar Stunden Zeit. Wissen Sie, ich fühle mich für Arabella verantwortlich. Jetzt, wo meine Mutter ...« Vincenzo brach ab, holte Atem und sagte dann kaum hörbar: »Ich hätte sie beschützen müssen.«

Di Bernardo wusste genau, wie der Mann sich fühlte. Dieselben Worte hatte er gebraucht, bei Camilla. Und auch jetzt wieder, wenn auch auf andere Weise. »Wir werden jemanden zu Arabellas Schutz abbestellen«, versprach er. »Solange wir nicht wissen, ob der Täter ausschließlich Ihre Mutter oder aber die gesamte Agentur im Visier hatte, möchte ich auch Ihnen einen Beamten zur Seite stellen.«

Vincenzo winkte ab. »Arabella hat Priorität. Bitte. Meine Geschäfte in Mailand sind weniger machiavellistisch als die in Rom. Sagen Sie mir lieber, ob Sie schon eine Spur haben. Das wäre ein Lichtblick an diesem trüben Tag.«

»Wir hoffen es, Signor Giordano. Aber wir sind auf Ihre Hilfe angewiesen. Wir müssen mehr über die Intrigen erfahren, von denen Sie gesprochen haben.«

»Ja, das sagten Sie bereits«, meinte Vincenzo. »Ich ... ich muss erst mal zu Arabella. Ich kann gerade nicht klar denken.«

»Selbstverständlich. Rufen Sie mich an, in Ordnung? Aber bevor ich gehe, nennen Sie mir bitte noch eine Person außerhalb der Familie, die Arabella nahesteht. Eine Freundin vielleicht?«

»Michelle Chiarello«, sagte Vincenzo. »Ihr Vater hat eine Geigenbauwerkstatt in der Via Margutta. Soweit ich weiß, sind Arabella und sie beste Freundinnen.«

Die Tür des Krankenzimmers öffnete sich, und die Neurologin trat heraus.

»Ich bin Arabellas Cousin, Dottoressa«, stellte Vincenzo sich vor. »Bitte, darf ich zu ihr?«

»Nun gut. Aber wenn irgend möglich, reden Sie nicht, und vor allem, fragen Sie sie nicht aus.« Sie warf dem Commissario einen eindringlichen Blick zu.

Vincenzo nickte ihnen fahrig zu und verschwand durch die Tür.

»Dottoressa Gherzi, bitte, wann kann ich wieder zu ihr?«, fragte Di Bernardo.

»Meine Patientin braucht Zeit und Ruhe. Ich rufe Sie an, wenn sich ihr Zustand bessert.« Mit diesen Worten ließ die Ärztin ihn stehen.

Frustriert machte Di Bernardo sich auf den Weg zum Parkplatz. Wie lange würde es dauern, bis Arabella ihr Gedächtnis wiedererlangte? Stunden? Tage? Oder gar Wochen?

Arabellas Worte hallten in ihm nach und verfolgten ihn … verfolgten ihn bis zum Wagen und weiter, die Via Pieve di Cadore entlang. Er hatte die nördliche Route nach Parioli gewählt, in der Hoffnung, dass die Straßen hier frei wären. Als er zwanzig Minuten später die Via del Foro Italico erreichte, kam rechterhand das Stadio Olimpico in Sicht. Vor Monaten war er mit Alberto hier gewesen und Zeuge geworden, wie der AS Rom von Juventus auseinandergenommen worden war. Alberto hatte sich prächtig amüsiert.

Der Verkehr wurde zähflüssiger, und Di Bernardo nutzte die Zeit, um telefonisch in der Questura einen Polizisten zu Arabellas Schutz anzufordern und seinen Ispettore über die neuesten Entwicklungen zu unterrichten.

»Sollen wir zur Villa Ada kommen?«, fragte Del Pino. »Wir sind gerade bei der Accademia und hören uns hier ein bisschen um, aber Bellamy kommt erst gegen zehn.«

»Nein, bleiben Sie dran. Erkundigen Sie sich nach Studenten, denen Giordano Hoffnungen auf einen Vertrag gemacht hat. Und wegen Bellamy: Ich will wissen, wo er zur Tatzeit war und wer das bezeugen kann. Und zwar unter Eid!«

»*Tutto chiaro*, Commisario«, sagte Del Pino und klang geradezu tiefenentspannt. Ein Umstand, der Di Bernardo nur noch frustrierter machte.

»Wenn Sie fertig sind mit Bellamy, kümmern Sie sich bitte um die zwei, die Arabella gefunden und den Krankenwagen gerufen haben. Ich will wissen, was sie um die Zeit da gemacht haben. Ob sie etwas gesehen haben. Was Arabella gesagt hat. Wir können uns nicht allein auf die Spuren verlassen bei dem Regen letzte Nacht.«

»Wird gemacht«, sagte Del Pino. »Federica lässt ausrichten, sie hat noch zwei Leute vom Gianicolo abgezogen. Die Spurensicherung müsste schon in der Villa Ada sein.«

»Gianicolo?« Für einen Moment wusste Di Bernardo nicht, wovon Del Pino redete. Dann fiel es ihm wieder ein: der Prostituiertenmord. Erst hatte er Granata ein Team weggenommen und jetzt noch die halbe Spurensicherung. Gerecht war es nicht.

»Anordnung vom Questore«, sagte Del Pino, als hätte er seine Gedanken gelesen. »Gerecht ist es nicht.«

»In der Tat«, brummte Di Bernardo. »Aber wir brauchen jeden Mann. Sehen wir zu, dass wir vorankommen.«

Als er sich dem Ponte di Tor di Quinto näherte, blinzelte die Sonne kurz hervor wie ein hastiger Gruß, bevor sie wieder hinter den Wolken verschwand. Der Tiber hatte an diesem Morgen die hellbraune Farbe von Abwasser; an vielen Stellen bildete der weiße Schaum unförmige Kreise und Streifen. Nach der Brücke bog Di Bernardo scharf rechts ab und näherte sich der Villa Ada, dem zweitgrößten Park in Rom.

Es war kurz nach elf Uhr, als der Commissario sein Auto am Waldrand abstellte. Er stieg aus und blieb gedankenverloren stehen. Früher, als Alberto klein gewesen war und sie zu dritt Urlaub in Rom gemacht hatten, waren sie ab und zu hier spazieren gegangen. Erinnerungsfetzen stoben auf. Alberto, wie er das Laub mit den Füßen in die Luft kickte. Die kleine Bar zwei Straßen weiter, wo sie sich zu dritt um die letzte Gabel einer *torta della nonna*, des köstlichen Mandelgebäcks mit den gerösteten Pinienkernen, gestritten hatten ...

Streit, dauernd hatte es Streit gegeben. Erst wegen lauter Kleinigkeiten, dann wegen seiner Arbeit. Noch immer klang ihm Monicas zunehmend schriller werdende Stimme im Ohr. *Du bist ja völlig besessen von deiner Arbeit! Kümmere dich lieber mal um deinen Sohn!* In Wahrheit hatte sie sich selbst gemeint: Er hätte sich mehr um sie kümmern sollen. Natürlich hatte er sie vernachlässigt. Alberto nicht, doch sie schon. Aber dafür hat es ja auch einen Grund gegeben, dachte er bitter.

Das Beste seiner Ehe, ach, in seinem ganzen Leben war sein Sohn. Er genoss die Nähe zu Alberto, der ihn in seinem wachsenden Verständnis und Gerechtigkeitsgefühl ebenso erstaunte wie beglückte. Es war sein Sohn, der ihn erdete, ihn trotz allem an das Gute im Menschen glauben ließ.

Di Bernardo sog die frische Luft tief in die Lungen ein. Es roch nach nassem Laub und Zedern. Der Pfad, dem er nun folgte, schlängelte sich zwischen den mit Moos bewachsenen Bäumen entlang. Er kam an einer Lichtung vorbei. Vom Regen und Wind der letzten Tage sah das Erdreich geradezu misshandelt aus. Ein geborstener Baumstamm versperrte ihm den Weg. Er blieb stehen und sah sich um. Weiter vorn erstreckte sich ein

See wie ein horizontaler Spiegel für die Zedern, die um ihn herumstanden. Die dunkle Wasseroberfläche zitterte mit dem Wind. Die feuchte Luft drang Di Bernardo bis in die Knochen. Was, so fragte er sich, brachte eine junge Frau dazu, an einem trostlosen Winterabend hier spazieren zu gehen, knapp vierundzwanzig Stunden nach der Ermordung ihrer Tante? Trauer? Schuld?

Di Bernardo suchte sich einen Weg um den Baumstamm herum. Der Boden war nun sumpfig. Schlamm haftete an seinen Schuhen, die Nässe grub sich in das Leder, und er unterdrückte einen Fluch.

Etwa dreihundert Meter südlich der Moschee führte ein einsamer Weg direkt in den Wald. In Sichtweite standen die Zedern. Das Absperrband der Spurensicherung wand sich um die regenfeuchten Stämme. Auf das Team war Verlass.

»Commissario!«, rief Federica Giglioli, als er näher kam, und winkte. Mit weit ausladenden Schritten lief er zu ihr.

»Del Pino hat gerade angerufen, er hat mit den beiden Sechzehnjährigen telefoniert, die Arabella hier gefunden haben, und fährt gleich zu ihnen, wenn er mit Bellamy fertig ist. Da drüben sind noch die Spuren vom Krankenwagen von letzter Nacht.« Sie deutete Richtung Weg und wandte sich dann um. »Arabella lag wohl hier drüben bei den Steinen. Das scheint mir ein mystischer Ort zu sein, mit diesen Zedern.«

Di Bernardos Blick glitt hinauf zu den majestätischen Bäumen. Wie hatte Arabella sie genannt? *Fabelgestalten mit riesigen Lanzen ...*

»Haben Sie etwas gefunden? Irgendwelche Spuren, aus denen wir schließen können, ob der Überfall hier passiert ist? Oder ob man sie hergeschleppt hat?«

Federica verzog den Mund. »Drehen Sie die Uhr zurück, Dionisio, vertreiben Sie die Wolken, und sorgen Sie nachträglich für trockenes Wetter. Dann liefere ich Ihnen alle Spuren, die Sie nur wollen.«

Nickend wandte er sich ab. Er drehte eine Runde um den Ort, den die Zedern im Sechseck umstanden, so wie Arabella es geschildert hatte. Federica hatte recht: Das Wetter hatte sich gegen sie verschworen. Es schien aussichtslos, hier eine brauchbare Spur zu finden.

»Wir haben ein iPhone gefunden«, sagte sie jetzt. »Möglicherweise ihres. Entweder ist sie hier herumgestolpert und hat es verloren, oder der Täter hat es ihr entwendet und weggeworfen, damit sie keine Hilfe holen konnte, was weiß ich. Aber das ist ja Ihr Job, etwas über sein Vorgehen herauszufinden.«

All die offenen Fragen zerrten an seinem Verstand. Es schien kein gemeinsames Muster zu geben. Cornelia war die Kehle aufgeschlitzt worden, Arabella hatte wahrscheinlich einen Schlag auf den Kopf bekommen. Das Einzige, was sich glich, war die Sache mit dem verlorenen Handy.

»Cornelia Giordanos Handy wurde noch nicht gefunden, oder?«

»Nein, Commissario. Wir haben die gesamte Straße und die Hinterhöfe durchkämmt und versuchen, es permanent zu orten. Anders als hier hatten wir bisher kein Glück.«

»Sonst irgendwas?«

Federica zuckte mit den Schultern. »Klar sind hier Spuren. Ein paar Zigarettenkippen, eine leere Dose Energy Drink. Braune Fasern an einem der Zweige, ein verlorener Schal. Mehrere Spritzen. Doch alles scheint schon länger vor sich hin zu rotten. Wir bleiben dran, Dionisio. Ich melde mich sofort, sobald ich mehr weiß.«

»Was ist mit Arabellas Auto?«

»Paolo ist schon da«, sagte Federica. »Ich muss dann hier mal weitermachen.«

»Danke«, sagte Di Bernardo mit Nachdruck.

Im nächsten Augenblick ging ein wahrer Wolkenbruch nieder. Der Commissario trat voller Zorn gegen eine Zedernuss. Nicht auszudenken, wie die Presse es ausschlachten würde, wenn die Nachricht über Arabellas Zustand durchsickerte!

Er stapfte zurück zum Weg und Richtung Auto. Das Wasser war längst in seine Lederschuhe gesickert, sodass sie bei jedem Schritt ein schmatzendes Geräusch von sich gaben. Seine Füße waren eiskalt. Nach und nach ging er mögliche Szenarios durch und verwarf sie wieder, bis sich drei davon herauskristallisiert hatten.

Eins. Jemand hatte gesehen, wie Arabella ihre Tante umgebracht hatte, und beschlossen, die Vergeltung selbst in die Hand zu nehmen. Die Vergeltung oder einen Erpressungsversuch, der hier sein Ende fand.

Zwei. Jemand hatte Cornelia *und* Arabella Giordano gehasst. Cornelia für ihre Macht, Arabella für die Karriere, die sie Cornelia verdankte. Bellamys Gesicht tauchte vor seinem inneren Auge auf. Er hätte die Befragung nicht Del Pino und Giorgia überlassen sollen.

Drei. Nach dem Tod ihrer Tante war Arabella hierhergefahren, um einen Spaziergang zu machen, bei der Nässe ausgerutscht und mit dem Kopf aufgeschlagen. Ein dummer Zufall, an den Di Bernardo selbst nicht glaubte, den er aber nicht außer Acht lassen durfte.

Der Pfad war noch glitschiger geworden. Di Bernardo konzentrierte sich auf seine Schritte und glitt trotzdem aus. Blitzartig griff er nach dem Ast eines Baums am Wegrand. Eine Landung im schmutzig nassen Laub hätte ihm gerade noch gefehlt!

Eine spitze Kiefernnadel bohrte sich in seine Haut, als er sich an den Ästen entlanghangelte. Verdrossen zog er sie heraus. Endlich kam sein Wagen in Sicht.

Es gab noch eine vierte Möglichkeit.

Boris.

Arabella verdächtigte Boris, Cornelia getötet zu haben. Sie hatte ihn damit konfrontiert, er sie daraufhin gepackt und bedroht. Vielleicht hatte es dann tatsächlich einen Unfall gegeben, sie waren ausgerutscht, auf dem Boden aufgeschlagen, und Arabella war bewusstlos geworden. Da hatte Boris beschlossen, sich ihrer zu entledigen. Für den Fall, dass sie ihn an die Polizei verraten hätte. Er hatte ihr einen Schlag auf den Hinterkopf verpasst und sie in der Kälte liegen lassen.

Und der Satz, den sie erinnert hatte?

Gut möglich, dass Boris ihr die Geige versprochen hatte. Nachdem *das Hindernis* – seine Mutter, ihre Tante – *beseitigt war*.

Eine kalte Entschlossenheit packte Di Bernardo. Er würde in die Questura fahren und Boris zur Fahndung ausschreiben. Der Mann hatte ihn lange genug an der Nase herumgeführt.

25

»Unterstehen Sie sich!«

»Ich werde mich an den Innenminister wenden! Ich habe die Nase voll davon, dass Sie meine Ermittlungen behindern!«

»Das wagen Sie nicht!« Wutschnaubend zog der Questore Di Bernardo in den nächstbesten Raum; er war leer. Zum Glück. »Muss die halbe Questura mitbekommen, wie stur Sie sind?«

Di Bernardos Hals war rot angelaufen. Er zerrte an seiner Krawatte. Er und stur?

»Ich? Stur? Sie sind es doch, der sich weigert, Boris Tinelli zur Fahndung ausschreiben zu lassen. Das werde ich nicht hinnehmen!«

Borghese atmete so heftig, dass er sein ohnehin zu enges Hemd zu sprengen drohte. »Sie wissen genau, dass die Kanäle undicht sind. Wenn wir nach Tinelli fahnden lassen, können wir es gleich per Megafon durch die Stadt schreien. Haben Sie auch nur die geringste Ahnung, was dann los sein wird?« Er wischte sich den Schweiß von der Glatze. »Familien wie die Giordanos sind mächtig. Die Presse wird über uns herfallen.«

»Soll sie doch.«

»Machen Sie sich nicht lächerlich. Sie haben nichts in der Hand, was einen solchen Schritt rechtfertigt. Nichts.«

Di Bernardo ballte die Hände zu Fäusten. »Die Meldung über den Tod seiner Mutter steht überall in den Zeitungen. Sagen Sie mir bloß nicht, dass er sich nicht verdächtig macht, indem er so tut, als wäre nichts passiert. Das ist lächerlich.«

»Lächerlich? *Lächerlich?* Ich sage Ihnen, was lächerlich ist. Sie verdächtigen den Mann, bloß weil er vorbestraft ist. Und weil Sie sonst keine andere Spur haben. Keine einzige!«

»Das ist nicht wahr! Meine Leute ...«

»Ach, hören Sie mir doch auf. Und jetzt machen Sie sich gefälligst an die Arbeit. Ich habe noch anderes zu tun.« Borghese marschierte ohne einen weiteren Blick auf Di Bernardo aus dem Raum und knallte die Tür hinter sich zu.

Außer sich vor Wut trat der Commissario durch den Torbogen der Questura. Sein Blick wanderte an dem Sandsteingebäude entlang zum Himmel hinauf. Die Regenwolken hatten sich verzogen; fahler Sonnenschein drang durch den Dunst über der Stadt. Für ein weiteres Rendezvous mit Roms maroder Verkehrssituation hatte er keinen Nerv. Also ließ er den Wagen stehen und entschied sich für den Fußweg zur Via Margutta. Er musste dringend den Kopf freibekommen. Vielleicht würde ja Michelle Chiarello einen Funken Licht in das Dunkel der Ermittlungen bringen.

Als er aus dem Schutz der Via di S. Vitale trat, fuhr ein gemeiner Wind, der die Nässe der vergangenen Tage mit sich trug, unter seinen Kragen und in die Ärmel seines Mantels. Kurz überlegte er, zurückzugehen und einen Schal zu holen. Doch der Gedanke, am Ende noch dem Questore auf dem Gang zu begegnen, hielt ihn davon ab. Also schlug er den Kragen hoch und nahm den Weg durch den Giardino di Sant'Andrea al Quirinale. Der alte Garten lag um diese Zeit verlassen da. Palmwedel raschelten im Wind, vereinzelt stoben Regentropfen hinab. Ein altes Mütterchen, ganz in Schwarz gekleidet, kam ihm entgegen und bog dann ab auf den Weg zur Kirche.

Di Bernardo trat genervt nach einem Pinienzapfen. In einem Punkt musste er Borghese recht geben, auch wenn es ihm widerstrebte: Die Indizien, die eine Fahndung nach Boris rechtfertigten, waren dünn, äußerst dünn. Noch dünner als der Kaffee in der Kantine, und das wollte etwas heißen.

Beim Gedanken an die Kantine knurrte sein Magen. Er beschloss, unterwegs etwas zu essen, vielleicht eine Piadina. Seine Laune hob sich schlagartig. Eine Piadina mit Gorgonzola-Mascarpone oder würziger Bresaola war genau das richtige Mittel gegen einen so miserablen Tag wie diesen!

Als er auf die Piazza Barberini trat, klarte es weiter auf. Das Licht tauchte die umstehenden Häuser in Sonnenuntergangsfarben. Das war das Rom, das er liebte! Aus einer nahen Gasse wehte ihm der Duft von Brotteig und Olivenöl entgegen. Di Bernardo kaufte sich ein reichlich belegtes Fladenbrot und aß es noch im Stehen. Diese Mischung aus Schinken, zerlaufenem Mozzarella, saftigen Tomatenscheiben, bitterem Rucola, schwarzen Oliven und frisch gemahlenem Pfeffer war ein wahrer Genuss. Jetzt spürte er, welchen Hunger er gehabt hatte – kein Wunder nach dem trockenen Zwieback letzte Nacht. Es war die richtige Entscheidung gewesen, zu Fuß zu gehen, dachte er, während er sich den vor Fett glänzenden Mund mit einer Serviette abwischte.

Rasch schrieb er Del Pino eine Nachricht und machte sich wieder auf den Weg, die Via Sistina bergauf Richtung Spanische Treppe. An den Stellen, wo die Sonne nicht hinkam, glänzte das Kopfsteinpflaster von der Nässe. Ab März, April war hier kaum mehr ein Durchkommen, und die Stadt wurde bevölkert von Touristen aus aller Welt. Rom im Januar aber war anders. Für einen kurzen Zeitraum schien es, als hätten die Römer ihre Stadt zurückerobert von den sonnen- und kulturwütigen Horden aus aller Welt. Leer war es nie, auch jetzt nicht. Und doch blitzten zwischen den Gruppen von Menschen, die sich durch die Gasse schoben, immer wieder typisch römische Szenen auf, die Di Bernardo im Frühjahr und Sommer oft vergeblich suchte: einsame Männer in ihren zu großen Mänteln, die mit einem Glas Limoncello auf einem Stuhl vor einer Bar saßen; eine Gruppe von Rentnern, die Espressotassen auf dem Tisch beiseitegeschoben, in der Hand ein Blatt Karten; ein Straßenhund, mager vom Winter, der an einer jahrtausendealten Ruine das Bein hob und sein Revier markierte; eine gebeugte alte Frau, die sich mühsam auf die Zehenspitzen reckte, um ihre Flasche in einen Glascontainer zu werfen, wo sie krachend und splitternd verschwand. Touristen ergötzten sich an den Bauten, an der Pracht und der Geschichte des Römischen Reiches, Di Bernardo aber brauchte die Menschen. Brauchte sie, um sich hier zu Hause zu fühlen.

Als er Minuten später die Spanische Treppe erreichte, blieb er stehen und atmete die klare Luft tief ein. Sein Blick wanderte hinab zur Fontana della Barcaccia mit dem gestrandeten Boot in ihrer Mitte und weiter, hinein in die Via di Condotti, in der reges Treiben herrschte. Alberto tauchte vor seinen Augen auf, wie er als Vierjähriger mit seinen festen Beinchen die Stufen der Scalanita hinunter- und heraufgelaufen war, wieder und wieder. Am Abend war er völlig fertig gewesen und über seiner Pasta eingeschlafen. Di Bernardo hatte ihn in das schmale Zustellbett der Pension gelegt, einen Stuhl davorgestellt, weil er immer noch Sorge gehabt hatte, sein Sohn könnte herausfallen, und dann hatte er Monicas leeren Gesichtsausdruck bemerkt, und sie hatten getan, was sie abends immer taten: streiten. Er rechnete nach. Neun schmerzliche Jahre hatte es noch gedauert, bis er endlich den Entschluss gefasst hatte, sie um die Scheidung zu bitten. Mit Giorgia war es schneller gegangen: Nicht mal neun Monate, dann hatte sie ihm gesagt, sie könne nicht mehr, er sei zu verschlossen, lasse sie nicht an seinem Innersten teilhaben, und sie habe sich in jemand anderen verliebt. Basta.

Di Bernardo zog unwillkürlich die Schultern hoch. Der Vorwurf hatte ihn schwer getroffen. Es war nicht leicht für ihn, über die Vergangenheit zu reden. Und doch hatte er sich vorgewagt aus seiner Deckung, hatte begonnen, Giorgia seine Wunden zu offenbaren – bloß nicht schnell genug für sie. Und das, dachte er, als er die breiten Treppenstufen hinunterging und auf die Piazza di Spagna zuhielt, sollte ihm eine Lehre sein. Er konnte sich keinen Zusammenbruch leisten. Die Tür zu seinen Erinnerungen durfte er nur millimeterweise öffnen, wollte er weiter funktionieren. Als Commissario, als Vater. Er konnte sich keine Auszeit nehmen, »um die Vergangenheit aufzuarbeiten«, wie Giorgia ihm völlig weltfremd immer wieder vorgeschlagen hatte. Alberto brauchte ihn. Und Rom ... nun, Rom brauchte vielleicht nicht unbedingt ihn, so unersetzlich fand er sich nicht, egal, was sein Team behauptete. Doch Rom war sein Revier, und wenn Giorgia ihn nicht so nehmen konnte, wie er war, dann strich er eben allein durch dieses Revier und vertrieb diejenigen, die hier nicht hingehörten: den Aussatz, die Korrupten, die Mörder, die Vergewaltiger, die Diebe.

Er bog ab auf die Via Alberti und beschloss, vor seinem Treffen mit Arabellas Freundin noch rasch einen Espresso im Stehen zu trinken. Er seufzte. Ganz so einfach, wie er sich das vormachte mit dem Revier und dem Aussatz, war es eben doch nicht. Wenn er nicht endlich einen überzeugenden Hinweis fand, würde er sich lächerlich machen. Vor der ganzen Stadt, vor seinem Team und, schlimmer noch, vor sich selbst.

26

Die Werkstatt von Daniel Chiarello und seiner Tochter Michelle befand sich in eleganter Lage zwischen Galerien und Ateliers auf der Via Margutta. Wie Di Bernardo herausgefunden hatte, war die römische Werkstatt nur eine der Niederlassungen Chiarellos; er besaß weitere Geschäfte in New York, Berlin und Tokio.

»Nehmen Sie bitte Platz, Commissario«, sagte Michelle Chiarello, nachdem er sich vorgestellt hatte, und deutete auf einen üppigen Barocksessel. »Ich bin gleich bei Ihnen.«

Di Bernardo zog den Mantel aus und hoffte, damit gleichzeitig die Schwere abzulegen, die sich in den vergangenen Minuten über ihn gelegt hatte. Mit einem leisen Ächzen ließ er sich in den Sessel sinken und blickte sich um. Eine Geigenbauwerkstatt hatte er sich irgendwie anders vorgestellt, mit halb fertigen Instrumenten, Hobelspänen und Staub, der in der Nase kitzelte. Die Räumlichkeiten hier glichen eher dem exquisiten Verkaufsraum eines Luxus-Labels. Er ließ den Blick schweifen. Die hohen Decken waren mit Stuck verziert und die Fenster von Licht durchflutet. Die Barockmöbel – opulente Sitzgruppen mit zierlichen Bestelltischchen, ein Sekretär mit kunstvollen Intarsien, dazu mehrere Vitrinen und eine Kommode – mussten ein kleines Vermögen wert sein. In den geräumigen Vitrinen waren Streichinstrumente und Bögen ausgestellt. Während er die in Gold gerahmten Musikerporträts mit den ausladenden Widmungen auf der Kommode betrachtete, wurde ihm einmal mehr bewusst, wie fremd ihm diese Welt war: Er kannte kaum einen von ihnen.

Aus dem Nachbarraum drang Michelle Chiarellos Stimme. Er spitzte die Ohren; geduldig erklärte sie einer Kundin, dass die von ihr ausgewählte Geige für zehntausend Euro nur eine günstige tschechische Kopie und keine echte Stradivari sei. Eine hochnäsige Bemerkung folgte, und einen Atemzug später rauschte eine distinguiert wirkende Dame um die fünfzig an ihm vorbei und zur Tür hinaus, ohne ihn eines Blickes zu würdigen.

Gleich darauf hörte er das Summen einer Espressomaschine. Michelle brachte ein Tablett mit zwei Espressi, Gläsern und einer Karaffe Wasser herein, stellte es auf den Tisch und nahm ihm gegenüber Platz.

Di Bernardo musterte sie über den Rand seiner Tasse hinweg. Sie war eine zierliche Frau in Arabellas Alter. Ihr Gesicht mit den mandelförmigen Augen und den hohen Wangenknochen hatte asiatische Züge.

»Ich möchte mich mit Ihnen über Arabella Giordano unterhalten«, begann Di Bernardo, als er die Tasse wieder abgesetzt hatte. »Ihre beste Freundin, wie man mir sagte.«

»Beste Freundin?« Michelle zog die Augenbrauen hoch.

Der Commissario blickte sie fragend an. »Vincenzo Giordano gab mir Ihre Adresse, als ich ihn nach einer engen Kontaktperson von Arabella fragte. Habe ich das womöglich falsch verstanden?«

»Das war einmal.« Michelle hob die Schultern und ließ sie wieder fallen. Ihre Miene war ausdruckslos. »Ich will ehrlich mit Ihnen sein, Signor Commissario. Dass Cornelia Giordano ermordet wurde, weiß ich aus den Nachrichten, und es tut mir leid. Dennoch kann ich nicht plötzlich so tun, als wären Arabella und ich wieder Freundinnen.«

»Möchten Sie mir erzählen, was vorgefallen ist? Bitte.«

Michelle stützte ihr Kinn auf die Hände, sie wirkte nachdenklich. »Der Erfolg kann einen Menschen sehr verändern. Nicht alle Veränderungen sind positiv. Das hat an unserer Freundschaft gezerrt. Irgendwann wurde es mir einfach zu viel.«

Eine vage Antwort, fand Di Bernardo. Dann musste er also den verbalen Umweg nehmen. »Sehr weise gesagt. Darf ich fragen, wie lange Sie sich kennen?«

»Über zwölf Jahre. Wir haben uns bei einem Konzert in Japan kennengelernt, der Heimat meiner Mutter. Nachdem Arabella wieder nach Rom gezogen war, kam sie mit ihrer Violine oft in unsere Werkstatt. Mit der Zeit haben wir uns angefreundet. Der Mord muss für sie und Vincenzo die Hölle sein … So zu sterben hat Cornelia nicht verdient.«

Di Bernardo fragte sich im Stillen, wie Cornelia Giordano nach Michelles Meinung wohl zu sterben verdient hätte, doch er verkniff sich eine entsprechende Bemerkung. »Haben Sie mit Arabella gesprochen, seit Sie von dem Mord erfahren haben?«

Michelle blickte angestrengt auf ihre gespreizten Finger; ihre Nägel waren auffallend kurz geschnitten für eine Frau. »Nein«, sagte sie zögernd. »Wir haben seit dem letzten Sommer keinen Kontakt mehr. Es …« Sie hielt inne. »Ich weiß, ich sollte sie anrufen, aber es steht zu viel zwischen uns. Im Übrigen hat Arabella genug Menschen an ihrer Seite.«

»Darf ich nachfragen, wie es zum Ende Ihrer Freundschaft kam? Hat es einen speziellen Auslöser gegeben?«

»Oh ja, den gab es.« Michelle sah auf. Der Commissario bemerkte den leisen Anflug von Wut und Enttäuschung in ihrem Blick, dann hatte sie sich wieder unter Kontrolle. »Arabella wollte, dass ich den Klang ihrer Violine verbessere. Ich tat mein Bestes, habe den Steg gekürzt, den Stimmstock verschoben, wieder und wieder, und was nicht alles … aber sie war nie zufrieden. Nie – verstehen Sie?« Sie beugte sich vor. »Es geht mir gar nicht darum, dass sie etwas zu beanstanden hatte. Ich liebe Herausforderungen, besonders bei meiner Arbeit. Aber ihre Art …

die war einfach nur verletzend.« Sie schüttelte den Kopf. »Meine Mutter pflegte zu sagen: *Kuchi wa wazawai no moto*, der Mund ist die Wurzel des Unglücks. Wenn ein Mensch etwas Unmögliches von einem fordert und einen dann auch noch herabsetzt – das ist zu viel.«

»Es klingt, als sei Arabella geradezu besessen davon gewesen, was den Klang ihrer Geige anging. Können Sie sich das erklären? Gab es irgendeinen Grund? Schlechte Kritiken zum Beispiel?«

»Angeblich hatten ein paar Leute sich negativ geäußert, und Arabella nahm es sich mehr zu Herzen, als sie sollte. Besonders schlimm wurde es, als sie im Sommer hier in Rom in der Accademia spielte. Ein Mann, den sie nicht mal kannte, passte sie nach dem Konzert ab und meinte, sie verdiene eine bessere Geige.«

»Wann genau war das?«, hakte Di Bernardo nach.

»Am 2. September, den Tag vergesse ich so schnell nicht. Am Morgen nach dem Konzert jedenfalls kam sie völlig hysterisch hierher und wollte ihre Vuillaume gegen ein anderes Instrument tauschen. Ich hielt das für keine gute Idee, für mich klingt ihre Geige hervorragend. Wir haben uns gestritten. Sie wurde ausfallend, stellte meine Arbeit und meine Loyalität infrage und nannte mich … Nun ja, das war's.«

»Gab es sonst noch andere Streitigkeiten zwischen Ihnen? Vor dieser Sache?«

Michelle starrte zu Boden, dann schüttelte sie den Kopf. Di Bernardo bemerkte, dass ihre Augen feucht waren.

»Und hat sie sich auch mit anderen gestritten?«

»Da gab es eine ziemlich heftige Auseinandersetzung mit ihrer Tante. Wegen der Geige. Aber sagen Sie mir, wie geht es Arabella jetzt, in dieser Situation? Sie haben sie doch bestimmt gesehen …«

»Es geht ihr den Umständen entsprechend«, sagte er ausweichend. Er wollte die Gerüchteküche nicht freiwillig befeuern.

Falls Michelle dem Klatsch nicht abgeneigt war, würden sich die Nachrichten innerhalb der Branche wie ein Lauffeuer verbreiten. »Wissen Sie denn, wie Cornelia Giordano zu der Sache mit der Geige stand? Wie ich hörte, hatte sie Arabella das Instrument geschenkt.«

»Cornelia? Die war fuchsteufelswild. Arabella erzählte mir von dem Riesenstreit, das war zehn Tage vor dem Konzert. Wie es weiterging, kann ich Ihnen nicht sagen, es herrscht ja Funkstille. Cornelia weigerte sich damals vehement, ihr eine andere Geige zu finanzieren. Das war der Grund, warum Arabella nach dem Konzert schon wieder zu mir kam. Doch ich bin leider völlig unfähig und ungeeignet für meinen Beruf, den ich im Übrigen nur deshalb ausüben kann, weil mein Vater mich protegiert. Das waren ihre Worte.« Michelle wischte sich über die Stirn. »Bitte entschuldigen Sie, Signor Commissario. So genau wollten Sie es wahrscheinlich gar nicht wissen.«

»Machen Sie sich keine Gedanken. Freunde kennen unsere wunden Punkte. Wir verlassen uns normalerweise darauf, dass sie nicht mitten hineinstechen. Leider funktioniert das nicht immer.«

Michelle nickte zögerlich.

»Wenn Sie an die Zeit zurückdenken, in der Sie sich noch regelmäßig gesehen haben – gab es da irgendetwas, das wichtig sein könnte für die Ermittlungen zu Cornelia Giordanos Tod?«, fragte er. »Etwas, das Ihnen angesichts der jüngsten Ereignisse wieder eingefallen ist? Worüber haben Sie beide denn gesprochen, wenn es nicht um die Musik ging?«

»Ach, was Frauen unter sich so reden. Es gab ein paar Männer, die in Arabella verliebt waren, mit denen hat sie aber nur gespielt. Es waren die Geigen, die uns verbanden und uns auch wieder trennten. Was Cornelia angeht … Arabella hatte das Glück, ihr Protegé zu sein, und sie war ihrer Tante sehr dankbar dafür.

Durch ihre Kontakte hat sie jede Menge Chancen bekommen, von denen andere nur träumen. Aber das ist in der Musikwelt normal.« Sie senkte die Stimme, als sie weitersprach: »Nach dem Tod ihrer Mutter vor vier Jahren war Arabella depressiv. Und jetzt Cornelia ... In der Familie Giordano stirbt man schnell.«

Di Bernardo ließ die Worte auf sich wirken. Arabellas Mutter war verunglückt, die Tante wurde ermordet. In der Tat haftete der Familie etwas Tragisches an.

»Haben Sie sie nach dem Tod der Mutter häufig gesehen?«

»Ja, und ich habe mir ziemliche Sorgen um Arabella gemacht. An dem Tag, als Margarita starb, sagte Arabella, sie würde aufhören zu spielen. Ich habe alles getan, um sie zu überzeugen, weiterzumachen. Damals stagnierte ihre Karriere, aber dann, als Cornelia sie unter ihre Fittiche nahm, ging es steil nach oben. Sie verdankt ihrer Tante alles. Vincenzo liebt sie wie eine Schwester, aber ich weiß nicht, ob er sie in dem Maße weiter fördern kann. Cornelia war schon sehr speziell in ihrer Art, ihren Willen durchzusetzen. Unter uns gesagt, gibt es durchaus bessere Geigerinnen als Arabella, die eine Chance verdient hätten. Und das liegt nicht am Instrument.«

»Glauben Sie, dass einige Musiker von Cornelia Giordanos Tod profitieren werden?«

»Hm. Das kann ich nicht genau sagen, ich habe keine Ahnung, ob Vincenzo vorhat, irgendwelche Verträge zu kündigen und jemand Neues aufzubauen. Im Grunde hatte immer nur Cornelia das Sagen, und er hat sie in allem unterstützt. Was jetzt aus der Agentur wird, das wird man sehen. Ich muss aber leider sagen, dass ich zwar einiges an Gerede aufschnappe, meine Kunden jedoch von anderen Agenturen vertreten werden.«

»Was ist mit René Bellamy und Laura Maffia? Sie kommen nicht zu Ihnen, wenn es Reparaturen gibt?«

Michelle schüttelte bedauernd den Kopf. »Nein, soweit ich

weiß, spielen sie Geigen aus Giordanos Stiftung. Sie haben einen Vertrag mit der Agenzia Davide Michelis in Mailand.«

Di Bernardo machte sich ein paar Notizen und beschloss, die Befragung fürs Erste zu beenden. Es drängte ihn, Anna Cantoni anzurufen, um sie nach dem Datum der schlechten Kritik zu fragen, das er nicht im Kopf hatte. Hier in der Werkstatt kam er fürs Erste nicht weiter. »Signorina Chiarello, ich danke Ihnen sehr für das Gespräch. Ich habe Sie lange genug aufgehalten. Hier ist meine Karte. Wenn Ihnen noch irgendetwas einfällt, was zur Aufklärung des Falles beitragen könnte, melden Sie sich bitte bei mir.«

»Das mache ich. *Buona giornata, Signor Commmissario.*«

Noch eine Sackgasse, dachte Di Bernardo, als er wieder auf der Via Margutta stand und seine nächsten Schritte überlegte. Fürs Erste hatte er genug Koffein intus, aber der Gedanke an Borghese reichte, um ihn von der Questura fernzuhalten. Gedankenverloren schlenderte er in Richtung der Piazza Navona. Er würde sich für ein Stündchen in das Sant'Eustachio il Caffè zurückziehen, sein Lieblingscafé in der Nähe des Pantheons. Mit ein paar köstlichen Dolcezze ließ sich der trockene Bericht, den Anna Cantoni wohl inzwischen an sie alle gesendet hatte, gewiss besser ertragen. Der Espresso-Duft umwehte ihn gleich auf der Türschwelle, und er atmete ihn genüsslich ein. Das Sant'Eustachio stimmte ihn immer ein wenig nostalgisch, auch wenn er nicht sagen konnte, warum. Vielleicht lag es an den Schwarz-Weiß-Fotos des Cafés an der Wand, die die Eröffnung vor fast achtzig Jahren zeigten. Vielleicht aber auch an den verrosteten *Caffetiere*, die auf den Regalen über der Theke ausgestellt waren.

Er setzte sich auf seinen Stammplatz und zog gerade sein Handy aus der Tasche, um Anna anzurufen und nach dem Verriss zu fragen, als es zu vibrieren begann.

Del Pino war in der Leitung. Er klang abgehetzt. »Commissario? Hören Sie mich?«

»Klar und deutlich. Sind Sie beim Sport oder was?«

»So ähnlich. Wir kommen gerade von Na Zhou, Bellamys Pianistin, und sind auf dem Weg zur Questura. Der verlorene Sohn ist zurückgekehrt!«

»Boris?«, sagte Di Bernardo und spürte, wie sich ihm die Nackenhaare aufstellten.

»Genau der. Er hat in der Zentrale angerufen. Angeblich ist er in einer Viertelstunde da.«

»Bin unterwegs!«, rief Di Bernardo, sprang auf, lief aus dem Café und spurtete in die Via del Barbuino, um dort ein Taxi anzuhalten.

Endlich kam Bewegung in die Sache!

27

Paris, 24. Januar 1863

Der distinguierte, elegant gekleidete Herr mit dem grauen Haar unter dem Zylinder stieg aus der Pferdekutsche und blickte sich um. In der letzten halben Stunde, seit sie den prachtvollen Arc de Triomphe passiert hatten, hatte die Farbe des Himmels an Intensität zugenommen, und er leuchtete jetzt feuerrot. Vom Naturspektakel sichtlich eingenommen, vergaß er einen Atemzug lang seine Mission und streckte die Glieder. Die Fahrt vom fernen Cremona aus war beschwerlich gewesen, zumal er mit seinen fünfundsechzig Jahren nicht mehr der Jüngste war. Als die Abendröte zögernd der Dämmerung wich, betrat er das Haus Nr. 3 auf der Rue Demours.

Im Flur zur Werkstatt des Geigenbauers Jean-Baptiste Vuillaume blieb er stehen. Auch zur Abendstunde herrschte hektischer Betrieb: Gesellen trugen Holz und Lackflaschen die Korridore entlang und verscheuchten die Lehrlinge, die sich ihnen neugierig in den Weg stellten. Drei vornehme junge Herren wandten sich zum Gehen, kaum eine Minute später ging die Haustür in seinem Rücken erneut auf, und zwei weitere Kunden traten ein. Als sie vorgelassen wurden, erhaschte er einen Blick in den Salon. Auf einem großen Tisch lagen mehrere Violinen mit rötlich braunem Lack. Wie gebannt trat er einen Schritt näher – und hielt erschrocken inne, als eine aufbrausende Stimme aus den Tiefen des Salons ertönte – offenbar der Meister persönlich, der mit der Arbeit eines Angestellten nicht zufrieden war.

Jean-Baptiste Vuillaume galt schon zu Lebzeiten als eine Berühmtheit. Als ausgezeichneter Geigenbauer, dynamischer Erfinder und kluger Geschäftsmann sprach die gesamte Musikwelt Europas von ihm. Neben dem Handel mit Musikinstrumenten schlug er aus Grundstücken und Wohnhäusern Profit, nutzte die politischen Strömungen und Unsicherheiten der Zeit und bewies das untrügliche Gespür eines Mannes, der stets zur rechten Zeit am rechten Ort war. Noch elf Jahre nach seinem spektakulären Geschäft mit dem Instrumentensammler Tarisio erzählte man sich davon.

»Sie wünschen, Monsieur?« Eine weibliche Stimme riss ihn aus seinen Gedanken. Vor ihm stand eine junge Dame und wartete auf seine Anweisungen. Hier in Paris waren sogar die Dienstmädchen nach der neuesten Mode gekleidet.

»Cesare Stradivari aus Cremona«, stellte er sich vor. »Signor Vuillaume erwartet mich.«

»Folgen Sie mir bitte.«

Sekunden später betrat Cesare den weitläufigen Salon. Das Erste, was ihm auffiel, war der harzige Geruch, der in seine Nase drang. Unwillkürlich fühlte er sich zurückversetzt in die Geschichten, die in seiner Familie über den Urgroßvater Antonio Stradivari erzählt wurden. Dieser spezielle Duft von Lack, Holz und Leim war von der Werkstatt an der Piazza San Domenico bis in den hintersten Winkel des Hauses gedrungen. Cesare Stradivari nahm einen tiefen Atemzug und stellte sich vor, wie eine ganze Epoche der Geigenbaukunst in seine Lungen strömte, konserviert in diesem einzigartigen Geruch.

»Ihr Besuch ist mir große Freude und Ehre zugleich, Signor Stradivari«, sagte sein Gastgeber und trat auf ihn zu.

Neugierig blickte Cesare in die Augen seines Gegenübers, der im gleichen Alter war wie er. Die geschwungenen Augenbrauen verliehen dem Gesicht Vuillaumes einen wachen Ausdruck.

Seinem Ruf zufolge war der Franzose arrogant und launisch; von seinen Mitarbeitern und Angestellten, so hieß es, wurde er in gleichen Maßen bewundert wie gefürchtet. Doch sein Können wie auch seine nie versiegende Schaffenskraft waren so überragend, dass Cesare ihm den Hochmut gern verzieh. Zumal der Meister ihm ein herzliches Willkommenslächeln schenkte und sein Händedruck kräftig und entschlossen war.

»Ihre Reise war gewiss lang und anstrengend, also fühlen Sie sich bitte wie zu Hause, und nehmen Sie Platz. Es geschieht nicht oft, dass ein Nachfahre von Antonio Stradivari aus Cremona meine Werkstatt beehrt!«

Das Gespräch der beiden entwickelte sich schnell und war von gegenseitigem Respekt bestimmt. Als der letzte Kunde des Tages gegangen war, tischten die Dienstboten Wein und ein köstliches Mahl auf. Schon nach dem ersten Schluck fühlte Cesare Stradivari, wie Ruhe und Entspannung seinen Körper durchströmten und ihn die Anstrengung der Reise vergessen machten.

»Natürlich kam auch mir zu Ohren, dass Sie die Geigensammlung von Luigi Tarisio gekauft haben«, sagte Cesare, als das Gespräch endlich auf die Instrumente kam. »Früher gehörte die Sammlung meinem Großvater Paolo. Er hat sie 1775 an den Grafen Cozio di Salabue verkauft. Fast neunzig Jahre sind seitdem vergangen.«

»Über zwanzig Violinen von Antonio Stradivari sind es gewesen.« Zufriedenheit zeichnete sich auf Vuillaumes weichen Gesichtszügen ab. Offen musterte er seinen Gast, als sei er auf der Suche nach einer Familienähnlichkeit. »Ihr Urgroßvater ist eine Legende. Mein immerwährendes Idol. Es ist kein Geheimnis, dass die Perfektion der Cremoneser Geigen, ihr Klang und ihre Schönheit mich schon früh in meiner Arbeit beeinflusst haben. Ich habe zahlreiche Geigen auseinandergenommen und sie studiert, um sie zu kopieren. Dabei habe ich die größte Hochachtung für die wahren Schöpfer der Originale, allen voran Stradivari.«

»Genau das ist der Grund, warum ich hergekommen bin. Ich möchte gern eine Violine aus Ihrer Werkstatt kaufen.«

»Oh! Das ehrt mich sehr, Monsieur Stradivari«, sagte der Franzose überrascht. »Es wäre mir allerdings eine Freude, Ihnen eine meiner Violinen zu schenken, allein schon aus Respekt und Dankbarkeit Ihrem Urgroßvater gegenüber für seine immerwährende Inspiration.«

»Das ist sehr großzügig von Ihnen, Monsieur Vuillaume«, sagte Cesare gerührt. »Aber Sie brauchen mir keine Violine zu schenken, nur weil ich der Urenkel von Antonio bin. Es wäre zu viel des Guten, auch wenn ich Ihnen tief verbunden für dieses Angebot bin. Einigen wir uns lieber auf einen guten Preis.«

Jean-Baptiste Vuillaume erhob sich und trat zu dem Tisch mit den Geigen, die Cesare vom Flur aus bewundert hatte. Er griff nach einer der vier Violinen auf dem Tisch. Sie war auffallend symmetrisch, mit hohen Zargen und rotgoldenem Lack, der glänzte, als sei er frisch aufgetragen. »Diese hier ist eine Kopie der berühmten *Le Messie*. Ich habe sie gerade gestern fertiggestellt.«

»Der Ruhm Ihrer *Messias*-Kopien ist bis nach Cremona vorgedrungen. Es wäre mir ein Vergnügen, eine zu besitzen. Nennen Sie mir den Preis. Ich kann es kaum abwarten.«

»Dann schlage ich zweihundertfünfzig Francs vor.«

Cesare nickte vehement. Das war die Hälfte des üblichen Preises und somit ein hervorragendes Angebot.

Vuillaume hielt ihm die Geige hin, die er ehrfürchtig entgegennahm. Durch das F-Loch erspähte er einen kleinen Zettel, der innen am Boden der Geige haftete. Er trug die Aufschrift:

*Imitation précise de Stradiuarius du
Comte Cozioh de Salabue, daté 1716
le » Messie «*

Darunter klebte ein zweiter Zettel. Er drehte die Geige ein wenig, um ihn lesen zu können.

*Jean Baptiste Vuillaume a Paris
3. rue Demours-Cernes
1863*

»Lassen Sie uns die Formalitäten gleich erledigen«, bat Cesare, der es nicht erwarten konnte, die Geige sein Eigen zu nennen. Das Geschäft war schnell besiegelt. Vuillaume schenkte ihnen Wein nach und trank auf das Wohl seines Gastes. Sodann richtete er sich auf, trat zu einem Glaskasten an der Wand und schloss ihn auf. »Kommen Sie«, sagte er und winkte Cesare herbei. »Hier ist sie. Die echte *Le Messie*. Das größte Meisterwerk Ihres Urgroßvaters. Gewiss möchten Sie die Violine sehen. Oder besser noch in Händen halten.« Vuillaume nahm die Geige vorsichtig aus dem Kasten und reichte sie Cesare Stradivari, der sie geradezu ehrfürchtig entgegennahm.

»*Le Messie*. Welch ein Name.«

»Man könnte durchaus sagen, dass die Geige den Namen meinem Schwiegersohn Jean-Delphin Alard zu verdanken hat«, sagte Vuillaume schmunzelnd. Cesare hatte die Anekdote natürlich längst gehört, doch er tat überrascht, um seinem Gastgeber eine Freude zu machen.

»Tarisio verlor über der Geige fast den Kopf, als er sie vom Grafen di Salabue erwarb«, erzählte Vuillaume. »Voller Begeisterung prahlte er vor allen, er habe eine ganz besondere Stradivari in seinem Besitz und werde sie demnächst vorführen. Dabei war er so sehr darauf bedacht, sein Juwel zu schützen, dass es bei dieser Ankündigung blieb, und das über zwanzig Jahre lang! Immer wieder vertröstete er die Leute – unter ihnen auch meinen Schwiegersohn. Eines Tages, als Tarisio sein Versprechen wieder einmal nicht einlöste, sagte Jean-Delphin: ›Wirklich, Herr Tarisio, dann ist Ihre Violine wie der Messias: Alle warten auf ihn, aber er erscheint nie.‹«

Cesare musste lachen. Ja, so mochte es gewesen sein.

»Ich kann Ihnen gar nicht sagen, wie glücklich ich bin, sie mein Eigen zu nennen«, sagte Vuillaume nun voller Ernst.

Cesare selbst wusste alles über die Geige aus dem Jahr 1716, auf der praktisch niemand jemals gespielt hatte und die nun in seinen Händen lag. Ihr Zustand war auch anderthalb Jahrhunderte später noch völlig makellos. Seine Worte waren kaum mehr als ein Flüstern, als er zu sprechen begann. »Solch eine lange Reihe von Besitzern, die in diesem Instrument vereint sind. Antonio, dann Francesco und schließlich Paolo Stradivari. Als Nächstes der Graf Cozio di Salabue, dann Luigi Tarisio … und nun Sie, mein lieber Jean-Baptiste Vuillaume.«

»Als ich von Tarisios Tod erfuhr, eilte ich sofort nach Mailand, um seinem Neffen die gesamte Instrumentensammlung abzukaufen. Man darf es kaum aussprechen, doch er bewahrte sie unter dem Dach auf! Was, wenn es gebrannt hätte … nicht auszudenken! Aber ich sage Ihnen, unter all den Stradivaris der Sammlung war es diese, die mein Herz eroberte. Kaum hatte ich sie nach Paris und in Sicherheit gebracht, begann ich, sie zu studieren und schließlich Kopien nachzubauen. Es war eine Herausforderung ohnegleichen.« Er räusperte sich. »Sie ist wahrhaftig ein Juwel! Ich frage mich nur, wie Ihrem Urgroßvater eine so einzigartige Schöpfung gelungen ist.«

Cesare Stradivari lag eine Entgegnung auf der Zunge, doch er spürte, wie eine unsichtbare Hand ihn davon abhielt, die Worte auszusprechen. Anders als Vuillaume wusste er, dass die *Messias* eben nicht einzigartig war.

Er betrachtete die Geige aufmerksam. Auf seine Augen konnte er sich verlassen: Nach der jahrzehntelangen Arbeit als Arzt waren sie geübt, Details zu bemerken, und sie waren immer noch scharf, was ihm in dieser Situation einen großen Gefallen erwies. Der Lack war vollkommen intakt und glänzte in einem unverkennbaren Goldorange. Der Boden war ein wahres Streifen-Spektakel. Als er die *Messias* wieder umdrehte, sah er, dass das linke F-Loch fast ein wenig deplatziert war, so als zöge die Violine eine Augenbraue verschmitzt nach oben. Als wolle sie sich über ihren Betrachter lustig machen.

Sie war ein Meisterwerk. Doch da war noch mehr. Nur er wusste, dass die fabelhafte *Messias* einen Zwilling hatte. Einen Zwilling, der den Namen *Bocciolo di Rosa* trug.

Es war das einzige Instrument, das sein Großvater Paolo behalten hatte, als er die Stradivari-Kollektion an den Grafen verkauft hatte. Nach seinem Tod und dem seines Vaters war die *Rosenknospe* zu ihm gekommen – und mit ihr das Geheimnis, das sie umgab.

Cesare spürte, wie der Wunsch in ihm aufbrandete, die Zwillinge nach all der Zeit unverhofft wieder zu vereinen. Doch ihm war klar, dass Vuillaume ihm die *Messias* niemals verkaufen würde – genauso wie er selbst sich niemals von der *Rosenknospe* trennen könnte. In weiser Voraussicht hatte er das Instrument in Cremona in sicherer Verwahrung gelassen; so geriet er nicht in Gefahr, sich gegen seinen Willen überreden zu lassen. Wüsste der reiche und ehrgeizige Franzose von dem Zwilling, würde er ihn nicht mehr in Ruhe lassen. Und selbst wenn Cesare sich standhaft wehrte, die Violine zu verkaufen, würde Vuillaume nach seinem Tod weiter darauf dringen, sie zu besitzen, dessen war er sich völlig sicher. Am sichersten war, Vuillaume kein

Sterbenswörtchen über den Zwilling zu verraten, welcher der *Messias* bis ins kleinste Detail glich. Er würde Vuillaume in dem Glauben lassen, dass es diese Geige nur einmal gab.

Und die *Rosenknospe*, deren Name Antonio Stradivari selbst erfunden und per Hand auf dem Zettel in der Geige verewigt hatte? Sie würde ein Familiengeheimnis bleiben, vom Vater an den Sohn weitergegeben. Selbst wenn es bedeutete, dass die Zwillinge auf immer getrennt wären.

»Ich bin Ihnen sehr dankbar, Monsieur Vuillaume«, sagte Cesare. »Ein Blick auf die *Messias*, ja, sogar eine Berührung, die Sie mir gestattet haben, und schon ist die Vergangenheit meiner Familie für mich wieder lebendig geworden. Ich sehe meinen Urgroßvater Antonio, den ich nie kennengelernt habe, geradezu vor mir. Es ist … ergreifend.«

Vuillaume nickte gewichtig. »Wer könnte Sie besser verstehen als ich? Nach all dem Warten auf diese Geige! Ehrlich gesagt, habe ich selbst nicht mehr daran geglaubt, sie jemals besitzen zu dürfen. Dann aber, als mein Schwiegersohn zum ersten Mal auf ihr spielte … Ja, da habe ich die Engel singen hören. Der Klang ist eine Offenbarung. So, als wäre er nicht von dieser Welt.« Vuillaume legte Cesare Stradivari die Hand auf die Schulter, eine Geste, in welcher der Stolz des Besitzers, aber auch die Verbundenheit zum Ausdruck kamen.

»Das glaube ich gern«, erwiderte Cesare leise. »Auch wenn ich ihren Klang nicht höre, ist es, als spräche das Wesen meines Urgroßvaters zu mir.«

»Vielleicht war diese Geige ja eine göttliche Inspiration. Eine, die man nur einmal in seinem Leben erfährt. Wenn überhaupt«, meinte Vuillaume.

Stradivaris Urenkel verkniff sich ein Lächeln. Einmal, aber manchmal eben auch zweimal.

Doch dieses Geheimnis war bei ihm sicher.

28

Als Cornelia Giordanos jüngerer Sohn das Büro betrat, kam er Di Bernardo für einen Moment wie eine herbeigesehnte Erscheinung vor. In den vergangenen zwei Tagen war er das Gefühl nicht losgeworden, dass einzig eine Befragung von Boris ihn weiterbringen konnte: weil er in ihm den Schuldigen finden würde oder aber – und das war eine Möglichkeit, an die er lieber nicht dachte – weil der Mann ein Alibi hatte und sie nach einem anderen Täter suchen mussten.

Boris Tinelli war einen Meter achtzig groß, mit dunklem, sehr dichtem Haar, das für Di Bernardos Geschmack eindeutig zu lang war, und einem spöttischen Ausdruck in den braunen Augen. Seine Gesichtszüge waren weniger kantig als die seines Bruders, doch der Dreitagebart und die rissigen Lippen verliehen ihm eine leicht verwegene Note. Er trug weite Jeans und eine graue Sportjacke mit Kapuze. Irgendwie erinnerte er Di Bernardo an einen dieser Rapper, die er aus Albertos Musikvideos kannte.

»Schön, dass Sie da sind.« Der Commissario stand auf und streckte Boris die Hand entgegen. »Mein herzliches Beileid, Signor Tinelli.«

»Danke, Commissario. Was soll ich sagen? Manche Leute werden meine Mutter vermissen. Andere nicht. Sie werden schon noch verstehen, warum.«

Eine befremdliche Aussage, die Di Bernardo für einen Moment aus dem Konzept brachte. »Gut, dass Sie nun doch noch zu uns gefunden haben«, sagte er dann ungelenk.

»Ja, tut mir leid, dass ich so spät dran bin. Ich habe erst gestern Nacht erfahren, dass ich in den heiligen Hallen der Questura vorsprechen darf.«

Giorgia stellte sich und Del Pino vor. Dann fragte sie möglichst unbefangen: »Wo waren Sie denn in den letzten beiden Tagen? Wir hätten Ihnen die traurige Nachricht natürlich lieber persönlich überbracht.«

»Das glaub ich gern. Ich war verreist. Auf Sizilien.«

»Eine Ihrer Reflexionsphasen?«, fragte Giorgia mit einem Lächeln im Gesicht. »So nannte Ihre Cousine Arabella Ihre kleinen Auszeiten.«

»Etwas in der Art«, brummte Boris, ohne eine Miene zu verziehen.

»Nur der Routine halber«, warf Di Bernardo ein. »Waren Sie in einem Hotel oder bei Freunden?«

Als wäre er auf die Frage vorbereitet, zog Boris eine Visitenkarte aus seiner Jeanstasche. Di Bernardo warf einen flüchtigen Blick darauf: Er kannte das Hotel in Agrigento; dort war er vor Jahren mit Monica und Alberto gewesen.

»Wir haben schon kurz nach der Tat versucht, Sie zu erreichen …«

»Ja, klar«, winkte Boris ab. »Da waren Sie nicht die Einzigen. Arabella und Vincenzo haben es auch probiert, mitten in der Nacht. Nicht unbedingt die passende Zeit, um von einem Mord in der Familie zu erfahren.«

Als ob es einen passenden Zeitpunkt dafür gäbe, dachte Di Bernardo und musterte Boris. Abgesehen von den dunklen Schatten unter den Augen wirkte er entspannt, fast so, als ginge ihm der Tod seiner Mutter nicht gerade nahe.

»Und Sie haben die Nachrichten abgehört und beschlossen, sich erst mal nicht zu melden.«

»War ja offensichtlich zu spät, um Cornelia noch zu Hilfe zu eilen«, sagte Boris mit einem Schulterzucken.

Ein unbehagliches Schweigen breitete sich aus. Boris gab sich definitiv anders, als Di Bernardo vermutet hatte. Er hatte sich Fotos von ihm im Internet angesehen, ihn als überheblichen Spross einer steinreichen Familie eingeschätzt, der sich den Drogen und der Kriminalität aus lauter Frust oder Langeweile verschrieben hatte. Mit einer derartigen Kaltschnäuzigkeit hatte er hingegen nicht gerechnet.

»Was hat Sie dann bewogen herzukommen?«, fragte Giorgia.

Boris wandte sich ihr zu. »Letzte Nacht hatte ich eine Nachricht von Luciano Malini auf dem Anrufbeantworter, dass ich mich hier in der Questura melden soll. Er ist ein guter Bekannter.«

»Sicher waren Sie wegen des Mordes geschockt«, fuhr sie fort.

Boris zog die Augenbrauen hoch. »Ich? Geschockt?« Er verschränkte die Arme vor der Brust, sein Blick ruhte noch immer auf Giorgia. »Ich will offen mit Ihnen sein. Es gibt für mich keinen Grund, Ihnen Fassungslosigkeit und Trauer vorzuspielen. Das ist nämlich nicht das, was ich fühle.«

»Und was ist es, das Sie fühlen?«

»Keine Ahnung. Es musste irgendwann passieren, so viel ist klar. Wie viel wissen Sie über meine Mutter?«

»Wir recherchieren noch. Persönlich kannte sie leider keiner von uns.«

»Leider ist gut, haha.« Es war ein humorloses Lachen, das Boris von sich gab.

»Erklären Sie uns das, Signor Tinelli«, bat Di Bernardo. »Alle, die wir bisher vernommen haben, sprechen voller Respekt über Ihre Mutter. Aber uns ist klar, dass es eine andere Seite geben muss ... bei der Position, die sie in der Musikwelt innehatte ...«

»Cornelias Spitzname kennen Sie wohl noch nicht«, fuhr Boris dazwischen. »Die Leute nannten sie das ›Klassik-Monster‹.

Und sie lagen damit nicht mal falsch. Viele haben nämlich buchstäblich vor ihr gezittert. Und sie? Sie hat es genossen.«

»Wie war denn Ihr Verhältnis zueinander?«

»Unser Verhältnis?« Boris schnaubte. »Unser Verhältnis, haha. Es war miserabel.«

»Es war sicher nicht leicht mit einer Mutter, die so übermächtig war ...«, überlegte Giorgia.

»Übermächtig, das trifft es. Sie machte uns alle nieder. Ihr Ehrgeiz war grenzenlos, und er erstreckte sich natürlich auch auf Vincenzo und mich. Als mein Vater so klug war, sie zu verlassen, hat sie ihn förmlich aus unserem Leben ausradiert. Alle Fotos, alle Erinnerungen wurden entsorgt. Dabei war er doch unser Dad. Cornelia aber sorgte dafür, dass mein Bruder und ich ihren Nachnamen annahmen, was symptomatisch war. Ich habe es sofort rückgängig gemacht, als ich volljährig war. Für Vincenzo war es eher günstig, er ist ja schnell in ihr Musikgeschäft eingestiegen. Aber er hat ihr sowieso immer nach dem Mund geredet.«

Di Bernardo legte die Stirn in Falten. So rückgratlos war Vincenzo ihm gar nicht vorgekommen. »Wie verstehen Sie sich mit Ihrem Bruder?«, fragte er.

»Wie schon. Vincenzo war immer ein Streber. Er wollte mal Arzt werden. Was mich angeht ... ich bin eben anders. Ich wollte meinen eigenen Weg finden, was nicht leicht war in meinem Umfeld. Ich war wütend und frustriert, und das hat auch mein Bruder zu spüren bekommen. Doch was ich auch anfing, Cornelia hatte immer was dran auszusetzen. Sie zog eine seltsame Art der Befriedigung aus ihren ständigen Demütigungen. Es war ... widerlich.« Er wischte sich mit der Hand über die Nase. »Den Rest kennen Sie aus meiner Akte. Ich habe mit Drogen rumexperimentiert und war so dumm, mich erwischen zu lassen. Dann kam ich in den Knast.«

»Und Ihr Vater?«

»Der war nicht mehr greifbar, kaum dass er drüben in den USA war. Bis zu seinem Tod nicht. Ich habe ihn nie wiedergesehen. Keiner von uns. Ging ja auch schnell, als er starb.«

»Dann haben Sie wenig Liebe und Rückhalt zu Hause erfahren«, stellte Giorgia fest.

Boris warf ihr einen abschätzigen Blick zu. »Ich glaube, die Einzige, die Cornelia wirklich liebhatte, ist meine Cousine Arabella.«

»Ich nehme an, Sie wissen bereits, was mit Ihrer Cousine passiert ist?«, warf der Commissario ein.

Boris nickte. »Vincenzo hat mir heute früh eine Nachricht geschickt. Arabella hatte wieder mal Glück. Wie schon so oft.«

Di Bernardo blickte ihn fragend an. »Arabella hat ihre Mutter früh verloren und jetzt noch ihre Tante. Von Glück kann man da wohl kaum sprechen.«

Boris richtete sich auf. Plötzlich schien die Maske der Gelassenheit von ihm abzufallen. Seine Augen flackerten. »Hören Sie mir zu, Commissario. Ich habe keine Ahnung, was mit Arabella im Wald passiert ist und warum, geschweige denn, was sie da zu suchen hatte. Aber es geht ja eigentlich um meine Mutter, oder? Ich weiß, dass Cornelia eine Menge Schaden angerichtet hat. Schaden bis hin zu Leid. Sie hat viele Karrieren nach Lust und Laune ruiniert. Einfach so. Weil sie es konnte. Sie hat den Glauben etlicher Musiker an sich selbst zerstört. Haben Sie eine Ahnung, wie sich das anfühlt? Was ist das Leben schon ohne den Glauben an den persönlichen Traum? Eh?«

Di Bernardo nickte. »Fahren Sie fort.«

»Manche hätten liebend gern Rache genommen, hatten aber nicht den Mumm dazu. Jetzt hat ihr jemand die Kehle aufgeschlitzt, und sie ist verblutet. Nicht wenige werden die Tat nachvollziehen können.« Boris' Worte flogen peitschend durch die

Luft. Di Bernardo suchte dazwischen vergeblich nach Mitgefühl und fand nichts als Verachtung, die in jeder einzelnen Silbe mitschwang.

»Wie kam Signora Giordano zu so viel Einfluss?«, fragte er.

»Ihr Großvater hat die Agentur gegründet. Als ihr Vater sie übernahm, hatte sie bereits einen sehr guten Ruf, und er sorgte dafür, dass sie zu einer festen Größe im Konzertgeschäft wurde. Meine Mutter investierte alles in das Management – Zeit, Geld, Einfluss. Später gründete sie die Stiftung und eine Plattenfirma. Durch die Stiftung hatte sie immer Nachschub an jungen talentierten Künstlern, und mit der Plattenfirma köderte sie die etablierten Musiker. Die Stars.«

»Hatten Sie kein Interesse, mit einzusteigen?«

»In die Agentur? Nein danke. Ich wollte Musiker werden und kein Manager. Aber meine Mutter hatte etwas dagegen. Ich schaffte es nicht, mich gegen ihren Willen durchzusetzen.«

»Wie oft haben Sie Ihre Mutter gesehen?«

»Nachdem ich von zu Hause ausgezogen war, nicht mehr oft.«

»Und das letzte Mal?«

»Vor ein paar Wochen.«

»Signora Ortalli erzählte mir, dass Sie so gut wie nie das Haus Ihrer Mutter betraten. Darf ich fragen, was der Grund Ihres Besuchs vor zwei Wochen war?«

Überrascht zog Boris eine Braue nach oben. »Mein Besuch? Daran hat sie sich also erinnert? Nun ja, ich war tatsächlich so selten bei meiner Mutter, dass es für die gute Elsa wohl zu etwas Weltbewegendem wurde.«

»Und was war nun der Grund?«

»Cornelia brauchte einige Unterlagen für die Agentur, konnte aber nicht weg vom Schreibtisch. Es ging um ein amerikanisches Visum für einen ihrer Künstler. An dem Tag hatte ich selbst was in Parioli zu erledigen, deshalb tat ich ihr den Gefallen. Ich habe keinen Schlüssel, aber die Haustür war unverschlossen. So bin ich ohne zu klingeln hineingegangen, und Elsa hat sich furchtbar erschrocken.«

Di Bernardo blickte auf. »Das erklärt es«, murmelte er dann. »Was für einen Eindruck hatten Sie von Ihrer Mutter in der letzten Zeit, wenn Sie sie gesehen haben?«

»Wie immer. Undurchschaubar. Sie hatte eine Allergie gegen echte menschliche Gefühle. Das hat es schwer gemacht, abzulesen, was wirklich in ihr vorging. Wenn sie geplant hätte, jemandem den Hals durchzuschneiden, hätte man ihr nichts angemerkt.«

»Es ist umgekehrt geschehen, Signor Tinelli«, sagte Di Bernardo.

»Was wollen Sie eigentlich von mir, Commissario?«, erwiderte Boris.

»Namen und Ihr Alibi.«

»Mit Namen meinen Sie vermutlich die von Leuten, die einen Grund gehabt hätten, sie zu töten?«

»Exakt.«

»In letzter Zeit?«

»In letzter Zeit besonders, aber auch aus den Jahren davor.«

»Mit den Jahren davor kann ich nicht wirklich dienen, da war ich auf Staatskosten im Urlaub. Aber in letzter Zeit … nun, da gab es möglicherweise gleich mehrere. Cornelia vergaß nämlich häufig, dass ihre Mitmenschen auch Stolz und Gefühle haben. Also, lassen Sie mich überlegen …«

Di Bernardo gab Del Pino, der sich bisher auffallend zurückgehalten hatte, ein Zeichen mitzuschreiben.

»An erster Stelle steht sicher Fabrizio Emme«, meinte Boris. »Ein Dirigent aus Neapel, der in *La Scala* eine Produktion von Verdis Don Carlos leitete. Nach nur zwei Proben wurde Maestro Emme auf Cornelias Wunsch durch einen anderen Dirigenten ersetzt. Emme wurde für krank erklärt, sodass sein Vertrag problemlos aufgelöst werden konnte. Ganz einfach so. Weil Cornelia die DVD-Aufnahme finanzierte, hat sich *La Scala* nicht gewehrt. Auch wenn sie Emme sicher den Vorzug gegeben hätten.«

»Ist er ein guter Dirigent?«

»Der beste für Verdi.«

»Welchen Grund könnte Ihre Mutter gehabt haben, den Maestro loszuwerden?«

»Er war keins ihrer Schafe. Nicht hörig genug. Emme hatte es bis dahin nie nötig, nach ihrer Pfeife zu tanzen.«

»Nun gut«, sagte Di Bernardo. »Wer noch?«

»Dann Laura Maffia. Eine hochtalentierte Geigerin, die eine Violine aus der Stiftung bekam und ein Jahr lang erfolgreich darauf spielte. Bis ein junger Franzose auftauchte und sich für die Geige interessierte. Cornelia nahm Laura die Geige eine Woche vor ihrer Tournee weg und gab sie dem Franzosen. So kurz vor dem Konzert das Instrument zu wechseln, ist ein Albtraum für jeden Geiger. Laura erlitt fast einen Nervenzusammenbruch. Es war ihre erste internationale Tournee. Googeln Sie die Kritiken, mehr brauche ich nicht zu sagen.«

»Und was war diesmal der Grund?«

»Willkür. Die Lust zu quälen. Eine Machtdemonstration. Suchen Sie sich was aus.«

»Und der Franzose?«

»Bellamy? Ein Ehrgeizling. Ihr neuer Protegé.«

»Weiter«, sagte Di Bernardo nur.

»Nicola Zanoli. Ein Pianist, der Cornelia ein außergewöhnliches Projekt angeboten hatte. Die Uraufführung eines Stücks, das gerade erst entdeckt worden war. Sie sagte zu. Und brachte das Projekt mit einem anderen Pianisten heraus. Dann das Jugendorchester aus Apulien, das in China einen hohen Geldpreis bei einem Wettbewerb gewann. Cornelia war die Präsidentin der

Jury, und keiner von den Jugendlichen hat je seinen Anteil gesehen. Niemand hat gewagt, sich über sie zu beschweren. Der Dreck wurde lieber unter den Teppich gekehrt, als dass jemand ihren Zorn auf sich gezogen hätte.« Er fuhr sich mit der Hand durchs Haar. »Mauro Roche. Ein fantastischer Sänger. Er hätte der neue Pavarotti werden können, hat sich aber mit Cornelia zerstritten. Es ging um die Gage, sie wollte einen viel zu hohen Anteil von seinem Honorar, angeblich, weil sie ihn erst aufbauen musste. Nachdem sie ihn bei wichtigen Opernhäusern und Festivals geblockt hatte, hörte er mit dem Singen auf. Hat man nicht schon für weniger einen Menschen getötet?« Boris ließ die Frage in der Luft hängen und schien ihre Wirkung auf die Anwesenden zu genießen. »Das wären die aktuellen Kandidaten – zumindest die, von denen ich weiß. Ach, und eine Sache noch: Normalerweise kassieren Agenten eine Provision, wenn sie den Künstler vermitteln können. Cornelia aber hat von einigen ihrer Leute monatlich noch eine gewisse Summe obendrauf addiert. Selbst dann, wenn kein einziges Konzert zustande kam.«

»Und alle diese Informationen haben Sie von …«

Boris schlug die Beine übereinander und grinste. »Finden Sie es raus.«

Giorgia verharrte einen Augenblick lang mit dem Bleistift in der Hand. Di Bernardo dagegen schien die Provokation zu überhören; er lehnte sich zurück und musterte sein Gegenüber. »Was machen Sie eigentlich beruflich, Signor Tinelli?«, fragte er.

»Gelegenheitsjobs. Was gerade läuft. Ich war immer gut am Computer. Falls Sie mal jemanden in der Questura brauchen, Commissario …«

Del Pino musste lachen, überspielte es dann aber schnell mit einem Husten, als er Di Bernardos Blick bemerkte.

»Wenn Ihnen noch weitere Namen einfallen …«

»… dann melde ich mich.«

»Nun gut, Signor Tinelli.« Di Bernardo hatte nicht übel Lust, Boris ins Kreuzverhör zu nehmen. Doch fürs Erste beschloss er, ihm nachzugeben. Bei einem derart versierten Gesprächsgegner erhöhte das die Chance auf weitere Aussagen. Und dennoch …
»Sie haben uns sehr eindrucksvoll zu verstehen gegeben, wie Sie zu Ihrer Mutter standen.«

Ein flüchtiger Schatten legte sich über Boris' Augen. Doch als Di Bernardo genauer hinsah, war er bereits wieder verschwunden.

»Trotzdem habe ich sie nicht umgebracht«, sagte Boris und starrte Di Bernardo provozierend lange ins Gesicht. »Allerdings bin ich gespannt darauf zu erfahren, wer den Mut dazu hatte.«

»Nun, da haben wir etwas gemeinsam. Auch wenn ich es anders ausdrücken würde.«

»Wie nett, dass wir was gemeinsam haben, Commissario.« Boris erhob sich und machte Anstalten zu gehen.

»Halt, warten Sie«, sagte Di Bernardo schnell und stand ebenfalls auf. »Ich muss Sie noch fragen, was Sie am Dienstagabend gemacht haben.«

»Ah, das Alibi. Richtig.«

»Also?«

»Dienstagabend? Während meiner Reflexionsphase?«

»Genau.«

»Vielleicht habe ich meditiert? Mit Blick auf den Vulkan?«

»Von Agrigento aus sieht man den Ätna nicht«, entgegnete Di Bernardo mühsam beherrscht.

»Dann war es wohl das Meer, Commissario. Das weite Meer.«

29

Gegen 21 Uhr saß Di Bernardo noch immer allein in dem kahlen Besprechungszimmer und stierte auf seinen Laptop. Anna Cantoni hatte vor einer halben Stunde den Einsatzplan für den morgigen Tag gesendet, den er ausgearbeitet hatte. Nicht, dass er sich groß etwas davon versprach. Er streckte die Beine von sich und gestattete sich ein Seufzen.

Sie steckten fest.

Sein Team hatte effizient gearbeitet. Alle Punkte, die er ihnen am Morgen aufgetragen hatte, waren erledigt.

Laura Maffia war seit zwei Wochen in einem Sanatorium in der Schweiz. Sie konnte allein keine zwei Schritte tun, ohne dass ihre Privatschwester hinter ihr herlief. Maestro Emme gastierte diese Woche in Japan. Zwar hatte er Montag und Dienstag keine Konzerte gehabt, aber wegen der Zeitverschiebung wäre es unmöglich gewesen, mal rasch nach Rom zu fliegen, Giordano umzubringen und wenig später in Osaka den Taktstock zu schwingen.

Auch der Musikkritiker entpuppte sich als Sackgasse. Sein Kollege aus dem Ressort Klassik war eine halbe Stunde vor Arabellas Konzert an einer Lebensmittelvergiftung erkrankt; er war auf den letzten Drücker für ihn eingesprungen. Das Konzert hatte ihm nicht besonders gefallen, was auch in der Kritik zum Ausdruck kam, vor allem aber daran liegen mochte, dass er »wegen des Gegeiges« den geplanten *biliardo*-Abend mit seinen Freunden inklusive Abstecher zu seiner Geliebten verpasst hatte.

Bellamy hatte in der Accademia geprobt. Und was Adamová anging, so hatte Campresi herausgefunden, dass Cornelia Giordano ihr einen zinslosen Kredit von fünftausend Euro für ihre Eltern daheim in Tschechien versprochen hatte, deren Hausdach in dem strengen Winter undicht geworden war. Die Sekretärin hatte noch immer keine Ahnung von der Erbschaft und wirkte besorgt, zumal sie Vincenzo nicht um Geld bitten wollte. Di Bernardo wusste nicht, ob es sich um eine nette Geste der Agentin gehandelt oder lediglich dazu gedient hatte, sich Marinas Loyalität zu erkaufen. Boris, da war er sich sicher, hätte auf Letzteres gewettet.

Campresi hatte außerdem den Eindruck gewonnen, dass Marina auf den Vorzeigesohn der Agentin stand. Da gab es ein Selfie mit Vincenzo bei einem privaten Abendessen in *Il Caminetto*, auf dem Marina so stark geschminkt war, als ginge sie – nach Campresis Worten – auf den Prager Straßenstrich, während Vincenzo gezwungen gelächelt hatte. Marina hatte erzählt, er habe leider schon früh wegen einer beruflichen Sache aufbrechen müssen, und es sei bei diesem einen Essen geblieben. Bisher.

Giordanos Mails auf dem Computer in der Agentur drehten sich mit Ausnahme von Terminen bei der Schneiderin, der Kosmetikerin und der Friseurin ausnahmslos ums Geschäft. Riccardo Magno war dabei, die gelöschte Konversation durchzugehen – bisher ohne neue Erkenntnisse. Die private Mailadresse hatte sie so gut wie nicht genutzt; sie war zugespamt mit Werbung aller möglichen Designer, Schmucklabels und was sich die Giordanos dieser Welt sonst noch so gönnten.

Und was blieb?

Morgen würden seine Leute Nicola Zanoli, den glücklosen Pianisten, sowie den verstummten Sänger Mauro Roche unter die Lupe nehmen. Bei ihrem Glück war der eine in Grönland, und der andere tingelte durch Argentinien – oder so ähnlich. Schneiderin, Kosmetikerin und Friseurin hatte er Giorgia aufgehalst, in der Hoffnung, dass Frauen unter sich mehr Privates preisgaben. Außerdem standen ihnen Stunden über Stunden bevor, in denen die Kontobewegungen gesichtet werden mussten. Und sämtliche Angehörige des Giordano-Managements mussten befragt werden. Alles in allem klang es nach einem ebenso arbeitsreichen wie ergebnislosen Tag.

Es war zum Haareraufen.

Und Boris? Di Bernardo hatte ihn nach seinem provozierenden Abgang nicht aufgehalten, und wenigstens das hatte er richtig gemacht. Zehn Minuten später hatte er eine SMS von Boris bekommen mit der Telefonnummer einer Bar. Dort hatte Boris nach Aussage des Wirts mit seiner Jazz-Band Klarinette gespielt. Die Bar hatte eine Überwachungskamera. Er hatte die Aufnahmen angefordert, auch wenn er befürchtete, dass es zwecklos war. Ein Anruf bei Alitalia hatte ihm allerdings bestätigt, dass Boris bereits am Morgen zuvor aus Catania zurückgeflogen war. Dann war er womöglich doch derjenige gewesen, der sich hinter dem Fenster von Malini in Tor Bella Monaca verborgen hatte. Was nichts daran änderte, dass er zur Tatzeit offenbar ein Alibi hatte.

Es blieb noch die Möglichkeit, dass Boris einen professionellen Killer angeheuert hatte. Aber galt das nicht für alle, die sie heute befragt hatten, von Laura Maffia über Fabrizio Emme bis hin zu Boris? Di Bernardo glaubte nicht daran, und er neigte dazu, seinem Instinkt zu vertrauen. Der ihm nach wie vor sagte, dass er etwas übersah.

Zu allem Überfluss war Borghese direkt nach Boris' Abgang in sein Büro gekommen und hatte einen mündlichen Bericht gefordert. Mit jedem Wort hatte sich mehr Genugtuung auf seinem Gesicht abgezeichnet, bis er sein feistes Grinsen nicht mehr hatte verbergen können. Dann hatte er ihm einen selbstgefälligen Vortrag gehalten, der allerlei unchristliche Gefühle in Di Bernardo wachgerufen hatte. Giorgia hatte den Questore unter einem Vorwand gerade noch rechtzeitig aus dem Zimmer gelotst und so einen Wutausbruch oder gar Schlimmeres verhindert. Giorgia, immer so vorausschauend und feinfühlig. Pah!

Di Bernardo zerrte die Krawatte von seinem Hals. Genug der Sentimentalitäten. Für heute hatte er die Nase voll. Von allen. Giorgia hatte ihre Chance gehabt und ihn mit Füßen getreten! Er hasste sich plötzlich selbst dafür, dass er ihr hinterherwieselte, als sei ihre Trennung allein seine Schuld gewesen. Sie beide konnten Freunde sein, ja, warum nicht. Aber mehr – nein danke. Sie würde ihn sowieso wieder fallen lassen. Wer wäre der Nächste? Del Pino mit seinen provozierend engen Hosen und dem lasziven Kaugummikauen? Oder Riccardo Magno? Einer aus Granatas Team?

Di Bernardo schlug die Hände auf den Tisch und stand auf. Er machte sich ja lächerlich! Lächerlich vor sich selbst. Nach seiner dynamischen Morgenansprache war alles schiefgegangen. Die ganzen schönen Theorien waren in sich zusammengestürzt wie ein Kartenhaus. Seine Frustration war grenzenlos.

Als er in sein dunkles Büro trat, fiel sein Blick auf die Fensterscheibe. Licht von der Straßenlaterne draußen zeichnete ein Muster darauf. Er schaltete das Deckenlicht ein, es blendete ihn und fraß sich in seine Gedanken. Womöglich war es ja doch ein Fehler gewesen, nach Rom und nicht zurück nach Kalabrien zu gehen. In Rom spielte immer auch die Politik eine Rolle. Die Politik und das Geld.

In Kalabrien hatte Gewalt seinen Alltag bestimmt. Wenn er ehrlich war, hatte er sich nie an all die blutigen Familienfehden gewöhnen können, geschweige denn an die unter seinem Auto deponierten Sprengsätze. Er war eben keiner, der abstumpfte.

Die Ehrenmorde hatten in den letzten Jahren noch zugenommen – brutale Gewalt, die in der kulturellen Tradition verankert war und das Leben von Frauen und Mädchen bedrohte. Und nicht immer war es offensichtlich gewesen, wer der Täter war. Dank seiner Hartnäckigkeit und seiner Intuition war es ihm gelungen, etliche Fälle aufzuklären. Zwei jedoch blieben ungelöst. Er erinnerte sich an jedes Detail. An die Morde selbst. An die Verwandten der Opfer, die er enttäuscht hatte. An ihre leeren Blicke, als auch noch ihre Hoffnung auf Gerechtigkeit starb.

Die Gewissheit, versagt zu haben, schmeckte bitter, auch nach Jahren. Immer wieder hatte er sich die Frage nach dem Warum gestellt. Warum die Tat geschehen war. Warum er so kläglich gescheitert war. Gegen seinen Willen drängte sich der Anblick Camillas in seine Gedanken. Sie hatten ihr die Kehle aufgeschnitten. Sie – der Abschaum Italiens, die 'Ndrangheta. Dabei war es ihnen nicht im Geringsten um Camilla gegangen. Sie hatten ihn damit treffen wollen. Und sie hatten Erfolg gehabt. Bis ins Mark hatten sie ihn getroffen. Ins Mark und ins Herz.

30

Es ist wie ein Schlag ins Gesicht. Ich habe es getan, und was kommt dabei heraus? Ein armseliger Dreizeiler im *Corriere della Sera*. Drei lächerliche Zeilen!

Es ist unakzeptabel, und mein Ärger eskaliert zu Recht. Für wen hält man mich eigentlich? Die Kette der Demütigungen will nicht abreißen.

Obwohl ... vielleicht ist es ja diesmal auch ein bisschen meine Schuld. Um die verdiente Beachtung zu finden, muss man eben etwas Besonderes zustande bringen.

Der Mord an Cornelia sollte einzigartig sein. So einzigartig wie meine Gefühle ihr gegenüber.

Der zweite Mord aber ist wie ein Schandfleck, er besudelt die Erinnerung an den ersten. Ich hätte es nicht tun dürfen. Doch ich konnte mich einfach nicht im Zaum halten.

Was jetzt?

Ich kann aufhören. Kann ganz normal weiterleben. Auch wenn eine Stimme in meinem Kopf höhnt und das Gegenteil behauptet.

Oder ...

Oder ich plane das große Finale.

Die Lust, den Commissario sterben zu sehen, ist erloschen. Ein anderes Gesicht drängt sich mir auf.

Der Gedanke fesselt mich. Ihr Leben beenden, einfach so. Weil ich es kann. Wie ich es kann.

Und schon fließen die Ideen. Und mit ihnen kommt die Lust zurück, das Messer in einem Körper zu versenken. Einmal noch

Herr über Leben und Tod sein. Und dann mein Leben lang davon zehren.

31

Eine eigentümliche Tristesse lag über der Stadt und ließ Risse und Löcher im Putz der historischen Fassaden wie Narben hervortreten. Es war, als wehte sechs Wochen später immer noch der Geist der »Natale triste«, der traurigen Weihnachten, über die römischen Piazzas: die blasse Beleuchtung um die Fontana di Trevi, die ungewöhnlich leere Piazza Navona, wo die traditionellen Weihnachtsstände wegen der Sicherheitsvorkehrungen in diesem Jahr erst wenige Tage vor dem Fest geöffnet worden waren, und schließlich der *spelacchio*, der magere, abgezehrte Weihnachtsbaum vor dem Altare della Patria, der übermäßig teuer gewesen war und noch immer für Spott sorgte. »Das haben wir nicht verdient«, hatte es von allen Seiten geheißen. Und die Leute hatten recht gehabt.

Di Bernardo parkte seinen Alfa Romeo vor der Questura, während die ersten Blitze von einem nahenden Gewitter kündeten. Gerade als er aus dem Auto stieg, setzte der Donner ein.

Auf dem Gang lief ihm Commissario Sergio Granata über den Weg.

»*Buongiorno*, Dionisio«, grüßte sein Kollege und lächelte. »Bei Ihnen auch alles so düster?«

Di Bernardo nickte in Richtung Fenster. »Meinen Sie das Wetter da draußen oder den aktuellen Fall?«

»Beides!«, sagte Granata lachend.

Wegen seiner unerschütterlich guten Laune war der Commissario bei den meisten sehr beliebt. Di Bernardo schätzte an ihm besonders die Offenheit – eine Eigenschaft, die vielen in der Hauptstadt abhandenkam. Wie er selbst stammte Granata aus Apulien; der leicht schleppende Akzent seiner Heimat war bei seinem Kollegen unverkennbar. Di Bernardo hatte ihn in Kalabrien abgelegt, wie so manches andere auch.

»Sackgassen über Sackgassen und keinerlei Spuren«, sagte er nun freimütig. »Bei Ihnen auch?«

»Sackgassen über Sackgassen und vielerlei Spuren. Von all den Freiern«, erwiderte Granata frustriert.

»Und wir haben Ihnen auch noch die Spurensicherung weggenommen ... Es tut mir leid, Sergio.« Dass Borghese den Prostituiertenmord als Nebensache abtat, war seinem Kollegen gegenüber wirklich nicht fair.

»Na, da können Sie ja nichts dafür. Anordnung vom Questore höchst selbst. Schade nur, dass Dottor Ricci in Urlaub ist. Ich habe noch nicht mal den Obduktionsbericht.«

»Wie ist die Frau denn gestorben?«, fragte Di Bernardo.

»Man hat ihr die Kehle aufgeschlitzt.«

»Was sagen Sie da? Ein Kehlschnitt?«

»Ja, sie ist verblutet. Immerhin ging es schnell.«

Di Bernardos Gedanken rasten. »War es ein glatter Schnitt?«

»Nein, ein ziemliches Gesäbel, schrecklich. Warum? Gibt es irgendwelche Ähnlichkeiten zu Ihrem Fall?«

»Hm, offenbar nicht. Der Schnitt durch Cornelia Giordanos Kehle war auffallend präzise. Hat Ihr Opfer sonst noch Verletzungen?«

»Wenn ich das wüsste. Am Hals waren Würgemale zu sehen – ob vom Mörder oder einem ihrer Freier, weiß noch keiner. Wie gesagt, ist Dottor Ricci nicht da, und seine Vertretung ...« Granata verdrehte die Augen.

»Dottor Ferrani?«

»Genau der.«

»Dann lohnt es sich, selbst Urlaub zu machen und auf Ricci zu warten«, sagte Di Bernardo trocken.

Sergio Granata grinste breit. »In Bari scheint gerade die Sonne, behauptet meine Mutter.«

»Bari! Und dann bis runter nach Santa Maria di Leuca, dort am Strand sitzen und einen Fiano trinken ...«

Sergio schlug ihm auf die Schulter. »Das wär's. Ich muss dann mal loslegen, Dionisio.«

»Dito. Und wenn ich irgendwas wiedergutmachen kann wegen des Teams ...«

»Wiedergutmachen, ja klar! Am Sonntag spielt Juve, haha. Vielleicht kriegen Sie ja noch Karten, und wir schauen uns AS Romas Untergang Teil zwei an.«

»Ich sehe mal, was ich tun kann«, versprach Di Bernardo leise lachend und wandte sich zum Gehen.

In seinem Büro setzte er als Erstes die Kaffeemaschine in Gang.

Wie aufs Stichwort erschien Del Pino. »Ah, Kaffee, gut. Schon einen Plan für heute?«, fragte er.

Zum Friseur gehen, lag es Di Bernardo auf der Zunge. Er reichte seinem Kollegen einen Espresso und musterte ihn. Del Pinos Haar stand in alle Richtungen ab. Ein normaler Kamm würde da nicht mehr reichen. Ihm fiel das Gerät ein, mit dem Giorgia immer ihren Hund entfilzt hatte. Vielleicht sollten sie ja bei einem Zoogeschäft vorbeifahren.

»Verlegen wir unser Büro ins Sant'Eustachio, bevor Borghese mir die gute Laune verdirbt«, schlug er vor.

Del Pinos Augen fingen an zu glänzen. »Prima Idee, Commissario. Ich kämme mir nur schnell die Haare, so will ich dort nicht aufkreuzen. Bin gleich wieder da.«

Di Bernardo blieb vor Überraschung der Mund offen stehen. Manche Probleme lösten sich von selbst! Wenn es mit ihrem Fall doch auch nur so einfach wäre.

An diesem Morgen war das begehrte Café Sant'Eustachio ziemlich voll. Sie bezahlten das Frühstück an der Kasse vorab und mussten anschließend am Tresen lange mit ihren Quittungen wedeln, bis der gestresste Barista auf sie aufmerksam wurde. Die Ordnung beim Schlangestehen nahm man in Rom genauso wenig ernst wie in Kalabrien. Auch heute beobachtete Di Bernardo, wie zwei junge Männer in Gucci-Jeans und schicken Sakkos die Ellbogen ausfuhren und sich ihren Weg zur Theke bahnten, um sich den Kaffee zu schnappen, der eigentlich Del Pino und ihm gehörte. Del Pino schickte den beiden einen Fluch hinterher und stemmte dann die Arme auf den Tresen, wie um sein Revier zu verteidigen.

Endlich standen sie vor ihrem Spezialfrühstück an der Bar und stärkten sich für den Tag.

»Was haben wir heute vor?«, fragte Del Pino und tupfte sich etwas Eigelb vom Mundwinkel.

Di Bernardo beobachtete, wie der Blick seines Ispettore über die Theke wanderte und am letzten Tramezzino hängen blieb. Er widerstand der Versuchung, rasch danach zu greifen, und blickte stattdessen in sein aufgeschlagenes Notizbuch. »Arabella, Vincenzo, Bellamy. Adamová. Und dann sollten wir noch mal mit Federica sprechen. Sie ist die Hellste von allen.«

»Was ist mit Boris?«

»Was halten Sie von ihm?«

»Hm. Boris.« Del Pino lud sich den Teller voll und legte schützend die Hände davor. »Ich bin mir sicher, er hat uns was vorgespielt.« Schnell griff er nach einem kleinen Tramezzino und biss hinein.

Di Bernardo schüttelte unmerklich den Kopf. Wie er wusste, stammte Del Pino aus einer kinderreichen Familie. Er konnte sich problemlos ausmalen, wie es dort früher beim Essen zugegangen sein musste. »Futterneid« nannte man das wohl.

»Wie bitte?«, fragte Del Pino irritiert.

Di Bernardo räusperte sich. »Nichts, nichts«, sagte er peinlich berührt. Offenbar hatte er seinen Gedanken laut ausgesprochen.

»Also, wo war ich gerade«, fuhr Del Pino mit vollem Mund fort. »Er hat uns vorgespielt, dass er nicht trauert. Aber das kaufe ich ihm nicht ab.«

»Weil Sie es sich nicht vorstellen können, dass jemand derart kaltschnäuzig auf einen Mord an seiner Mutter reagiert?«

»Weil er sich so große Mühe gegeben hat, uns davon zu überzeugen, dass die Leute seine Mutter gehasst haben. Dass einer von denen der Mörder sein muss.«

»Und das glauben Sie nicht?«

»Es geht nicht darum, was ich glaube. Es geht darum, was *er* glaubt. Oder weiß. Und was er deshalb will, dass wir es glauben.«

Das war ein komplizierter Gedankengang für Del Pino. Aber es war etwas dran.

»Sie meinen, Boris könnte etwas wissen oder jemanden verdächtigen, und er will uns auf eine falsche Fährte locken?«

»Möglich.« Del Pino schob sich eine ganze Mini-Brioche auf einmal in den Mund und sah selbstgefällig drein.

Di Bernardo unterdrückte ein Gähnen. Er ahnte, worauf das Ganze hinauslief. »Und wen würde Boris verdächtigen?«, fragte er, obwohl er die Antwort längst kannte.

»Arabella natürlich.«

Der Commissario seufzte. »Wir fahren gleich zu ihr ins Krankenhaus. Dort können Sie sie vernehmen, falls sie sich erinnert. Aber jetzt noch mal zurück zu Boris. Was bringt Sie auf den Gedanken, dass er es nicht ernst meinte?«

»Er klang zu künstlich. Und er hat gelogen, was den Kontakt zu seiner Mutter anging.« Del Pino wischte sich nachlässig die fettglänzenden Finger an einer Serviette ab. »Ich war gestern noch bei Riccardo und habe die Mails von Boris und seiner

Mutter durchgesehen. Die beiden müssen öfter telefoniert haben. Der Text allein ergibt nämlich keinen Sinn. Er bezieht sich immer wieder auf Dinge, die nicht schriftlich besprochen wurden. Es sei denn, sie hat etwas gelöscht, aber da ist Riccardo dran.« Nun strich Del Pino Salsa Verde auf ein Crostini.

Di Bernardo war so fasziniert von den Mengen, die sein Kollege in sich hineinstopfte, dass er darüber fast sein eigenes Frühstück vergaß. »Sie glauben also, Cornelia hat öfter mit Boris telefoniert oder ihn privat getroffen …« Del Pinos Überlegungen trafen vermutlich ins Schwarze. Auch er hatte es Boris nicht abgenommen, dass er keinen Kontakt zu seiner Mutter gehabt hatte, wobei er sein vages Gefühl nicht wirklich belegen konnte. Bis auf diese eine Sache … »Mir kam es auch seltsam vor, dass sie ihn gebeten haben soll, etwas aus ihrem Haus zu holen. Ich meine, in so einem Fall würde ich doch nicht jemanden anrufen, mit dem ich kaum Kontakt habe. Sie hätte Adamová oder einen Boten beauftragen können.«

»Genau.«

»Und dann diese Bemerkung: ›Es musste früher oder später geschehen.‹ Was halten Sie davon?«

»Na ja, damit hat er uns suggeriert, dass sie Feinde hatte. Was ja auch stimmt.«

Di Bernardo rührte nachdenklich in seinem Cappuccino. »Boris ist schwer einzuschätzen«, meinte er. »Einerseits eine schillernde Persönlichkeit, klug, ein wenig lustlos. Andererseits hart gegen sich selbst und andere. Ich bin mir sicher, dass er es trotz des Reichtums und der damit einhergehenden Chancen nicht einfach hatte.«

»Ja, wie so viele. Aber er beschuldigt seine Mutter und zeigt damit Verständnis für den Mörder. Das ist schon krass. Wobei er seine Mutter als Sündenbock für sein eigenes verkorkstes Leben hernimmt und seine kriminellen Delikte runterspielt. Das ist derselbe Ansatz. Und als Drogendealer kann er mal ganz still sein. Da ist er auch kein besserer Mensch als sie.«

Typisch Del Pino, dachte Di Bernardo anerkennend, zwischen zwei Bissen Crostini ließ er solche Weisheiten vom Stapel. »Als Dealer bereichert er sich an anderen, die von ihm abhängig sind«, überlegte er. »Dass sie an seinen Machenschaften zugrunde gehen, kümmert ihn nicht, solange er seinen Profit macht. Da sind in der Tat einige Parallelen.«

»Und deshalb braucht er sich auch nicht so aufzuspielen. In Wirklichkeit, das wette ich, ist er sauer auf sich selbst, dass er es nicht mit ihr aufnehmen konnte. Er hat doch selbst gesagt, dass er sich ihr gegenüber nicht durchsetzen konnte, was seine Karriere als Musiker anging. Er hätte sein eigenes Ding machen können. Es gibt schließlich noch andere Agenten. Musiker, die nicht bei Giordano unter Vertrag sind.«

»Das sind alles Ausreden. Er war nicht zielstrebig genug. Hatte zu viele Ideen und hat dann nichts richtig durchgezogen«, ergänzte Di Bernardo und verdrängte den Gedanken an Alberto. Sein Sohn würde seinen Weg finden und ihn gehen. Basta. »Bis er uns sein Alibi präsentierte, war er für mich unser Verdächtiger Nummer eins. Der mit dem stärksten Motiv. Demütigung schafft Rachegefühle. Darüber hinaus ist er enttäuscht wegen seines eigenen verkorksten Lebens.« Hier der eigene Abgrund, dort die übermächtige Mutter, die erfolgreiche Cousine, der angesehene Bruder. Und auch wenn die Mutter-Sohn-Beziehung längst zerbrochen war, hatten die Scherben durch Zorn und Eifersucht zusammengehalten werden können. Ob Boris Cornelia die Schuld dafür gab, ohne Vater aufgewachsen zu sein? Ob er genug davon hatte, mit anzusehen, wie Vincenzo und Arabella ständig bevorzugt wurden?

»Ich frage mich, wer von den beiden wieder Kontakt aufgenommen hat, nachdem Boris aus dem Knast kam. Er oder seine

Mutter«, überlegte Del Pino. »Wer von wem etwas wollte und warum.«

»Und *was* er wollte …« Elsa Ortalli mochte mehr dazu wissen. »Doch ich fürchte, es lohnt nicht, da tiefer einzusteigen. Er hat ein Alibi.«

»Wie lange hat er denn gespielt? In der Bar in Agrigento?«, fragte Del Pino.

»Der Wirt sagte, die Veranstaltung hätte um 17 Uhr begonnen. Betriebsfeier mit geschlossener Gesellschaft.«

»Vielleicht war ja ein CEO mit Privatjet dabei, den er mal kurz an Boris verliehen hat?« Del Pino zog sein Handy hervor. »In Comisio ist ein Militärflugplatz.« Er tippte etwas ein und hielt Di Bernardo stirnrunzelnd die Karte hin. »Bis dahin braucht er rund zwei Stunden mit dem Auto. Das wird zu knapp.«

»In Ragusa müsste noch einer sein, für Leichtflugzeuge. Giubiliana. Aber auch das ist zu weit.«

»Und ein Helikopter?«

Di Bernardo schüttelte den Kopf. »Das wäre doch alles zu auffällig gewesen. Man schleicht sich nicht von einer Betriebsfeier, auf der man Klarinette spielt, und nimmt dann einen Hubschrauber, um heimlich nach Rom zu fliegen, um die Mutter rasch umzubringen, die gerade auf ihr Sandwich wartet. Nein.«

Del Pino lachte. »Nee, das nicht.«

Di Bernardo nippte an seinem Cappuccino, er war längst kalt. »Aber wer weiß, ob er wirklich die ganze Zeit da war. Sie haben recht, wir sollten die Aufnahmen von der Überwachungskamera abwarten, bevor wir ihn von der Liste der Verdächtigen streichen.«

»So oder so sollten wir nicht vergessen, dass er was weiß und jemanden decken will.«

»Dass wir *vermuten*, er könnte jemanden decken wollen, Roberto«, korrigierte Di Bernardo nachdrücklich.

Del Pino zuckte die Schultern, trank seinen frisch gepressten Orangensaft in einem Zug leer und unterdrückte einen Rülpser. »Ich wäre dann erst mal satt. Meinetwegen können wir los.« Er zog sein Portemonnaie hervor.

»Fahren wir ins Krankenhaus.« Di Bernardo sah sich nach dem Barmann um. »Ich lade Sie ein.«

32

Di Bernardo und Del Pino nahmen den Aufzug hinauf in den fünften Stock; Arabella Giordano war auf eine Privatstation verlegt worden, auf der besser für ihre Sicherheit garantiert werden konnte.

Nahezu lautlos glitt die Tür des Aufzugs auf. Di Bernardo und Del Pino waren kaum drei Schritte gegangen, als sie Stimmen hörten. Es waren unverkennbar Vincenzo Giordano und Boris Tinelli.

Der Commissario machte Del Pino ein Zeichen zu warten und spitzte die Ohren.

»... den Mord schnell aufklären«, sagte Vincenzo gerade. »Die Agentur leidet enorm unter der Situation.«

»Das ist dir natürlich mal wieder am wichtigsten. Wichtiger als Arabella.«

»Was soll das? Du weißt genau, wie nah Arabella und ich uns stehen. Und überhaupt, seit wann interessierst du dich für unsere Familie?«

»Immerhin kann man von mir nicht behaupten, dass mich bloß das Erbe interessiert. Ich hab dich schon immer durchschaut, schon damals, als ich noch zu Hause gewohnt habe. Du bist ja kaum von Mutters Seite gewichen. Hast dich angebiedert und zu allem Ja und Amen gesagt, egal, was sie tat.«

»Ich war ihre rechte Hand in der Agentur, während du dich jahrelang nicht um sie gekümmert hast.«

»Vielleicht hab ich sie ja öfter gesehen, als du denkst.«

Di Bernardo warf Del Pino einen anerkennenden Blick zu. Da hatte sein Ispettore den richtigen Riecher gehabt.

»Was willst du damit sagen?«, hakte Vincenzo nach.

»Nur, dass du nicht alles weißt, was Mutter und mich angeht.«

»Ha! Und du meinst, sie hätte dir je vertraut? Du hast unseren Namen schon einmal in den Dreck gezogen.«

»*Unseren* Namen? Ich heiße Tinelli. Nach meinem Vater. Er hatte todsicher seine Gründe, damals zu gehen.«

»Andrea Tinelli hat Mutter betrogen und bestohlen. Wie es aussieht, kommst du ganz nach ihm.«

Halb erwartete Di Bernardo, dass Boris zuschlug. Doch dann zerriss sein herablassendes Lachen die eingetretene Stille. »Wie du meinst, Bruderherz, wie du meinst. Aber tu mir einen Gefallen. Hör auf, Arabella zu stressen.«

»Ich? Arabella stressen?«

»Denk doch mal nach. So ein Gedächtnisverlust kann auch ein Schutz sein, um sich nicht erinnern zu müssen.«

»Hab ich's doch gesagt«, flüsterte Del Pino in Di Bernardos Richtung. Der verdrehte nur die Augen und legte einen Finger an die Lippen.

»Du meinst, sie täuscht das Ganze nur vor?«, fragte Vincenzo.

»So oder so, im Augenblick können wir nichts Genaues aus ihr herausbekommen.«

»Was willst du damit sagen?«, zischte Vincenzo nun leiser, sodass Di Bernardo Mühe hatte, etwas zu verstehen. »Was können wir nicht herausbekommen?«

»Das, was sie vergessen hat.«

»Bist du jetzt unter die Psychologen gegangen oder was?«

»Ist das eine Anspielung darauf, dass ich wegen meiner Sucht in Therapie war?«

Vincenzo schnaubte. »Hat ja nicht viel gebracht. Werde erst mal deine lächerliche Phobie los.« Seine Stimme troff vor Herablassung. »Wäre es nicht langsam mal an der Zeit, wieder mit dem Aufzug zu fahren?«

Zwei Atemzüge lang war es still. Dann hörte Di Bernardo, wie etwas gegen die Wand klatschte, und Boris kam um die Ecke gestürmt. Verstört blickte er kurz vom Commissario zu Del Pino, dann lief er mit weit ausholenden Schritten zur Stationstür in Richtung Treppenhaus.

Di Bernardo wartete noch einen Moment, dann straffte er sich, nickte Del Pino zu und ging um die Ecke.

Vincenzo zog eine Augenbraue hoch, als er ihn sah. »Ah, Commisssario«, sagte er und warf eine mit Kaffee getränkte Serviette in den Müll. Offenbar war er gerade dabei, Boris' Hinterlassenschaften wegzuwischen.

Vincenzo ließ sich durch Di Bernardos Anwesenheit nicht beirren. Nachdem er den Becher aufgehoben und weggeworfen hatte, wischte er ein paar Spritzer von seiner schwarzen Armani-Hose und richtete sich wieder auf. »Ich muss mich entschuldigen ... Ich habe mich gestern nicht mehr bei Ihnen gemeldet wegen der Namen. Passt es Ihnen jetzt, oder soll ich nachher zu Ihnen in die Questura kommen?«

»Wenn es Ihnen nichts ausmacht, Signor Giordano ... Bei mir im Büro sind wir ungestörter als hier«, sagte Di Bernardo mit Blick auf eine Krankenschwester, die soeben an ihnen vorbeieilte.

»Gegen vierzehn Uhr?«

»Gern.«

»Ich war seit heute früh bei Arabella ... sie wirkt ziemlich müde. Hoffentlich wird es ihr nicht zu viel, wenn Sie sie jetzt befragen.«

»Ich wollte nur kurz nach ihr sehen«, log Di Bernardo und blickte sich auf dem Gang um. »Ich frage mich, wo der Polizist ist, den wir zu ihrem Schutz abbestellt haben.«

»Ich habe ihn vorhin, als mein Bruder kam, in die Kantine geschickt, damit er mal eine Pause machen kann. Ich wollte ihm gerade Bescheid geben, aber jetzt sind Sie ja hier. Denken Sie denn, Arabella ist noch immer in Gefahr? Haben Sie irgendeine Spur?«

»Lassen Sie uns am Nachmittag über alles reden, Signor Giordano. Und wenn Sie selbst Schutz benötigen ... Bitte zögern Sie nicht, es mir zu sagen.«

»Ich weiß nicht. Vielleicht bin ich ja unvorsichtig, aber ich glaube einfach nicht, dass man mich im Visier hat. Wir Künstler verlassen uns meist auf unser Gespür.«

»Wir Kriminalbeamten auch«, sagte Di Bernardo und lächelte.

Mit einem Nicken wandte sich Vincenzo zum Gehen.

»Umgänglicher als Boris ist er ja«, sagte Del Pino. »Umgänglich, aber aalglatt.«

»So wird man wohl in dem Business«, meinte Di Bernardo. Dann legte er die Hand auf die Klinke von Arabellas Zimmertür und drückte sie langsam herunter.

Arabella lag in ihrem Bett, das Gesicht so wachsbleich wie am Tag zuvor. Auf dem Tischchen neben ihr stand ein riesiger Strauß roter Rosen, der den schneewittchenhaften Eindruck noch verstärkte.

Angestrengt musterte sie Di Bernardo und Del Pino. »Haben wir uns schon mal gesehen?«, fragte sie.

»Ich bin Commissario Di Bernardo, und das ist mein Ispettore, Roberto Del Pino. Ich war gestern bei Ihnen ...«

Di Bernardo vermied es, sie an ihren Besuch am Dienstagabend zu erinnern. Er wusste nicht, ob Arabella der Tod ihrer Tante inzwischen bewusst war. Und darauf, ihr die Nachricht ein zweites Mal zu überbringen, brannte er wahrhaftig nicht.

»Ah, ja. Dionisio«, sagte sie mit einem Lächeln. »Setzen Sie sich doch, und Sie auch, Ispettore. Meine Cousins waren gerade hier.«

Der Commissario wählte den Stuhl links neben ihrem Bett, Del Pino nahm auf der anderen Seite Platz. So hatten sie sich gegenseitig im Blick.

»Das sind wunderschöne Rosen«, begann Di Bernardo. »Von Vincenzo?«

Arabella verzog das Gesicht. »Einhundert Ecuador-Rosen. Sie wurden in London bestellt. Von einem Mann, den ich angeblich liebe, an den ich mich aber nicht im Geringsten erinnern kann.« Sie hielt sich die Hand an den bandagierten Kopf. »Es ist schrecklich. Ich ... ich kenne keinen Pianisten mit dem Namen Adrian Müller.«

»Wer hat Ihnen von ihm erzählt?«

»Vincenzo. Diese Rosen – so wunderbar sie auch duften, für mich sind sie mehr wie ein stummer Vorwurf ... Ich will das nicht.«

»Niemand kann Sie zu etwas zwingen, Signorina«, sagte Di Bernardo eindringlich.

»Aber Vincenzo meint, ein Treffen mit Adrian könnte mir helfen, mich zu erinnern.«

»Wenn Sie unter Gedächtnisverlust leiden, dürfen Sie nichts forcieren, sondern müssen sich Zeit lassen.«

»Aber ich habe keine Zeit. Vincenzo sagt, wir geben in vier Wochen zusammen ein Konzert in Rom. In der *Sala Conservatorio di Santa Cecilia*. Vielleicht sollte ich es besser absagen. Aber Vincenzo ...« Sie zog ein Foto aus der Nachttischschublade und hielt es so, dass beide Männer es sehen konnten. Es zeigte Arabella mit einem blonden Mann am Klavier; er hatte einen Arm um ihre Taille gelegt. Beide lächelten glücklich in die Kamera. Di Bernardo war der Mann sofort unsympathisch.

»Was löst das Foto denn bei Ihnen aus?«, fragte er.

Arabella zuckte die Schultern. »Ehrlich gesagt, nicht das Geringste. Obwohl … das stimmt nicht ganz. Es macht mir Angst, weil es nichts in mir auslöst. Ich und dieser Mann? Ich wollte nie mehr mit einem Musiker zusammen sein. Auf keinen Fall. Wie ist das nur passiert? Es ist unheimlich, sich nicht an den Menschen zu erinnern, den man liebt. Wie unvorstellbar peinlich.« Sie versank in Schweigen.

»Ist dieser Mann da … Adrian Müller … Ist er auch bei der Agentur unter Vertrag?«, wollte Del Pino wissen.

Arabella löste sich aus ihrer Erstarrung. »Da müssen Sie Vincenzo fragen. Er meint übrigens, ich soll so bald wie möglich wieder spielen. Sonst würde er mich durch René Bellamy ersetzen, der wohl auch schon mit Adrian konzertiert hat.« Sie sah Di Bernardo aus ihren großen Augen an. »Aber Sie sind nicht wegen diesem Adrian hier. Es … es geht um meine Tante, nicht wahr?«

»Ja, Signorina Giordano. Um Sie und auch um Ihre Tante. Es tut mir sehr leid.«

»Ich kann es nicht fassen, dass sie nicht mehr lebt. Vincenzo hat es mir erzählt, weil ich mich auch daran nicht erinnert habe. Aber ich will nicht, dass sie tot ist. Wissen Sie, ich stelle mir die ganze Zeit vor, dass sie noch lebt. Ich sage mir, Cornelia ist mit ihren Künstlern auf Konzertreise gegangen und wird in einer Woche zurück sein. Wenn sie wieder da ist, werden wir zusammen lachen, essen gehen, das nächste Konzert planen … all das.«

»Sie müssen sich erst mal erholen«, sagte Di Bernardo. »Wieder zu Kräften kommen.«

»Aber ich will das nicht. Ich will nicht in einer Welt leben, in der so etwas Schreckliches passiert!«

»Wie muss man sich denn so einen Gedächtnisverlust vorstellen?«, fragte Del Pino und lehnte sich ein wenig vor. »Sie können sich an vieles wieder erinnern, aber nicht an alles?«

»Genau. Erst war alles schwarz. Dann kam mehr und mehr zurück. Und jetzt ... Es gibt Stunden, Tage, Menschen – die sind einfach weg.« Hilflos blickte sie von Di Bernardo zu Del Pino. »Es ist so, wie wenn man bei einem Film einschläft und dann irgendwann aufwacht und nicht versteht, was auf der Leinwand passiert. Alle reden von Dingen, die man kennen müsste, an die man jedoch keine Erinnerung hat.«

Del Pino nickte. »Aber Ihr Gedächtnis kehrt ja immer mehr zurück.«

»Schon, doch es gibt diese blinden Flecken. Sie sind wie ... schwarze Löcher. Ich habe Angst davor.«

»Angst vor dem, woran Sie sich erinnern könnten?«, fragte Del Pino lauernd.

»Ja«, sagte Arabella und zog die Decke enger um sich.

»Eine Amnesie kommt nicht von allein. Es muss einen Auslöser dafür gegeben haben.«

»Einen Aufprall. Oder einen Schlag auf den Kopf«, warf Di Bernardo ein.

»Oder etwas, das so schlimm ist, dass Sie es ausblenden müssen«, drängte Del Pino.

»Vincenzo ist wütend auf mich«, sagte Arabella.

»Das glaube ich nicht«, erwiderte Di Bernardo. »Er ist in großer Sorge um Sie.«

»Das schon. Aber ich bin die Letzte aus der Familie, die Cornelia gesehen hat. Lebend gesehen hat. Er hat wohl gehofft, ich hätte etwas gesehen. Jemanden gesehen. Und jetzt ist er wütend, weil ich nichts dazu sagen kann. Und weil ich mit meiner Tante gestritten habe. Aber davon weiß ich auch nichts!«

»Wissen Sie wirklich gar nichts mehr?«, hakte Del Pino nach.

»Was Sie vorher an dem Abend gemacht haben? Sie haben uns erzählt, Sie hätten *Don Matteo* gesehen ...«

»Warten Sie ... *Don Matteo* ... *Don Matteo* ...« Arabella zog die Brauen zusammen. »Ja, das stimmt, ich war zu Hause und habe ferngesehen. Es war die Folge, wo ein alter Mann hinter Don Matteos Kirche gefunden wurde. Ihm war die Kehle aufgeschlitzt worden.« Erschrocken blickte sie auf.

»Und dann haben Sie beschlossen, in die Agentur zu gehen und Ihre Tante unter Druck zu setzen«, sagte Del Pino. »Sie haben ein Messer eingesteckt, um Ihren Worten etwas mehr Gewicht verleihen zu können. Es kam zum Streit. Ihre Tante hat sich Ihnen widersetzt, hat Ihre Forderungen abgeschmettert. Sie sind wütend abgerauscht, doch dann haben Sie sich an das Messer in Ihrer Tasche erinnert. Sie haben sich vor dem Haus versteckt. Und als Marina Adamová die Agentur verließ, sind Sie zurückgekehrt und haben Ihre Tante bedroht. Sie haben ihr das Messer an die Kehle ...«

»Nein!«, schrie Arabella gellend.

Di Bernardo warf Del Pino einen scharfen Blick zu. Sein Ispettore war zu weit gegangen.

Arabella liefen Tränen über die Wangen. Di Bernardo reichte ihr ein Taschentuch. »Glauben Sie das wirklich?«, fragte sie erschüttert.

»Wir wissen es nicht«, sagte Del Pino und zuckte die Schultern. »Wissen Sie es?«

Arabella barg das Gesicht in den Händen. »Wenn es so war, dann will ich nicht mehr leben«, sagte sie dumpf. »Vincenzo meinte, ich hätte mit Cornelia gestritten, weil ich eine bessere Geige wollte. Aber selbst eine Stradivari ist doch nichts gegen das Leben eines Menschen, den man lieb hat.« Nun begann sie bitterlich zu weinen.

»Signorina Giordano, bitte beruhigen Sie sich. Wir wissen nicht, was in der Nacht geschehen ist. Im Augenblick ist jeder für uns verdächtig, der mit Ihrer Tante einen Streit hatte. Deshalb sind wir auf Ihre Erinnerungen angewiesen. Wir müssen wissen, wie ihr Verhältnis zu Bellamy war, zu Boris ...«

»Boris«, wiederholte sie, straffte sich ein wenig und wischte die Tränen weg. »Ich habe ihn so vermisst. Ich kann es nicht leiden, dass er dauernd verschwindet. Dann weiß ich nie, wie viel Zeit bis zum nächsten Wiedersehen vergehen wird.«

»Und Ihre Tante? Ihr Verhältnis zu Boris war angespannt, vermuten wir ...«

»Cornelia ... sie war böse auf ihn. Aber sie hat ihn trotz allem vermisst. Sie hat sich gewünscht, dass sie sich wieder besser verstehen. Und sie hat sich Sorgen gemacht, weil er keine Arbeit hatte. Sie sagte, sie hätte ... hätte ...«

»Signorina Giordano! Sie müssen sich ausruhen!«

Di Bernardo, der gebannt an Arabellas Lippen gehangen hatte, musste sich nicht umdrehen, um zu wissen, dass Dottoressa Gherzi zur Tür hereingekommen war. Das bedeutete dann wohl das Ende der Befragung für diesen Tag.

Arabella aber ergriff seine Hand. »Dionisio, und auch Sie, Ro... Romano ...«

»Roberto«, verbesserte Del Pino.

»Ich habe es ernst gemeint. Wenn ich es war ...« Eine weitere Träne lief über ihre Wange.

»Es reicht für heute!« Dottoressa Gherzi drängte sich zwischen Di Bernardo und Arabella und fühlte ihren Puls. »Sie gehen jetzt bitte.«

Di Bernardo nickte dem Polizisten zu, der vor Arabellas Tür Wache hielt, und zog Del Pino mit sich zum Treppenhaus. »Wovon sprach sie gerade eben?«, fragte er verwirrt. »Was hat sie ernst gemeint?«

»Dass sie nicht mehr leben will, wenn sie ihre Tante umgebracht hat.«

Der Commissario hielt auf dem Treppenabsatz inne. »Und was, wenn sie es bereits versucht hat?«

»Wie meinen Sie das, Chef?«

»Was, wenn sie bereits versucht hat, sich das Leben zu nehmen. Sagen Sie mir, welche Frau geht nachts im Regen in der Villa Ada spazieren? Allein.«

»Sie meinen, sie wurde gar nicht überfallen?«

»Sagen Sie es mir.«

Del Pino stieß die Luft aus. »Das hieße, sie wäre schuldig, oder? Dann hätte sie aus dem Affekt heraus gehandelt. Der Mord war nicht geplant. Die beiden streiten, vermutlich provoziert ihre Tante sie. Sie zieht das Messer, ihre Tante lacht sie aus. Da sticht sie zu. Und als ihr klar wird, was sie getan hat, hält sie es nicht mehr aus. Mit der Schuld kann sie nicht leben. Sie geht zur Villa Ada und stürzt sich die Anhöhe runter. Dort schlägt sie mit dem Kopf auf. Hat ihr Gedächtnis verloren und durchlebt den Albtraum jetzt ein zweites Mal ...« Del Pino runzelte die Stirn. »So *könnte* es gewesen sein.«

»Aber?«

Del Pino verzog das Gesicht. »So war es nicht.«

Di Bernardo nickte. »Es passt nicht zum Tathergang. Es gibt keine Kampfspuren. Keine Fingerabdrücke. Arabella ist kleiner als ihre Tante. Cornelia hätte sich gewehrt.«

»Vor allem aber wollte sie ja etwas von ihr. Sie ist nicht in die Agentur gekommen, um ihre Tante zu töten. Cornelia wäre nicht vor ihr erstarrt und hätte zugelassen, dass sie ihr die Kehle aufschneidet.«

Di Bernardo packte Del Pino am Arm. »Was Sie da gerade gesagt haben ... dass sie es zugelassen hätte ...«

»Na ja, gewissermaßen schon, oder? Wenn sie sich nicht gewehrt hat?«

»Der Schock?«

»Wenn mich jemand hinterrücks vom Stuhl wirft – klar kriege ich dann einen Schock. Aber das Adrenalin sorgt dafür, dass ich mich wehre. Kampf oder Flucht. Warum hat sie keins von beidem versucht? Warum gab es keine verdammten Spuren?«

»Weil sie den Mörder kannte und weil ihr das einen derartigen Schock versetzt hat, dass sie erstarrt ist«, sagte Di Bernardo.

»Das denke ich auch. Jemand, der ihr sehr nahestand. Kommen Sie, Commissario«, sagte er und lief weiter. »Wir müssen was für unseren Blutzuckerspiegel tun. Die Mensa in der Accademia hat wirklich gute Polpette. Und wir sollten dringend zu Bellamy, oder?«

»Ich wüsste gern, was Arabella eigentlich sagen wollte und was ihr nicht einfiel. Über Boris und Cornelia. ›Und sie sagte, sie hätte …‹«

»Irgendetwas, das Cornelia getan hat.«

»Etwas, das in Arabella eine Erinnerungsblockade ausgelöst hat.«

Di Bernardo stieß geräuschvoll die Luft aus. Er hasste dieses Gefühl! Lösungen tauchten auf wie Chimären und verflüchtigten sich wieder, bevor er nach ihnen greifen konnte.

»Ich glaube, ich könnte wirklich Frikadellen vertragen«, sagte er.

»Wusste ich's doch.«

33

Die Polpette waren in der Tat köstlich gewesen. Di Bernardo lockerte seinen Gürtel und setzte sich vor den Computer.

Anna Cantoni hatte ein Update des Lageberichts geschickt. Mauro Roche, der von Giordano ausgebootete Sänger, befand sich nicht, wie Di Bernardo voller Sarkasmus gedacht hatte, in Argentinien, sondern in Melbourne – rund sechzehntausend Kilometer Luftlinie entfernt. Zur Tatzeit hatte er seelenruhig im Bett seines Apartments im Stadtviertel Carlton gelegen und tief geschlafen. Sein Lebenspartner hatte es bezeugt; darüber hinaus hatte Roche am Mittwoch vormittags um zehn eine Probe am Opernhaus gehabt – offenbar hatte er sein Selbstvertrauen und seine Stimme wiedergefunden. Auch der Pianist, der um seine Aufführung betrogen worden war, hatte ein Alibi, und zwar eins, das Di Bernardo sich beim besten Willen nicht selbst hätte ausdenken können: Zanoli hatte in Tivoli in der Villa D'Este bei einer Benefiz-Gala gespielt. Tivoli war zwar nur rund fünfunddreißig Kilometer von Rom entfernt, und er war gleich zu Beginn um 19 Uhr 30 für fünfzehn Minuten aufgetreten, aber es hatte ein großes Büffet gegeben, an dem er sich reichlich bedient hatte, insbesondere an den Cocktails. Das war dermaßen ausgeufert, dass er in den Parkanlagen in einen Brunnen gestürzt war.

Di Bernardo las die Meldungen seines Teams mit nahezu stoischer Ruhe; er glaubte selbst nicht mehr daran, dass einer dieser glücklosen Musiker ein derart ausgeklügeltes Verbrechen begangen hatte. Weit mehr störte ihn die Tatsache, dass Bellamy nicht in der Accademia aufgetaucht und auch auf dem Handy nicht zu erreichen war. Er hatte Del Pino zu Elsa Ortalli geschickt, in der Hoffnung, mehr über die ominöse Beziehung von Cornelia zu ihrem Protegé in Erfahrung zu bringen. Ansonsten konnte er nur hoffen, dass Vincenzo mit einem Namen daherkam, der endlich eine echte Spur ergab.

Gerade als er den Namen des Pianisten Adrian Müller in die Suchmaschine seines Computers eingab, klopfte es an seiner Tür. Vincenzo war zehn Minuten zu früh, wofür er sich sogleich wortreich entschuldigte. »In einem Land, wo die Höflichkeit nicht bei der Pünktlichkeit beginnt, sondern beim Servieren eines Espresso, ist das unverzeihlich«, scherzte er. »Doch mein Taxi kam unerwartet schnell durch den Verkehr. Ich hoffe, ich störe nicht?«

Di Bernardo bat ihn, sich zu setzen, und musterte ihn: Vincenzo sah etwas gefasster aus als tags zuvor, doch die Spuren dessen, was seiner Familie angetan worden war, waren ihm immer noch deutlich anzusehen. Vielleicht hatte Boris recht, und sein älterer Bruder hatte von Anfang an das Erbe seiner Mutter im Kopf gehabt. Doch die tiefen, fast schwarzen Schatten unter seinen Augen sprachen für eine emotionalere Seite, die er vermutlich die meiste Zeit verbarg.

»Dann darf ich Ihnen einen Espresso anbieten, Signor Giordano?«, fragte Di Bernardo und erhob sich von seinem Schreibtischstuhl. »Wobei allein schon die Frage bei uns Römern ja als unhöflich gilt, da es eine Selbstverständlichkeit sein sollte ...«

Vincenzo lächelte gezwungen. »Danke, Commissario. Sie wollten Namen wissen. Darf ich mich vergewissern, dass sie unter uns bleiben und keinesfalls an die Presse dringen?«

»Selbstverständlich, was mich betrifft. Doch sollten Sie wissen, dass Ihr Bruder uns bereits einige Namen genannt hat. Insofern liegt die Diskretion nicht allein bei uns ...«

»Haben Sie denn inzwischen eine Spur, Commissario? Wissen Sie, es ist nicht einfach fürs Geschäft. Der Erfolg der Agentur beruht auf ihrem guten Ruf. Abgesehen davon will ich natürlich wissen, wer Arabella überfallen und meine Mutter ermordet hat.«

Kurz war Di Bernardo irritiert von der Reihenfolge dieser Aussage, doch richtig wundern tat es ihn nicht nach all dem, was er über diese Familie in Erfahrung gebracht hatte. »Sie wollten mir Namen nennen, Signor Giordano«, sagte er nur, reichte Vincenzo einen Espresso und nahm wieder hinter seinem Schreibtisch Platz.

»Nun gut. Da wäre Laura Maffia. Dann Mauro Roche. Fabrizio Emme ...«, sagte Vincenzo und zögerte.

»Und wer noch?«

»Nun ... René Bellamy, möglicherweise.«

Di Bernardo sah überrascht auf. Bellamy. Also doch. Er würde sich langsam an ihn heranarbeiten.

»Laura Maffia«, begann er, »hat auf einer Geige der Stiftung gespielt und musste sie vorzeitig abgeben ...«

»Signorina Maffia hätte den Vertrag besser lesen müssen«, fiel ihm Vicenzo ins Wort. »Sämtliche Instrumente der Stiftung werden früher oder später an einen anderen Musiker weitergegeben.«

»Nun gut. Was ist mit Roche?«

»Roche stolperte durch Zufall in die Musikwelt hinein. Er war Autodidakt, und seit seiner ersten schlechten Kritik litt er an Depressionen. Das ist zwar bedauerlich, äußerst bedauerlich bei dem Stimmpotenzial, aber so kann man nun mal keine Karriere machen.« Er zuckte die Schultern.

»Und der Dirigent?«

»Fabrizio Emme? Der erwies sich als nicht qualifiziert für die Aufgabe, die vor ihm lag. Die Scala selbst hat sich nicht für ihn eingesetzt, sondern einem Ersatz zugestimmt. Das sagt im Grunde alles.«

Di Bernardo verengte die Augen. »Aalglatt« hatte Del Pino Vincenzo treffenderweise genannt. Langsam, aber sicher bekam Di Bernardo eine Vorstellung davon, mit welcher Arroganz Cornelia Giordano ihr Imperium geführt haben musste. Vincenzo war ihr geborener Vertreter.

»Was ist mit dem bestohlenen Jugendorchester aus Apulien?«

Für einen Moment schien es, als wäre Vincenzo aus dem Konzept gebracht worden, dann hob er das glatt rasierte Kinn und erwiderte: »Bestohlen? Die Gagen wurden meines Wissens längst angewiesen. Wenn Zahlungen von Preisgeldern verspätet geleistet werden, kann wohl kaum jemand erwarten, dass unsere Agentur Zigtausende vorschießt. Wer hat Ihnen davon erzählt? Ah, warten Sie, Commissario, es liegt ja wohl auf der Hand. Boris. Habe ich recht?«

Di Bernardo ging nicht weiter darauf ein. Er hatte kein Problem damit, die beiden Brüder gegeneinander auszuspielen, wenn er auf diesem Weg an wichtige Informationen kam. Doch dass das ausgerechnet über das Jugendorchester funktionieren würde, bezweifelte er.

»Hat Signora Giordano in letzter Zeit jemanden gefeuert?«, fragte er stattdessen.

»Lassen Sie mich überlegen ... In unserer Dependance in New York hat ein Mitarbeiter von sich aus gekündigt. Über den Grund weiß ich nichts. Vielleicht befragen Sie ihn besser dazu.«

»Und hier in Rom?«

»Nein, es gab keinen Grund, jemandem zu kündigen, und es hat seit Längerem auch keiner die Agentur verlassen. Meine Mutter war sehr beliebt – außer bei dieser Handvoll Narren, die es nicht besser wussten.«

»Ich verstehe«, sagte Di Bernardo. »Die Narren, deren Träume durch Ihre Mutter zerstört wurden.« Einem Musiker die Musik wegzunehmen war in gewisser Weise auch Mord, überlegte er. »Signor Giordano, wir drehen uns im Kreis. Ihre Mutter wurde brutal ermordet, und es gab mindestens eine Person, bei der sie alles andere als beliebt war. Wie sonst lässt sich erklären, dass sie einen Drohbrief erhielt?«

Vincenzos Augenbrauen schossen in die Höhe. »Ich hoffe, Sie scherzen.«

»Nein, Signor Giordano«, sagte Di Bernardo, öffnete die Akte und reichte seinem Gegenüber den anonymen Brief. »Wenn es um meine Arbeit geht, scherze ich nie.«

Vincenzos Pupillen weiteten sich, als er die Zeilen las. Voller Unbehagen sah er auf. »Ich kann nur hoffen, dass Sie diesen Brief nicht an die Presse weitergeben. Die Medien blasen den Mord sowieso schon auf. Es tut mir sehr leid, dass Mutter sich mit so etwas herumschlagen musste. Und das auch noch vor ihrem Tod …« Er hielt inne, dann breitete er die Hände aus. »Für mich sieht der Brief ganz klar nach einem Versuch aus, unserer Agentur zu schaden.«

»Ich halte den Brief eher für sehr persönlich. ›Erinnere dich daran, dass die lange Nacht für dich gerade erst beginnt.‹ Das hat in meinen Augen nichts mit der Agentur zu tun.«

»Meine Mutter war seit Jahren alleinstehend. Alles in ihrem Leben hatte mit der Agentur zu tun.«

»Sie haben vorhin Bellamy erwähnt. Ich will wissen, warum.«

Ein nervöser Ausdruck huschte über Vincenzos Gesicht, dann hatte er sich wieder in der Gewalt. »Mutter hatte vor, seine zukünftigen Engagements zu überdenken.«

»Wir haben bereits bei Ihrem ersten Besuch darüber gesprochen«, erinnerte ihn Di Bernardo. »Hat es möglicherweise einen

Auslöser gegeben, dass er in der Gunst Ihrer … in der Gunst der Agentur fiel?«

»Ich kann nur mutmaßen. Wobei … Sie können sich gar nicht vorstellen, was manche Musiker anstellen, um einen Auftritt zu bekommen. Nach allem, was meine Mutter mir erzählte, war René Bellamy ziemlich penetrant. Er hat den Kontakt zu ihr gesucht … Ich meine, den persönlichen Kontakt. Er hat darauf gedrungen, sie privat zu treffen. Stand vor ihrer Haustür …«

»Und Signora Giordano? Hat sie ihn hereingelassen?«

»Wenn, dann nur, um ihn in die Schranken zu weisen.«

»Ich verstehe«, sagte Di Bernardo und dachte sich seinen Teil. Einen jungen Mann in die Schranken weisen und dafür der Haushälterin ausdrücklich den Abend freigeben, klar … Aber das Thema würde er am besten mit Bellamy persönlich besprechen.

»Er spielt auch eine Geige der Stiftung, sagten Sie.«

»Noch, ja.«

»Nun gut, ich werde dem nachgehen.« Das würde er, oh ja, das würde er. So, wie es sich abzeichnete, hatte Bellamy ein starkes Motiv. Auch wenn er vermutete, dass es anders gelaufen war, als Vincenzo behauptete. Angenommen, Cornelia hatte tatsächlich eine Affäre mit dem jungen Geiger angestrebt, und er hatte sich ihr entzogen? Ältere Männer hatten es wohl leichter als Frauen, ein Beziehungsbusiness mit gewissen Zusatzleistungen zu pflegen. Dennoch, Bellamy hatte offenbar ein Alibi.

»Commissario Di Bernardo …«, riss Vincenzo ihn aus seinen wenig erbaulichen Gedanken.

»Entschuldigen Sie, Signor Giordano. Das wäre dann alles von meiner Seite aus.«

»Ihr Ispettore hatte mich vorhin angerufen und um mein Zugticket gebeten. Möchten Sie es sehen?«

Typisch Del Pino, dachte Di Bernardo. Was ihn da wohl wieder geritten hatte. »Nun, der Vollständigkeit halber. Es ist natürlich nur eine Formalität.«

»Selbstverständlich. Wenn es hilft, den Mörder zu finden.« Vincenzo holte sein Handy hervor und tippte auf dem Bildschirm herum.

»Meine Sekretärin hatte noch Dienstagabend spät einen Flug für mich gebucht – hier ist das Ticket.« Er hielt Di Bernardo sein Handy hin. »Wegen des schlechten Wetters habe ich dann jedoch den Zug genommen. Irgendwo muss auch das Zugticket sein ... warten Sie ... Da. Geben Sie mir Ihre Mailadresse? Dann schicke ich es Ihnen gleich.«

Di Bernardo tat wie geheißen, kurz darauf meldete sein Computer den Eingang zweier Nachrichten.

»Danke. Wie gesagt, eine Formalität«, sagte er. »Möglicherweise müssen wir noch ein paar Jahre zurückgehen, was die Suche nach Motiven anbelangt. Rache kann über Jahre vor sich hin gären und sich dann ein Ventil suchen.«

»Dann reichen Ihnen die Namen nicht, die ich Ihnen gegeben habe?«

»Ich fürchte, nein. Wobei wir sämtliche Alibis noch einmal genau überprüfen werden.«

Vincenzo seufzte. »Ich werde mir Gedanken machen. Aber bitte urteilen Sie nicht negativ über meine Mutter, Commissario. Die Klassikbranche ist wie ein sinkendes Schiff, und es ist schlichtweg nicht genug Platz für alle in den Rettungsbooten.«

Trotzdem bleibt immer Platz für die Familie und spezielle Freunde, fügte Di Bernardo im Stillen hinzu und erhob sich, um damit das Ende des Gesprächs zu signalisieren.

Doch Vincenzo blieb sitzen. »Commissario, Sie wollten mir noch sagen, wann ich zu meiner Mutter kann. Ich ... ich möchte sie noch einmal sehen. Auch wenn es nicht leicht sein wird.«

»Richtig. Die Gerichtsmedizin hat vorhin eine Nachricht geschickt. Ab heute Nachmittag wäre die Leiche freigegeben. Soll jemand von uns mitkommen? Signora Magnanti vielleicht? Oder ich?«

Vincenzos Blick verschwamm. »Das ist, fürchte ich, ein Gang, den ich allein antreten muss. Ich weiß nicht, wie viel Sie mitbekommen haben von dem Streit mit meinem Bruder heute Morgen im Krankenhaus ... wie lange Sie schon auf dem Gang standen. Die Wahrheit ist, wir verstehen uns nicht gut. Was sicher schade ist, gerade in dieser Situation. Aber die Familie hat für ihn nicht die gleiche Bedeutung wie für mich. Und Arabella ... ich denke, wir sollten sie auf keinen Fall dem Schock aussetzen.«

»Wobei der Anblick ihrer Tante natürlich eine Erinnerung in ihr freisetzen könnte. Sie weiß ja nichts mehr von ihrem Besuch in der Agentur.«

Vincenzos rechtes Lid zuckte. »Das ... das wäre zu riskant«, beschied er. »Die Ärztin würde dem niemals zustimmen.« Abrupt stand er auf, nickte dem Commissario zu und eilte hinaus.

Also auch er, dachte Di Bernardo. Also verdächtigte auch Vincenzo insgeheim Arabella.

34

Drei Stunden später stand Di Bernardo vor seinem Schrank im Büro und ließ die Finger über die Krawatten gleiten. Irgendwo musste eine schwarz-weiße mit dem Emblem von Juventus sein ... Alberto hatte sie ihm geschenkt, um ihn damit aufzuziehen.

Mithilfe seiner Kontakte hatte er zwei Karten für das Fußballspiel am Sonntag ergattert – Stehplätze im Juve-Block. Nachdem er sich niemals dazu hätte durchringen können, einen Fan-Schal oder gar ein unvorteilhaftes Trikot anzuziehen, schien ihm die passende Krawatte am vertretbarsten.

Commissario Granata war ganz aus dem Häuschen wegen der Karten, und Di Bernardo stellte zu seiner Überraschung fest, dass er sich richtig auf den Tag freute. Gerade wenn man mit den Ermittlungen feststeckte, war es wichtig, sich auszuklinken, um den Kopf freizubekommen. Und sie steckten fest. Cornelia Giordanos Leben schien sich um nichts anderes als die Arbeit gedreht zu haben. Es gab keinen privaten Facebook-, Instagram- oder Twitter-Account. Die Information auf LinkedIn waren denkbar knapp und seit über einem Jahr nicht aktualisiert worden. Riccardo Magno hatte seit Donnerstagmorgen fast ununterbrochen am Bildschirm gesessen, was sein zombiehaftes Äußeres erklärte. Die Ausbeute jedoch war ernüchternd. Auch in den gelöschten Mails gab es keinerlei Hinweise auf private Fehden. Im Kalender waren die Konzerte ihrer Künstler eingetragen, dazu geschäftliche Abendessen, Reisen, Geburtstage. Privatleben? Fehlanzeige. Er hatte Riccardo Campresi zur Seite gestellt in der Hoffnung, dass die Daten der Telefongesellschaft etwas hergaben.

Del Pino hing nach wie vor bei Elsa Ortalli fest. Vor einer guten Stunde hatte er eine verzweifelte SMS geschickt, ob man ihn da nicht rausholen könne, am besten mit Blaulicht. Di Bernardo hatte nicht darauf reagiert. Vielleicht verriet die gesprächige Dame seinem Ispettore ja doch noch etwas von Wert.

Für ihn sah es inzwischen ganz danach aus, dass sie einen neuen Ansatz brauchten. Aber welchen? Die klassische »Wer hat ein Motiv«-These mochte in Fernsehkrimis funktionieren, hatte sie in der Realität aber nicht weitergebracht, nicht bei diesem Fall. Auch das mögliche Profil des Täters hatte sie in eine Sackgasse geführt, da Boris ziemlich sicher ein Alibi besaß. Einen Moment lang war er nostalgisch gewesen, was Giorgia anbelangte, und hatte sich zu ihr auf die Psychoschiene begeben. Jetzt aber war er entschlossen, sich wieder auf seinen eigenen Ermittlungsstil zu besinnen. Und das Männerwochenende mit Granata war genau das Richtige dafür! Zum Glück hatte sich Borghese schon verabschiedet. Es hatte eben doch sein Gutes, wenn der Chef ein Landhaus im knapp hundert Kilometer entfernten Sabaudia besaß und keine Gelegenheit hatte, seinen Commissario auch am Samstag zu sich in die Questura zu bestellen.

Gerade als er die gesuchte Krawatte fand, klopfte es an der Tür, und Federica Giglioli lugte herein. »Dionisio, Sie sind ja noch da. Haben Sie kurz Zeit?«

»Ja, natürlich«, sagte er und schloss die Schranktür. Die verräterische Krawatte ließ er in seiner Sakkotasche verschwinden. Es musste ja nicht gleich jeder wissen, dass er dem AS Rom abtrünnig wurde. »Worum geht's?«

»Ich weiß nicht, mir ist da etwas aufgefallen, und ich würde es gern lowerden. Vielleicht ist es ja nicht wichtig, aber ...«

»Setzen Sie sich, und schießen Sie los«, bat Di Bernardo seine Kollegin.

Federica legte ein transparentes Plastiktütchen auf den Schreibtisch. »Das ist die CD vom Tatort, die zur Tatzeit in der Stereoanlage lief. Es sind keine Fingerabdrücke auf der Disk oder Hülle.«

»Und?« Di Bernardo sah Federica abwartend an.

Sie zuckte die Schultern. »Das ist es ja gerade. Es ergibt keinen Sinn. Wenn jemand eine CD einlegt, fasst er sie an. Aber da ist nichts. Von niemandem, Dionisio.«

Er runzelte die Stirn. »Das ist in der Tat seltsam.«

»Wir haben uns vorhin die anderen CDs im Regal angesehen. Sie alle haben wie erwartet Fingerabdrücke am Rand.«

»Was ist mit der Fernbedienung? Dem Anschaltknopf der Anlage?«

»Abdrücke von Giordano und Adamová, leicht verwischt. Salvatore hat die Sekretärin befragt. Sie schwört, es hätte keine CD gespielt, als sie aus dem Büro ging. Ihre Chefin habe überhaupt selten während der Arbeit Musik gehört.«

Di Bernardo massierte sein Kinn. Er hätte all das nicht übersehen dürfen. Wo war er bloß mit seinen Gedanken gewesen? »Das bedeutet, jemand, mit großer Wahrscheinlichkeit der Mörder, hat die Fingerabdrücke vor Ort entfernt oder aber die gesäuberte CD mitgebracht. Er hat sie eingelegt, während Cornelia Giordano starb beziehungsweise als sie bereits tot war.«

Federica nickte. »Stimmt. Vor dem Mord scheidet aus – die Art, wie der Stuhl umgefallen ist, spricht eindeutig für einen Angriff von hinten. Der Mörder wird Giordano wohl kaum überfallen und sie dann gebeten haben, stillzuhalten, damit er mal eben eine CD einlegen kann.«

Di Bernardo blähte die Nasenflügel. Die Richtung, die das Ganze nahm, gefiel ihm nicht. »Es erweckt ganz den Eindruck, als hätte der Mörder die Tat zelebrieren wollen – seine Tat oder Giordanos Tod. Ein Requiem. Möglicherweise aber auch eine Botschaft. Was war noch mal auf der CD?«

»Bach, Sarabande und Chaconne aus der Partita Nummer zwei für Violine solo«, sagte Federica. »Gespielt von Arthur Grumiaux.«

Di Bernardo schlug sich gegen die Stirn. »Bach?! Wusste ich's doch, dass ich etwas übersehen habe.« Er holte den Drohbrief, den er zuletzt Vincenzo gezeigt hatte, aus dem Aktenordner auf seinem Schreibtisch.

»Hier, lesen Sie ...«

Federica runzelte die Stirn. »Eine seltsame Parallele. Ist es dasselbe Stück?«

Ihr Handy klingelte; sie entschuldigte sich und ging hinaus auf den Gang.

Di Bernardo hatte keine Ahnung, was die Musikstücke anbelangte, geschweige denn, was die Abkürzung BWV heißen mochte. Als er sie zusammen mit der Zahl 60 in den Computer eingab, landete er bei einer Kantate. Derselbe Komponist, ein anderes Stück. Er runzelte die Stirn und fuhr sich mit beiden Händen durch das Haar. Diese Art, den Mord zu zelebrieren, sprach für einen sadistischen Zug des Täters. Was wiederum die Motiv-These untermauerte, von der er sich gerade hatte lösen wollen. Er fühlte sich, als stecke er mitten im Kreisverkehr auf der Gran Raccordo Anulare und wäre nicht in der Lage, die richtige Ausfahrt zu finden. Die Frage war, wie lange er noch sinnlose Runden drehen musste, um endlich auf die richtige Spur zu gelangen. Er würde gleich am Montag mit Giorgia über die Sache mit der CD sprechen.

Als die Tür zu seinem Büro zum zweiten Mal an diesem Abend aufging, erwartete er, Federica zu sehen, doch es war Del Pino. Sichtlich ermattet ließ der Ispettore sich auf den Stuhl vorm

Schreibtisch fallen. »Tun Sie mir einen Gefallen, Commissario«, japste er. »Schicken Sie das nächste Mal Borghese zu Elsa Ortalli. Diese Frau hat hochgradige Logorrhö. Ich dachte, ich krepiere, wenn sie nicht endlich die Klappe hält.« Er wischte sich das Haar aus der Stirn und griff nach seiner Tasche. »Wenn Sie Rezepte brauchen, wie man gesottene Tauben à la Ortalli zubereitet oder Ossobuco oder Thunfischsugo …« Er schüttelte sich, und Di Bernardo konnte sich ein Grinsen kaum verkneifen.

»Hat es denn wenigstens geschmeckt?«

»Geschmeckt? *Geschmeckt?* Sie hat die ganze Zeit nur davon gelabert, wie man das zubereitet. Es gab nicht mal Kekse. Das war die Hölle.«

»Irgendwelche neuen Erkenntnisse?«

Del Pino kramte in seiner Tasche und zog ein in schwarzes Leder gebundenes Notizbuch hervor. Er reckte es empor wie eine Trophäe. »Hart erkämpft unter Einsatz all meiner Geduld. Cornelia Giordanos privater Kalender.«

»Das ist ja fantastisch! Wo haben Sie den her?«

»Diese Frau hatte ihn unter Verschluss. Wollte vermeiden, dass irgendjemand außer ihr in den Privatangelegenheiten ihrer Chefin herumschnüffelt. Ich hab sie unter Druck gesetzt.« Del Pino lachte diabolisch. »Giordano hat einen ganz altmodischen Kalender geführt. Das erklärt, warum wir in ihrem digitalen Dings keinen einzigen privaten Eintrag gefunden haben.«

»Gut gemacht!«, sagte Di Bernardo. »Da hat sich Ihr Einsatz wahrlich gelohnt. Haben Sie schon reingesehen?«

»Nach meiner Flucht aus der Villa? Nur kurz.« Er reichte Di Bernardo den Kalender.

Der schlug ihn auf und blätterte durch die Seiten. Viele Termine waren es nicht. Manche waren mit Initialen versehen. Am zehnten Januar fand er ein »R.B.«, das mehrfach mit Kuli durchgestrichen war.

»Nächsten Dienstag hätte sie einen Notartermin gehabt. Dem sollten wir nachgehen«, meinte Del Pino, streckte die langen Beine von sich und gähnte ausgiebig. »Gibt es sonst was Neues?«

Di Bernardo brachte seinen Ispettore rasch auf den neuesten Stand.

»Also müssen wir uns um Boris' und Bellamys Alibi kümmern, um zu sehen, ob die wirklich dicht sind«, sagte Del Pino nachdenklich. »Hab ich morgen Dienst?«

Di Bernardo schüttelte den Kopf. »Verschwinden Sie ins Wochenende, Roberto. Das haben Sie sich verdient. Ausgezeichnete Arbeit. Wir sehen uns Montag früh.«

»Und der Kalender?«

»Den geben Sie Riccardo. Er hat den besseren Überblick über Giordanos Kontakte und die beruflichen Termine. Außerdem hat er Dienst. Ach, und bitten Sie ihn, sich mit Giorgia abzusprechen wegen der Friseurbesuche und so weiter. Vielleicht gewinnen wir so einen Eindruck von Giordanos Privatleben.«

Del Pino stand auf, plötzlich schien er es eilig zu haben. »Va bene. Dann bis Montag! Ach, und wenn Ihnen am Wochenende langweilig wird oder Sie sich einsam fühlen, Commissario ... schauen Sie doch bei Elsa Ortalli vorbei. Und richten Sie schöne Grüße aus.«

Di Bernardo zwinkerte ihm zu. »Nächstes Mal schicken wir wieder Campresi. Versprochen.«

Es war später als geplant, als Di Bernardo vor seinem Haus parkte. Monteverde Vecchio wirkte an diesem Freitagabend wie ausgestorben. Er genoss die Ruhe, blieb einen Moment draußen vor seiner Tür stehen und sah hinauf zu den Sternen, die sich hinter dem Dunst verbargen wie die Lösung zu seinem Fall.

Dann trat er ins Haus, stellte Paol Fresu an und begab sich in die Küche. Irgendwo musste noch eine Portion Canneloni sein, die er vorgekocht und eingefroren hatte ...

Keine zehn Minuten später schenkte er sich ein Glas Nero d'Avola ein und nahm einen Schluck. Tief atmete er den Duft der Pasta, der feinen Kräuter und des geschmolzenen Käses ein, versenkte die Gabel in der köstlichen Füllung und genoss seinen Feierabend.

An diesem Abend würde er alles von sich schieben und sich ausnahmsweise einmal dem Nichtstun hingeben.

35

Ein letzter Mord. Mein Plan steht fest: Es muss und es wird die Frau sein.

Ein Blick auf die weiße Haut ihres Halses, und mein Herz setzte für einen Schlag aus. Die Erinnerung an meine erste Tat explodierte in meinem Kopf, sie gab alle Details wieder preis. Dunkles Blut auf heller Haut. Die Angst, gekrönt von Panik. Dann der gebrochene Blick.

Ab diesem Moment konnte ich sie kaum mehr ansehen. Ich spürte, wie sie mich beobachtete, jede noch so kleine Reaktion registrierte, zu deuten versuchte. Lächerlich. Sie hält sich für schlau. Für überlegen. Genau wie Cornelia. Dabei hat sie nicht die geringste Ahnung. Ich kann ihren Gesichtsausdruck, wenn sie mich wiedererkennt, kaum erwarten. Dann wird es leider zu spät für sie sein.

Erst Cornelia und jetzt sie. Den Missgriff dazwischen blende ich aus, so wie es die Presse tut.

Heute ist der zweite Abend, an dem ich an dem Mietshaus in Tiburtina vorbeischlendere und einen Blick hinaufwerfe, in ihre Wohnung. Es ist in der Tat ein großes Glück für mich, dass Rom in den vergangenen Jahren derart viel in seine Grünanlagen investiert hat. So brauche ich nur die Straße zu überqueren und kann im Schutz der Zypressen in aller Ruhe meinen Posten einnehmen, während Giorgia Magnanti ihren Hund ausführt und sich sicher wähnt.

So sicher.

36

Paris, 30. Januar 1867

Vier Jahre waren seit seinem letzten Besuch in Paris vergangen, und es waren keine leichten gewesen. Cesare Stradivari ging auf die siebzig zu, und er spürte jede einzelne Meile, welche die Kutsche von Cremona aus in die französische Hauptstadt zurückgelegt hatte, in den müden Knochen. Hinzu kamen die Kälte und Nässe des Winters, der in der vergangenen Woche mit eisiger Macht zurückgekehrt war. Doch er hatte das Haus des zweiundfünfzigjährigen Genueser Geigenvirtuosen nicht aufgesucht, um über das Wetter zu klagen.

Camillo Sivori, der einzige Schüler von Niccolò Paganini, spielte seit seiner frühen Kindheit Violine und hatte nicht nur in Europa, sondern auch in Amerika und Mexiko auf Konzerttourneen brilliert. Daneben widmete er sich erfolgreich der Kunst der Komposition und verstand es ganz vorzüglich, die eingängigen Opernmelodien Guiseppe Verdis auf der Geige zu variieren. Cesare war selbst Zeuge seines Könnens geworden, hatte er doch mehrere Konzerte besucht, in denen der sonst so in sich gekehrte Sivori bei seinem Publikum ein wahres Gemütsfeuerwerk entzündete.

In den vergangenen Jahren hatte sich eine erbauliche Freundschaft zwischen ihm und dem Geiger entwickelt, und er hatte sich glücklich schätzen dürfen, ihn in seinem Haus in Cremona als Gast zu begrüßen.

An diesem Abend würde er beides – Verehrung wie auch

Freundschaft – auf eine einzigartige Weise besiegeln. Nur wusste der Gute noch nichts davon.

»Sie müssen mir meine Verwirrung verzeihen, Signor Stradivari«, sagte Camillo Sivori jetzt. »Ich habe immer geglaubt, dass *Le Messie* die einzige unberührte Stradivari sei. Diese Geige aber ... die *Rosenknospe* ...« Er hielt inne und fuhr sanft die Windungen der Schnecke nach. »Sie ist atemberaubend. Bitte, erzählen Sie mir mehr über dieses Instrument.«

Auf Cesare Stradivaris Gesicht zeichnete sich ein wehmütiges Lächeln ab. »Mein Großvater Paolo starb im Jahre 1776. Die *Rosenknospe* war die einzige Violine, die er aus persönlichen Gründen bei sich behielt. Was genau ihn dazu bewogen hat, kann ich nur raten, doch ich weiß, niemand hat seither je auf dem Instrument gespielt. Schließlich habe ich es geerbt. Vor vier Jahren fuhr ich nach Paris, um bei Jean-Baptiste Vuillaume eine Violine zu kaufen. Sie wissen ja selbst am allerbesten, dass der Franzose als Geigenbauer sehr hoch gehandelt wird. Natürlich konnte Vuillaume der Versuchung nicht widerstehen, mir *Le Messie* zu zeigen. Während er ein wenig damit prahlte, diese *einzigartige* Violine zu besitzen, stellte ich bei näherem Hinsehen fest, dass die *Messias* in der Tat einen Zwilling hat. Es ist die *Rosenknospe*, die hier vor Ihnen liegt. Beide Violinen sind völlig identisch, und beide sind makellos. Sie weichen ein wenig von dem Modell ab, nach dem mein Urgroßvater damals seine Geigen fertigte, doch sie stammen zweifelsfrei aus seiner Hand. Sie werden verstehen, dass ich Vuillaume gegenüber kein Wort davon erwähnte.«

Sivori nickte, und Cesare fuhr fort: »Es sind unruhige Zeiten. Brandstifter und Räuber wüten derzeit in Cremona, auch mein Haus ist nicht mehr sicher. Außerdem ... darf ich ganz offen sein?«

»Selbstverständlich«, beeilte sich Sivori zu sagen. »Ich bitte darum.«

»Nun«, fuhr Cesare seufzend fort. »Ich habe Angst davor, dass irgendjemand auf die eine oder andere Weise von diesem Instrument erfahren könnte und es zu stehlen versucht. Oder auch an einem Kauf interessiert ist und mich bedrängt.« Er zog die Schultern hoch und breitete die Arme aus. »Ich bin alt! Ich möchte meine Ruhe haben. In der wenigen mir verbleibenden Zeit will ich mich nicht gegen Diebe oder versessene Käufer zur Wehr setzen müssen. So kam mir die Idee, den Geigenzettel mit dem Namen Vuillaume über den Rosenknospen-Zettel meines Urgroßvaters zu kleben.«

»Sie haben *was* getan?« Sivori hielt die Violine hoch, kniff ein Auge zu und blickte durch das rechte F-Loch. Stirnrunzelnd drehte er das Instrument so, dass sich das Licht darin fing.

»Geben Sie sich keine Mühe, Maestro«, sagte Cesare Stradivari und grinste verschwörerisch. »Sie werden weder den Namen Antonio Stradivari noch die von seiner Hand gezeichnete Rose sehen können. Beide sind gut unter dem Vuillaume-Zettel verborgen. Es war eine sehr subtile Arbeit, zum Glück habe ich noch eine ruhige Hand. Ich habe den Klebstoff nur auf die Ränder des Zettels aufgetragen. Die echte Signatur und auch die Rose blieben unbeschädigt.«

Sivori schien fassungslos. »Sie meinen, unter diesem Zettel befindet sich tatsächlich der Name Stradivari? Und mit ihm die von ihm gezeichnete Rose?«

»So wahr ich hier stehe.«

Sivori fuhr sich durch das lockige Haar. »Es ist wohl das Sonderbarste, das ich jemals gehört habe. Doch warum darf ausgerechnet ich von diesem Geheimnis erfahren?«

»Weil Sie ein begnadeter Musiker und ein wunderbarer Mensch sind. Mehr noch, ein treuer Freund. Mein Freund. In der letzten Zeit hatte ich Gelegenheit, Sie auch außerhalb Ihrer Musik kennen- und schätzen zu lernen. Abgesehen davon sind

Sie der Besitzer einer Vuillaume-Geige, die früher Ihrem Lehrer Niccolò Paganini gehörte.«

»Das ist wahr, damit hatte ich großes Glück.«

»Maestro Sivori, ich weiß, dass Sie Ihre Vuillaume über alles lieben. Und dennoch möchte ich Ihnen die *Rosenknospe* schenken. Auf dass sie in Ihren Händen endlich voll erblühen kann. Zugleich wird das Geheimnis der Familie Stradivari bei Ihnen sicher sein.«

Camillo Sivori schloss die Augen, atmete tief durch, dann öffnete er sie wieder. Die Geige war noch da. Für einen Moment hatte er wohl befürchtet, in einem Hirngespinst gefangen zu sein. Doch es war die Wirklichkeit. Vor ihm lag das vollkommene Abbild der *Messias*. Welch eine ungewöhnliche Geschichte das Instrument umrankte! Allein dass es einen Namen trug, vom Meister selbst verliehen.

Als Camillo Sivori zu Stradivari aufblickte, fehlten ihm die Worte. Er war tief gerührt und überwältigt zugleich.

»Es gibt viele Violinen, in denen ein gefälschter Stradivari-Zettel steckt«, sagte er schließlich. »Aber ich habe nie davon gehört, dass die Originalschrift dieses Genies von einem anderen Namen verdeckt wurde.«

Cesare Stradivari lächelte. »Nun, in diesem Fall verhält es sich genau so. Ich habe es nicht über mich gebracht, den Zettel meines Urgroßvaters zu entfernen, und so kam ich auf diese Idee. Doch sagen Sie mir, welche Qualitäten wünschen Sie sich von einer Violine? Überzeugen Sie sich selbst, Maestro.« Sein Cremoneser Freund deutete auffordernd auf die Geige.

Camillo nahm die *Rosenknospe* behutsam aus ihrem Koffer, stimmte die Saiten und legte sie an das Kinn. Dann spannte er den Bogen und strich ehrfürchtig über die Saiten. Sodann stimmte er eine seelenvolle Melodie des deutschen Komponisten Franz Schubert an, die er im Jahr zuvor für die Violine bearbeitet hatte.

Der Ton des Instruments war edel, rein und leicht, und gleichzeitig barg er eine Fülle von sagenhaften Kräften.

Als der letzte Ton verhallt war und er schließlich die Geige herunternahm, herrschte andächtige Stille. »Wusste ich's doch, dass Sie der würdige Besitzer dieser Violine sind«, sagte Cesare schließlich nach einer Weile. »Ihr Klang wird noch viele Zuhörer erfreuen. Meine Entscheidung ist gefallen.«

Camillo rang nach Worten. »Was soll ich sagen, mein teurer Freund ... Mit der Vuillaume-Geige meines Lehrers Paganini hatte ich großes Glück. Mit der *Rosenknospe* aber bin ich gesegnet.«

37

Selten in den vergangenen Wochen hatte Di Bernardo sich so sehr mit sich im Reinen gefühlt. Noch vor dem Frühstück hatte er die Joggingschuhe geschnürt und war die Passeggiata del Gianicolo bis hinauf zum Garibaldi-Denkmal gelaufen. Für einen Augenblick hatte er sich auf die steinernen Stufen gesetzt, sich den Schweiß von der Stirn gewischt und die Ruhe zusammen mit der berauschenden Aussicht über die Kuppel des Petersdoms hinweg auf das Albanergebirge genossen. Dann war er zurückgetrabt, leicht bergab, und war erschöpft, aber hochzufrieden zu Hause unter die Dusche gesprungen.

Die Tatsache, dass Giorgia sich von Campresi getrennt hatte, besaß eine wohltuende Wirkung auf sein inneres Gleichgewicht. Denn letztendlich hatte er recht behalten. Sie hatte einen Fehler gemacht und es sogar zugegeben – ungewöhnlich für eine Frau wie Giorgia. Doch anders als am vergangenen Mittwoch spürte er jetzt nicht mehr das Bedürfnis, alles auf einen Neuanfang zu setzen. Es stand für ihn außer Frage, dass eine Beziehung zu ihr ein Wagnis darstellte. Giorgia war kompliziert, wollte ständig wissen, was er dachte und fühlte. Genau das aber wollte er mit niemandem teilen, nicht ständig. Nicht jetzt, nicht morgen und ziemlich wahrscheinlich auch nicht übermorgen. Natürlich war Giorgia anders als Monica, und ja, er fühlte sich von ihr angezogen – doch unterm Strich wollten beide mehr von ihm, als er geben konnte. Zu geben bereit war.

Seit ihm das klar geworden war, irgendwo auf dem Pfad runter nach Trastevere, fühlte er sich wie befreit. Zum ersten Mal seit seiner Trennung war er froh, Single zu sein. Es war ungewohnt, ja, aber es schenkte ihm Freiheit. Raum für neue Begegnungen und, viel wichtiger noch, die Gelegenheit, mehr Zeit mit Alberto zu verbringen. Und das Grandiose an alldem war: Er musste sich für nichts rechtfertigen, weder, warum er länger arbeitete, noch, warum er schwieg, warum er etwas in sich hineinfraß – egal, ob Sorgen oder Tagliatelle –, oder warum er so war, wie er eben war. Natürlich wollte er nicht auf ewig allein bleiben. Doch so alt war er nicht. Er konnte sich immer noch um eine Frau kümmern, sie beschützen, lieben. Nur eben nicht jetzt, nicht heute.

Di Bernardo legte die Füße auf den Couchtisch, reckte die Arme und blickte hinaus in den wuchernden Garten. Auf Gartenarbeit hatte er keine Lust, und war es nicht sowieso schöner, den Pflanzen ihren Willen zu lassen, statt sie mit Schere und Säge martialisch in eine künstliche Form zu trimmen?

Zwei Atemzüge später nahm er sein Handy zur Hand, um Alberto eine Nachricht zu schicken. Gern hätte er seine Stimme gehört, ein bisschen Small Talk gemacht, aber heutzutage setzte die Jugend auf Geschriebenes, statt stundenlang am Hörer zu hängen.

Ciao Staatsanwalt, schrieb er.

Eine Minute später zeigte sein Handy eine Antwort an.

☺ *Heute schon was vor?*, fragte Alberto. *Kann ich bei dir übernachten?*

Natürlich!!!, schrieb Di Bernardo, löschte zwei der drei Ausrufezeichen und fügte hinzu: *Wenn deine Mutter nichts dagegen hat?*

Pfff. Bis wann arbeitest du? Wann kann ich kommen?

Di Bernardo musste nicht lange überlegen. *Bin zu Hause. Soll ich dich irgendwo abholen?*

Diesmal ließ die Antwort eine Weile auf sich warten. Noch im vergangenen Sommer und Herbst hatte es endlose Diskussionen mit Monica gegeben, wenn Alberto ihn spontan besuchen wollte. Dabei wohnten sie doch inzwischen wieder in derselben Stadt! Die Zeit hatte für ihn gearbeitet. Jetzt, wo Alberto bald volljährig wurde, konnte er frei entscheiden, bei wem er seine Tage und Nächte verbrachte. Der Gedanke, sein Sohn könnte bei ihm einziehen, wenn er in Rom studierte, versetzte Di Bernardo in Hochstimmung. Noch ein Bonus, wenn man Single war! Man konnte Prioritäten setzen, ohne jemandem auf die Füße zu treten.

Bin gegen sechs da. Heilfroh, hier wegzukommen ☹ *Kriegst du übrigens noch eine Karte für morgen, Juve–AS?* Es folgte ein kleines Teufels-Smiley, das Di Bernardo laut auflachen ließ.

Ja, er hatte allen Grund, mit dem Leben zufrieden zu sein. Zwar kostete es ihn ziemliche Mühe, den ungelösten Fall von sich zu schieben. Aber er wusste, er musste es tun, um sich nicht noch weiter zu verrennen. Dieses Stadium der Ermittlungen fürchtete er jedes Mal aufs Neue: Wenn die zündende Idee verpuffte, die erste vielversprechende Spur im Sand verlief und man begann, sich unerbittlich im Kreis zu drehen. Sein freies Wochenende war wie eine Zwangstherapie, die er sich selbst verordnet hatte, in der Hoffnung, nach zwei Tagen Fall-Abstinenz endlich klarzusehen. Vielleicht würde er in Ruhe mit Alberto über den Stand der Ermittlungen sprechen. Jetzt aber sollte er erst mal einen Anruf wegen der Karten tätigen und anschließend einkaufen fahren.

Zweieinhalb Stunden später kam Alberto zur Tür reingestürmt. »Puh, was bin ich froh, hier zu sein«, sagte er, ließ seine Tasche in der Diele auf den Boden fallen und die Jacke gleich obendrauf. Nachdem er die Sneakers von den Füßen gekickt hatte, begrüßte er seinen Vater und ging an ihm vorbei in die Küche. »Mann, hab ich einen Hunger.«

»Spaghetti sind gleich fertig«, sagte Di Bernardo und gab Salz und einen Esslöffel Olivenöl ins Kochwasser.

»Mmmhm«, machte Alberto, roch an der Soße und steckte den Finger hinein, um ihn abzulecken. »Ein Glück, dass du nicht auf Salat bist wie Mama.«

Di Bernardo musste grinsen. »Hier, schieb mal die Foccacia in den Ofen.«

Alberto klaubte eine Olive aus dem Teig. »Kann ich sonst noch was tun? Was ist mit dem Nachtisch?«

»Baci di Chiara. Frisch aus der Pasticceria in Trastevere. Vier Portionen, meinst du, das reicht?«

Alberto verdrehte die Augen und seufzte genüsslich. »Kann ich bei dir einziehen, Papà?«

»Jederzeit.«

Zehn Minuten später saßen die beiden am Küchentisch und widmeten sich dem Essen.

»Weißt du, Giorgia war ja ganz in Ordnung, aber so ein Männerhaushalt – das hat doch echt was«, sagte Alberto mit vollem Mund. »Könntest du dir wirklich vorstellen, dass ich hier einziehe? Wenn ich studiere?«

»Hier ist immer Platz für dich. Und ganz ehrlich: Ich fände es toll. Oder wie sagt man? Abgefahren?«

»Einspruch. Das ist so was von verjährt. An deiner Jugendsprache müssen wir noch arbeiten, Papà«, meinte Alberto. »Was ist eigentlich mit deinem Fall? Mit dieser toten Geigerin?«

»Agentin«, korrigierte Di Bernardo ihn. »Willst du echt darüber sprechen?«

»Echt«, wiederholte Alberto. »Im Ernst jetzt. Ich finde es spannend, mitzukriegen, wie die Ermittlungen laufen. Wie sich die Schlinge um den Hals des Mörders immer enger zieht. Und nein, ich will kein Commissario werden, falls du das denkst. Die Idee mit dem Bioanbau gefällt mir einfach besser.«

»Biobauer?« Entgeistert blickte Di Bernardo von seiner Pasta auf.

Alberto schlug ihm lachend auf die Schulter. »Haha, dein Gesichtsausdruck. *Priceless.*«

Di Bernardo nahm einen Schluck Rotwein. »Himmel. Jetzt hast du mich aber erwischt. Also immer noch Jura und die Politik?«

»Immer noch Jura und die Politik.«

»Gut. Mit dem Gedanken kann ich mich anfreunden.« Er nickte anerkennend.

»Na, wenigstens einer«, grummelte Alberto.

»Deine Mutter ist nicht davon begeistert?«

»Lassen wir das Thema. Sind noch Spaghetti im Topf?« Er machte den Hals lang, um einen Blick auf den Herd zu werfen, dann stand er auf und füllte sich nach. »Mit vollem Magen denkt es sich besser. Und jetzt leg los, Papà. Warum ist der Mörder noch immer nicht überführt?«

38

Samstagabend. Es ist kalt und dunkel. Die menschenleere Straße ist mit einer dünnen, fast unsichtbaren Eisschicht überzogen. Wieder stehe ich im Schutz der Bäume und warte nervös. Meine Mütze sitzt tief in der Stirn, die schwarze Sportjacke ist zugeknöpft. Meine rechte Hand steckt in der Jackentasche. Durch den Latexhandschuh spüre ich die Messerklinge, sie beruhigt mich. Ich erlange die Kontrolle über mich zurück. Finde meine innere Gelassenheit wieder.

Wie neulich.
Doch für wie lange?
Ich will und darf an dem Warten nicht zerbrechen. Deshalb: Es *muss* genügen! Wenn alles so läuft wie zuvor, dann ist heute mein großer Tag.

Und ihr letzter.

Wie Cornelia legt auch die Polizeipsychologin Wert auf Präzision. Das Auto vor dem Haus parken. Kurz hoch in die Wohnung laufen. Umziehen. Rausgehen mit dem rotbraunen Dackel. An zwei Tagen nun zur selben Stunde. Immer die gleiche Runde. Und immer das gleiche dämliche Bellen. Es stört mich. Ich muss den Köter zum Schweigen bringen. Aber das wird kein Problem sein.

Die Glocke der nahen Parrocchia San Romano Martire schlägt Viertel vor acht. Ich atme tief durch. Und wie aufs Stichwort öffnet sich die Haustür auf der anderen Straßenseite mit einem vernehmlichen Knarzen. Sie hat das Haar zusammengebunden, wie praktisch! Fast muss ich lachen. Sie trägt einen dunklen Wollmantel. Wie bedauerlich. Er wird einen Großteil ihres Blutes aufsaugen, wenn ich keine Zeit habe, den Körper angemessen zu drapieren.

Der Hund markiert wie tags zuvor den Laternenpfahl. Sie zerrt ihn weiter. Drüben am Zebrastreifen bleibt sie stehen, sieht nach links, dann nach rechts. Kein Auto ist unterwegs um diese Zeit. Jetzt überquert sie die Fahrbahn. Der Hund schnuppert am Gebüsch. Vielleicht dreißig Meter trennen mich noch von ihr.

Mein Herz beginnt zu pochen. Es ist, als zähle es die letzten Sekunden in ihrem Leben runter. Ich muss bloß den richtigen Moment abwarten. Ein kleiner Schubs, sie rutscht auf dem Glatteis aus, fällt auf den Rücken. Ich werde zu ihr laufen, mich über sie beugen ... die Hand ausstrecken, wie um ihr hochzuhelfen. Doch ich werde ihr nicht helfen. Oh nein, das werde ich nicht.

Ich vergesse zu atmen. Zehn Schritte noch. Jetzt neun. Acht ...

39

Di Bernardo hatte kaum mitbekommen, wie dunkel es draußen geworden war. Zusammen mit Alberto saß er im Wohnzimmer über Kaffee und Nachtisch, und sie redeten noch immer. Es hatte etwas ungemein Klärendes, den Fall vor Alberto auszubreiten und auf seine klugen Zwischenfragen einzugehen.

»Wir haben weder eine konkrete Spur zum Verfasser des Drohbriefes noch zum Mörder«, schloss Di Bernardo und blickte auf den Teller mit den Baci, der sich zu Dreiviertel geleert hatte. »Sag mal, isst du die jetzt alle allein?«

»Ich bin doch dein einziger Sohn«, sagte Alberto und griff blitzschnell nach dem vierten Schokoladentörtchen mit der köstlichen Mascarpone-Creme obendrauf. »Ich brauch Zucker und Fett, damit mein Gehirn funktioniert«, meinte er achselzuckend. »Hier, du bekommst die Hälfte.«

»Na, das ist ja großartig. Ich warne dich. Beim Dessert endet meine Vaterliebe.«

»Ach, Papà«, sagte Alberto. »Das Schöne ist, dass du es ja doch nicht so meinst.«

Di Bernardo seufzte. »Einspruch, Euer Ehren.«

»Abgelehnt. Also, was diesen Fall angeht. Du ermittelst in die Richtung, dass der Schreiber des Drohbriefes und der Täter aller Wahrscheinlichkeit nach ein und derselbe sind. Hab ich das richtig verstanden?«

»Das vermuten wir.«

»Hmm. Ich würde sagen, das bietet sich zwar an. Aber so, wie du die Umstände des Falls schilderst, geht es in der Musikwelt zu wie in der italienischen Politik. Wer zur Familie gehört, bekommt ein Amt – beziehungsweise einen Auftritt, ein Konzert, eine Tournee. Wer schleimt, sammelt Pluspunkte. Wer sich aber querstellt, nicht zur Familie gehört und keine Sonderleistungen erbringen will, wird abgesägt.«

»Was meinst du mit Sonderleistungen?«

»Na, diesen jungen Geiger. Die Agentin lädt ihn zu sich nach Hause ein, was ja wohl Bände spricht. Und dann, nachdem er gegangen ist, streicht sie den Namen durch, und er kriegt weniger Konzerte. Ja hoppla. Aber will er sie umbringen deswegen?« Alberto schob sich das letzte Stück vom Törtchen in den Mund und schüttelte den Kopf. »Nee. Er will was von ihr. Genau wie die anderen. Bedrohen ergibt Sinn. Aber aus dem Weg schaffen, statt ein Hühnchen mit ihr zu rupfen? Denk doch mal nach. Apropos Hühnchen, was gibt es denn zum Abendessen?«

Di Bernardo stützte den Kopf in die Hände. »Das kann jetzt nicht wahr sein, dass du schon wieder Hunger hast.«

»Ich bin noch im Wachstum. Muss nicht gleich sein, ich wollte das Thema nur schon mal anreißen. Also, kommen wir zum Mörder. Da könnte was dran sein mit der These, dass er gedemütigt wurde von der Giordano. Aber das Motiv kann auch Gier sein. Was mich zum Offensichtlichen bringt: Bei den Geigen geht es um Hunderttausende bis Millionen, hast du gesagt. Arabella wünscht sich ein superteures Instrument, die böse Tante sagt Nein. Doch die böse Tante fördert sie auch und lässt sie eine Tournee nach der anderen machen, von den Platten ganz zu schweigen. Für mich klingt eine teure Geige nach einer sinnvollen Investition. Sie hatte doch das Geld, oder nicht? Was also hielt sie davon ab?«

»Das werden wir möglicherweise nie erfahren, wenn Arabella darüber schweigt oder ihr Gedächtnis nicht wiedererlangt.«

»Wie passend.«

»Hältst du sie für verdächtig?«

»Negativ. Genauso wenig wie den französischen Geiger. Sie hat sie doch auch gebraucht. Was hätte sie für Vorteile durch den Tod ihrer Tante?«

Di Bernardo ließ sich Albertos Worte durch den Kopf gehen. Der Junge hatte recht. Weder Bellamy noch Arabella hatten etwas von Cornelias Tod. Zumindest, was die Karriere betraf. Das Erbe war etwas anderes.

»Sie bekommt die Geigensammlung im Wert von zwei Millionen.«

»Aber da ist die Geige, die sie haben will, nicht dabei, oder? Das alte Ding aus Cremona, von dem du erzählt hast.«

»Das nicht, aber sie könnte sämtliche Geigen verkaufen und mit dem Erlös ...«

»Viel zu auffällig«, fiel ihm Alberto ins Wort. »Stell dir vor, genauso läuft es. Da würde ja selbst dein Chef misstrauisch werden. So dumm kann sie nicht sein.«

»Aber was könnte dann dahinterstecken?«

»Keine Ahnung. Doch dass du fragst, zeigt mir, dass ihr nicht in diese Richtung ermittelt habt. Und das liegt daran, dass ihr den Mörder am Verfasser des Drohbriefes festmacht. Da alle, die in letzter Zeit unter Giordano leiden mussten, ein Alibi zu haben scheinen, ist das eine Sackgasse. Deshalb bleibt die Habgier als Motiv übrig, um so einen krassen Mord zu begehen. Vielleicht wollte sie ja ihr Testament ändern und irgendjemandem was vererben, das ein anderer kriegen wollte. Das Haus in Florenz zum Beispiel.«

»Sie hatte tatsächlich einen Notartermin vereinbart«, sagte Di Bernardo und rieb sich das Kinn. »Du hast recht, ich habe mich in diese Demütigungskiste verrannt. Aber weißt du was? Ich brauche mal eine Denkpause. Lass uns überlegen, was wir heute noch machen. Für das Fußballspiel habe ich übrigens eine Karte bekommen. Ein Kollege ist noch dabei, Sergio.«

»Super, Papà! Ha, wir machen euch fertig morgen! Aber jetzt ... Wie wäre es mit einem Männerabend. Lass uns ins Kino gehen, ja? Irgendwas mit Spannung.«

»Prima Idee!« Di Bernardo stand auf, um die Zeitung mit dem Kinoprogramm zu holen, als sein Handy klingelte.

Es war Giorgia. »Dionisio?«, sagte sie atemlos ins Telefon, kaum dass er den Anruf entgegengenommen hatte. »Ich ... Ich habe Angst ... Kannst du herkommen? Jetzt gleich?«

40

Di Bernardo nahm die südliche Route über den Ponte Sublicio in der Hoffnung, dass dort weniger Verkehr war. Scharf links bog er auf den Lungotevere Aventino ab und nahm dann die rechte Abzweigung am Circus Maximus entlang. Wo einst Wagenrennen und Tierhatzen stattgefunden hatten, gingen heute die Römer joggen oder führten ihre Hunde aus. Eine verdrehte Welt, und doch war es genau dieses skurrile und zugleich so selbstverständliche Aufeinandertreffen von Antike und Moderne, das Rom seinen ureigenen Charakter verlieh.

Sein Wagen geriet ins Schleudern, als er auf die Piazza Porta Capena abbog. Kurz vor den Thermen gab er Gas.

Die Anspannung schlug ihm auf den Magen. Giorgias angstvolles Flüstern. Albertos enttäuschte Miene, die er vor seinem Vater zu verbergen suchte. Die Erinnerung an Camillas Anruf, kurz bevor …

Er wischte sich den Schweiß aus dem Nacken.

Minuten später hatte er den Lateran – seit der Zeit von Konstantin I. offizieller Papstsitz – passiert. Bald war er da. Bald war sie in Sicherheit.

Giorgia hatte sich in ihre bordeauxfarbene Strickjacke gewickelt wie in einen Kokon. Di Bernardo schloss sie kurz in die Arme, erleichtert, sie wohlauf zu sehen. Rechtzeitig da zu sein. Sie schmiegte sich an ihn. Für einen Moment vergaß er alles, was er in den vergangenen Stunden gedacht hatte über das Alleinsein und die Freiheit, die es mit sich brachte. Ihr duftendes Haar

kitzelte an seiner Nase, und er vergrub sie darin. Und als Giorgia die Arme um ihn legte und ihn noch enger an sich zog, war es wie früher, vor Campresi.
Campresi.
Abrupt machte er sich von ihr los. »Erzähl. Was ist passiert?« Falls sie seinen Stimmungsumschwung bemerkt hatte, ging sie nicht darauf ein. »Ich war mit Felice unten. Es war noch nicht spät, Viertel vor acht, so wie immer, aber draußen war keine Menschenseele. Irgendwie hatte ich trotzdem das unangenehme Gefühl, als würde mich jemand beobachten. Ich habe mich umgesehen, aber dann hat Felice an der Leine gezogen, und das bei dem Glatteis. Wir sind auf die andere Straßenseite gegangen, zu den Büschen. Als er stehen blieb ...« Sie fuhr sich mit der Hand in den Rücken, zwischen die Schulterblätter. »Ach, ich weiß auch nicht ... Es war, als würde mich jemand anstarren. Und dann ... dann klingelte plötzlich ein Handy.«

Di Bernardo zog eine Augenbraue hoch. »Dein Handy klingelte?« Das Ganze hörte sich konfus an. Für den Bruchteil einer Sekunde hatte er Giorgia im Verdacht, ihn unter einem Vorwand hergelotst zu haben. Frauen taten so etwas. Und Männer fielen reihenweise darauf herein.

»Nein«, sagte Giorgia. »Ein fremdes Handy. Vielleicht zwei, drei Meter hinter mir. Ich habe mich umgedreht, Dionisio, und da war jemand. Ich habe Felice gepackt, bin über die Straße gelaufen und zurück ins Haus. Dann habe ich dich angerufen. Es war unheimlich. So als hätte mir jemand aufgelauert. Und als hätte das Handy ihn verraten.«

»Hast du denn jemanden gesehen?«

»Nur eine Bewegung. Jemand ist hinter dem Baum verschwunden, dann hörte das Klingeln abrupt auf. Da war ich schon losgerannt.« Sie fröstelte. »Aber komm doch ins Wohnzimmer. Möchtest du etwas trinken?«

Di Bernardo schüttelte den Kopf. »Alberto ist zu Hause und wartet auf mich.«

»Ach so«, sagte Giorgia nur.

Er sah sie an, sie wirkte völlig verloren. »Du bist doch sonst nicht so ängstlich und weißt dich zu wehren. Was war anders?«

Giorgia runzelte die Stirn. »Vielleicht, weil Felice dabei war? Ich bin nicht auf die Idee gekommen, mich wie eine Polizistin zu verhalten. Ziemlich unprofessionell, oder?« Sie versuchte zu lachen, was ihr nicht recht gelingen wollte. »Wenn das Handy nicht geklingelt hätte …« Sie schüttelte sich. »Ich hatte schon gestern das Gefühl, als würde jemand mir folgen. Aber du kennst Felice, keine Chance, abends drinnen zu bleiben.«

Wie aufs Stichwort kam der Dackel herbei, wedelte mit dem Schwanz und verteilte seine rotbraunen Haare großzügig auf Di Bernardos schwarzer Jeans. Er strich ihm über den Kopf. Die Haare würde er zu Hause entfernen, wenn Giorgia es nicht mitbekam. Sie war empfindlich, was den Hund anging, und nahm alles, was sich auch nur im Entferntesten gegen ihn richten könnte, gleich persönlich. Den Stress wollte er sich lieber sparen. »Warum hast du nichts gesagt wegen gestern?«

»Es war ja bloß ein Gefühl.«

»Ich sehe mir die Stelle mal an. Kommst du mit runter?«

Giorgia schüttelte den Kopf. »Lieber nicht. Es ist genau gegenüber auf der anderen Straßenseite. Dort steht eine alte Kiefer. Dahinter hatte er sich versteckt.«

»Bist du sicher, dass es ein Mann war? Du sagtest, du hast bloß eine Bewegung gesehen?«

Giorgia zog die Schultern hoch. »Natürlich könnte es auch eine Taschendiebin oder eine Drogenkranke gewesen sein … Aber es hat sich anders angefühlt. Bedrohlich. So, als ginge es um mein nacktes Überleben. Wobei das natürlich bloß ein Gefühl ist oder ein Instinkt.«

Di Bernardo holte die Taschenlampe aus dem Kofferraum seines Autos und ging hinüber auf die andere Straßenseite, wo er sich kurz einen Überblick verschaffte. Am Wegrand wucherten einige Büsche. Raureif hatte sich über das gefallene Laub gelegt, es knirschte leise, als er darauf trat. Zwei Schritte dahinter ragten Bäume empor. Eine Platane, dem weißfleckigen Stamm nach zu urteilen, zwei Zypressen und etwas versetzt eine Kiefer mit dickem Stamm.

Di Bernardo trat energisch auf den Baum zu und leuchtete dahinter. Ein Marder stob aufgeschreckt davon.

Wenn er ehrlich war, wusste er nicht, was er von alldem halten sollte.

Natürlich könnte er die Spurensicherung herbeordern, auch wenn es bloß auf einen Verdacht hin geschah und seine Kollegen alles andere als erfreut wären, jetzt noch auszurücken. Aber wie es aussah, war Giorgia nicht die Einzige, die hier mit ihrem Hund spazieren ging: Der Boden war voller Spuren und Hundekot.

Di Bernardo blickte sich nach allen Seiten um. Ein Stück weiter war ein Zweig umgeknickt. Hier mochte jemand entlanggelaufen sein. Er folgte dem Pfad, der ihn in einem Bogen zurück zur Straße führte. Konzentriert ließ er den Blick über die parkenden Autos schweifen, als plötzlich ein heftiger Regenguss niederging. Mit einem leisen Fluch auf den Lippen kehrte er zurück zu Giorgias Wohnhaus. Damit war die Sache mit der Spurensicherung erledigt.

Oben in Giorgias Flur wischte er sich den Regen von der Jacke. »Draußen ist keiner. Es wäre aber in jedem Fall besser, wenn du heute nicht mehr rausgehen würdest«, sagte er. »Solange Giordanos Mörder frei herumläuft, solltest du vorsichtig sein.«

Ihre Augen weiteten sich. »Du meinst, er könnte es gewesen sein?«

Di Bernardo breitete die Arme aus. »Ich weiß es nicht. Am Dienstagabend Giordano in Parioli, in der Nacht zum Donnerstag der Prostituiertenmord im Gianicolo, gestern Abend drei Tote nach einer Schießerei in Tor Bella Monaca. Und was deine Wohngegend anbelangt – sie ist sowieso nicht sicher, das habe ich dir schon oft gesagt.«

»Ja, und was ist mit Felice? Soll ich ihn auf dem Balkon ausführen?«

»Wenn es die einzige Möglichkeit ist, ja.«

Giorgia verschränkte die Arme vor der Brust. »Du hast kein Tier und keine Ahnung.«

»Es ist mir egal, wie du es mit dem Hund machst. Du sollst nur abends nicht mehr allein rausgehen.«

»Bietest du dich vielleicht als Beschützer an?«

»Zumindest bis wir die jüngsten Morde aufgeklärt haben.«

»*Va bene.* Du hast den Job«, sagte sie und legte den Kopf schief.

»Und Campresi entscheidet über die Vertragsverlängerung?«, rutschte es ihm raus. Verdammt.

Giorgias Blick verriet ihre Enttäuschung. »Ich … ich dachte mir schon, dass ich dein Vertrauen missbraucht habe. Ich hätte dich nicht anrufen sollen. Es tut mir leid.«

Mit zwei Schritten war er bei ihr. Sanft hob er ihr Kinn an. »Mir tut es leid. Vergiss, was ich gerade gesagt habe, es war dumm. Du sollst immer anrufen, wenn du dich unsicher fühlst oder Angst hast, in Ordnung? Auf, pack ein paar Sachen zusammen. Heute Nacht kannst du bei uns schlafen. Und der Hund natürlich auch.«

Sie suchte seinen Blick. »Ich hatte wirklich Angst, Dionisio. Es war kein Trick, um dich hierzuhaben.«

Er nickte. »So etwas habe ich auch keine Sekunde lang geglaubt.«

Das war zwar nicht zu hundert Prozent ehrlich, aber um Diskussionen zu vermeiden, war es allemal die klügere Antwort. Giorgia schenkte ihm ein zaghaftes Lächeln. »Gut. Ich bin gleich so weit.«

Di Bernardo fuhr sich durch das regenfeuchte Haar. Vor einer guten Stunde noch war sein Leben unkomplizierter gewesen.

Alberto lungerte im Wohnzimmer herum, eine große Tafel Schokolade und das Strafgesetzbuch vor sich auf dem Tisch. Er schien beides gleichermaßen zu verschlingen.

Als Di Bernardo mit Giorgia im Schlepptau hereinkam, schreckte er auf. »Puh, ich war ganz in Gedanken und hab euch gar nicht gehört. Ciao, Giorgia. Ciao, Felice, alter Junge.« Er wuschelte dem Hund durchs Fell, dann richtete er sich auf. »Ich geh dann mal in mein Zimmer ...«

»Aber wir zwei wollten doch den Abend zusammen verbringen«, wandte Di Bernardo ein, damit ja keine Missverständnisse aufkamen.

»Lasst euch nicht stören, ich bin hundemüde und muss morgen früh raus«, sagte Giorgia.

»Ich gehe rasch mit dir ins Gästezimmer.«

An der Treppe nahm er Giorgias Tasche und ließ ihr den Vortritt. Erinnerungen drängten sich ihm auf, von den glücklichen Tagen und Nächten, die sie gemeinsam hier in diesem Haus verbracht hatten. Erinnerungen, die ihn völlig aus dem Konzept brachten. Ein Teil von ihm hätte Giorgia am liebsten an sich gezogen und die Vergangenheit zum Leben erweckt. Der andere Teil war verletzt und voller Groll. Auf sie, auf Campresi, auf sich selbst. Am meisten auf sich selbst.

Oben angekommen, sah Giorgia sich um. »Schön ist es geworden. Als ich das letzte Mal hier war, hattest du die Wände noch nicht gestrichen. Die Farbe wirkt sehr warm.«

Di Bernardo hielt ihr kommentarlos die Tür zum Gästezimmer auf und knipste das Licht an. »Bettwäsche ist im Schrank. Soll ich dir helfen? Brauchst du noch etwas?«

Giorgia blieb dicht neben ihm stehen. »Alles gut. Geh runter zu Alberto. Ich wollte euch nicht stören. Aber danke ... danke, dass ich hier sein darf heute Nacht.« Sie legte eine Hand an seine Wange. Und dann küsste sie ihn, bevor er das Weite suchen konnte.

»Wegen Kino ... Ich würde Giorgia ungern allein im Haus lassen«, sagte Di Bernardo zu Alberto, als er Minuten später die Treppe runterkam.

»Was war denn los?«

»Wie es aussieht, hat man sie verfolgt. Sie war mit dem haarigen Monster unten, und da stand offenbar jemand hinter einem Baum versteckt. Sein Telefon hat geläutet, dann lief er weg.«

»Das klingt ja gruselig. Was war es denn für ein Klingelton?«

»Ich muss sie morgen fragen. Du hattest doch noch Hunger. Was hältst du davon, wenn wir uns Pizza bestellen und uns hier zu Hause ein paar Filme ansehen?«

»Klar. Kein Problem«, sagte Alberto. Kurz schien er noch etwas sagen zu wollen, schwieg dann aber.

»Es wird trotzdem ein Männerabend. Versprochen«, sagte Di Bernardo und klopfte seinem Sohn auf die Schulter. »Wir müssen bloß nachher noch mal den Hund rauslassen. Und was das Fußballspiel angeht – Giorgia wird morgen früh zu ihren Eltern fahren.«

Erleichtert sprang Alberto auf. »Super. Ich bestell uns Pizza Funghi mit extra Käse.«

41

Ich habe versagt.
Versagt!
Dabei war ich so nahe dran. Habe sie dort stehen sehen. Mich langsam aus meinem Versteck gewagt.
Und dann passierte es. Der verdammte Anruf!
Sie hat sich umgedreht. Und ich habe mich weggedreht und bin davongelaufen, in die Nacht hinein. Wie ein jämmerlicher Dieb.
Meine Konzentration ist völlig dahin.
Verflucht!
Das Handy. Wie unvorstellbar, wie unfassbar dumm von mir! Eine grenzenlose Schande.
Wut und Zorn. Sie beherrschen mich. Und nicht nur sie.
Lange kann ich nicht mehr warten.
Ich ertrage das nicht.

42

Müde sank Di Bernardo um kurz nach halb sieben in den Sitz seines Autos und ließ den Motor an. In der Nacht auf Montag früh war ein Eisregen niedergegangen, und die Fahrt zur Questura glich einer Schlitterpartie – was für ein passendes Sinnbild für ein Wochenende, das ihn, statt den erhofften Abstand zu bringen, psychisch und physisch ausgelaugt hatte.

Von Samstag auf Sonntag hatte er sich mit Alberto die Nacht um die Ohren geschlagen. Sie hatten abwechselnd ihre jeweiligen Lieblingsfilme angesehen. Alberto war neugierig gewesen, warum er den *Club der toten Dichter* ausgewählt hatte. Und er selbst war gespannt darauf gewesen, wie der Film bei seinem Sohn ankam. Bei Pizza und amerikanischer Eiscreme hatten sie überraschend tiefe Gespräche geführt. Über Werte. Über Fantasie. Über die Tatsache, dass man etwas schätzen lernte, weil es dem anderen wichtig war.

Irgendwann morgens um vier, zwischen *Cinema Paradiso* und *Star Wars* 7 – oder war es 8? –, hatte Di Bernardo einen leichten Realitätsverlust verspürt und nur noch einen Wunsch gehabt: nämlich schlafen zu gehen. Doch er war sich nicht sicher gewesen, ob nicht am Ende Giorgia in seinem Bett auf ihn wartete. Was dann? Ein Teil von ihm hatte es regelrecht befürchtet, nach diesem Kuss und der Art, wie sie sich an ihn geschmiegt hatte, während die Tür in seinem Rücken ihm keine Rückzugsmöglichkeit gelassen hatte.

Aber wenn er es gefürchtet hatte, warum hatte es ihn dann so gestört, als er schließlich feststellte, dass sie seelenruhig im Gästezimmer schlief? Er musste sich wohl oder übel eingestehen, dass er nach wie vor etwas für sie empfand.

Schlaf hatte er in jener Nacht keinen mehr gefunden. Das Fußballspiel mit Alberto und Sergio hatte ihn zumindest etwas für das halb verkorkste Wochenende entschädigt. Es machte Spaß, mal auf der Gewinnerseite zu stehen – auch wenn er den Römern schäbig den Rücken gekehrt hatte.

Di Bernardo kurbelte das Fenster herunter und atmete die eiskalte Luft tief ein, um einen klaren Kopf zu bekommen.

Zeit, sich wieder auf den Fall zu besinnen.

In der Questura kam ihm Del Pino entgegen. Auch er hatte schon mal besser ausgesehen.

»Na, wo haben Sie denn das Wochenende gesteckt?« Beim Friseur war er jedenfalls nicht gewesen.

Del Pino winkte ab. »Der Mensch lernt durch Versuch und Irrtum. Sagte schon Cicero oder so.«

Di Bernardo runzelte die Stirn. Cicero? Gewiss nicht.

»Bin weit gekommen mit dem Lernen in den letzten zwei Tagen«, fuhr sein Ispettore fort. »Aber egal. Was ist unser Plan für heute? Wir haben doch einen Plan?«

»Lassen Sie uns sehen, wie weit Riccardo mit dem privaten Kalender von Giordano gekommen ist. Außerdem haben wir den finanziellen Aspekt bei dem Mord zu sehr vernachlässigt. Cornelia Giordano hatte für morgen einen Notartermin. Wir sollten herausfinden, warum. Möglicherweise ergibt sich ja daraus eine neue Perspektive auf den Fall.«

Del Pino kratzte sich ausgiebig den Kopf. »Sie meinen, sie wollte jemanden enterben, und derjenige wollte das verhindern, um sich seinen Teil zu sichern, und hat sie deshalb ermordet?«

»Das – oder jemand sollte etwas Spezielles erben, und ein anderer wollte das unterbinden.«

»Hm. Und Bellamy?«

»Den müssen wir finden, das Alibi bestätigen lassen, und anschließend setzen wir ihn wegen des Drohbriefes unter Druck. Es ist durchaus möglich, dass der Verfasser des Briefes und der Mörder nicht identisch sind.«

»Stimmt. Allerdings würde das uns in Sachen Klassik-Monster nicht viel weiterbringen.«

»In gewisser Weise schon. Es würde uns zeigen, dass hinter dem Mord ein anderes Motiv steckt. Kein Musiker, der sich gedemütigt fühlt, sondern ... sondern ...« Di Bernardo zuckte mit den Schultern.

»Sondern. Genau.«

Als sie in das kleine Büro am Ende des Ganges traten, saß Riccardo wie gewohnt hinter dem Computer. Er sah aus, als hätte er seit Freitagnachmittag durchgearbeitet. Ohne Pause. Und auch ohne Rasur.

»Ah, Commissario, Roberto ... Sie kommen wie gerufen.« Riccardo wandte sich zu ihnen und schlug den schwarzledernen Kalender auf.

»Dumm, dass er im Januar beginnt. Ich habe trotzdem einige Muster gefunden. Hier, sehen Sie ...« Er drehte den Kalender so, dass Di Bernardo und Del Pino die Einträge lesen konnten. »Anfang Januar tauchen ständig die Initialen R.B. auf. An den entsprechenden Tagen hatte René Bellamy in Rom und Umgebung Konzerte. Am siebten stehen zwei Ausrufezeichen dahinter. Mit demselben Kugelschreiber erfolgte dann hier für den zehnten der Eintrag für das private Treffen ...«

Abendessen mit René.

Elsa???

Die Zeilen waren mit schwarzem Kugelschreiber mehrfach durchgestrichen.

»Was immer da schiefgelaufen ist, scheint sie wütend gemacht zu haben. Der Kuli hat sich bis auf die nächsten beiden Seiten durchgedrückt«, sagte Del Pino stirnrunzelnd.

»Interessant ist, dass sie am Nachmittag vor dem Treffen fünftausend Euro abgehoben und als Verwendungszweck eine betriebliche Ausgabe vermerkt hat.«

Del Pino schüttelte sich. »Ein Schelm, wer Böses dabei denkt.«

»Cicero?«, warf Di Bernardo mit unbewegter Miene ein.

»Claro«, gab Del Pino zurück. »Ein Insider-Witz«, ergänzte er auf Riccardos fragenden Blick hin.

»Aha. Nun, also, dieses Muster gibt es öfter. Giordano hat im Januar vier Termine, die auch im digitalen Kalender stehen, zusätzlich hier drin mit Initialen gekennzeichnet. Bis auf Bellamy sind es allesamt Männer, die einen gewissen Einfluss besitzen. Einer von ihnen sitzt im Kulturdezernat. Das Nobelrestaurant Le Jardin de Russie auf der Via del Babuino war ihr bevorzugter Treffpunkt.«

»Da sollten wir mal vorbeischauen«, sagte Di Bernardo nickend. Er kannte das de Russie vom Hörensagen, es galt als hochpreisiger Treff von Prominenten und Politikern.

»Wenn sie diese Treffen gleich zweifach vermerkt hat, heißt das, sie hat ihnen einen besonderen Stellenwert eingeräumt«, überlegte Di Bernardo. »Haben Sie überprüft, ob sie an den Tagen auch Geld abgehoben hat?«

»Hat sie. Wobei es nicht einfach sein wird zu beweisen, dass sie Schmiergeld unterm Tisch weitergereicht hat. Sie hat insgesamt auffallend viele Rechnungen mit Bargeld bezahlt. Da lässt sich ganz klassisch einiges tricksen.«

Di Bernardo legte die Stirn in Falten. »Anders wäre es auch allzu einfach gewesen. Noch mal zu René Bellamy.«

Riccardo blätterte vor. »Es gibt noch einen weiteren Eintrag mit ihm, der auch durchgestrichen und durch den Namen

Arabella ersetzt wurde. Anfang Juni. Ich habe nachgesehen, es ist ein Open-Air-Konzert in Reggio di Caserta.«

»Hm. Das könnte bedeuten, sie hatte es Bellamy versprochen und hat ihn dann durch ihre Nichte ersetzt … Welchen Stift hat sie genommen? Darf ich noch mal sehen?«

Es war das gleiche Schwarz, mit dem auch die Verabredung für das Abendessen durchgestrichen worden war.

»Die Antwort darauf kann uns wahrscheinlich nur Bellamy selbst geben«, meinte Del Pino. »Es sei denn, Arabella erinnert sich, was da los war.«

»Wir müssten an die Kalender von den Jahren davor kommen«, sagte Di Bernardo nachdenklich. »Oder wenigstens an den von 2016. Um zu sehen, wann das mit Bellamy begann und ob sie Ähnliches auch mit anderen gemacht hat. Erst gefördert, dann abgesägt. Vielleicht finden wir weitere Namen.« Er sah Del Pino auffordernd an.

»Oh nein, Commissario«, erwiderte der. »Ich weiß genau, was Sie denken. Aber nicht mit mir. Campresi. Sie haben versprochen, dass wir nächstes Mal Campresi zu Elsa Ortalli schicken.«

Riccardo grinste. »Muss ja ein traumatisches Erlebnis gewesen sein.«

»In der Tat«, sagte Del Pino und verschränkte abwehrend die Arme vor der Brust.

»War ja nur ein Gedanke. Nachdem Sie so erfolgreich waren. Vielleicht fahre ich selbst hin«, sagte Di Bernardo einlenkend. Es wäre immerhin eine Möglichkeit, Borghese zu entkommen. »Zurück zum Kalender. Was steht für die nächsten Tage und Wochen an?«

»Fixe Termine beim Friseur, drei Modenschauen, ein Wochenende auf Capri Ende März, nächsten Samstag ein ›B.‹ mit drei Ausrufezeichen. Ich habe nachgesehen, es ist der sechsunddreißigste Geburtstag von Boris. Ansonsten der Notartermin, aber das wissen Sie ja bereits.«

»Ausgezeichnete Arbeit, Riccardo«, sagte Di Bernardo. »Bitte tun Sie mir noch einen Gefallen. Sehen Sie sich Bellamys Webseite und den Drohbrief an, der in der Akte Giordano liegt. Vielleicht lassen sich da irgendwelche Gemeinsamkeiten feststellen, die Ihrem scharfen Auge nicht entgehen.« Er stand auf. »Roberto? Kommen Sie, machen wir uns auf den Weg zu unserem Gigolo. Ich muss bloß noch die Autoschlüssel holen.«

Als Di Bernardo mit Del Pino zwei Minuten später sein Büro betrat, entdeckte er Borghese, der sich an seiner Kaffeemaschine gerade einen Espresso machte. »Tun Sie sich keinen Zwang an, Questore«, sagte er säuerlich. Er selbst wäre nie auf die Idee gekommen, ungefragt in die Büros seiner Mitarbeiter zu gehen. Borghese hingegen pflegte die Distanzlosigkeit; vermutlich sah er sie als wichtiges Element seines Führungsstils an.

»Ah, na endlich«, sagte der Questore und nickte seinem Commissario zu. »Ruggieri und ich dachten schon, wir müssen nach Ihnen fahnden lassen. So selten, wie man Sie hier antrifft.«

Bei der Nennung des Staatsanwalts zuckte Di Bernardo kaum merklich zusammen. Der hatte ihm gerade noch gefehlt! »Was verschafft mir die Ehre? Wir wollten gerade ...«

»Nichts da. Ruggieri und ich verlangen Informationen zum Stand der Ermittlungen, und zwar sofort. Darf ich annehmen, dass Sie das Wochenende über fleißig waren? Wie ich hörte, hatten Sie Zeit, ins Fußballstadion zu gehen. Mit Commissario Granata. Ich hatte noch keine Gelegenheit, bei ihm vorbeizuschauen, aber ich darf doch annehmen, dass Sie beide bei der Aufklärung Ihrer Fälle ein großes Stück weitergekommen sind?«

Di Bernardo spürte, wie ihm das Blut ins Gesicht schoss. Ja, er war Borghese ausgewichen. Aber das war kein Grund, ihn dermaßen zu provozieren, und das auch noch vor seinem Ispettore. »Meine Teams haben ausgezeichnete Arbeit geleistet«, gab er zurück. »Wir müssen noch zwei Alibis überprüfen, ansonsten können wir eine Handvoll Verdächtiger ausschließen.«

»Verdächtige ausschließen, wie nett. Sie machen es spannend, Dionisio, das muss ich sagen. Die Presse wird sich freuen«, ätzte Borghese.

»Sie wissen selbst, dass manche Fälle sehr komplex sind und sich nicht über Nacht aufklären lassen – und dieser gehört nun mal dazu. Wir haben im Übrigen erste Hinweise, dass Cornelia Giordano Betreiber von Konzerthallen und unter ihnen auch einen Kulturdezernenten geschmiert haben könnte. Unser …«

»*Porca miseria!* Ich will keine Schmiergeldaffäre, ich will den Mörder von Cornelia Giordano. Wann fangen Sie an, sich um den richtigen Fall zu kümmern?«

Di Bernardo schluckte seine Wut mühsam herunter. Ein Seitenblick zu Del Pino zeigte ihm, dass es seinem Ispettore ähnlich ging.

Es klopfte an der Tür, und gleich darauf sah Anna Cantoni herein, die Fünfzigerjahrebrille bis zum Haaransatz hochgeschoben. »Commissario, gerade hat Carlo Malorgio angerufen, der Polizist, der vor Arabella Giordanos Krankenzimmer Wache hält. Sie hat darauf gedrungen, entlassen zu werden, und zwar auf eigene Verantwortung. Er hat angeboten, sie nach Hause zu fahren. Aber sie hat wohl nach Ihnen verlangt.«

Di Bernardo zog die Augenbrauen hoch. »Bitte geben Sie Malorgio Bescheid, Arabella soll unbedingt warten. Wir sind schon unterwegs.« Er griff nach seinem Mantel und den Autoschlüsseln und nickte Del Pino zu.

»Commissario!«, donnerte Borghese. »Sie sollen sich um den Mörder von Giordano kümmern und nicht den Ritter spielen. Donnerstag ist die Beerdigung. Ich sehe schon die Schlagzeilen:

›Questura tappt noch immer im Dunkeln.‹ Muss ich Sie von dem Fall abziehen? Ich habe noch eine Reihe ausgebrannter Smarts, die in Rom rumstehen … Vielleicht wäre das eher etwas für Sie!?«

»Signor Borghese«, zischte Di Bernardo. »Wie Sie vermutlich wissen, ist auch der Überfall an Arabella Giordano noch nicht aufgeklärt. Weil sie unter Amnesie leidet. Wenn sie zurück in ihre Wohnung kommt und sich womöglich erinnert, wann und warum sie sie verlassen hat, dann will und werde ich dabei sein.« Mit diesen Worten schob er sich an dem Questore vorbei und lief mit weit ausholenden Schritten hinaus zu seinem Wagen.

»Was war denn mit dem los?«, sagte Del Pino leicht außer Atem und ließ sich neben Di Bernardo in den Sitz fallen.

»Die Presse und der Staatsanwalt sitzen ihm im Nacken«, sagte der Commissario schulterzuckend.

»Trotzdem.«

»Dummerweise hat er recht. Wir stehen nicht gut da. Sehen wir zu, dass wir heute ein ganzes Stück weiterkommen.«

43

Ihre Tasche in der Hand, folgte Di Bernardo Arabella die Treppenstufen hinauf zur Wohnung.

Kaum hatte Arabella aufgesperrt, blieb sie stehen und starrte in den Flur. Fröstelnd schlang sie die Arme um ihren Oberkörper. »Alles liegt im Nebel«, sagte sie und wandte sich stirnrunzelnd zu Di Bernardo um. »Ich weiß nicht mal, ob ich zuletzt allein hier war.«

»Lassen Sie sich Zeit«, beruhigte er sie. Nachdem auch Del Pino hereingekommen war, schloss er die Tür von innen und stellte die Tasche ab.

Arabella ging weiter, durch das Wohnzimmer in die Küche. Ein einzelner Teller mit angetrockneten Nudelresten stand in der Spüle. »Gegessen habe ich wohl allein«, sagte sie gedankenverloren. »Aber normalerweise esse ich nie Pasta am Abend. Warum steht dann der Teller noch hier ...«

»Erinnern Sie sich noch daran, dass Sie gekocht haben?«, wollte Del Pino wissen.

»Nein.« Arabella fuhr sich mit der Hand über die Stirn. »Nein, ich erinnere mich nicht.«

»Tut Ihr Kopf noch weh?«, fragte Di Bernardo fürsorglich.

Arabella schenkte ihm ein Lächeln. »Immer wenn ich versuche, mich an etwas zu erinnern, das mit dem Überfall zu tun hat, schmerzt der Kopf. Da ist plötzlich so ein Druck, und ich merke, ich muss abbrechen, sonst ... sonst ...«

»Was würde denn sonst passieren?«, fragte Del Pino interessiert.

Arabella seufzte und sah Di Bernardo an. »Sonst würde ich in diese Schwärze stürzen, und dann könnte ich mich am Ende an überhaupt nichts mehr erinnern. So fühlt es sich an. Wie ein Abgrund. Und das ist auch der Grund, warum ich nicht wollte, dass Boris oder Vincenzo mich nach Hause begleiten. Ich bin Ihnen so dankbar, dass Sie gleich gekommen sind, Commissario.«

»Was tun Ihre Cousins denn, was so schwierig für Sie ist?«, fragte Del Pino, der von Arabella ignoriert zu werden schien – etwas, das ihn nicht im Geringsten davon abhielt, penetrante Fragen zu stellen.

»Boris und Vincenzo ... sie bedrängen mich. Wollen wissen, warum ich in der Agentur war. Wie Cornelia auf mich gewirkt hat. Worum es bei dem Streit mit ihr ging. Was sie gesagt hat. Ob ich noch mal zurückgegangen bin. Ob mir draußen jemand begegnet ist. Ob, ob, ob ...« Sie hielt sich die Ohren zu. »Ich konnte es nicht mehr ertragen.«

»Und Sie wissen wirklich nicht mehr, worum es bei dem Streit ging?«, hakte Del Pino nach.

Arabella senkte den Kopf. »Es ist so schrecklich, dass Cornelia tot ist. Erst meine Mutter, dann sie – und beide so plötzlich. Ein Unfall, ein Mord. Und dass Cornelia und ich gestritten haben, bevor sie starb ... dass es das Letzte ist ...« Sie schlug die Hände vors Gesicht.

»Zu einem Streit gehören immer zwei. Es wird einen Grund gegeben haben«, sagte Di Bernardo sanft. »Sie wussten ja nicht, dass Sie keine Gelegenheit mehr haben würden, es in Ruhe auszudiskutieren.«

»Ihr Cousin sagte, Sie hätten ständig wegen Ihrer Geige gestritten. Dass Sie lieber eine andere gehabt hätten. Eine Cremoneser.«

Arabella schrak auf. »Meine Geige!« Unsicher und dennoch zielgerichtet, wie eine Schlafwandlerin, durchquerte sie den Salon und ging weiter in ihr Schlafzimmer.

Di Bernardo und Del Pino folgten ihr und blieben auf der Schwelle stehen.

Der Geigenkasten lag auf dem Bett, zwischen zwei Bergen von Kopfkissen. Arabella öffnete das Schloss und hob den Deckel. Dann seufzte sie erleichtert. »Zum Glück. Sie ist unversehrt.«

Di Bernardo trat neugierig einen Schritt näher und warf einen Blick in den Kasten.

Eine Viertelmillion.

Er hatte sich Geigen im Internet angesehen, aber dieses Instrument war anders. Arabellas Violine hatte eine warme goldorange Farbe. Das musste am Lack liegen. Was ihn wunderte, war, dass die Violine so makellos aussah, fast wie neu. Keine Risse oder Kratzer im Holz, keine Zeichen des Alters, obwohl das Instrument in der zweiten Hälfte des neunzehnten Jahrhunderts gebaut worden war. In den Korpus waren zwei längliche Löcher eingearbeitet, die ein wenig asymmetrisch wirkten. Die Saiten und ein Stück vom schwarzen Griffbrett waren mit weißem Staub bedeckt.

Arabella schien seinen Blick zu bemerken. »Das ist Kolophonium«, sagte sie. »Seltsam, dass ich es nicht abgewischt habe. Das tue ich sonst immer.«

Ein wenig zögerlich nahm sie die Violine heraus und drehte sie um. Die Holzstreifen wechselten sich in allen erdenklichen Nuancen von Dunkelrot bis zu Hellorange ab und gingen ineinander über wie das Licht beim Sonnenuntergang.

Unwillkürlich musste Di Bernardo an ein Gemälde von Jean-Baptiste Oudry denken, ein Stillleben mit einer Geige und einer Blockflöte, das sein Großvater ihm einmal gezeigt hatte.

Im nächsten Moment setzte Arabella die Violine an und begann, sie zu stimmen. Sie spielte ein paar Töne, nahm das Instrument jedoch sogleich wieder von der Schulter. Ihr Blick glitt über ihre Hände, sie betrachtete ihre Finger. »Meine Nägel sind zu lang. Entschuldigen Sie mich bitte einen Moment«, sagte sie und verschwand ins Bad.

»Ich wette, Vincenzo und Boris bedrängen sie deshalb, weil sie sich fragen, ob sie schuldig ist«, flüsterte Del Pino.

»Kein Wort davon«, zischte Di Bernardo. »Wir müssen uns sachte ranarbeiten. Nicht wie die Holzfäller in den Alpen.«

Arabella kehrte zu ihnen zurück, die Nägel kurz geschnitten. Erneut setzte sie die Geige an und begann zu spielen, vorsichtig erst, dann immer geschmeidiger.

Wie gebannt hörte Di Bernardo ihr zu. »Das ist ... beeindruckend, Signorina Giordano«, sagte er, als sie geendet hatte.

»Klasse Sound«, meinte Del Pino und nickte anerkennend. »Das liegt sicher auch an Ihnen und nicht nur am Instrument. Was unterscheidet denn die eine Geige von der anderen?«

»Ach, da ist vieles«, meinte Arabella. »Einmal der Klang. Dann, wie sie in der Hand liegt. Eine Geige ist wie ein Teil des Körpers, sie muss zu einem passen. Oder man selbst muss zur Geige passen ...« Ihr Blick schien sich in der Ferne zu verlieren. »Ich erinnere mich, dass ich mit meinem Instrument nicht immer zufrieden war«, sagte sie nach einer Weile. »Aber heute ist es irgendwie anders. Der Klang ist voller. Vielleicht liegt es ja daran, dass ich froh bin, überhaupt noch spielen zu können.« Sie hielt die Geige vor sich wie einen Schutzschild für ihre angeschlagene Seele. Und dann spielte sie erneut, als bildeten die Töne eine unsichtbare Wand, hinter der sie sich verstecken konnte.

Del Pino ließ sich nicht beirren. »Erzählen Sie uns mehr davon«, sagte er in eine Pause hinein. »Was hat Sie so unzufrieden gemacht?«

Arabella nahm die Geige herunter und zuckte hilflos mit den Achseln. »Vielleicht halten Sie mich für verrückt«, sagte sie und sah zu Di Bernardo, »aber es war von Anfang an eine merkwürdige Beziehung zwischen mir und dieser Violine, eine Verbindung, die nur an einem seidenen Faden hing. Ich kann gar nicht mehr zählen, wie oft ich sie zum Geigenbauer gebracht habe, nur um dann doch wieder unzufrieden zu sein. Meine Freundin Michelle Chiarello kann Ihnen ein Lied davon singen, sie hat eine Werkstatt. Und es war nicht nur der Klang, an dem ich etwas auszusetzen hatte. Nach etwa zwei Jahren habe ich Schmerzen im linken Handgelenk bekommen. Natürlich gab ich der Geige die Schuld. Die Zargen, die Saiten, das Griffbrett ... Damals begann ich sie regelrecht zu hassen.«

»Was ist es denn für eine Marke?«, fragte Del Pino.

Arabella sah ihn irritiert an. »Sie meinen den Geigenbauer? Vuillaume. Er war Franzose und hat Geigen aus Cremona kopiert. Und ich war eben der Ansicht, dass ich keine Kopie, sondern ein Original verdient hätte. Ein Instrument aus Stradivaris goldener Epoche, eine Guarneri del Gesù, Guadagnini oder wenigstens eine Geige von Pressenda, einem herausragenden Meister aus Piemonte ...«

»Apropos Franzose«, sagte Del Pino. »Sie kennen doch sicher den jungen französischen Geiger, den Ihre Tante ... protegiert hat?«

Arabella errötete leicht. »Wen?«

»René Bellamy.«

»Ja, natürlich, René, an ihn kann ich mich gut erinnern. Ein vielversprechender Geiger.«

Di Bernardo ergriff das Wort, ehe Del Pino weiter vorpreschen konnte. »Ihr Cousin sagte, er wäre Cornelia Giordano ... hinterhergelaufen. Haben Sie davon etwas bemerkt?«

»Oh Gott, nein, wie peinlich. So war es nicht. Meine Tante – nun, sie mochte ihn. Er war immer sehr charmant zu ihr, dazu der französische Akzent ... und sie war schließlich neben all der Arbeit immer noch eine Frau.«

»Sie meinen, die beiden hatten eine Affäre?«

»Nein, das gewiss nicht.«

»Was dann?«

Arabella lachte traurig auf. »Vielleicht hat sie sich einfach männliche Aufmerksamkeit gewünscht?«

»Und was macht Sie so sicher, dass es nicht doch mehr war? Der enorme Altersunterschied?«

»Eine ältere Dame kann sehr wohl Gefallen an einem jungen Mann finden, warum auch nicht?« Sie blickte Di Bernardo aus ihren großen Augen an. »Einer jüngeren Frau kann ja auch ein älterer Mann gefallen.«

Täuschte er sich, oder flirtete sie gerade mit ihm? Aber er war doch noch nicht alt?!

»Ein Grund, weshalb Männer mittleren Alters ständig leer ausgehen. Zumindest so lange, wie sie noch kein Commissario sind«, brummelte Del Pino.

Di Bernardo warf ihm einen irritierten Blick zu und wandte sich dann betont sachlich an Arabella. »Noch einmal. Was macht Sie so sicher, dass da nichts weiter war?«

»Na, weil René einen Freund hat. Er macht sich nichts aus Frauen. Wahrscheinlich sah er in Cornelia eher eine Mutterfigur.«

Das war ziemlich genau das, was Bellamy selbst gesagt hatte. Aber es änderte nichts daran, dass Cornelia offenbar andere Pläne mit ihm gehabt und sich getäuscht gefühlt hatte. Was sich möglicherweise negativ auf seine Karriere ausgewirkt hatte.

»Wir sollten bei ihm vorbeifahren«, sagte Del Pino leise zu Di Bernardo.

Der nickte, wandte sich dann aber noch einmal an Arabella. »Sie sagten, Michelle Chiarello sei Ihre Freundin?«

»Ja, das ist sie.«

»Nun, ich war am Donnerstag bei ihr, Ihr Cousin hatte mir den Namen genannt. Signorina Chiarello aber erzählte mir, Sie hätten seit geraumer Zeit keinen Kontakt mehr.«

Arabella wirkte überrascht. »Michelle und ich? Keinen Kontakt?« Sie runzelte die Stirn, dann wurde sie blass. »Oh mein Gott, noch ein Streit. Ich erinnere mich wieder … Und an allem war die Geige schuld.«

»Wenn Sie zuletzt nicht bei Michelle mit der Geige waren, bei wem dann?«

Arabella setzte zu einer Antwort an. Doch plötzlich weiteten sich ihre Augen, und sie atmete schnell und flach.

»Was haben Sie? Arabella?«

Sie schien nach Worten zu ringen. »Ich … weiß nicht. Ich habe mich eben in einem Zimmer stehen sehen. Ich wollte raus, aber die Tür war abgeschlossen. Ich bin zu einem Fenster gelaufen, da war Licht, grelles Licht, es hat mich geblendet …« Sie fuhr sich mit der Hand über die Augen. »Verzeihung, Commissario. Was hatten Sie gefragt?«

»Wer Ihr Geigenbauer nach Michelle war.«

»Nach Michelle?« Sie blickte ins Leere. »Ich erinnere mich nicht. Aber ich kann es für Sie herausfinden.«

»Ruhen Sie sich erst einmal aus. Unten vor dem Haus steht ein Streifenwagen zu Ihrem Schutz. Wenn Sie sich unsicher fühlen oder bedroht oder sich an etwas erinnern, können Sie mich jederzeit auf dem Handy anrufen.«

»Danke, Commissario.« Sie ergriff seine Hand, ihre Finger waren eiskalt. »Kommen Sie doch zu dem kleinen Gedenkkonzert am Freitagabend. Das würde mich freuen.« Sie wandte sich an Del Pino. »Sie natürlich auch, Ispettore. Es beginnt um zwanzig Uhr im Conservatorio di Santa Cecilia.«

»Sehr gern«, sagte Di Bernardo. »Dann bis Freitag.«

»Und jetzt?«, fragte Del Pino, als sie draußen auf der Via Gramsci standen.

»Bellamy. Anschließend gehen wir jeden einzelnen Hinweis, jede noch so winzige Spur und jede einzelne Befragung ein weiteres Mal akribisch durch. Und wenn es Tage dauert.«

44

Paris, 7. Mai 1867

Camillo Sivori stand am Fenster und sah hinaus in den Garten, wo die Frühlingsblumen in der Maisonne erblühten. Es war ungewöhnlich warm für den Monat, und er hegte den Gedanken, einen Spaziergang durch die Tuilerien zu machen und das Spiel des Sonnenlichts in den sprießenden Kastanienblättern zu bewundern. Stattdessen verharrte er in seinem Salon und musste an seinen früheren Erzrivalen Heinrich Wilhelm Ernst denken. Anfangs war es nicht mehr als ein Wettstreit gewesen, wer von ihnen beiden der virtuosere, der beliebtere Solist war. Doch mit den Jahren hatte sich die Rivalität zu einer Feindschaft entwickelt, so als hätte jemand einige Tropfen Gift ihrer Beziehung beigemischt. Selbst engen Freunden war es nie gelungen, sie einander näherzubringen. Den Grund dafür konnte Sivori auch heute, ein Jahr nach Ernsts Tod, nicht benennen. Vielleicht lag es ja daran, dass der Geiger, dessen eigene Kompositionen vor Virtuosität und Brillanz nur so sprudelten, als der »deutsche Paganini« berühmt geworden war. Dabei war doch er, Camillo Sivori, Niccolò Paganinis einziger anerkannter Schüler und ein nicht minder exzellenter Virtuose, der zudem auf einer Violine seines Lehrers spielte. War denn nicht er viel mehr dazu berechtigt, als Paganini-Nachfolger in die Geschichte einzugehen?

Vergeblich versuchte er, die eifersüchtigen Gedanken zu verscheuchen. Es passierte immer öfter, dass er sich in die Vergangenheit hineinträumte, wobei seine Erinnerungen, wenn es um

Ernst ging, eher einem Kampf und nicht einem Traum glichen – mit der Folge, dass seine Stimmung sich verdüsterte und der Tag verstrich, ohne dass er ein paar Takte komponiert hätte.

Gedankenverloren zog er aus einer Schreibtischschublade ein Notenheft hervor, blickte darauf und schüttelte den Kopf. Völlig abwegig. Und dennoch ...

Sein Blick glitt über den Titel.

Heinrich Wilhelm Ernst
Die letzte Rose des Sommers

Nie hatte er Ernsts Kompositionen öffentlich gespielt. Aber nun war sein Rivale tot, und er musste sich eingestehen, dass dieses Solostück meisterhaft, romantisch, funkelnd und voller Poesie war. Wie gut würde es zu seiner geheimnisumwitterten Stradivari, der *Rosenknospe*, passen!

Statt weiter seine Zeit mit dem Grübeln zu verschwenden, holte er das kostbare Instrument aus dem Koffer. Sivoris linke Hand legte sich um den Geigenhals, die Rechte fuhr über den ausgeprägten Backenbart. Er stellte sich ans Fenster, nahm den Bogen und begann das Thema von Ernsts Komposition zu spielen. Der Klang der Violine wuchs, floss in den Garten und vermischte sich dort mit dem süßen Duft der frühen Blütenblätter.

Den Wunsch, »Die letzte Rose« im Konzert zu spielen, hatte er bisher niemals laut geäußert. Und all das nur wegen einer inzwischen verjährten Feindschaft! Als Virtuose besaß er die technischen Voraussetzungen für dieses anspruchsvolle Stück. Vor allem aber wäre es eine Gelegenheit, den Klang der *Rosenknospe* voll erblühen zu lassen.

Eines Tages, so beschloss er, würde er sich zu einer öffentlichen Aufführung des Stückes überwinden.

Und das Konzert seinem Freund Cesare Stradivari widmen.

45

Zahlreiche Menschen waren zu der Trauerfeier erschienen, um sich von Roms Legende des Musikmanagements zu verabschieden. Hier und dort erkannte Di Bernardo in der Menge die Gesichter von Politikern, Musikern und anderen Prominenten, die mit Cornelia Giordano bekannt oder befreundet gewesen waren.

Es war um die Mittagsstunde, als sie sich alle in der Kirche San Roberto Bellarmino auf der Piazza Ungheria versammelten, einem eher schlichten Backsteinbau aus der ersten Hälfte des zwanzigsten Jahrhunderts im Quartiere Parioli, wo Cornelia die letzten fünfzehn Jahre ihres Lebens verbracht hatte.

Der Priester predigte über die Erhabenheit der Musik und wertschätzte Cornelia Giordanos noble Arbeit, die heilsame Kraft des Klanges auf der Welt zu verbreiten. Nachdenklich betrachtete Di Bernardo das Meer aus Chrysanthemen und Rosen, das den Sarg vorn am Altar schmückte.

Vier Jahre zuvor war Cornelias Schwester Margarita in Florenz beerdigt worden. Er und Del Pino hatten die halbe Nacht damit verbracht, den Unfall wieder aufzurollen, um sicherzugehen, dass er in keinem Zusammenhang mit dem Mord an Cornelia stand. Aber die Fakten lagen auf dem Tisch: Margarita hatte ein Stoppschild missachtet und war in einen Lastwagen gerauscht. Sie war nicht angeschnallt gewesen und noch an der Unfallstelle gestorben.

Anders verhielt es sich mit Cornelia Giordanos Tod. Sie war ermordet worden, und der Täter war noch auf freiem Fuß. Befand er sich womöglich hier in der Kirche? Was mochte in ihm vorgehen, jetzt, wo er sein Werk vollendet sah?

Di Bernardo musste an das kurze Gespräch mit Boris Giordano vor der Trauerfeier denken. »Graben Sie noch ein wenig tiefer, und Sie werden viele Mauro Roches in der Musikwelt finden«, hatte Cornelias jüngerer Sohn behauptet. »Nur kenne ich keinen Einzigen, der deswegen einen Mord begehen würde.«

Unauffällig ließ Di Bernardo den Blick über die Familienangehörigen und Freunde wandern. Arabella Giordano saß in der ersten Reihe, blass und verweint. Sie trug einen schwarzen Hosenanzug unter einem ebenfalls schwarzen Mantel und einen Pelzüberwurf. Heute wirkte sie noch zerbrechlicher als am Montag in ihrer Wohnung. Neben ihr saß Boris Tinelli mit einer jungen Frau, die den Kopf an seine Schulter lehnte. Auf der anderen Seite hatte Elsa Ortalli Platz genommen, sie wischte sich gerade mit einem Taschentuch übers Gesicht. Das ältere Paar daneben kannte er nicht. Vincenzo Giordano saß hinter Arabella inmitten der prominenten Trauergäste. Er hatte die Finger an die Schläfen gepresst und blickte starr vor sich hin. Jeder kämpfte offenbar auf seine Weise mit der eigenen Trauer.

Nach der Predigt folgte eine Arie von Johann Sebastian Bach, wie Di Bernardo dem Programmzettel entnahm. Die Musik berührte ihn mit ihrer Klarheit, der Festlichkeit und Intensität – und zugleich ließ sie ihn wieder an die Sache mit der CD denken. Ihm kam es vor, als sei sie eine Botschaft des Mörders an sein Opfer gewesen. Doch welche?

Als der Gottesdienst schließlich zu Ende war und die Trauergemeinde San Roberto Bellarmino verließ, sah Di Bernardo Marina Adamová und Arabella Giordano weinend nebeneinanderstehen. Es überraschte ihn, dass sich die beiden Frauen plötzlich umarmten. Nun ja. Trauer konnte immer auch etwas Einendes haben, etwas Versöhnliches.

Arabella sah sich suchend um. Als sie ihn entdeckte, kam sie auf ihn zu.

»Herzliches Beileid«, sagte er und drückte fest ihre Hand. »Eine Beerdigung ist immer schwer, Signorina Giordano. Besonders wenn der Tod so plötzlich kommt.«

»Ich weiß nicht, was schwerer ist«, antwortete Arabella nachdenklich. »Ein Tod, der sich über eine längere Zeit ankündigt, wo man in Ruhe Abschied nehmen kann und muss, oder einer, der völlig überraschend kommt und einem den Boden unter den Füßen wegzieht.« Sie senkte den Blick. »Ich weiß nur, es ist ein Albtraum. Ich hoffe die ganze Zeit, dass ich aufwache, in eine bessere Realität hinein, doch es passiert nicht.«

So war es ihm mit Camilla ergangen.

»Werden Sie denn morgen Abend spielen? Ist es nicht zu belastend für Sie?«

»Das ist nett, dass Sie fragen. Mein Gehirn hat zwar noch Probleme, aber Hände und Herz sind gesund. Und solange ich musizieren kann, werde ich Halt im Leben finden.« Sie straffte sich und reckte das Kinn. »Außerdem bin ich es meiner Tante schuldig. Als ich damals, nach dem Tod meiner Mutter, zu ihr kam, hat sie alles für mich getan. Konzertveranstalter, Dirigenten und Orchester, die mich früher abgelehnt hatten, zeigten sich nach Cornelias Anfrage plötzlich interessiert. Und wissen Sie, Commissario, das ist nicht alles. Viele von denen, die heute hier sind und so tun, als würden sie trauern, haben Cornelia nicht gemocht. Sie kannten nur ihre harte, unerbittliche Seite. Mir aber hat sie Loyalität geschenkt, Herzlichkeit, Liebe. Das ist es doch, was eine Familie ausmacht.«

Di Bernardo nickte. Gewiss hatte sie recht.

»Bitte, finden Sie ihren Mörder«, sagte Arabella und sah ihn eindringlich an. Dann wandte sie sich um, trat zu Vincenzo und hakte sich bei ihm unter.

»Was ist eigentlich mit diesem Pianisten? Adrian Müller?«, fragte Del Pino, als Arabella außer Hörweite war.

»Auf Tournee. Noch bis Mitte Februar.«

»Und so was kann man nicht unterbrechen?«

»Offenbar nicht.«

»Schon irgendwie seltsam.« Del Pino schüttelte den Kopf. »Künstler.«

Während die engsten Verwandten und Freunde sich über die Via Flaminia zum Friedhof Prima Porta begaben, fiel dem Commissario Boris Tinelli auf. Er war allein, stand ein wenig abseits der Kirche und sah seinem Bruder Vincenzo dabei zu, wie dieser gerade einer älteren Frau die Autotür aufhielt. Als Boris den Commissario bemerkte, hob er kurz die Hand und wandte sich dann ab.

Am Dienstag waren die Aufnahmen der Überwachungskamera eingetroffen. Sie zeigten Boris ganz eindeutig zur Tatzeit, wie er in der Bar Klarinette spielte. Di Bernardos Reaktion hatte zwischen Erleichterung und Frustration geschwankt – Erleichterung, dass nicht der eigene Sohn seine Mutter bei vollem Bewusstsein umgebracht hatte, und Frustration, weil das Motiv perfekt zu Boris, dem ewigen Verlierer, gepasst hätte.

Di Bernardo wartete ab, bis auch Boris sich ins Auto setzte, und blieb noch eine Weile stehen. Ein schwacher Wind wehte ihm ins Gesicht. Er warf einen Blick nach links, zu den verbliebenen vier Personen, die noch beieinanderstanden, und entdeckte unter ihnen René Bellamy. Der junge Geiger hatte ihn gesehen, gab dies aber durch nichts zu erkennen. Im nächsten Augenblick drehte er sich zu dem etwas älteren Mann neben ihm und flüsterte ihm etwas ins Ohr.

Di Bernardo starrte unverhohlen in Bellamys Richtung. Er erwartete nicht, dass der Geiger zu ihm kam, nicht nach der letzten Begegnung, die für den jungen Mann recht peinlich verlaufen war. Del Pino war zu Höchstform aufgelaufen, hatte ihn beschuldigt, Cornelia Giordano nachgestellt zu haben, bis schließlich Bellamy zitternd vor Wut das Abendessen in der Villa Giordano geschildert hatte. Cornelia hatte ihm seine Zukunft in den rosigsten Farben ausgemalt; als er sie darauf hingewiesen hatte, dass er mit seinem Partner zusammenlebe, hatte sie ihn abschätzig angesehen und gedroht, das Blatt könne sich heutzutage schnell wenden für einen jungen Künstler. Am nächsten Tag hatte er eine formelle Mail bekommen, dass sein Auftritt in Reggio di Caserta abgesagt sei. Alles Weitere hänge von seinen Kritiken beim nächsten Konzert und natürlich davon ab, ob der Saal ausverkauft sei.

Di Bernardo seufzte leise. Auch hier hätte es das perfekte Motiv gegeben – doch der Hausmeister hatte Bellamy am Abend der Tat gegen 21 Uhr quasi aus der Accademia geworfen und den Raum hinter ihm zugesperrt. Di Bernardo war trotzdem noch nicht fertig mit dem Geiger, schließlich war es gut möglich, dass er den Drohbrief verfasst hatte. Aber mehr hatten Del Pino und er nicht rausbekommen. Vorerst nicht.

Ein Gesprächsfetzen drang zu ihm herüber. »… *who's gonna miss her as a person* …« Irgendwo hinter ihm unterhielt sich ein Paar in breitem Amerikanisch. Schnell drehte er sich um, doch der Rest des Satzes ging unter, als die beiden sich in Richtung Parkplatz entfernten. Dann hörte er ein kurzes Lachen der Frau. Auf ihn wirkte es völlig deplatziert. Plötzlich flog ein Vogel so dicht über seinen Kopf hinweg, dass er zusammenzuckte. Und schon setzte sich das Paar ins Auto und fuhr davon.

Wer würde sie als Mensch vermissen … das war die Frage gewesen. Arabella, Vincenzo, Elsa, Marina … Boris?

»Bist du mir aus dem Weg gegangen?«, sagte Giorgia plötzlich dicht an seinem Ohr.

Di Bernardo schrak zusammen, er hatte sie zuvor gar nicht bemerkt. Sein Blick streifte ihre schmale Gestalt in dem taillierten schwarzen Mantel. Ihr Haar schimmerte in der Wintersonne mahagonifarben und ließ ihren Teint noch blasser erscheinen.

»Ich war die ganze Zeit hinter dir«, sagte sie und lächelte Del Pino zu, der sich nun neben Di Bernardo gestellt hatte.

»Roberto und ich haben wie verrückt an dem Fall gearbeitet«, sagte er entschuldigend. »Ich habe dir eine Nachricht geschickt, ob ich eine Streife bei dir vorbeischicken soll, wegen Samstagabend ... Aber du hast dich nicht zurückgemeldet.« In Wirklichkeit hatte er drei Nachrichten geschickt, aber das musste Del Pino mit seinen großen Ohren nicht wissen.

Giorgia blickte zu Boden, dann, schließlich, sah sie auf. Di Bernardo spürte ein ungutes Drücken in der Magengegend. Irgendwie hatte er den Eindruck, dass ihm nicht gefallen würde, was sie als Nächstes sagte.

»Am Sonntag, nachdem ich meine Eltern besucht hatte, konnte ich mich einfach nicht überwinden, zurück in die Wohnung zu gehen. Ich habe bei Francesco Unterschlupf gefunden. Er hat genug Platz in ...«

»Bestens«, sagte Di Bernardo mit unbewegter Miene. »Ich bin froh, dich in Sicherheit zu wissen.« Dann wandte er sich Del Pino zu. »Wir sollten uns beeilen, wenn wir noch einen Blick auf die Trauergäste bei der Beerdigung werfen wollen ...«

»Aye, aye, Käpt'n«, sagte Del Pino und nickte Giorgia zu. »Bis später dann.« Energisch zog sein Ispettore ihn mit sich.

Ein Kuss, und Stunden später war sie wieder bei einem anderen! Er war ein Narr, dass er sich je für sie interessiert hatte.

»Konzentrieren wir uns auf den Fall«, sagte er zu Del Pino.

»Nach getaner Arbeit fühlt man sich wohl«, erwiderte der.

Ungläubig sah Di Bernardo ihn an. »Das war Cicero. *Iucundi sunt acti labores.*«

»Sag ich doch. Wobei *Labor omnia vincit* auch gut passen würde. Ist aber nicht von Cicero. Schlüssel?«

Kopfschüttelnd warf Di Bernardo seinem Ispettore die Autoschlüssel zu. Harte Arbeit würde alles besiegen, in der Tat. Auch diesen Dolchstoß in seinen Rücken, den Giorgia ihm erneut verpasst hatte. Nun denn.

Er zwang seine Gedanken zurück zu dem Fall. Zu dem Moment, als er die ermordete Cornelia Giordano und ihr vom Tod eingehülltes Büro betrachtet hatte. Die Unmengen von Blut. Die Musik von Bach.

Und ausgerechnet er, Di Bernardo, war es, der in diesem Zusammenhang immer noch etwas übersah.

46

Ich habe immer noch nicht gemordet. Der Druck wächst unaufhaltsam.

Heute habe ich sie gesehen, vor der Kirche. Die Polizeipsychologin. Es hat mich alle Kraft gekostet, die Kontrolle zu wahren.

Das Risiko, entdeckt zu werden, steigt mit jedem verlorenen Tag.

Lange kann ich nicht mehr warten. Meine Sehnsucht, noch einmal zu töten, ist immens, so immens.

Plötzlich rührt sich etwas in mir. Ein neuer, ängstlicher Gedanke.

Was ist bloß aus mir geworden?

Wo ging mein altes Ich verloren?

Ich habe eine Schwelle überschritten, ohne zu ahnen, dass es kein Zurück mehr gibt.

Es muss sein. Es wird sein. Nur noch ein Mord. Um zu verstehen, was geschehen ist.

Danach werde ich die Kontrolle über mich zurückgewinnen. Endlich wieder ich selbst sein.

47

Dionisio Di Bernardo stand vor dem Eingang zum altehrwürdigen Conservatorio di Santa Cecilia in der Via dei Greci und blickte auf die im Dämmerlicht dunkler werdende Stadt. Noch ein verregneter Tag neigte sich dem Ende zu. Zum wiederholten Mal sah er auf die Uhr. Del Pino war losgefahren, um Alberto abzuholen, nachdem der Questore Di Bernardo in Beschlag genommen hatte. Es war um die Sache mit dem Jugendorchester in Apulien gegangen.

»Ich habe inzwischen mit dem Dirigenten Luigi Scarpone gesprochen«, hatte Borghese berichtet. »Das Preisgeld wurde tatsächlich unter den Jurymitgliedern verteilt. Keine Ahnung, wie man so etwas schafft. Als Scarpone Cornelia Giordano darauf ansprach, stellte sie ihn vor die Wahl: entweder schweigen und die Karriere nach vorn bringen oder den Vertrag mit der Agentur auflösen. Man kann sich denken, wofür Scarpone sich entschieden hat.«

Di Bernardo war die Galle hochgestiegen. Junge Leute derart zu hintergehen, das war einfach nur abscheulich. Und dennoch sollte es keinerlei Ermittlungen zu dieser und anderen Korruptionsaffären der Agentur Giordano geben – »auf Anweisung von ganz oben«, wie Borghese sich ausgedrückt hatte.

Di Bernardo hatte gerade noch Zeit gefunden, den schwarzen Anzug und eine bernsteinfarbene Seidenkrawatte aus seinem Schrank im Büro anzuziehen, um sich dann zu Fuß auf den Weg Richtung Campo Marzio zu machen, was allemal schneller ging als mit dem Taxi. Er wusste nicht, was ihn bei dem Gedenkkonzert erwartete. Vermutlich war es ein Fehler, Alberto mitzunehmen, doch er wollte den Jungen nicht den ganzen Abend allein lassen, nachdem er gefragt hatte, ob er das Wochenende bei ihm verbringen dürfe. Würde die Musik ihn langweilen oder begeistern? Er fürchtete Ersteres, auch für sich selbst, von Del Pino ganz zu schweigen. Wobei sein Ispettore gerade eine Wandlung durchmachte, verursacht durch irgendein privates Desaster, über das er sich hartnäckig ausschwieg. Diese Wandlung äußerte sich in gesteigertem Appetit und einer Vorliebe für Weisheiten aus der Antike. Auf seinen Kleidungsstil hatte sie allerdings keinen Einfluss, wie Di Bernardo bemerkte, als Del Pino mit seinem Sohn um die Ecke bog und auf ihn zuhielt. Immerhin hatte er sich an diesem Abend für schwarze Sneakers zur dunklen Jeans entschieden.

»Papà!«, rief Alberto und strahlte ihn an.

Di Bernardo spürte, wie die Anspannung der vergangenen Tage ganz plötzlich von ihm abfiel. Er schlug Alberto und Del Pino jovial auf die Schulter. »Lassen wir die Musik einfach auf uns zukommen«, meinte er. »Und wenn ihr euch langweilt, denkt dran, danach gehen wir zu Pasta Express und schlagen uns den Bauch voll.«

»Cool. Ich hab jetzt schon Hunger. Aber so schlimm wird's schon nicht werden«, sagte Alberto. »Außerdem sieht Arabella Giordano voll gut aus. Da fällt mir ein, ich war letzten Sommer bei einem Konzert in Lucca, wo eine superhübsche Pop-Geigerin aufgetreten ist. Sie hatte ganz offensichtlich keinen BH an.«

»Was sagst du da?«, grinste Di Bernardo. »Wo hattest du denn deine Augen?«

Alberto zuckte die Achseln. »War nicht zu übersehen. Aber so was haben wir heute Abend wahrscheinlich nicht zu befürchten. Wobei, na ja, befürchten ist wohl nicht ganz das richtige Wort ...«

»Auch das lassen wir auf uns zukommen«, meinte Di Bernardo lachend.

Als sie in den Konzertsaal des Conservatorio traten, pfiff Del Pino anerkennend durch die Zähne. »Coole Hütte«, sagte er und drehte sich einmal um die eigene Achse.

Alberto kicherte, während Di Bernardo die Augen verdrehte. Der Saal mit seiner Empore, der Stuckdecke und den Rundbogenfenstern war ehrfurchtgebietend und behaglich zugleich. Die roten, mit Samt bezogenen Stühle gaben dem Saal eine festliche Note. Vorn, hinter einem großen Podest mit einem glänzend schwarzen Konzertflügel, befand sich die Orgel, deren Pfeifenwerk die gesamte Breite des Saals einnahm. Seitlich neben dem Flügel prangte ein überlebensgroßes Porträt Cornelia Giordanos. Für einen Moment verweilte Di Bernardos Blick auf den großen, ausdrucksvollen Augen, dann bemerkte er den herablassenden Zug um den Mund. Mit dem nächsten Atemzug legte sich das schreckliche Bild der Ermordeten, das sich in sein Gedächtnis gefräst hatte, darüber. Hastig wandte er sich ab. Er deutete auf die hinterste Reihe der roten Samtsessel; von dort aus hätte er alles im Blick, während er gleichzeitig hoffen konnte, dass seine beiden Begleiter nicht unangenehm auffielen.

Kaum hatten sie sich gesetzt, sagte Del Pino: »Wie im Kino. Alberto, hol mal Popcorn.«

Sein Sohn kicherte schon wieder, während Di Bernardo eine strenge Miene aufsetzte. »Benehmt euch. Wir sind in einem Gedenkkonzert. Und vergesst nicht, die Augen offen zu halten. Der Mörder könnte unter uns sein.«

Del Pino verkniff sich einen markigen Kommentar, und Di Bernardo lehnte sich zurück und versuchte, zu entspannen.

Zehn Minuten nach acht begann die Veranstaltung mit einer Reihe von langatmigen Reden über Cornelia Giordanos Verdienste. Di Bernardo fragte sich unwillkürlich, was die Mitglieder des Jugendorchesters und Künstler wie Mauro Roche oder Fabrizio Emme davon halten mochten. Sein Blick wanderte über die Köpfe im Saal. Der Saal war bis auf die beiden Reihen vor ihnen voll besetzt. Auf der Empore sah er Pressefotografen und ein Kamerateam von RAI 5. Er würde die Aufnahmen anfordern, um sich einen Überblick zu verschaffen. Riccardo Magno war zwar inzwischen von ihrem Fall abgezogen worden, doch er würde ihn trotzdem bitten, eine Liste der Anwesenden anzufertigen. Einige Namen würde er natürlich aus der Presse erfahren, und er konnte sich nur zu gut ausmalen, wie die Reporter einen kräftigen Seitenhieb auf die Questura austeilten, nachdem der Fall noch immer nicht gelöst war.

Dann, endlich, waren alle Lobredner zu Wort gekommen. Das Licht im Saal wurde gedimmt, ein Scheinwerfer richtete sich auf den Flügel. Arabella trat auf das Podest, gefolgt von dem Pianisten.

Das erste Stück des Programms war eine Romance in F-Dur von Beethoven. Die Musik bahnte sich einen Weg von der Geige zu den Ohren des Publikums und von dort direkt ins Herz. Der große Saal schien sich in einen intimen Raum zu verwandeln, als hätte die Anziehungskraft der Musik die Zuhörer enger zueinandergebracht. Die Atmosphäre war betörend, und Di Bernardo ließ sich von dem leuchtenden Geigenklang verzaubern. Es schien, als würde die Geige singen und sprechen und dabei – wenn auch nur für wenige Momente – das Geheimnis ihres einzigartigen Klangs vor den Zuhörern entfalten. Plötzlich schien es Di Bernardo, als spräche die Seele selbst durch die Musik: Er hörte Leid und Freude, Träume und Verzweiflung, die sich im endlosen Klangfluss miteinander vermischten. Er stützte die Ellbogen auf die Oberschenkel, legte den Kopf auf die Hände und sah Arabella Giordano beim Spielen zu. Sie war zweifellos eine Schönheit und wusste die Aufmerksamkeit aller auf sich zu ziehen: Das lange schwarze Seidenkleid mit der entblößten rechten Schulter erinnerte in seiner Strenge an eine antike griechische Robe. Die blonden Haare waren zu einem langen Pferdeschwanz gebunden, der rhythmisch mit der Musik hin und her schwang.

Ein kurzer Seitenblick verriet ihm, dass auch Alberto und Del Pino wie gebannt auf die Bühne blickten.

Frenetischer Applaus setzte ein, nachdem Arabella geendet hatte. Selten hatte Di Bernardo solch ein Bedürfnis verspürt, seiner Begeisterung Ausdruck zu verleihen. Und während er fest in die Hände klatschte, versetzte es ihn in Erstaunen, wie sehr die Musik ihn berührt hatte.

Als Nächstes spielte der Pianist den zweiten Satz aus Beethovens »Pathétique«.

»Beethoven muss wohl öfter für Beerdigungen herhalten«, flüsterte Alberto.

»Hat der nicht die Europahymne geschrieben?«, erwiderte Del Pino.

»Könnte sein. Aber eigentlich war er da schon tot.«

»Hä?«

»Pssst«, machte Di Bernardo.

Als Arabella zum zweiten Mal an diesem Abend die Bühne betrat, legte sich gespanntes Schweigen über den Raum. Wie gebannt schienen alle darauf zu warten, dass sie die Geige ansetzte. Doch stattdessen machte sie ein paar Schritte vor, bis an den Rand des Podests, und begann zu sprechen. »Die folgende Komposition – ›Die letzte Rose des Sommers‹ von Heinrich Wilhelm Ernst – war Cornelias Lieblings-Solostück. Allein ihr habe ich es zu verdanken, dass ich es in den großen Konzertsälen Europas spielen durfte. Und wann immer ich es in Zukunft spielen werde, wird es ihr gewidmet sein. Für heute aber hoffe ich, dass die Variationen des alten irischen Volkslieds ihre Seele dort erreichen, wo sie nun ist ... umgeben von himmlischer Musik und der Erinnerung an all diejenigen, die sie lieben.«

Ihre Stimme klang brüchig, und der Kontrast zwischen ihrer Zerbrechlichkeit und dem kraftvollen Spiel erstaunte Di Bernardo. Unwillkürlich fragte er sich, welches die echte Arabella war.

Als sie zu spielen begann, dehnte sich der Geigenklang wie süßer goldener Honig, und Di Bernardos Gedanken traten in den Hintergrund. Er spürte den Klang der Violine mitten in sein Herz dringen. Das eingängige Thema erinnerte ihn an die Wiesen Irlands, grüner als grün, und seine Erinnerungen schweiften ab zu einem Familienurlaub an der Irischen See, in glücklicheren Zeiten. Dann holten ihn die Variationen des Themas zurück in die Gegenwart, und sein Blick galt nur mehr Arabella.

Die Finger ihrer linken Hand liefen unaufhaltsam über das Griffbrett, ihre rechte Hand war geschmeidig, und als sie den Bogen kräftiger über die Saiten führte, erwachte die Violine zu einer faszinierenden Fülle an Klangfarben.

Während Arabella die Töne wie Feuerfunken aus ihrer Geige springen ließ, verschwand selbst der Mord an Cornelia Giordano für eine Weile aus Di Bernardos Bewusstsein. Irgendwann lehnte er sich zurück und träumte erneut von irischen Wiesen und Steilküsten, Wäldern und Küstenlinien in allen nur erdenklichen Grüntönen, die ihm durch die Musik zum Greifen nahe schienen. Mit geschlossenen Augen stellte er sich einen dunklen, tiefen See bei Sonnenuntergang vor. Dann schob sich darüber der Gedanke an die letzten Rosen des vergangenen Sommers, einsam in seinem Garten blühend und umgeben vom Nebel, nachdem Giorgia ihn verlassen hatte. Doch die Musik trug seine Traurigkeit hinweg, verwob sie mit dem Strom der Zeit und der Hoffnung auf neues Glück, irgendwo, irgendwann. Die Minuten vergingen, und er fühlte sich wie verzaubert.

Als das Stück zu Ende war, beugte sich Alberto zu ihm. »Weißt du noch, wie wir in Irland waren, mit Mama? Keine Ahnung, warum ich da gerade dran denken muss. Da war ich noch klein. Du hast mich abends bei unseren Spaziergängen zu den Schafen immer auf den Schultern getragen.«

Di Bernardo lächelte. Ja, das hatte er. Und jetzt saß sein Sohn neben ihm und war erwachsen.

Das Konzert ging mit einer Sonate von César Franck fulminant zu Ende. Anschließend stand Arabella Giordano im Flur, mit der Geige und dem Bogen in der Hand. Sie erspähte den Commissario inmitten der Gäste und winkte ihn zu sich.

»Ein tragischer Anlass«, sagte Di Bernardo leise. »Aber wie wunderbar war doch Ihr Spiel.« Dann stellte er ihr seinen Sohn vor. Alberto deutete artig eine Verbeugung an. Nach einigen Worten über das Konzert siegte aber seine Neugier. »Ihr Instrument«, sagte er mit Blick auf die Violine, »es sieht aus wie neu. Stammt es wirklich aus dem Jahr 1863, so, wie es im Programmheft steht?«

Arabella lächelte. »Stimmt, man sieht meiner Vuillaume das Alter nicht an. Ihr Zustand ist exzellent.«

Sie sprach den französischen Namen mit einer Betonung aus, die Di Bernardo schmunzeln ließ – so als wäre die Geige Teil der schillernden Persönlichkeit, die sie ihrem Publikum präsentierte.

»Der Klang ist echt fantastisch«, sagte Alberto ehrfürchtig.

»Ich weiß wirklich nicht mehr, was ich immer an ihr auszusetzen hatte«, meinte Arabella. »Auf jeden Fall habe ich beschlossen, Cornelias Geschenk *in memoriam* zu behalten. Kein Verkauf, kein Tausch gegen eine andere Geige.« Sie suchte Di Bernardos Blick. »Vielleicht halten Sie mich ja für verrückt, Dionisio – ich darf doch Dionisio sagen? –, aber ich glaube an eine metaphysische Verbindung zu meiner Tante, eine Verbindung durch die Musik und den Klang dieser Violine. Wo auch immer Cornelia gerade ist, ich weiß, dass sie sich darüber freuen würde.« Tränen glänzten in ihren Augen. Unvermittelt drückte sie Di Bernardo ihre Geige in die Hand. »Hier, bitte halten Sie sie für mich. Ich brauche eine Minute in der Garderobe, dann bin ich wieder da«, sagte sie und verschwand den Gang hinunter.

Eine kleine Menschentraube bildete sich um Di Bernardo, dem all die Aufmerksamkeit unangenehm war. Er hatte nicht die geringste Ahnung, wie er die kostbare Geige richtig halten sollte. Unschlüssig drehte er sie in den Händen.

»Die Bässe aus Bronze, die Höhen aus Silber, *magnifique!*«, sagte jemand hinter ihm. Er drehte sich um und entdeckte René Bellamy, der gierig auf die Geige starrte. »Ach, *bonsoir, Monsieur le Commissaire!* Sie sind auch hier?«

Di Bernardo war kurz davor zu erwidern, dass das ja wohl nicht zu übersehen sei. »Das Gedenkkonzert wollte ich nicht verpassen«, sagte er stattdessen. »Was meinen Sie zu der Geige?«

»Vuillaume war mehr als nur ein Kopist. Arabellas Violine ist noch besser als meine. Sie ist phänomenal«, gab Bellamy seinen Kommentar ab.

»Die Violine spielt aber nicht von allein«, erwiderte Alberto trocken.

Di Bernardo gab ihm im Stillen recht. Der goldene Klang, den Arabella der Geige entlockt hatte, hallte noch immer in seinen Ohren nach.

»Halten Sie das gute Stück mal höher, Commissario«, sagte Del Pino in seinen Rücken. »Da in dem Loch steht was drin, das will ich sehen.«

Di Bernardo hob die Geige mit beiden Händen ins Licht einer Lampe. Er kniff die Augen zusammen und blickte in das linke F-Loch, um die etwas verblichene Schrift in dem Instrument zu lesen.

> *Imitation précise de Stradiuarius du*
> *Comte Cozio de Salabue, daté 1716*
> *le »Messie«*
>
> *Jean Baptiste Vuillaume a Paris*
> *3. rue Demours-Ternes*
> *1863*

Del Pino und Alberto beugten sich von hinten über seine Schultern.

»Was heißt das?«, fragte Alberto.

»Der Zettel gibt Aufschluss über den Geigenbauer sowie den Ort und das Jahr, in dem das Instrument entstand«, sagte Di Bernardo, der sich an einen entsprechenden Artikel im Internet erinnerte. »*Imitation précise* bedeutet wahrscheinlich, dass …«

In diesem Moment unterbrach ihn ein gellender Schrei. Er kam aus dem Künstlerzimmer, in das Arabella verschwunden war. Es war ein schriller, durchdringender Ton, und er hörte nicht auf. Die Menschen um ihn herum schienen wie erstarrt. Hastig drückte Di Bernardo Del Pino die Violine in die Hand, stürmte den Gang hinunter und warf sich gegen die Tür der Garderobe.

Arabella stand zitternd in der Mitte des Raums, mit verzerrtem Gesicht und aufgerissenen Augen. Beide Hände umklammerten ihren Bogen, als wäre es ihr einziger Halt. Di Bernardos Blick fiel auf den geöffneten Geigenkasten. Für einen Augenblick schien es, als hätte jemand die Luft aus dem Zimmer gesaugt.

In dem Kasten lag, blutig und zerquetscht, eine tote Taube.

48

»Und? Hast du schon eine Ahnung, was du beruflich machen willst?«, fragte Del Pino Alberto und langte über den Tisch, um sich das Knoblauchbrot zu sichern.

Di Bernardo stocherte in seinen Tagliatelle Alla Romagnola und sortierte das Fleisch aus. Der Anblick der toten Taube hatte ihm den Appetit auf alles verdorben, was einmal gelebt hatte.

Alberto und Del Pino waren schon vorgegangen, während Di Bernardo in Arabellas Künstlergarderobe auf das Team der Spurensicherung gewartet hatte. Die beiden hatten das »All you can eat«, mit dem die amerikanisch angehauchte Trattoria diesen Monat warb, offenbar wörtlich genommen: Der Tisch bog sich förmlich unter den Speisen, die sie ergattert hatten.

»Ich will Jura studieren und dann eine neue Partei gründen.« Alberto löffelte haufenweise Parmesan auf seine Ravioli und schob sich dann eine Gabel voll in den Mund.

»*Ottimo*. Und was wird das für eine Partei?«

»Die beste. Sie wird für soziale Gerechtigkeit eintreten. Und sich um die Umwelt kümmern. Im Gegensatz zu den etablierten Parteien werde ich persönlich dafür sorgen, dass meine Partei sich nicht kaufen lässt. Nieder mit der Korruption in diesem Land!«

»Und das willst du alles allein schaffen?«, fragte Del Pino, rollte ein Pizzastück zusammen und schob es sich in den Mund. »So geht mehr rein«, sagte er kauend zu Di Bernardo, der ihn stirnrunzelnd beobachtete.

»Mit meinen Freunden natürlich«, sagte Alberto. »Ich bin

überzeugt, dass wir – die jungen Leute – das Land aus der Krise führen können. Wir werden das Wohl der Menschen an die erste Stelle rücken.«

»Find ich gut, dass du nicht ins Ausland gehst, wie so viele Schulabgänger jetzt. Und was sagt dein Umfeld?« Del Pino nickte in Richtung Di Bernardo.

»Papà steht voll hinter mir. Meine Mutter ist der Ansicht, ich werfe mein Leben weg.« Er zuckte die Achseln, streckte den Arm über den Tisch und wuchtete eine Pfannenpizza auf seinen leeren Ravioli-Teller. »Ah, noch heiß. Mit Käserand. Musst du probieren, Papà. Du auch, Roberto!«

Di Bernardo hielt ihm einen leeren Teller hin. »Gern. Gib mir mal ein Stück.«

»Ne, ne, da musst du dir selbst eine holen«, sagte Alberto und deutete hinter sich in Richtung Büffet.

»So viel zu ›das Wohl der Menschen an die erste Stelle rücken‹«, brummte Di Bernardo.

Alberto lachte. »*Scusa*, aber es ist ja nicht so, als gäbe es nichts mehr. Du musst bloß aufstehen.«

Del Pino nickte. »Find ich gut, wenn du gegen dein Helfersyndrom angehst.«

»Na, das mit der Partei ist nicht so sehr ein Helfersyndrom, auch wenn wir uns natürlich auch um Arme und Obdachlose kümmern werden. Wir wollen … wir wollen etwas Größeres. Wir wollen die Menschen aufwecken.« Er grinste. »Also eher eine Art Messias-Komplex. Wobei das jetzt vielleicht ein bisschen großkotzig klingt. Papà? Alles okay?«

Di Bernardo starrte Alberto an. »Sag das noch mal.«

»Alles okay?«

»Ich meine, was du davor gesagt hast …«

»Das mit dem Messias-Komplex? Ja, ich weiß, das war übertrieben, aber …«

Di Bernardo wischte die Antwort seines Sohnes mit einer energischen Geste weg, er brauchte einen Moment Ruhe. Zwischen seinen Augenbrauen bildete sich eine Falte, als er versuchte, den Gedanken zu fassen zu bekommen. Er wusste nicht, ob es von Bedeutung war oder völlig irrelevant ... noch nicht. Doch etwas hallte in ihm wider, und er konnte nicht anders, als sich auf die Fährte dieses einen Wortes zu begeben, das ihn gepackt hatte. Messias ...

Am Rande bekam er mit, wie Del Pino mit dem Zeigefinger kleine Kreise neben seiner Schläfe malte und in seine Richtung nickte. Alberto unterdrückte ein Kichern, dann stürzten sich die beiden wieder auf ihr Essen.

Di Bernardo schob den Teller von sich und zog sein Handy hervor. In die Suchleiste tippte er *Messias* ein und scrollte sich dann durch die Ergebnisse und verwandten Suchanfragen.

Messias. Rechtschreibung, Definition, Herkunft
Messias Bedeutung. Erlöser. Gesalbter
Messias. Was sagt die Bibel
Messiah. Oratorium von Friedrich Händel
Messias rockt
Shotgun Messiah
Messias-Komplex ...

Ein Videogame. Ein College. Christus. Messias Kindern erklären. Das Oratorium? In Gedanken ging er die CD-Sammlung von Cornelia Giordano durch. Nein, das war es nicht. Keiner der Begriffe passte. Er schob sein Handy zurück in die Tasche. Zu Hause vor dem Computer würde er weitersuchen.

»Du hast gerade ausgesehen, als hättest du einen Geist gesehen«, sagte Alberto.

»Vielleicht habe ich das ja«, murmelte Di Bernardo.

Alberto und Del Pino kannten ihn gut genug, um zu wissen, dass sie sein seltsames Verhalten besser auf sich beruhen lassen sollten.

»Also, ich wäre dann mal satt«, sagte Alberto. »Und du?«
Del Pino wischte sich den Mund mit einer Serviette ab. »Ich auch. Gut war's. Und was machen wir jetzt?«

»Willst du noch was essen, Papà?«
Di Bernardo schüttelte den Kopf. »Lieber einen Espresso. Aber nicht hier. Fahren wir nach Hause. Es tut mir leid, aber ich muss etwas recherchieren.«

Alberto zuckte die Achseln. »Klar. Der Fall geht vor. Wo wohnst du eigentlich, Roberto?«

»Gute Frage«, antwortete Del Pino, und seine Miene verdüsterte sich. »Meine Ex hat meine Wohnung beschlagnahmt. Ich werde mal sehen, ob ich bei einem Freund unterkommen kann. Sonst nehme ich mir ein billiges Hotel. Fahrt ihr nur.«

»Aber bei uns ist doch ein Gästezimmer frei. Papà?«
Di Bernardo sah auf. Er war so in Gedanken, dass er nur halb mitbekommen hatte, worüber sich die beiden unterhielten.

»Kann Roberto mit zu uns kommen? Er hat Stress mit den Frauen.«

Di Bernardo nickte, ohne zu realisieren, worauf genau er sich da einließ.

Doch Alberto strahlte und schlug ihm kameradschaftlich auf die Schulter, also konnte es nicht verkehrt sein.

Del Pino zahlte die Rechnung, dann nahm er Di Bernardo die Autoschlüssel ab und ging vor zum Parkplatz.

Der Commissario schob sich auf die Rückbank; dort war er ungestört, während die beiden sich vorn über Musik, Frauen und die Welt an sich austauschten. Er ließ den Abend Revue passieren, während das nächtliche Rom an ihm vorbeizog.

Arabellas Schrei klang noch immer in seinen Ohren. Für einen Moment hatte er Angst gehabt, sie könnte das nächste Opfer sein. Als er sie gesehen hatte – unversehrt, wenn auch in Panik erstarrt –, war er unglaublich erleichtert gewesen. Doch der Vogel war wie ein Weckruf. Arabella war nicht in Sicherheit. Die Gefahr war nicht gebannt. Der Mörder lief noch immer frei herum.

Del Pino lenkte den Wagen durch die Straßen Monteverde Vecchios und parkte schließlich direkt vor seinem Haus. Für einen Moment war Di Bernardo irritiert und fragte sich, wie sein Ispettore denn nun nach Hause kommen sollte. Als Del Pino ihnen folgte, flüsterte er Alberto zu:

»Was macht der denn hier?«

»Er wohnt vorübergehend bei uns, hast du das schon vergessen? Papà?«

Di Bernardo massierte sich den Nacken. Er stand eindeutig neben sich. So musste Arabella sich wohl fühlen seit dem Vorfall in der Villa Ada.

Drinnen übernahm Alberto die Regie, zeigte Del Pino das Gästezimmer, das Bad und kam wieder herunter zu seinem Vater, der sich ins Arbeitszimmer verzogen hatte.

»Voll cool, dass Roberto bei uns bleiben kann«, sagte er und legte seinem Vater eine Hand auf die Schulter.

»Ich erinnere mich zwar nicht mehr daran, wie es dazu gekommen ist, aber wenn du ihn magst?«

»Klar. Ich muss doch meine zukünftigen Wähler umgarnen. Guck nicht so!« Alberto lachte. »Roberto ist voll in Ordnung. Und er schätzt dich sehr. Und er mag *Star Wars*.«

»Willst du dir mit ihm einen Film ansehen? Ich muss noch ein bisschen googeln, fürchte ich.«

»Ist dein Kopf immer noch wie ein verstopfter Abfluss? Was suchst du denn?«

»Den Messias.«

»Du bist jetzt aber nicht auf einem religiösen Trip, oder?« Alberto blickte ihn zweifelnd an, und Di Bernardo musste unwillkürlich lachen.

»Nein, das nicht. Ich warte auf ein Erweckungserlebnis der anderen Art. Der Begriff Messias hat irgendetwas mit dem Fall zu tun. Oder sagen wir, er *könnte* was mit ihm zu tun haben.«

»Hm, Messias ist so 'n Oratorium, das haben die mal in der Schule aufgeführt.«

»Nein, das ist es nicht.«

»Cornelia oder Arabella Giordano?«

»Eine der beiden.«

»Warte ... In dem Programmheft stand was ... Wo ist denn deins?«

Di Bernardo schüttelte den Kopf. »Das habe ich liegen lassen, fürchte ich. Hast du noch eins?«

»Ne, damit habe ich den Tisch im Restaurant abgewischt, der war so fettig. Aber lass mich überlegen ... Messias ... Messias ...« Alberto glitt vor lauter Konzentration die Zungenspitze aus dem Mund. Di Bernardo überkam ein Gefühl von Wehmut: Genauso hatte er früher ausgesehen, als kleiner Junge, wenn er auf dem Teppich gekauert und seinen Formel-1-Wagen auf der Rennbahn platziert hatte ...

»Da war ein Interview mit Arabella hinten drin. Über ihr Instrument und wie wichtig es für sie ist. Sie meinte, eine perfekte Violine wäre so eine Art Medium, wodurch man die Musik früherer Komponisten lebendig macht. Und sie sagte noch, dass für manche Leute die Musik eine Art Religion wäre.«

Di Bernardo spürte, wie sich sein Atem beschleunigte und das Adrenalin durch seine Adern schoss. »Das ist es!«

Musik. Violine. Religion.

Arabellas Konzert im Conservatorio di Santa Cecilia.

Das Warten vor dem Künstlerzimmer.

Die Vuillaume, die Arabella spontan in seine Hände gelegt hatte.

Der Zettel im Instrument, den Di Bernardo mühsam entziffert hatte.

Die Worte auf dem Geigenzettel – *Le Messie*, der Messias –, die er in dem Moment entdeckt hatte, bevor Arabella sich die Seele aus dem Leib schrie.

Das war die Verbindung, die er gesucht hatte, auch wenn er noch nicht wusste, warum. Ein Gedanke außerhalb der Logik; der sechste Sinn, der nach Meinung der anderen nichts zählte, und der die festen Regeln der Vernunft trotzdem infrage stellen konnte.

»Danke«, sagte er und zog den verwirrten Alberto kurz an sich. »Du bist ein Genie.«

49

Le Messie – die *Messias* – ein Mysterium: die Lieblingsgeige des berühmten Antonio Stradivari? Oder am Ende gar eine Fälschung? Mit gerunzelter Stirn las Di Bernardo die fette Überschrift eines Zeitungsartikels aus dem Jahr 2001, die ihm vom Computerbildschirm entgegenstarrte. Das hieß, die teuerste und wertvollste Stradivari aller Zeiten könnte eine Fälschung sein! Fieberhaft begann er, sich durch die zahlreichen Internetartikel zu arbeiten. Verbarg sich hier vielleicht endlich eine Spur in diesem vertrackten Fall?

Die berühmteste Violine der Welt hatte einen Versicherungswert von knapp dreißig Millionen Euro, nein, in Wirklichkeit sogar Museumswert. Sprich: Sie war unbezahlbar. Das musste er erst einmal sacken lassen.

Glaubte man der offiziellen Version, so hatte das Instrument eine ungewöhnliche Lebensgeschichte hinter sich. Nachdem Antonio Stradivari sie im Jahre 1716 gebaut hatte, war sie in seinem Besitz geblieben: Einundzwanzig Jahre lang, bis zu seinem Tod, hatte er sich geweigert, sie zu verkaufen.

Gemessen an der hohen Anzahl an Instrumenten, die der berühmte Cremoneser geschaffen hatte, konnte er es sich bestimmt leisten, eines seiner Meisterstücke zu behalten. Doch die Frage war, warum er dermaßen an dieser Geige hing – zumal sie so gut wie nie gespielt wurde. Stradivari vermachte das Instrument seinen Nachfahren, und so blieb es fast vierzig weitere Jahre im Besitz der Familie. Im Jahre 1775 verkaufte sein letzter noch lebender Sohn Paolo die Geige zusammen mit Antonio Stradivaris Gesamtnachlass an den Grafen Cozio di Salabue. Der gerade mal zwanzigjährige Conte galt als leidenschaftlicher Instrumentenliebhaber und entwickelte sich schnell zu einem der größten Sammler kostbarer Instrumente überhaupt. Von der 1716 gebauten Geige war der Graf aufgrund der Perfektion und des edlen Klanges so begeistert, dass er der ungewöhnlichen Tradition folgte, niemanden damit auftreten zu lassen.

Di Bernardo hielt inne, lehnte sich in seinem Schreibtischstuhl zurück und verschränkte die Arme hinter dem Kopf. Nie zuvor hatte er sich Gedanken über die Herkunft und die Geschichte von Instrumenten gemacht. Jetzt schien sich auf einmal eine Tür in eine Parallelwelt zu öffnen, von deren Existenz er keine Ahnung gehabt hatte und deren Regeln er nicht kannte. Er hatte gelesen, dass viele Stradivaris sich im Besitz von Mäzenen, Stiftungen oder Banken befanden und nur an ganz besondere Musiker ausgeliehen wurden. Die wiederum pflegten eine innige Beziehung zu ihren Geigen, beschrieben sie als Persönlichkeiten und sprachen davon, wie das Instrument sie gefunden hatte – gerade so, als wäre es lebendig. Vielleicht war genau das der Unterschied, der es ihm so schwer machte, sich in diese Welt hineinzuversetzen: Er besaß nichts in der Art, was solche Gedanken und Gefühle in ihm wachgerufen hätte, und konnte sich auch nichts Derartiges vorstellen. Klar, sein Alfa Romeo bedeutete ihm etwas, doch er würde wenig Mühe haben, ihn irgendwann gegen ein neues Modell auszutauschen. Der Füller, den Camilla ihm geschenkt hatte, Albertos erste selbst gemalte Bilder … das waren Dinge von unersetzbarem persönlichem Wert. Womöglich lag es daran, dass er eine Geige – und mit ihr jedes andere Instrument – bisher eher als Gegenstand betrachtet hatte.

Er dachte zurück an Arabella, wie sie sich auf der Bühne verändert hatte, geglänzt hatte auf eine Weise, wie er selbst es nie erlebt hatte. Je mehr er sich in das Thema vertiefte, desto mehr verstand er, wie wichtig ihr die Beziehung zu ihrem Instrument war und wie frustrierend es sein musste, dass etwas an dieser Symbiose nicht stimmte. Alberto hatte die Frage in den Raum geworfen, warum Cornelia Giordano nicht nachgegeben und eine bessere Geige gekauft hatte, als Investition in Arabella, an der ja auch sie bestens verdient hatte. Was aber, wenn sie es längst getan hatte, Arabella davon aber nichts ahnte? Wenn die junge Frau in Wirklichkeit ein sündhaft teures Original spielte und keine Kopie? Wenn es einen Mitwisser gab, der es auf diese Geige abgesehen hatte, Arabella überrumpeln oder bestehlen wollte und beschlossen hatte, Giordano auszuschalten, um ungehindert an sein Ziel zu gelangen? Ein Instrument, das mehrere Millionen schwer war ...

Di Bernardo wusste, es war ein gewagter Gedanke, der sich an zwei klitzekleinen Details festmachen ließ: der Inschrift auf dem Geigenzettel – *Imitation précise Le Messie* – und der Tatsache, dass die Geige so unversehrt wirkte, als sei sie brandneu oder eben nie gespielt worden. Gewagt oder, wohl besser: an den Haaren herbeigezogen. Doch Geld war immer ein starkes Motiv, stärker oft als Hass.

Um diese Theorie weiter zu verfolgen, musste er mehr über den Verbleib der echten Stradivari in Erfahrung bringen. Er beugte sich wieder über seinen Laptop.

Im Jahre 1827 kaufte Luigi Tarisio, ein geschätzter Geigenhändler und Sammler aus Piemonte, besagte Geige zusammen mit anderen Stradivaris vom Grafen Cozio di Salabue. Tarisio war geradezu verliebt in das Instrument und weigerte sich beharrlich, es auszuleihen. Jahr für Jahr unternahm Tarisio Reisen nach Paris, um seine zahlreichen Violinen zum Verkauf anzubieten. Und auf jeder dieser Reisen erzählte er von seiner ganz besonderen Geige, die an Schönheit und Perfektion ihresgleichen suchte und alle anderen Violinen in den Schatten stellte. Jede seiner Erzählungen endete mit dem Versprechen, das Instrument das nächste Mal mit nach Paris zu bringen. Ein Versprechen, das er jedoch nie hielt. Zwanzig Jahre lang reizte Tarisio die Geduld und Neugier der Menschen aus, bis der bekannte Violinvirtuose Jean-Delphin Alard eines Tages zu ihm sagte: »Wahrhaftig, Herr Tarisio, dann ist Ihre Violine wie der Messias: Alle warten auf ihn, aber er erscheint nie.«

Von diesem Moment an trug die Geige den Namen *Le Messie* oder, auf Italienisch, *il Messiah*. Paris musste jedoch noch länger auf ihr Erscheinen warten. Und es war nicht ihr damaliger Besitzer, sondern Jean-Baptiste Vuillaume, der nach Tarisios Tod schnellstmöglich nach Mailand eilte, die *Messias* Tarisios Erben abkaufte und sie am 12. Januar 1855 nach Paris brachte. Vuillaume hielt das Instrument für das Wunder aller Wunder und baute zahlreiche herausragende Kopien davon.

Di Bernardo nickte, während er las – zumindest diesen Namen kannte er: Jean-Baptiste Vuillaume. Er war der angebliche Schöpfer von Arabella Giordanos Violine, die er selbst in Händen gehalten hatte.

Die *Messias* gelangte über Vuillaume zu seinem Schwiegersohn, dem Geiger Alard, und nach dessen Tod auf Umwegen in die Hände von W. E. Hill & Sons, einem angesehenen Geigenbauunternehmen, das sich mit der Expertise von Stradivari-Geigen einen geradezu legendären Ruf schuf. So wurde die *Messias* ab dem Jahr 1939 als Dauerleihgabe und Teil der Hill Collection im Ashmolean Museum in Oxford ausgestellt.

Doch das Interessanteste kam am Ende der Neunzigerjahre nach einer Untersuchung der Geige heraus, die den Mythos der *Messias* stark ins Wanken brachte: Ein dendrochronologischer Test hatte ergeben, dass der Baum, aus dem das Holz für die Geige stammte, erst nach Stradivaris Tod gefällt worden sei und es sich demnach bei dem Instrument um eine Fälschung handeln musste. Eine andere Untersuchung hingegen kam zu dem Schluss, das Holz sei noch jünger, es müsse sich um eine Vuillaume handeln. Andere Forscher widerlegten dies mit weiteren Untersuchungen, und es entbrannte ein heftiger Streit über die Echtheit der Stradivari – mit der Folge, dass die *Messias* von niemandem mehr angerührt werden durfte.

Eigentümlich, dass sich die Geschichte des Instruments fortsetzte und es, statt gespielt zu werden, zu einem Leben in einem Glaskasten verdammt war, dachte der Commissario.

Irgendwann verschwammen die sich widersprechenden Aussagen in Di Bernardos Kopf. Seine Augen schmerzten von der Müdigkeit und dem Starren auf den Bildschirm. Er ließ den Blick zum Fenster hinaus in die Ferne schweifen und beobachtete, wie die Nacht zögernd dem ersten Licht der aufgehenden Sonne wich. Bald würde die Stadt erwachen, und der Duft der frühen Orangenblüten auf den Hügeln Roms würde sich mit dem Gestank der Autoabgase mischen.

Sein Blick fiel auf die Uhr seines Computers. 7:19 Uhr. Seine Glieder fühlten sich schwer an. Am liebsten hätte er die Arme vor sich auf dem Schreibtisch verschränkt und seinen Kopf darauf abgelegt. Er war sich sicher, dass er binnen einer Minute eingeschlafen wäre. Aber das würde er später bereuen, wenn er wie gerädert aufwachte. Kurz erlaubte er sich, die Augen zu schließen, dann stand er abrupt auf, schloss den Laptop und knipste die Schreibtischlampe aus. Die *Messias* war ein Enigma, das er an diesem Morgen nicht mehr durchschauen würde.

Unter der Tür fiel ein Streifen Licht hindurch. Alberto und Del Pino kamen ihm in den Sinn. Ob sie noch immer wach waren oder vielleicht schon wieder?

Es war völlig verrückt, seinen Ispettore hier im Haus unterkommen zu lassen. Andererseits war er froh, dass Alberto dieses

Wochenende Gesellschaft hatte. Das verschaffte ihm selbst die Möglichkeit, seinem Verdacht nachzugehen, ohne ein schlechtes Gewissen zu haben. Hatte er endlich die richtige Spur gefunden? Oder wollte er nur, dass es so war?

Als er die Tür öffnete, hörte er Gelächter von oben. Neugierig ging er die Treppe hinauf. Die Tür zum Bad stand halb offen. Als er näher trat und einen Blick hineinwarf, rieb er sich die Augen.

Del Pino saß auf dem Badewannenrand, während Alberto ihm die Haare schnitt.

»Papà«, rief Alberto. »Was meinst du, sieht das kurze Haar nicht super aus? So hat Roberto gleich noch mehr Chancen, findest du nicht?«

Di Bernardo sah ungläubig vom einen zum anderen. »Das ist dann schon das zweite Erweckungserlebnis diese Nacht«, murmelte er und machte sich auf den Weg in sein Bett. Wenn er aufwachte, würde er mehr wissen. Ob er die Szene im Bad nur geträumt hatte. Ob wirklich etwas dran sein konnte an seiner Idee mit der Geige. Ein Mord, ein Überfall, eine tote Taube im Geigenkasten. Wenn Arabella tatsächlich das Original besaß, dann war sie dem Tod in der Villa Ada nur durch Zufall entkommen, da war er sich ganz sicher. Und sie schwebte nach wie vor in Lebensgefahr.

50

Genua, 9. Juli 1891

Camillo Sivoris Haus hatte viele schattige Winkel und schützte seine Bewohner vor der ermüdenden Sommerhitze. Jedes Mal, wenn eine frische Brise durch die offen stehenden Fenster hereinwehte, trug sie einen Hauch von Salz und Meer mit sich. Der Maestro saß an einem runden Tisch und hielt das Gesicht dem Luftzug entgegen. Es war lange her, seit er sich an einem Sommertag in die Wellen des Ligurischen Meeres gestürzt hatte. Mit siebenundsiebzig Jahren versank er lieber in seinen Erinnerungen an unbeschwerte Stunden, als neue zu schaffen. Auch heute entschwebte ein Teil seines Bewusstseins in die Vergangenheit.

Nach einer ganzen Weile erst merkte er, dass sein junger Schüler Francesco Sfilio mit der Geige und dem Bogen in der Hand vor ihm stand. Wie lange er wohl in Gedanken abwesend gewesen war, überlegte Sivori peinlich berührt.

Der junge Sfilio ließ sich die Ungeduld allerdings nicht anmerken. Sivori hatte wenig vom Spiel seines Schülers mitbekommen, wollte dies aber nicht zugeben. So bat er Sfilio, das Thema und die erste Variation aus Paganinis »I Palpiti« noch einmal zu spielen.

Mit einem kleinen Unterschied.

Er ging zum Sofa und öffnete einen der Geigenkästen. Ehrfürchtig zog er das rote samtene Tuch beiseite und nahm die *Rosenknospe* heraus. »Spiel dieses Mal hier auf dieser Geige«, sagte er zu Sfilio. »Und stell dich so weit wie möglich in die andere Ecke des Salons.«

Neugierig nahm Francesco Sfilio das Instrument entgegen. Sivori wusste, dass sein Schüler noch nie auf einer so schönen und gepflegten Violine gespielt hatte. Außer ihm selbst war nur wenigen je diese Ehre zuteilgeworden.

Sfilio warf einen Blick durch das F-Loch. »Oh, noch eine Vuillaume!«, rief er begeistert, als er die Schrift auf dem Zettel entziffert hatte.

»Hmm-mhm«, machte Sivori. »Eine ganz besondere. Mach schon. Probier sie aus.«

Der erst fünfzehnjährige Sfilio besaß ein außergewöhnliches Talent, und Camillo Sivori, der ihn seit einiger Zeit unterrichtete, glaubte an dessen große Zukunft. Als sein Schüler zu spielen anfing, lehnte er sich zurück und schloss genussvoll die Augen.

Während der goldene Klang ihn einhüllte, dachte er an seinen guten Freund Cesare Stradivari und an dessen Besuch in Paris vor über zwanzig Jahren. Er dachte an Cesares Geschenk, *Bocciolo di Rosa*, diese außergewöhnliche Violine, die so unerwartet ein neues Zuhause bei ihm gefunden hatte. Er rief sich die unvergesslichen Konzertjahre auf *Messias'* Zwilling in Erinnerung, den er ebenso liebte wie die Vuillaume seines Lehrers Niccolò Paganini. Und über all dem lag das Geheimnis der Rose, die Antonio Stradivari damals auf seiner Schwelle gefunden hatte.

Der Klang der *Rosenknospe* war kristallklar und wurde noch reiner durch die heitere, lebensbejahende Musik Paganinis. Mal kam ihm die Musik vor wie eine sanfte Meeresbrise, mal wie ein wütendes Gewitter. Reibungslos gelangen Sfilio die Übergänge von den engelhaften Melodien zu den teuflischen Doppelgriffen.

»*Magnifico!*«, rief Sivori und klatschte in die Hände, als der junge Geiger die gesamten »Palpiti-Variationen« beendet hatte.

»Tut mir leid, Maestro, ich weiß, ich sollte nur die erste Variation spielen, doch ich konnte einfach nicht aufhören.« Sfilios Gesicht strahlte, dann nahm er die Violine von der Schulter und betrachtete sie ergeben. »Ich habe nie zuvor so einen vollen und strahlenden Ton gehört. Vuillaume war ein Genie, nicht wahr?«

Sivoris Lächeln verbarg die Wahrheit und mit ihr die eigenwillige Geschichte des Instruments. Er sah seinen Schüler an, dessen Blick wie verzaubert auf der Violine haftete.

»Spiel doch noch etwas von Bach«, meinte er dann. »Lass uns heute ein kleines Privatkonzert veranstalten.«

Prompt fing Francesco Sfilio an, die Gigue aus der Partita in E-Dur zu spielen.

Camillo Sivori hörte ihm zu und dachte einmal mehr, dass die großen Komponisten wahrlich niemals starben. Sie lebten zusammen mit ihrer Musik weiter, wie das Licht eines längst erloschenen Sterns, um den Menschen fortwährend Freude und Glück zu schenken.

51

Samstagvormittag, während Alberto und Del Pino noch schliefen, machte Di Bernardo sich auf den Weg zum Caffè delle Arti in Parioli. Noch bevor er sich hingelegt hatte, hatte er den Polizisten kontaktiert, der vor Arabella Giordanos Haus in seinem Streifenwagen Posten bezogen hatte, und ihn zu erhöhter Aufmerksamkeit gemahnt. Nach zwei Stunden Schlaf hatte er eine heiße Dusche genommen und dann Arabella telefonisch um ein Treffen gebeten.

Als er in das Café trat, hielt er einen Moment inne. Die hohen Fenster und die neoklassizistisch anmutenden Wände, die betont schlichten Tische und Stühle, vor allem aber die Engelsgemälde unter der Decke und die Statuen schufen eine besondere Atmosphäre. Hier neben der Galleria Nazionale d'Arte Moderna hatte er etwas Schrilles befürchtet und war angenehm überrascht.

Arabella saß an einem Tisch hinten am Fenster und wirkte völlig verloren. Noch im Gehen legte er den Mantel ab, bestellte einen Kaffee und trat dann an ihren Tisch, um ihr gegenüber Platz zu nehmen. Aus der Nähe sah er sofort, wie blass ihr Gesicht trotz des aufgelegten Make-ups war. Ihre Augen glänzten fiebrig, die Wangen wirkten eingefallen. Nichts erinnerte mehr an die schillernde Erscheinung vom Abend zuvor. Vielleicht hatte sie sich mit dem Konzert zu viel zugemutet. Vielleicht war es aber auch die tote Taube, die ihr erneut vor Augen geführt hatte, dass sie im Visier eines unbekannten Täters stand.

Als er in ihrem Gesicht zu lesen versuchte, fiel Di Bernardo eine weitere Veränderung auf. Von dem geringschätzigen Ausdruck, der ihm bei ihrem ersten Treffen ins Auge gesprungen war, war keine Spur mehr zu sehen.

Arabella hatte Angst. Und dieses Schutzlose, das seit der Amnesie von ihr ausging, ließ Di Bernardos Sympathie zu ihr wachsen. Wobei das Wort Sympathie nicht alles ausdrückte, was er empfand.

Im nächsten Moment ermahnte er sich. Während der Ermittlungen war kein Raum für persönliche Zuneigungen.

»Bitte noch einen Cognac«, bat Arabella den Kellner, der soeben Di Bernardos Kaffee brachte.

»Sind Sie sicher?«, fragte Di Bernardo mit Blick auf ihr leeres Glas, sobald der Kellner gegangen war.

»Ja, bin ich. Aber was ist mit Ihnen? Haben Sie eine Vermutung zu der Taube in meinem Geigenkasten?«, fragte sie.

Der Commissario riss ein Zuckertütchen auf. »Die Spurensicherung wird am späten Nachmittag die ersten Ergebnisse haben. Ich gehe davon aus, dass es eine an Sie gerichtete Drohung war. Ein Zusammenhang mit dem Überfall in der Villa Ada liegt nahe, doch solange Sie sich an nichts Konkretes erinnern, können wir nur raten.«

»Sie klingen schon wie Vincenzo«, sagte Arabella mit einem müden Lächeln.

»Es tut mir leid«, sagte Di Bernardo rasch. »Ich möchte Ihnen keinen zusätzlichen Druck machen. Doch so sind nun mal die Tatsachen.«

»Hören Sie, Commissario ... ich habe Cornelia nicht getötet.«

Ihre brüchige Stimme überraschte Di Bernardo. Der zweifelnde Ton darin noch mehr.

»Darum geht es doch gar nicht ...«

»Worum denn dann? Ich jedenfalls frage mich das, seit ich mein Gedächtnis verloren habe und Vincenzo mir von Cornelias

Tod erzählt hat.« Ihre Augen röteten sich, und sie kramte in ihrer Tasche nach einem Taschentuch.

»Mir geht es im Augenblick eher um die Tatsache, dass Sie ihren Mörder gesehen haben könnten«, erwiderte Di Bernardo sanft. »Und dass er Angst hat, von Ihnen identifiziert zu werden.« Ja, er und sein Ispettore hatten Arabella verdächtigt, und noch immer hätte er ihre Unschuld nicht beschwören, geschweige denn beweisen können. Doch selbst Del Pino hatte seinen anfänglichen Verdacht inzwischen ad acta gelegt. Die Art, wie Arabella von ihrer Tante sprach, zeugte von Nähe, nicht von Hass.

»Mein Bewusstsein will offenbar nichts freigeben.«

»Noch nicht. Vielleicht wäre es der bessere Weg für Sie, diese Situation erst einmal zu akzeptieren«, überlegte er. »Ihr Gedächtnis hat sich in eine dunkle Ecke verkrochen. Lassen Sie es einfach zu, statt dagegen anzukämpfen. Wie wäre das?«

Arabella zuckte unsicher die Schultern. Ihr Blick wanderte zu den Engelsgemälden entlang der Wände.

Das Schweigen zog sich, und wenn Di Bernardo gehofft hatte, seine Bemerkung könnte ihrem Erinnerungsvermögen einen Impuls geben, so hatte er sich getäuscht.

»Warum sollte ich Ihnen denn die Belege aus der Geigenbauwerkstatt bringen?«, fragte Arabella schließlich.

»Weil mich Ihre Violine interessiert. Ihre Erinnerung an die letzten sechs Monate sind wie ein leeres Blatt Papier. Eine Tabula rasa. Die Violine aber haben Sie schon viel länger, und ...«

»Wie war das?« Arabella schnitt ihm das Wort ab und suchte seinen Blick.

»Wie bitte?«

»Was Sie gerade gesagt haben.«

»Ihre Violine?«

»Nein.«

»Die letzten Monate? Eine Tabula rasa?«

»Ja, genau … Das erinnert mich an etwas … Ich stehe an einem Fenster.« Sie klang atemlos, fast heiser, als sie fortfuhr. »Ein Mann im Sportanzug neben mir. Oder eine große Frau …? Ich weiß es nicht genau. Irgendwo habe ich sie schon mal gesehen, glaube ich …« Ihr Blick verschwamm, dann schien ihr das Bild zu entgleiten. Sie fuhr sich mit der Hand über die Stirn.

»Alles in Ordnung?«, fragte Di Bernardo. »Arabella? Hören Sie mich?«

»Alles in Ordnung, Commissario. Ich … ich kann das Bild einfach nicht festhalten. Es ist zwecklos.« Sie holte einen Packen Belege aus ihrer Handtasche und reichte sie Di Bernardo. »Hier sind alle Rechnungen meiner Geigenbauer. So, wie Sie es wollten.«

Er nahm das Bündel entgegen und blätterte es durch. »Sie haben an nichts gespart«, sagte er, während er sich die Rechnungsbeträge ansah. »Das Griffbrett wurde abgezogen, die Position des Stegs angepasst … Einmal wurde die Violine sogar geöffnet. Warum?«

»Das weiß ich nicht mehr.«

»Abgesehen von Michelle Chiarello waren Sie bei Dario Mezzeno und Lorin Maninfior. Wer sind die beiden?«

»Dario Mezzeno … er war mit Cornelia befreundet, aber dann ist er nach Israel umgezogen. Ich war mit seiner Arbeit nicht wirklich zufrieden. Der andere Name …«

»Lorin Maninfior.«

Sie runzelte die Stirn. »Er sagt mir nichts.«

Di Bernardo ordnete die Belege nach Geigenbauern. »Hier, sehen Sie. Sie waren seit Ende Juli öfter in seiner Werkstatt. Hatten Sie die ganze Zeit über dieselbe Geige? Die Vuillaume?«

»Ja, warum? Wonach suchen Sie überhaupt?«

»Nach etwas, das schwer zu finden ist, weil es womöglich nicht versteckt ist«, murmelte er. »Wann hat Cornelia Ihnen die Violine geschenkt? Was hat sie über das Instrument erzählt?«

Arabellas Blick heftete sich auf Di Bernardos gelbe Krawatte mit den kleinen Leoparden, als seien dort alle Antworten verborgen. »Ich habe die Geige zu meinem fünfundzwanzigsten Geburtstag bekommen. Früher gehörte sie Cornelias Großvater, Carlo Giordano. Er hat sie vor über hundert Jahren einem Geiger abgekauft.«

»Wissen Sie, wie der Geiger hieß?«

Arabella zuckte die Schultern. »Nein, daran erinnere ich mich beim besten Willen nicht.«

»Wirklich nicht? Können Sie es herausfinden?«

»Hm, ich fürchte, nein. Carlo Giordano ist seit Langem tot, und was die Geige anbelangt, haben wir keinerlei Belege über den Kauf.« Sie lächelte gedankenverloren. »Cornelia war immer glücklich darüber, wenn ich auf der Geige spielte. Vuillaume war eben ein genialer Kopist. Wussten Sie, dass er die echten Stradivaris in seiner Werkstatt direkt neben seinen eigenen Violinen ausstellte? Die Besucher konnten die Instrumente nicht voneinander unterscheiden.«

»Das wusste ich nicht. Hat Ihr Instrument denn ein Echtheitszertifikat?«

»Natürlich. Es wurde Ende der Siebzigerjahre von einem deutschen Experten ausgestellt.«

»Verzeihen Sie mir meine naive Frage – aber sind die neuen Violinen wirklich so viel schlechter als die alten? Geht es nicht eher um Glamour und berühmte Namen als um den Ton?«

»Die Frage ist fast so alt wie die Welt«, sagte Arabella. »Aber was den Ton angeht: Die antiken Instrumente sind schöner und klingen besser. Außerdem gibt es noch ein anderes Problem mit den neuen Violinen: Man weiß nicht, wie sie nach zwei- oder dreihundert Jahren klingen werden.«

Del Pino hätte an dieser Stelle vermutlich angemerkt, dass sie das ja gar nicht zu kümmern brauchte, was dann sei. Di Bernardo hatte kurz mit dem Gedanken gespielt, ihn zu diesem Treffen mitzunehmen, aber sein Ispettore hatte in der vergangenen Woche mit ihm die Fakten und Alibis doppelt und dreifach geprüft, bis ihnen der Fall fast zu den Ohren herausgekommen war. Von Dottor Tononi, dem Notar, über Elsa Ortalli bis hin zu Marina Adamová: Keiner wusste dem Ganzen noch etwas beizusteuern – ein klares Anzeichen dafür, dass sie mit ihren bisherigen Verdächtigen falsch lagen. Also sollte Del Pino sich ruhig mal einen Tag ausruhen und mit seinem Sohnemann vielleicht neben dem Haar auch noch zum *Barbiere* gehen, von denen es in Rom in der letzten Zeit immer weniger gab, während er selbst der *Messias* auf die Spur zu kommen versuchte.

»Signorina Giordano, ich wollte Sie noch um einen Gefallen bitten. Mein Vater wohnt in Lecce und ist ein großer Bewunderer Ihrer Kunst. Er würde sich sehr gern Ihre Violine näher ansehen, weil ihn derartige Kunstobjekte interessieren. Haben Sie vielleicht ein Foto Ihrer Geige?«

»Ja, natürlich, ich kann Ihnen gern eins mailen.«

»Wunderbar. Mein Vater wird Ihnen sehr verbunden sein. Darf ich Ihnen noch etwas bestellen?«, fragte er mit Blick auf ihr geleertes Glas.

»Danke, aber ich denke, ich sollte mich lieber ein bisschen hinlegen, nachdem ich letzte Nacht nicht geschlafen habe.«

»Selbstverständlich. Bitte passen Sie gut auf sich auf, und überanstrengen Sie sich nicht. Nur eine Frage noch: Wie korrupt kann ein Geigenbauer werden, wenn ihm eine außergewöhnliche Violine in die Finger gerät?«

Arabella lachte leise. »Was immer der Grund für diese Frage ist, die Antwort ist einfach, Commissario. Sehr korrupt. Äußerst korrupt.«

52

Di Bernardo gab die Adresse der Geigenbauwerkstatt in sein Navi ein. Sechzehn Minuten für die Route zur Via Margutta – für römische Verhältnisse klang das nicht gerade realistisch. Am liebsten wäre er zu Fuß zu Chiarello gegangen, mitten durch die Parkanlagen der Villa Borghese, die um diese Jahreszeit noch nicht den Touristen und ihrem Müll gehörte. Di Bernardo mochte es, wie das Licht durch das Blattwerk der alten Bäume fiel und immer neue Nuancen von Grün kreierte – ideal, um in Ruhe über den vertrackten Fall nachzudenken. Doch er hatte sein Auto hier in Parioli geparkt und müsste den ganzen Weg zurücklaufen, was ihn noch mehr Zeit kosten würde, Zeit, die er mit Alberto verbringen wollte.

Während er den Viale delle Belle Arti entlangfuhr, spürte er, dass ihm selbst jetzt noch Monicas Vorwürfe im Nacken saßen, er kümmere sich nicht genug um seinen Sohn. Alberto wurde bald achtzehn, er brauchte doch keine Rundumbetreuung mehr! Die Gespräche, die er mit ihm führte, wenn sie sich nachts am Kühlschrank trafen oder einen ganzen Abend zusammen verbrachten, schufen eine neue Nähe zwischen ihnen. Alberto wurde gerade zu einem Freund, dem er auf Augenhöhe begegnete. Zugleich war er sein Sohn und damit der Mensch, für den er alles geben würde.

Doch die alten Vorwürfe saßen tief; vielleicht, weil sie mit dem falschen Bild einhergingen, das Monica von ihm pflegte. Manchmal hatte er das Gefühl, dem niemals zu entkommen. So, wie es Boris Tinelli mit seiner Mutter ergangen war und vielleicht auch Vincenzo. Er konnte sich den aalglatten Musikagenten schlecht als Arzt vorstellen – wenn, dann als Chef einer Privatklinik oder als Schönheitschirurg. Aber sein Eindruck mochte eben auch daran liegen, dass er ein falsches Bild von Boris und Vincenzo hatte, eins, das ihre Mutter auf sie projiziert hatte und das weit über ihren Tod hinaus haften blieb.

Ihm fiel ein, dass sie noch nicht geklärt hatten, warum Boris sie angelogen hatte, was den Kontakt zu seiner Mutter anging. Er machte sich eine geistige Notiz. Vielleicht sollte er Arabella oder die Sekretärin dazu befragen.

Es war im Grunde recht aufschlussreich, welche Erinnerungen Arabellas Gedächtnis zuließ und welche nicht. Der Streit, der Abend des Mordes an Cornelia, der Überfall – geblockt. So wie dieser Geigenbauer … Maninfior. Di Bernardo spürte, wie er eine Gänsehaut bekam. Vielleicht sollte er als Erstes zu ihm fahren. Doch Michelle hatte den Rechnungen zufolge die Geige geöffnet. Wer, wenn nicht sie, hätte erkennen können, ob der Zettel, der die Geige als eine Vuillaume auswies, eine Fälschung war?

Wie er befürchtet hatte, staute sich der Verkehr, je näher er der Piazza di Spagna kam. Kurzerhand parkte er den Wagen in einer Seitenstraße und machte sich zu Fuß auf den Weg durch die schmalen Gassen zur Werkstatt Chiarello.

Als er in den Salon trat, sah er, dass Michelle Chiarello Kunden hatte – Japaner, wenn ihn nicht alles täuschte. Zwei von ihnen hielten einen Geigenkasten in der Hand, der dritte einen Cellokasten. Signorina Chiarello verabschiedete sich soeben von jedem der Männer mit einem Händedruck und führte sie hinaus. Di Bernardo wusste nicht, was für ein Deal hier gerade eingefädelt worden war, doch der Geruch von Geld lag unverkennbar in der Luft.

Eine braune Siamkatze sprang vom Schrank herunter und landete präzise zwischen zwei Violinen auf dem Tisch.

»Cleopatra«, stellte Michelle ihre Katze vor. »Sie kennt sich hier bestens aus und macht nie etwas kaputt.«

»Sie haben bestimmt viele wertvolle Instrumente hier«, sagte Di Bernardo.

Michelle ging nicht weiter darauf ein. Sie stellte zwei Gläser auf den Tisch und füllte sie mit Wasser. »Was kann ich für Sie tun, Commissario?«

»Meine Frage wird Sie vielleicht überraschen«, begann Di Bernardo und setzte sich an den Tisch. »Doch ich wüsste gern, was Sie von Stradivaris *Messias* halten.«

Michelle war tatsächlich verblüfft. Sie nahm auf dem Stuhl gegenüber Platz. »Die *Messias*?«, wiederholte sie stirnrunzelnd. »Die Geige hinter Ihnen?«

Di Bernardo drehte sich überrascht um. Sein Blick fiel auf die beiden Poster, die er bei seinem ersten Besuch nur flüchtig wahrgenommen hatte. Sie zeigten zwei unterschiedliche Violinen, jeweils von drei Seiten fotografiert. Er wusste sofort, welche die *Messias* war: die golden-orangefarbene, nahezu unversehrt. Das Instrument auf dem Poster daneben war dunkel und schien wesentlich älter. Aber das täuschte: Als er genauer hinsah, bemerkte er die Jahreszahlen unter den Geigen. 1716 und 1742.

»Das Wunder Stradivaris. Die *Messias* wirkt nach dreihundert Jahren immer noch makellos. Der Lack, das Holz ... Man kann, ohne zu übertreiben, sagen, dass diese Geige ein Musterbeispiel der Geigenbaukunst ist.« Sie nickte zu der anderen Geige. »Ebenso wie *Il Cannone* von Guarneri del Gesú, die früher Paganini gehörte.« Ihre Wangen röteten sich. »Übrigens, auch mein Vater hat eine *Messias*-Kopie gebaut. Sie wurde im vergangenen Herbst in Cremona neben dem Original ausgestellt.«

Di Bernardo nickte anerkennend und sah erneut zu dem Poster. Gewiss könnte die Violine darauf auch eine jüngere Kopie sein. Er erinnerte sich an Arabella Giordanos Violine, die ihn und Alberto zu dem gleichen Gedanken verleitet hatte: Das Instrument sah aus wie neu.

»Nicht alle Experten halten die *Messias* für das Werk Stradivaris«, sagte er. »Eine Analyse des Holzes hat ergeben, dass das Alter der Violine jünger ist als angenommen.«

»Das stimmt«, antwortete Michelle. »Andererseits wurde das Urteil nach dem zweiten Test zurückgezogen. Und, was ist nun richtig?«

»Ich weiß es nicht«, antwortete Di Bernardo ehrlich.

»Also, wenn Sie meine Meinung hören wollen – die Violine in Oxford ist echt. Geprüft und bewiesen. Und da Sie schon mal hier sind: Sie als Kriminalbeamter sollten die Menschen zur Verantwortung ziehen, die die *Messias* getötet haben. Genauso wie die *Lady Blunt*.«

Di Bernardo zog die Brauen zusammen. Getötet? Die *Messias*? Und wer zum Teufel war Lady Blunt?

»Solche Violinen *müssen* gespielt werden, verstehen Sie?«, fuhr Michelle mit erhobener Stimme fort. »Es ist, als würde man die *Mona Lisa* in eine Holzkiste packen. Nur sehr wenige Musiker hatten in dreihundert Jahren die Ehre, auf der *Messias* zu spielen. Ihr Ton wurde abgewürgt, das Instrument ist tot! Eine Schande, es in einem Glaskasten stehen zu lassen wie einen prähistorischen Stein!« Michelle schien selbst überrascht von der Wucht ihrer Worte und atmete tief durch. »*Lady Blunt* ist übrigens auch eine Stradivari. Was aber wollten Sie mich eigentlich fragen?«

Di Bernardo beschloss, dass es Zeit war, zum Punkt zu kommen.

»Sie kennen die Geige von Arabella Giordano.«

»Natürlich. Eine Jean-Baptiste Vuillaume, eine *Messias*-Kopie.«

»Im vergangenen Sommer haben Sie die Geige im Rahmen einer Reparatur auseinandergenommen.«

»Habe ich das? Ich dachte, Arabella erinnert sich an nichts?«

»Ich habe eine entsprechende Rechnung von Ihnen vorliegen. Warum musste die Geige geöffnet werden?«

Michelle zuckte die Schultern. »Weil sich drinnen Staub angesammelt hatte. Eigentlich hatte ich es nicht vor, aber ... Man weiß zwar immer, wo die Arbeit an einer Violine beginnt, aber man weiß nie, wo sie endet.«

»Ist Ihnen dabei etwas Ungewöhnliches aufgefallen?«

»Und was sollte das sein?«

»Das frage ich Sie.«

»Hat Arabella sich mal wieder beschwert über meine angeblich so katastrophalen Fähigkeiten als Geigenbauerin, oder worum geht es hier gerade?« Michelles Ton war schärfer geworden, sie wirkte ungeduldig. Die Siamkatze sprang vom Tisch zurück auf den Schrank und beobachtete die Szene von dort aus.

»Darf ich fragen, wo Sie in der Nacht zum 26. Januar waren? Und gestern Abend zwischen zwanzig und zweiundzwanzig Uhr?«

Einen Augenblick lang wirkte Michelle fassungslos. Dann warf sie den Kopf zurück und fing an zu lachen. »Jetzt verstehe ich endlich, was Ihre ganze Fragerei soll, Commissario«, sagte sie und hatte Mühe, sich zu beruhigen. »Das ist wirklich zu komisch. Sie glauben, Arabellas Violine sei die *Messias*, richtig? Und ich habe das im letzten Sommer entdeckt und daraufhin Arabella mit fünf Monaten Verspätung im Wald überfallen.« Ihre Miene wurde hart. »Ich muss gestehen, Commissario, so etwas Lächerliches habe ich noch nie gehört.«

Di Bernardo ließ sich nicht im Geringsten beirren. »Sie haben an dem Instrument gearbeitet. Ich frage noch einmal: Was haben Sie dabei herausgefunden?«

»Es ist eine Vuillaume.« Michelle warf ihm einen geringschätzigen Blick zu. »Schlagen Sie nach, wenn Ihnen der Name nicht geläufig ist. Was immer Sie da kombinieren, lassen Sie mich und meinen Vater aus dem Spiel«, zischte sie. »Ich bin weder verpflichtet, Ihnen Auskünfte zu Arabellas Instrument zu geben, noch, mich zu verteidigen. Falls ich das doch tun muss, dann gern über unseren Anwalt. Bis dahin bitte ich Sie, unsere Werkstatt zu verlassen.« Sie stand demonstrativ auf.

Di Bernardo tat es ihr gleich, doch er war noch nicht fertig.

In diesem Augenblick läutete das Glöckchen über der Tür, die sich gleich darauf öffnete. Der Zeitpunkt hätte unpassender kaum sein können. Ein Mann trat ein. Er mochte um die sechzig sein und erinnerte den Commissario von seinem Äußeren her an einen Lord aus einem typisch englischen Roman. Der Eindruck wurde durch den Kaschmirmantel und den Hut mit der breiten Krempe noch verstärkt. Lord oder doch eher *mafioso?*, überlegte Di Bernardo.

»Du hast Besuch?« Fragend sah der Mann Michelle an.

»Mein Vater, Daniel Chiarello«, sagte sie mit einem Kopfnicken und drehte sich um. »Commissario Di Bernardo aus der Questura.«

Chiarello streckte die Hand aus. »*Piacere.* Wie können wir Ihnen helfen?«

Di Bernardo verengte die Augen und musterte ihn. Das also war Daniel Chiarello. Er hatte sich nach seinem letzten Besuch über den Besitzer der Werkstatt kundig gemacht und einiges über dessen zwielichtige Geschäftsmethoden in Erfahrung gebracht. Zweimal hatte die Steuerfahndung ihn schon im Visier gehabt, doch er war wohl zu geschickt, als dass man ihm etwas hätte nachweisen können.

Ehe Di Bernardo etwas sagen konnte, entschlüpfte Michelle ein bitteres Lachen. »Gut, dass du da bist, Papà. Du hättest ansonsten etwas versäumt. Wir werden nämlich verdächtigt, die echte *Messias* entdeckt und deswegen am 26. Januar nachts einen Überfall auf Arabella Giordano begangen zu haben.«

Daniel Chiarello zog eine Augenbraue hoch. »Ein gravierender Vorwurf, Commissario. Das Instrument in Oxford ist echt, was immer Sie da gehört haben mögen. Die neueste Analyse hat es bewiesen. Was bringt Sie dazu, sich so etwas auszudenken? Und uns derart zu beschuldigen?«

Di Bernardo beschloss, nicht weiter auf seine Fragen einzugehen. »Aus welchem Grund hat Ihre Tochter Arabella Giordanos Violine geöffnet?«

Chiarello warf Michelle einen kurzen Blick zu, dann zog er eine betont gleichgültige Miene. »Weil die Fuge auseinandergegangen war?«

»Ich dachte, die Violine musste nur entstaubt werden?«

Daniel Chiarello legte den Kopf schief. »Commissario, ich will Ihnen nicht zu nahe treten, aber ich fürchte, Sie verstehen wenig von unserer Kunst.« Er machte eine vage Geste in Richtung seiner Tochter. »Zeig es ihm.«

Michelle griff nach der erstbesten Violine und deutete auf den Korpus. »Ich habe die obere Decke abgenommen und nach der Reparatur alles wieder zusammengeklebt. Bei der Gelegenheit habe ich auch den Staub innen entfernt. Zufrieden?« Ihre Stimme troff vor Verachtung.

Daniel Chiarello blickte demonstrativ auf seine Rolex-Uhr. Es war einer jener anmaßenden Blicke an der Grenze zur Verachtung. »Falls Sie unser Alibi für den 26. brauchen: Meine Tochter und ich waren bei einer Geigenbauer-Veranstaltung in Genua. Fragen Sie im Palazzo Doria Tursi nach, dort kennt man meinen Namen. Reicht das, damit Sie Ihre haarsträubenden Unterstellungen revidieren? Oder muss ich unseren Anwalt bemühen?« Er trat einen Schritt auf Di Bernardo zu.

»Das kommt darauf an, wie die Ermittlungen laufen«, sagte Di Bernardo unbeeindruckt. »Danke fürs Gespräch, Signor Chiarello ... Signorina. Es war mir ein Vergnügen.«

Zurück in seinem Wagen rief er die Kollegen in Genua an und bat sie um Bestätigung des Alibis. Kurz ließ er das Gespräch Revue passieren. Was Daniel Chiarello anging, so hatte er ihm die Irritation deutlich angemerkt. Michelle hingegen hatte nicht so gewirkt, als hätte sie etwas zu verbergen.

Nicht, was die Geige betraf.

53

Der Geigenbauer Lorin Maninfior residierte im Quartiere Aurelio, einer lebhaften Gegend hinter dem Vatikan. Die Via Gregorio VII war stark befahren, und Di Bernardo musste lange suchen, bis er endlich einen Parkplatz in annehmbarer Laufweite gefunden hatte.

In der Werkstatt im zweiten Stock des Neubaus waren Lärm und Modernität wie weggefegt. Als Di Bernardo über die Schwelle trat, drang ihm wie zuvor bei Chiarello der Geruch von frisch geschnittenem Holz in die Nase. Er ging auf eine Vitrine zu und erblickte drei alt wirkende Violinen hinter dem Glas. Nie zuvor war ihm bewusst gewesen, wie unterschiedlich ein und dasselbe Instrument sein konnte.

Er richtete gerade den Knoten seiner Krawatte, als er Schritte hörte. Sekunden später trat ein großer, kräftiger Mann mit entschlossen wirkenden Gesichtszügen auf ihn zu.

Di Bernardo stellte sich vor und nannte als Grund seines Besuches Cornelia Giordanos Tod.

Lorin Maninfiors Augen weiteten sich blitzartig, dann hatte er sich wieder unter Kontrolle. Er musste Mitte sechzig sein, doch der Commissario hätte ihn deutlich jünger geschätzt, trotz des schütteren grauen Haars. Ihm war eine gepflegte Frau Mitte fünfzig mit kinnlangem schwarzem Haar und Pony gefolgt. Sie war ein wenig größer als Di Bernardo und hatte eine knabenhafte Figur, die von dem strengen Hosenanzug noch unterstrichen wurde. Maninfior stellte sie als seine Assistentin Anita Morelli vor.

»Kommen Sie doch bitte mit nach hinten«, bat sie Di Bernardo, »und trinken Sie einen Mokka mit uns.«
Di Bernardo folgte den beiden durch die Werkstatt in eine gemütliche Wohnküche.
»Bitte setzen Sie sich, Commissario«, bat Signora Morelli und schenkte ihm eine Tasse Mokka ein. Dazu reichte sie Mandelkuchen. »Schrecklich, was da passiert ist mit Signora Giordano. In dem Alter hofft man doch auf einen geruhsamen Lebensabend. Und dann so was.«
»Wie gut kannten Sie Signora Giordano?«, fragte Di Bernardo.
»Nur flüchtig«, sagte Maninfior, obwohl die Frage an Anita Morelli gerichtet war. »Trotz meiner wichtigen Arbeit für eine ganze Anzahl von Musikern nehme ich an der aktiven Konzertszene nicht Anteil.«
»Es gab leider viele Menschen, denen Cornelia Giordano nicht gerade sympathisch war«, warf Anita Morelli ein.
»Wobei es von unsympathisch bis zu Mord ein weiter Weg ist«, erwiderte Maninfior. »Wissen Sie, Commissario, nach allem, was mir so zu Ohren kam, hatte Signora Giordano zwei Gesichter. Für die Familie oder einen Freund hätte sie alles getan. Sie zum Feind zu haben war jedoch ein Albtraum. Doch Sie sind wohl kaum hier, um sich Tratsch anzuhören, vermute ich. Inwiefern kann ich Ihnen behilflich sein?«
Di Bernardo nahm einen Schluck von dem kräftigen Mokka, dann lehnte er sich zurück. Maninfior mochte es gewohnt sein, das Wort zu führen, doch nicht mit ihm. Es war an der Zeit, ihn ein bisschen in die Schranken zu weisen. »Tratsch kann durchaus hilfreich sein bei Ermittlungen, es kommt nur auf die Absicht an, die dahinterliegt. Signor Maninfior, bei unseren Ermittlungen müssen wir manchmal weit ausholen, um uns ein Bild machen zu können. Daher geht es mir heute nicht so sehr

um Cornelia Giordanos Person, sondern um ihre Nichte Arabella.«

Anita Morelli setzte ihre Tasse geräuschvoll ab. »Wird sie verdächtigt?«, fragte sie, und ihr Blick hatte etwas Lauerndes.

»Sicher verstehen Sie, dass ich zum derzeitigen Stand der Ermittlungen nichts dazu sagen kann.« Im Stillen fragte er sich, wie schnell sie das Gerücht wohl verbreiten würde. Er wandte sich an Maninfior. »Arabella kann sich nicht an Sie erinnern. Aber ich habe in Erfahrung gebracht, dass sie neulich bei Ihnen war.«

Lorin Maninfior tupfte sich mit einer Serviette den Mund ab. »Ja, das ist richtig, Arabella war bei mir. Wann war das ... Vor zwei Wochen, würde ich sagen. Wie geht es der Signorina?«

»Vielleicht haben Sie es ja aus der Zeitung erfahren, sie wurde überfallen. Die Verletzung hat zu einer retrograden Amnesie geführt.«

»Um Gottes willen! Ich wusste ja nicht, dass es so schlimm um sie steht. Hoffentlich kehrt ihr Gedächtnis vollständig zurück.« Maninfior wirkte betroffen. »Welch ein Glück, dass sie gerettet wurde. Wenn Gott sich einmischen will, dann tut er das.«

Anita Morelli stand abrupt auf. »Bitte entschuldigen Sie mich kurz, ich muss nach dem Essen sehen.«

»Sie sagten, Sie hätten Arabella Giordano zum letzten Mal vor etwa zwei Wochen, also noch vor dem Tod ihrer Tante, gesehen? Warum war sie hier?«

»Ich sollte den Ton ihrer Violine optimieren.« Seine Augen verdunkelten sich. »Es ist nicht leicht, Commissario. Die Konkurrenz unter den Musikern wie auch Geigenbauern ist groß, und Arabella Giordano ist eine meiner wichtigsten Kundinnen. Sie überlegte, ob sie eins von meinen Instrumenten kaufen sollte.«

»Lorin ist sehr kritisch, und sein Perfektionismus zahlt sich aus«, warf Anita Morelli voller Stolz ein. Sie hantierte am Backofen; der Duft von Braten vermischt mit Rosmarin und Salbei drang in Di Bernardos Nase. Maninfior wurde von seiner Assistentin verwöhnt, so viel stand fest. Auch der Mandelkuchen war köstlich und garantiert selbst gebacken. Di Bernardo steckte sich das letzte Stückchen in den Mund. »Darf ich fragen, was Ihre Violinen kosten? Ohne ein Kunde zu sein?«, fragte er dann.

»Zwölf- bis fünfzehntausend Euro, egal ob für Arabella Giordano oder für Sie.« Maninfior stand auf, wusch sich die Hände und verschwand in der Werkstatt. Einen Augenblick später kehrte er mit einer Violine zurück und hielt sie Di Bernardo hin. »Meine Kopie von Guarneri del Gesù von 1743. Äußerlich werden Sie keinen Unterschied feststellen, und auch der Klang ist sehr ähnlich. Nur was den Preis angeht, sieht es etwas anders aus. Genauer gesagt kostet meine Geige sechs Millionen Euro weniger.«

Di Bernardo zeigte sich beeindruckt. Und das war er in der Tat.

»Spielen Sie ein Instrument, Commissario?«, fragte Anita Morelli, als sie an den Tisch zurückkehrte.

»Ich spiele Radio«, sagte er und grinste. »Ansonsten bin ich völlig unmusikalisch.«

Anita Morelli lachte und schenkte ihm Mokka nach. Er bemerkte, wie ihre Hand leicht zitterte. »Arabella Giordano schätzt Lorins Arbeit. Sie gibt seinen Violinen den Vorzug, sogar vor ihrer Vuillaume.«

Di Bernardo sah zu Maninfior, der ein wenig säuerlich dreinblickte. Es lag eine seltsame Spannung in der Luft. Wie auch immer die Beziehung der beiden zueinander beschaffen war, aus irgendeinem Grund war der Geigenbauer gereizt.

»Gratuliere, Signor Maninfior«, sagte Di Bernardo jovial. »Und da wir es gerade ansprechen, bin ich neugierig: Was halten Sie von Arabella Giordanos Violine?«

Maninfior überlegte nicht lange. »Sie ist ein Monster. Ein Monster, das unter den richtigen Händen wach wird. Arabella brachte das Instrument vor einem halben Jahr zu mir, es war in einem katastrophalen Zustand. Ich will gar nicht wissen, wer daran rumgewerkelt hat. Abgesehen davon bastelte Arabella selbst an der Violine herum – eine denkbar schlechte Idee.«

»Womit hatte sie denn ein Problem?«

»Mit allem! Der Klang trug ihr nicht genug, das Griffbrett war mal zu tief, mal zu hoch. Dann der Steg. Der Geigenhals war unbequem, ich musste ihn mindestens drei Mal anpassen. Schleifen, auswechseln, den Stimmstock hin und her bewegen, immer wieder! Es war zum Verzweifeln.«

Anita Morelli schnaubte. »Nie war sie zufrieden.«

Di Bernardo ließ sich nicht irritieren. »Hat Arabella Ihnen gegenüber erwähnt, dass sie die Violine verkaufen wollte?«

»Nein.« Die Antwort kam ihm ein wenig eilig vor. »Fragen Sie Arabella doch am besten selbst«, sagte der Geigenbauer.

»Das würde ich ja gern, Signor Maninfior, aber es wäre derzeit sinnlos.«

»Ah ja, es tut mir leid. Ich habe ihre Amnesie für einen Moment vergessen.«

Di Bernardo zupfte an seiner Krawatte, während sich in seinen Gedanken die nächste Frage formte. »Halten Sie es für richtig, die beiden Decken einer Geige wegen einer beschädigten Fuge auseinanderzunehmen? Rein hypothetisch gefragt.«

Maninfior musterte ihn aufmerksam. »Es kommt auf den Schaden an. Ich persönlich würde es nicht tun.«

»Interessant ... Doch zurück zu Arabella Giordano. Ist ihre Violine aus Ihrer Sicht in Ordnung?«

»Ja. Ein großartiges Instrument.«
»Obwohl sie nur eine *Messias*-Kopie ist?«
»Die Ähnlichkeit ist frappierend. Ich bin neugierig, Commissario: Woher kennen Sie die *Messias*?«
»Ach, ich hatte davon gehört, als die Geige letzten Herbst aus England nach Cremona kam«, schwindelte Di Bernardo. »Leider habe ich es verpasst, sie zu sehen. Wobei Oxford ja auch eine Reise wert sein soll.«
»Die *Messias* in Oxford …«, sagte Maninfior und machte eine Kunstpause, »… ist die schönste Vuillaume auf der Welt.«
Für einen Moment glaubte Di Bernardo, sich verhört zu haben. »Was sagen Sie da? Die legendäre, die teuerste Stradivari soll eine Vuillaume sein?«
»Nun«, tönte Maninfior, »wenn Sie ein geübtes Auge hätten, würden Sie erkennen, dass es keine Arbeit von Stradivari ist. Nicht seine Handschrift, sozusagen. Auch der erste Dendrochronologie-Test bewies, dass das Holz gefällt wurde, als das italienische Genie längst tot war.«
»Ein interessanter Gedanke. Und wo könnte dann die echte *Messias* sein?«
»Sind Violinen etwa Ihre Leidenschaft?«
»Alles, was mit Kunst und Geschichte zu tun hat«, gab Di Bernardo zurück.
»Ich vermute, *Le Messie* hat es nie gegeben«, sagte Maninfior und setzte ein altväterliches Lächeln auf. »Eine schöne Lüge aus dem neunzehnten Jahrhundert, deren Legende sich bis in unsere heutige Zeit hinein erstreckt. Haben Sie je von Luigi Tarisio gehört?«
Di Bernardo verneinte, obwohl ihm der Name durchaus ein Begriff war.
»Tarisio stammte aus einer armen Familie, war Zimmermann und brachte sich das Geigespielen selbst bei. Dank seiner Intel-

ligenz und seines Talents wurde er später ein bekannter Violinsammler und -händler. Er wusste nur zu gut, dass die Menschen etwas brauchen, woran sie *glauben* können – damals wie heute. Und so erfand Tarisio die *Messias*: Stradivaris perfekteste Violine. Es passte zum Mythos, dass er sie zwanzig Jahre lang niemandem zeigte, aber die Gerüchte weiter schürte. Verstehen Sie? Tarisio betrieb keine Aktenführung und besaß auch keine Auflistung seiner Kollektion. Viele Instrumente hatte er Mönchen in ihren Klöstern abgekauft oder sie ihnen einfach weggenommen, was weiß ich. Nach Tarisios Tod jedenfalls fuhr Vuillaume von Paris zur Familie des Verstorbenen und kaufte ihr verschiedene Geigen ab. Dabei haben wir lediglich sein Wort, dass die Violine wirklich *Le Messie* war.« Maninfior räusperte sich und holte tief Luft. »Und jetzt kommt es. Vuillaume hatte so viel über Tarisios vollkommene Stradivari gehört, ohne sie jemals gesehen zu haben, dass es ihn schwer getroffen haben muss, als er feststellte, dass die wundersame Geige gar nicht existierte. Tarisio, ein Aufschneider! Aus seiner Enttäuschung heraus entschied Vuillaume kurzerhand, selbst eine *Messias* zu bauen – er hatte Zugang zu älterem Holz, und was sein Können betraf, war auch er ein Meister. Die Violine, die heute in Oxford von allen als Stradivari bewundert wird, ist nichts anderes als ein Werk von Vuillaume.«

Di Bernardo ließ sich Maninfiors Worte durch den Kopf gehen. »Wollen Sie damit sagen, dass Vuillaume für den Rest seines Lebens sein eigenes Werk kopiert hat?«, fragte er dann.

Maninfior hob die Arme. »Warum nicht? Er wäre dazu imstande gewesen.«

»Gibt es noch andere, die dieser These folgen? Untersuchungen, die Ihre Annahme stützen?«

»Nun, ich sage nicht, dass es genau so gewesen sein muss. Ich betrachte es allerdings als die wahrscheinlichste Erklärung.

Denn wissen Sie was, Commissario: Die Kopien von Vuillaume sind teils so ungeheuerlich gut, dass es kein Original geben könnte, welches sie übertrifft. Und schon gar keins, das nie gespielt wurde und sich nicht mal entfalten konnte. Wobei Sie jederzeit meine Kopien hören dürfen ...«

Anita Morelli lächelte Maninfior an. Es lag so viel Bewunderung in ihrem Blick, dass Di Bernardo in diesem Moment klar wurde: Sie konnte nicht bloß seine Assistentin sein.

»Ach, und noch etwas, Commissario. Trauen Sie niemals dem Urteil einer Autorität, die etwas zu gewinnen hat, indem sie eine Fälschung für ein Original ausgibt. In diesem Fall dem Ashmolean Museum in Oxford.«

Di Bernardo war verunsichert. Es war einer dieser Momente, wo er die eigene Ignoranz verfluchte. Wie konnte er sich anmaßen, einen Fall aus der Musikwelt zu lösen? Erst war er an der psychologisch angehauchten Motivsuche gescheitert, jetzt versuchte er sich nach ein paar Stunden Internetrecherche als Geigenfachmann. Er musste aufpassen, dass er sich nicht lächerlich machte.

»Noch einmal zu Arabella Giordano. Wie erklären Sie sich ihre Probleme mit ihrer Geige?«

»Ganz einfach. Es ist die Sehnsucht des Menschen, an ein Wunder zu glauben. Wenn Sie aufgepasst haben, werden Sie bemerken, dass ich es gerade schon erwähnt habe: dieses tiefe Bedürfnis des Menschen zu glauben. Arabella will eine Stradivari, hat aber ›nur‹ eine Vuillaume. Das macht sie blind für die Realität. Nehmen wir an, die *Messias* wäre eine Stradivari aus der goldenen Epoche. Sie steht im Glaskasten. Nach dreihundert stummen Jahren wird ihr Ton eingeschlafen und dumpf sein ... Arabella Giordanos Violine ist dagegen eine Nachtigall.« Er neigte den Kopf, als wolle er dem Nachhall seiner eigenen Worte lauschen. Offensichtlich war er mit dem Vergleich zufrieden.

»Wobei sie natürlich ganz wunderbar spielt und eine unglaubliche Ausstrahlung hat.«

Di Bernardo warf einen Blick zu Anita Morelli. Auf ihrem Gesicht spiegelte sich Missbilligung. »Sehen Sie das ähnlich?«, fragte er.

»Ja, natürlich«, sagte sie schnell.

Di Bernardo hatte vorerst genug gehört. »Nun gut. Ich danke Ihnen für Ihre Zeit – und die nette Bewirtung.«

»Möchten Sie vielleicht noch einen Blick in die Werkstatt werfen, Commissario?«, fragte Maninfior gönnerhaft.

»Sehr gern«, erwiderte Di Bernardo.

Während er dem Mann in die Werkstatt folgte, durchdachte Di Bernardo schnell alle Möglichkeiten. Vielleicht war Maninfior tatsächlich nur der eitle Geigenbauer, dem der ganz große Durchbruch nie gelungen war. Vielleicht hatte er recht mit seiner These, und die *Messias* war lediglich eine große Story, die sich noch immer gut verkaufte. Wobei er, wenn er nicht an die *Messias* glaubte, auch keinen Anlass hätte, Arabellas Geige stehlen zu wollen. Oder war er einfach ein großer Schauspieler, der sich nebenbei in Arabella verguckt hatte, was seiner »Assistentin« gar nicht gefiel? Spielte sie nur deshalb mit, weil es ihr um das Ziel ging, mit in den Besitz der Wundergeige zu kommen?

In der Werkstatt kam es Di Bernardo so vor, als wäre er aus der Zeit gefallen. Da war nichts Modernes im Raum, nicht mal ein Computer. Holzschnipsel lagen auf Werkbank und Boden, Zeichnungen waren auf einem Tisch ausgebreitet, der Schrank voller Streichinstrumente. Durch das Doppelglas drang kein Straßenlärm von draußen ins Zimmer. Als er die Treppe hinunter in den ersten Stock ging, sah Di Bernardo durch eine geöffnete Doppeltür eine Bibliothek, deren Bestand bis zur Decke reichte.

»Es ist beeindruckend, Signor Maninfior«, befand der Commissario. »Ein solches Refugium verlässt man sicher nur ungern.«

»In der Tat. In meiner Jugend bin ich oft bergwandern gegangen. Aber Reisen, das ist nichts mehr für mich. Im Ausland war ich zuletzt vor über zehn Jahren.«

In diesem Moment beschlich den Commissario das Gefühl, auf dem Holzweg zu sein. Was wollte er von Lorin Maninfior, dem römischen *liutaio*, dessen Glück es war, Guarneri kopieren zu können oder wie auch immer der alte Meister hieß. *Le Messie*, Di Bernardos fixe Idee, war offenbar nicht für jeden Geigenbauer das Ideal, ein Symbol der Vollkommenheit. Oder eine Violine, für die man einen Mord beging.

Es klopfte an der Tür, dann betrat ein kleiner Junge in Begleitung seiner Mutter den Salon. Er trug einen Mini-Geigenkasten und blickte mit offenem Mund auf die vielen Instrumente, als wäre er mitten in einem Märchen gelandet.

Maninfior bat seine Kunden, kurz im Empfangsraum zu warten. »Leben Sie wohl, Commissario. Ich hoffe, ich konnte Ihnen weiterhelfen.«

»In der Tat. Und wenn ich noch eine Frage habe …«

»Dann rufen Sie an oder kommen vorbei.« Maninfior reichte ihm zum Abschied die Hand und drückte entschlossen zu.

Gedankenverloren trat Di Bernardo auf die Straße.

Sein Ausflug in die Zunft der Geigenbauer hatte ein seltsames Gefühl der Leere in ihm hinterlassen. Er begriff nicht, woher seine plötzliche *Messias*-Obsession kam. Irgendein Funke glomm in einer dunklen Ecke seines Geistes, genauso tief verborgen wie Arabellas Erinnerungen. Er wusste selbst nicht zu sagen, ob es mit dem ungelösten Fall zusammenhing oder mit etwas anderem.

Seine Familie galt seit jeher als unmusikalisch, wenngleich sein Großvater sich leidenschaftlich für Kunst interessiert hatte.

Großvater Giuseppe war einer der warmherzigsten Menschen der Welt gewesen. Wie viel hat er Dionisio über die verschiedenen Maler und Bildhauer beigebracht! Und nicht umsonst. Die Malerei begeisterte Di Bernardo seit seiner Jugend, nur der klassischen Musik hatte er bisher nichts abgewinnen können.

Zu Hause wirkte alles wie ausgestorben. Di Bernardo begab sich auf die Suche nach Alberto und Del Pino. Die Haarreste waren säuberlich entfernt worden, das Bad blitzte. Die Zimmertüren der beiden standen offen – doch wie es schien, waren sie ausgeflogen.

Di Bernardo ging hinunter in die Küche. Auf dem Tisch wartete ein Teller mit einer halben Brioche auf ihn. Daneben lag ein Zettel mit Albertos Handschrift.

Bekenne mich schuldig. Eigentlich solltest du eine ganze Brioche bekommen, aber die Schokoladenfüllung war zu lecker.
Plädiere auf vermindert schuldfähig.
PS: Wir sind shoppen.

Lachend nahm sich Di Bernardo den Rest von der Brioche, stellte fest, dass von der Schokoladenfüllung gar nichts mehr übrig war, und setzte sich dann an seinen Computer.

Arabella hatte Wort gehalten und ihm gleich mehrere Fotos ihrer Geige per E-Mail geschickt. Jedes Bild hatte mehrere Megabyte, und so dauerte es etwas, bis die Files auf seinem Desktop landeten. Di Bernardo druckte alle Bilder aus und betrachtete sie aufmerksam. Über einen befreundeten Kollegen der französischen Polizei hatte er noch in der vergangenen Nacht Kontakt zu einem Experten in Paris aufgenommen. Der hatte ihm am Morgen bestätigt, dass professionell geschossene Fotos mit hoher Auflösung ausreichen, um das Alter einer Violine dendrochronologisch festzustellen. Er leitete die Fotos an den Experten weiter, begleitet von einem kurzen Schreiben, in dem er die Vermutung äußerte, es könnte sich bei der Violine um Stradivaris *Messias* handeln. Es folgte eine Bitte, diese Vermutung – egal, wie gewagt sie klingen mochte – möglichst bald zu überprüfen. Dann bedankte er sich per Mail bei Arabella und widerstand der Versuchung, sie zum Essen einzuladen.

Danach konnte er nichts anderes tun, als zu warten.

Der Hunger auf etwas Salziges trieb ihn in die Küche. Er nahm sich zwei Scheiben Bresaola und ein paar Oliven aus dem Kühlschrank und lehnte sich an den Küchentisch. Dort zog er die Gardinen zur Seite, um etwas Licht hereinzulassen. Eine Krähe saß auf dem Ast vor dem Fenster und starrte ihn an.

»Arabella Giordano wurde so stark am Kopf verletzt, dass ein Teil ihres Gedächtnisses im Nebel liegt«, sagte Di Bernardo ins Nichts hinein.

Die Krähe legte den Kopf schief, als höre sie seinem Monolog zu.

»Welche Schlüsse ziehe ich daraus? Arabella hat jemanden getroffen, der ihre Geige wollte. Dieser Mensch ist gefährlich. Er oder sie ist noch nicht greifbar. Und wahrscheinlich für alles verantwortlich.«

Die Krähe stieß einen heiseren Schrei aus und flog davon.

»Was soll ich daraus jetzt schließen«, murmelte Di Bernardo kopfschüttelnd.

Er sah auf die Uhr. Vielleicht hatte er ja schon eine Antwort von seinem Experten. Obwohl ... Vermutlich hatte der Mann an einem Samstag anderes zu tun, als wahlweise am Computer zu sitzen oder mit Krähen zu reden.

Ein kleines Briefsymbol zeigte den Eingang einer E-Mail an. Neugierig klickte Di Bernardo darauf.
Die Mail war nicht von dem Experten. Sie war von Giorgia.

Caro Dionisio,
ich hoffe, dass du diese Mail nicht gleich wieder löschst, und wenn du in diesem Moment noch mit dem Gedanken spielst, bitte ich dich, es nicht zu tun.
Mein Verhalten verlangt nach einer Erklärung, und nein, dies soll keine Rechtfertigung sein – denn es gibt nichts, was ich rechtfertigen müsste.
Ich wohne vorübergehend bei (und nicht mit) Francesco, weil ich mich dort sicherer fühle. Du magst dich fragen, warum ich mich bei dir nicht genauso sicher fühle. Die Wahrheit ist, ich tue es nicht, aber aus einem anderen Grund, als du annehmen magst.
Weißt du, wenn man jemanden ungerecht behandelt hat, ihm wehgetan hat und dann feststellt, dass man ihn noch immer liebt ... das verunsichert zutiefst. Vor allem wenn man spürt, dass man das Vertrauen des anderen zerstört hat. So wie ich deins.
Falls du heute Abend zu Hause bist und noch nichts vorhast, könnten wir vielleicht reden?

Di Bernardo stützte den Kopf in die Hände und starrte auf den Text. Giorgia hatte es immer schon verstanden, ihn mit ihren offenen und ehrlichen Worten zu berühren. So, wie sie ihn mit ihren Handlungen verletzte.

Sie wollte vorbeikommen und reden?

Er dachte an das Tollhaus, in welches sich sein Zuhause verwandelt hatte, stellte sich vor, wie Alberto und Del Pino auf seiner Couch vor dem Fernseher herumlümmelten, die Füße auf dem Tisch, einen Eimer Popcorn zwischen sich – und Giorgia kam dazu und wollte reden? Unwillkürlich musste er lachen. Das Ganze war absurd! Wenn er sich Giorgia im Moment hier vorstellte, in seinem Haus, in seinem Leben, hatte er das gleiche Gefühl, das ihn überkam, wenn er einer falschen Spur folgte. Es stimmte einfach nicht.

Und das lag nicht an Del Pino, nicht an diesem seltsamen Männerhaushalt, zu dem sein Haus gerade verkam ... Er war einfach nicht bereit. Vielleicht noch nicht, vielleicht nie wieder.

Er schrieb ihr kurz zurück, bat um Zeit, dann atmete er erleichtert auf, als die Mail abgeschickt war, die Tür aufsprang und Alberto mit Del Pino hereinmarschierte. Wobei das Gefühl der Erleichterung gerade so lange anhielt, bis er die drei Koffer und die Stereoanlage entdeckte, die die beiden hereinschleppten.

54

»Was will der mit dem ganzen Gelump hier in meinem Haus?«, zischte Di Bernardo, nachdem er Alberto in sein Arbeitszimmer gezogen und die Tür hinter ihnen beiden zugemacht hatte.
»Wir waren in seiner früheren Wohnung und haben ein paar Sachen zusammengepackt. Er kann sich doch nicht alles neu kaufen, Papà«, erwiderte Alberto gelassen. Offenkundig verstand er sein Dilemma nicht.
»Er kann von mir aus fürs Wochenende noch mal bei uns unterkommen. Wenn es sein muss. Aber drei Koffer? Die Stereoanlage? Das ... das sieht mir mehr nach einer Invasion als nach einem Kurzbesuch aus.« Di Bernardo fuhr sich verzweifelt durch die Haare. »Ich will das nicht.«
»Einspruch. Du hast mir immer gesagt, dass wir lernen müssen zu teilen. Weil es uns viel besser geht als den meisten Menschen auf diesem Erdball. Genau das waren deine Worte. Oder leugnest du das?«
Di Bernardo verdrehte die Augen. Das hatte er jetzt von seiner guten Erziehung! »Hör zu, Alberto. Del Pino ist mein Kollege. Es geht einfach nicht, dass er hier wohnt.«
»Wieder Einspruch. Als zukünftiger Vorsitzender der Partei, die das Wohl der Menschen über das eigene stellt, kann ich dir da nicht folgen.«
»Das ist ja schön und gut, aber ...«
»Außerdem ist Roberto mein Freund. Du wolltest doch immer, dass ich Freunde habe, das war dir ganz wichtig. Wo ich schon keine Geschwister habe.« Alberto sah ihn mit großen

Augen an. »Und überhaupt. Neulich hast du gemeint, du fändest es toll, wenn ich hier einziehen würde.«

»Ja, du! Aber doch nicht ...«

»Mein Haus ist auch dein Haus, hast du gesagt.«

Di Bernardo spürte, wie sein Hals rot anlief. Das war emotionale Erpressung.

Alberto fuhr unbarmherzig damit fort. »Ich habe mich so drauf gefreut, nachdem Mama mich im Gegensatz zu dir nicht wirklich versteht. Da bin ich allerdings davon ausgegangen, dass ich auch mal jemanden mitbringen darf.«

»Mitbr...«

»Ich war noch nicht fertig, Papà. Wenn dieser Jemand in einer Notsituation ist und ihm Obdachlosigkeit droht, darf ich mich nicht unterlassener Hilfeleistung schuldig machen. Da gibt es doch bestimmt einen entsprechenden Artikel im Codice Penale.«

Di Bernardo stöhnte auf. Ein Anflug von Verzweiflung ergriff ihn, er hatte das unbestimmte Gefühl, dass er aus dieser Situation nicht mehr herauskam. Wie und vor allem wann sollte das enden?

»Das Problem ist: Eben weil ich gedacht habe, du freust dich, dass ich einen neuen Freund habe, habe ich es Roberto versprochen. Ich habe ihm gesagt, das geht klar. Soll ich ihn jetzt enttäuschen? Das bringt mich echt in Schwierigkeiten. Willst du das?«

Di Bernardo griff sich an die Stirn. »Und wie lange?«, fragte er.

Alberto grinste; er spürte, dass sein Vater einknickte. »Na, ich dachte, bis Roberto ein neues Zuhause hat. Was nicht leicht sein wird. Du kennst ja den Wohnungsmarkt in Rom. Noch ein Grund, warum ich in die Politik gehe. Da muss sich etwas ändern.«

»Je früher, desto besser«, murmelte Di Bernardo. »Aber eins sage ich dir. Wenn ich irgendwo verschimmelte Essensreste finde oder ein gewisser Jemand seine angekauten Kaugummis unter den Tisch klebt ...«

Alberto umarmte ihn stürmisch. »*Grazie mille!*« Di Bernardo klopfte seinem Sohn auf den Rücken. »Schon gut.« Fast war er gerührt.

»Wusste ich's doch, dass du nicht Nein sagen kannst. Ich geb Roberto Bescheid, dass alles klar ist!« Mit diesen Worten stürmte sein Sohn hinaus.

Sprachlos blieb Di Bernardo zurück. Er konnte noch immer nicht fassen, wie er sich hatte breitschlagen lassen. Alberto sollte in der Tat Anwalt werden.

Eine halbe Stunde später duftete die Küche nach angebratenen Zwiebeln und Pancetta. Kochen hatte eine meditative Wirkung auf Di Bernardo, und er musste dringend innere Ruhe finden. Der Experte hatte noch nicht geantwortet. Del Pino und Alberto rückten Möbel im Obergeschoss herum. Der Mörder von Cornelia lief irgendwo da draußen frei herum. Arabella war in Gefahr. Was übersah er?

Er goss die Artischocken ab und gab sie mit dem Knoblauch und den Tomaten in die Pfanne.

»Hm, das riecht fantastisch«, sagte Del Pino plötzlich hinter ihm. »Können wir was helfen?«

»Die Eier müssten noch verquirlt werden«, brummte er und deutete mit dem Ellbogen auf die Schüssel neben dem Herd.

Alberto kam dazu. »Lecker, Papà.«

»Hol mal das Brot aus dem Ofen. Und wenn du magst, deck den Tisch. Ist gleich fertig.«

Nachdem Alberto und sein Ispettore vom Rührei alla Romagna gekostet hatten, überschütteten sie ihn mit Lob. Die reinste Politik war das, dachte Di Bernardo. Gleich würden sie wissen wollen, wie sein Tag gewesen war.

»Und, wie war dein Tag, Papà?«, fragte Alberto prompt.
Di Bernardo verdrehte die Augen. Dann begann er zu erzählen. Von seinem Verdacht wegen der Geige. Dem Treffen mit Arabella. Der Befragung von Chiarello und Maninfior.
»Maninfior«, wiederholte Del Pino grübelnd, holte sein Handy hervor und tippte etwas ein. Sekunden später sah er auf und hielt Di Bernardo sein Display hin. »Der hier?«
Ein Bild von Maninfior starrte ihm entgegen. Der Commissario nickte. »Genau der.«
»Wenn mich nicht alles täuscht, ist er der Mann, den wir auf dem Video gesehen haben.«
»Welches Video?«
»Das, was ich Ihnen am Tag nach Giordanos Tod gezeigt habe. Arabella steckte in so einem Monsterkleid, irgendwie antik. An einer Stelle fängt die Kamera Cornelias verkniffenes Gesicht ein ...«
Di Bernardo hatte die Szene genau vor Augen. »Der Mann im Zuschauerraum, der aufgestanden und rausgegangen ist! Sie haben recht! Wann war das Konzert noch mal?«
»Warten Sie, Commissario ...« Del Pino suchte die Seite auf YouTube. »Arabella Giordano ... Corelli ... nee. Bartók ... Schosta-Dings nee. Ysaye ... Da!« Er sah auf. »Am 22. Zwei Tage, bevor Giordano ermordet wurde.«
Di Bernardo spitzte die Lippen. »Die Frage ist, warum ist er gegangen? Wo wollte er hin? Und warum hat er mir gegenüber behauptet, er sei nicht Teil der aktiven Konzertszene ...«
»Vielleicht wollte er Arabella abpassen? Sie wegen der Geige bedrängen? Sie haben gesagt, er wollte ihr eine verkaufen.«
»Aber du hast erzählt, dass seine Instrumente um die fünfzehntausend kosten«, gab Alberto zu bedenken. »Das ist doch was viel Billigeres als Arabellas Geige.«
Di Bernardo überlegte. »Das stimmt. Wenn er die Wahrheit gesagt hat. Er hatte verschiedene ältere Instrumente in seinen

Vitrinen. Vielleicht wollte er ihr so eine aufschwatzen. Das wäre immer noch ein sagenhaft gutes Geschäft. Falls ihre Geige eine echte Stradivari ist.«

»Haben wir irgendetwas Konkretes?«, fragte Del Pino.

»Arabella erinnert sich nicht an ihn. Das hat mich skeptisch gemacht.«

»Könnte man sie zu ihm mitnehmen und sehen, was dann passiert?«

Di Bernardo schüttelte den Kopf. »Das dürfen wir nicht riskieren. Die Amnesie will sie ja schützen. Eine Art Traumaverarbeitung im Gehirn. Diesen Schutz gewaltsam zu durchbrechen ...«

»Sie haben recht. Das sollten wir besser bleiben lassen.«

»Was ist denn mit Hypnose?«, warf Alberto ein.

»Auch danach habe ich mich erkundigt«, erklärte ihm sein Vater. »Das wäre ebenfalls mit Risiken verbunden. Es bringt nichts, einen Mord aufzuklären, indem man am Ende das Bewusstsein eines anderen Menschen zerrüttet. Wir brauchen Geduld – oder müssen ohne ihre Erinnerungen kombinieren.«

»Du hast immer gesagt, dass die Mörder Spuren hinterlassen. Man muss nur richtig hinsehen.«

»Das stimmt. Und das ist uns noch nicht gelungen, das Hinsehen.«

»Ich verstehe nicht, wie das alles zusammenhängt. Dass Arabella überfallen wird, leuchtet mir ein. Aber der Mord an ihrer Tante?«

Del Pino kratzte wie wild mit der Gabel auf dem leeren Teller herum. Halb erwartete Di Bernardo, dass er ihn ableckte.

»Das war echt gut, Commissario«, sagte er. Dann wandte er sich an Alberto. »Nehmen wir mal an, dieser Geigenbauer hat erkannt, dass Arabellas Geige eine Stradivari ist ... Wir wissen, sie ist nicht glücklich mit dem Instrument und hat keine Ahnung, dass sie eine Stradivari spielt. Das verschafft ihm Gelegenheiten – er kann ihr ein anderes seiner Instrumente aufschwatzen, es gegen eine seiner Geigen austauschen, irgendwas in der Art. Wenn die Geige echt ist und Cornelia das wusste, steht sie ihm im Weg. Also räumt er sie beiseite.«

»Das sind eine Menge Wenns'«, wandte Alberto ein und sprach damit aus, was sie alle dachten.

»Du hast recht«, sagte Di Bernardo. »Lösungen sind meist einfacher. Man muss nur darauf kommen.«

»Und Arabella erinnert sich echt an nichts?«

»Nur an Bruchteile. Wobei ich nicht sicher bin, ob es sich um Fantasien oder Reales handelt.« Wie die »flüsternden Bäume« ja bewiesen. Was hatte sie am Morgen im Café gesagt? Sie hätte an einem Fenster gestanden, neben ihr ein Mann oder eine große Frau. Unwillkürlich musste er an Anita Morelli denken.

»Es gibt eine einfache Art, die Wenns abzukürzen«, sagte er. »Wenn sie ein Alibi haben, brauchen wir nicht weiter zu kombinieren.« Er legte die Gabel beiseite und stand auf. »Ich fahre noch mal zu Maninfior.«

»Soll ich mitkommen, Commissario?«, fragte Del Pino und wischte sich rasch den Mund mit einer Serviette ab.

Di Bernardo schüttelte den Kopf. »Lassen Sie mal. Mich kennen die beiden schon, sie halten mich für naiv. Das verschafft mir Vorteile.«

Alberto stieß Del Pino an. »Wir machen in der Zeit den Abwasch.«

55

»Commissario, welch eine Überraschung«, sagte Anita Morelli. »Schade, Sie sind zu spät, sonst hätten Sie mit uns essen können.« Di Bernardo nickte höflich und folgte Maninfiors Assistentin durch den Verkaufsraum der Werkstatt. An einer der Vitrinen hielt er inne. »Sind das alles Kopien?«, fragte er. »Die Instrumente sehen recht alt aus.«

»Die oberste ist eine echte Guadagnini«, sagte Maninfior, der hinter ihm aufgetaucht war, und deutete auf eine rotbraune Geige mit teilweise verblasstem Lack. Die ausgeschnittenen Löcher links und rechts von den Saiten sahen asymmetrisch aus, was ihr einen interessanten Ausdruck verlieh.

»Guadagnini war auch ein Cremoneser Geigenbauer?«

»Wenn man das nur wüsste. Einige sagen, sein Vater Lorenzo sei ein Schüler Stradivaris gewesen. Andere meinen, es sei fraglich, ob der Vater je Instrumente gebaut habe. Giovanni Battista Guadagnini jedenfalls gilt als einer der Größten der zweiten Hälfte des achtzehnten Jahrhunderts. Diese hier ist von 1775, aus seiner Zeit in Turin.«

»Und darf ich fragen, was solch ein Instrument wert ist?«

»Etwa neunhunderttausend Euro«, sagte er.

»Und Sie haben die Geige hier einfach so herumliegen?«, fragte Di Bernardo und runzelte die Stirn.

»Ah, Commissario, keine Sorge, hier ist alles doppelt und dreifach gesichert. Aber kommen Sie doch mit, setzen wir uns.« Er ging voraus in die Wohnküche, wo Anita Morelli sich an der Espressomaschine zu schaffen machte.

»Die Welt der Instrumente ist neu für mich«, sagte Di Bernardo. »Ich weiß, dass Sie die *Messias* in Oxford nicht für eine Stradivari halten. Aber nehmen wir an, es wäre so. Warum ist das Instrument überhaupt in England? Sollte es nicht in Cremona ruhen, der Wiege der Geigenbaukunst?«

Maninfior nickte. »Der Ansicht bin ich auch. Das Instrument müsste in Italien leben, wo die Fichten und Ahorne für unsere Geigen in den Himmel wachsen. Aber Italiener vergessen leider schnell. Sie vergessen ihre Geschichte, ihre Helden, ihre Taten und ihre Vergangenheit.«

»Vor Jahren haben Paganinis Erben all seine Manuskripte zum Kauf angeboten«, warf Anita Morelli ein. »Und wissen Sie was? Der Staat war an dem Nachlass des legendären Geigers und Komponisten nicht interessiert. So wurde auch die *Messias* ins Ausland gebracht. Die Kultur neigt sich langsam, aber sicher dem Ende entgegen.«

»Ist das nicht ein wenig zu drastisch formuliert?«

»Das würden Sie anders sehen, wenn Ihnen ein Jahr lang kein Honorar für Ihre Konzerte – Ihre *Arbeit* – bezahlt würde«, bemerkte Anita Morelli.

»Aber Konzerte werden lange im Voraus geplant. Hat man denn da nicht genug Zeit, das Geld aufzutreiben?«

»Theoretisch ja. Aber in der Praxis warten die Orchester ewig auf die Zahlungen vom Ministerium oder von der Kommune. Und wie immer in Italien heißt es: Alles ist dramatisch, aber nichts ist tragisch. Währenddessen gehen viele Orchester ein, und mit ihnen das ganze Musikgeschäft. Es ist ein Teufelskreis.«

»Genug der Politik«, sagte Maninfior. »Was verschafft uns die Ehre nun schon zum zweiten Mal heute?«

Der Commissario überging die Spitze. Maninfior war eitel. Er würde ihn mit seinen eigenen Waffen schlagen müssen, um mehr aus ihm herauszubringen.«Sie kennen die Werkstatt Chiarello?«

Maninfior schnaubte.»›The King of Strads‹?«

»Nun, ich war vorhin dort und wurde – ganz im Gegensatz zu hier – nicht gerade freundlich empfangen.«

»Das kann ich mir denken«, rief Anita Morelli.»Michelle ist eine Hexe, sie redet schlecht über alle und kann selbst keine Kritik vertragen.«

»Da mögen Sie recht haben«, sagte Di Bernardo. Er beglückwünschte sich selbst zu seinem Einfall. Offenbar hatte er in ein Wespennest gestochen.»Ich wollte bloß in Erfahrung bringen, warum Arabella Giordano dort nicht länger Kundin ist.«

Anita Morelli lachte auf.»Zwei Diven, wie soll das gut gehen.«

Di Bernardo sah zu Maninfior, der seiner Assistentin einen warnenden Blick zuwarf.

»Was hat man Ihnen erzählt?«, wollte der Geigenbauer wissen.

»Ich würde sagen, man war nicht gerade … begeistert über den Wechsel. Aber Sie kennen ja die Konkurrenz und die Worte, die in solch einer Situation fallen.« Er zuckte entschuldigend die Achseln.

»Wenn ich an den katastrophalen Zustand von Arabellas Geige denke – pah. Doch ich will wirklich nicht schlecht über meine Kollegen reden …«

»Das ehrt Sie, Signor Maninfior«, sagte Di Bernardo und murmelte gerade noch hörbar:»Auch wenn es sich umgekehrt anders verhält.«

»Chiarello soll mal lieber den Mund halten, dieser Taugenichts«, schimpfte Maninfior.

»Sie halten nicht viel von ihm. Aber dennoch scheint er sehr erfolgreich zu sein, zumindest, was seinen Umsatz anbelangt.«

»Er hat seine *raccomandazioni*, Commissario. So läuft das hier.«

»Und fachlich? Ich hatte Sie vorhin gefragt, ob Sie eine Geige auseinanderbauen würden, weil etwas mit der Zarge nicht stimmt ...«

»Sie wollen damit sagen, das war Chiarello? Mit Arabellas Geige?« Für einen Moment hatte Maninfior sich nicht im Griff. Sein Blick glitt zu Anita Morelli.

Die fragte geistesgegenwärtig: »Möchten Sie noch einen Espresso, Commissario? Vor lauter Geigen muss Ihnen ja schon der Kopf schwirren.«

»Oh, danke, nein«, sagte er und behielt Maninfior im Auge.

»Verzeihen Sie, Commissario«, sagte der Geigenbauer und lachte verlegen auf, »aber wenn es um meine unfähigen Kollegen geht, gerate ich leicht außer mir. Es ist nun mal so, dass sie das Geschäft kaputtmachen, indem sie das Vertrauen der Musiker in uns zerstören.«

»So wird es wohl auch bei Arabella Giordano gewesen sein«, sagte Di Bernardo.

»Nun, sie war mit ihrer Geige unzufrieden und hat sich wohl an den Falschen gewandt.«

»Aber Sie hatten eine Lösung für sie.«

»Wie bitte?«

»Sie wollten ihr eine Ihrer Geigen verkaufen.«

»Das wäre mir eine Ehre gewesen, ja.«

Di Bernardos Gedanken glitten zu der Violine in der Vitrine. Wenn sie ihm schon aufgefallen war, dann doch gewiss Arabella ...

»Hat Arabella mal auf Ihrer Guadagnini gespielt?«

Maninfior lächelte stolz. »Ja, das hat sie. Hier in der Werkstatt. Gershwins ›Summertime‹. Es war göttlich. Und sie war von der Geige hellauf begeistert. Man hatte das Gefühl, da haben sich zwei gefunden.«

»Haben Sie mal daran gedacht, sie ihr auszuleihen?«
Anita Morelli machte eine unwirsche Geste und stand auf.
»Verzeihen Sie, Commissario, ich muss wieder arbeiten. Wenn Sie noch Fragen haben, ich bin am Computer in der Bibliothek.« Mit diesen Worten rauschte sie hinaus.
»Arabellas Spiel ist wirklich ein Genuss«, sagte Di Bernardo. ›Die letzte Rose des Sommers‹ gefällt mir besonders.«
»Haben Sie sie live spielen gehört?«
Di Bernardo nickte. »Ja, beim Gedenkkonzert für Cornelia Giordano.«
»Beim Gedenkkonzert? Da waren *Sie* eingeladen?«
Di Bernardo zuckte die Schultern. »Es war halb dienstlich. Natürlich wäre es spannend zu hören, wie das Stück auf Ihrer Geige klingt.«
Maninfior musterte ihn mit zusammengekniffenen Augen. »Chiarello hat es Ihnen gesagt.«
Di Bernardo hob fragend die Augenbrauen. Er hatte keine Ahnung, wovon Maninfior sprach, aber er war sich sicher, dass er es gleich erfahren würde.
»Chiarello, pah, dieser eifersüchtige Narr. Ja, ich habe Arabella angeboten, die Geige zu tauschen.« Er breitete die Arme aus. »Ein Mann in meinem Alter darf sich eine kleine Schwärmerei erlauben, oder nicht?«
Daher wehte also der Wind? »Klein ist relativ, Signor Maninfior. Wenn ich richtig rechne, ist Ihre Guadagnini um sechshundertfünfzigtausend Euro teurer als Arabellas Vuillaume.«
Maninfior lachte gekünstelt. »Sie reden schon wie Anita. Arabella war mit ihrer Geige unzufrieden. Und ich habe eine Möglichkeit gefunden, das Problem zu lösen. Ich hätte bei dem Tausch nichts verloren. Arabella hätte mir die Differenz in Raten bezahlt. Außerdem hätte sie PR für meine Geigen gemacht. Ich hätte in jeder Hinsicht gewonnen, indem ich ihr einen Herzens-

wunsch erfülle.« Er seufzte. »Nun hat sie vermutlich genug geerbt, um sich eine Stradivari zu kaufen, und braucht mich nicht mehr. Wie es aussieht, hat sie mich sogar vergessen.«

Di Bernardo betrachtete Maninfior nachdenklich. Er wirkte plötzlich um Jahre gealtert. Eine Frage aber blieb noch. »Durch Zufall habe ich Sie in Arabellas Konzert am 22. Januar gesehen. Sie sind während der Zugabe aufgestanden und gegangen. Darf ich fragen, warum?«

Maninfior streckte sich und griff sich in den Rücken. »Ich bin nicht mehr der Jüngste, Commissario. Die Arbeit in der Werkstatt ist anstrengend. Ich konnte nicht mehr sitzen.« Er zog die Schultern hoch. »Außerdem musste ich am nächsten Morgen früh raus und nach Genua, zu der Ausstellung der Geigenbauer.«

»Die Veranstaltung, bei der auch Chiarello war?«

»Genau die.«

In dem Moment spürte Di Bernardo, wie ihn die Energie verließ. Maninfior war nichts als ein alter Narr, der Arabellas Charme erlegen war. Das unwirsche Verhalten Anita Morellis, die giftigen Blicke, die Spannung, die in der Luft lag – das war bloß Eifersucht. Er hatte sich verrannt.

»Ich habe Ihre Gastfreundschaft schon viel zu lange in Anspruch genommen«, sagte er deshalb und stand abrupt auf. Ein leichter Schwindel ergriff ihn – die ungesunde Mischung aus zu wenig Schlaf und zu viel Koffein. »Dürfte ich kurz Ihr Bad benutzen?«, fragte er.

»Selbstverständlich, bitte. Das Gäste-WC ist die zweite Tür rechts.«

Im Bad ließ Di Bernardo sich auf den geschlossenen Klodeckel sinken. Eine herbe Enttäuschung breitete sich in ihm aus. Noch ein Versuch, der in eine Sackgasse geführt hatte. Er hatte so sehr glauben wollen, auf der richtigen Spur zu sein. Dabei

war es nichts als eine fixe Idee gewesen. Pure Zeitverschwendung.
Aber seine Suche war noch nicht zu Ende. Irgendwo lag die Lösung verborgen. Es gab Details, die er übersah. Die darauf warteten, entdeckt zu werden.

Di Bernardo betätigte die Spülung, um seinen Aufenthalt im Bad glaubwürdig zu machen, stand auf und beugte sich über das Waschbecken. Sah sein blasses Gesicht im Spiegel. Drehte den Wasserhahn auf, um die Hände zu waschen, fand aber keine Seife. Gedankenverloren öffnete er den Schrank und fand ein kleines Stück Seife, die in einer aufgerissenen Verpackung steckte. Er holte sie heraus und wollte gerade das Papier zur Seite legen, als sein Blick daran haften blieb.

Welcome Home Inn, Oxford, UK.

Sein Mund wurde plötzlich trocken. Die Lösung lag in seiner Hand. Er drehte die Seife zwischen den Fingern, und prompt kehrten seine Lebensgeister zurück.

Das war kein Zufall. Maninfior hatte mit ihm gespielt. Sein zur Schau getragener Mangel an Interesse sollte in Wirklichkeit von der *Messias* ablenken. Er war in Oxford gewesen, um die Geige zu begutachten.

Von Neugier getrieben ließ Di Bernardo das Wasser laufen und wühlte weiter in dem Spiegelschrank. Eine kleine verschlossene Tube mit Shampoo fiel ihm in die Hände, mit demselben Hotelnamen darauf.

Er ließ sie in die Jackentasche gleiten; die Seife schob er wieder in die Verpackung und legte sie zurück.

Als er auf dem Weg nach draußen Lorin Maninfior und Anita Morelli zum Abschied zulächelte, fiel Di Bernardo eine Spur Erleichterung in Maninfiors Gesicht auf. Sie war gut verborgen. Aber sie war da.

Zurück im Auto, stellte er einen jazzigen Stefano-Bollani-Mix an und klopfte den Rhythmus auf seinem Lenkrad mit. Mit einem Mal war seine Welt wieder licht – auch wenn sich draußen gerade ein Gewitter zusammenbraute.

Auf der kurzen Fahrt nach Hause ging er seine Optionen durch. Er konnte eine weitere Nacht am Computer verbringen und sich die widersprüchlichen Untersuchungen zur *Messias* reinziehen, nur um dann noch mehr Fragezeichen in seinem Kopf herumschwirren zu haben. Oder … oder er konnte selbst aktiv werden, einen Flug nach London buchen und nach Oxford fahren, um dort im Museum einen Blick auf die ausgestellte *Messias* zu werfen.

Er spürte, wie sein Puls sich beschleunigte. London. Endlich mal wieder rauskommen, etwas anderes sehen.

Da fiel ihm Alberto ein. Wenn er ihn mitnahm, musste er Monica anrufen und ihr den Grund für die Reise erklären. Er konnte sich gut vorstellen, was sie zu ihm sagen würde. »Ach, du arbeitest jetzt auch, wenn Alberto mal bei dir ist?« Er seufzte. Nein, das musste anders gehen. Aber wie?

Als er von der Via Aurelia Antica rechts abbog, kam er an einem Imbissstand vorbei. Aus irgendeinem Grund fiel ihm Del Pino ein, und er musste grinsen. Seinen Ispettore schickte ihm wahrhaftig der Himmel.

56

Genua, 21. Februar 1904

Francesco Sfilio wachte früher auf als sonst. Fröstelnd setzte er sich im Bett auf. Eine spätwinterliche Tristesse hatte sich über die Stadt gelegt; es nieselte ununterbrochen.

Noch vor dem Morgenkaffee trat er zu seinem Grammofon. Neben einer Schallplatte von Pablo de Sarasate lagen die Noten seines Lehrers Camillo Sivori, eine Bearbeitung von Giuseppe Verdis »Il Trovatore«. Sfilio nahm sie zur Hand und ließ sich in den Sessel sinken. Während sein Blick über die Notenzeilen glitt, erklang das Stück bereits in seinem Inneren. Die Musik trug seinen Geist empor und entführte ihn in die tragische Geschichte der Oper. Nostalgisch dachte Sfilio an die wenigen Grammophon-Aufnahmen seines Lehrers, die von der Familie einbehalten worden waren.

Zehn Jahre waren seit Camillo Sivoris Tod vergangen. Zehn Jahre, in denen ihm sein Lehrer fehlte. Er selbst hatte sich musikalisch weiterentwickelt, fühlte sich dabei aber oft verloren, sodass er im Geiste Fragen über Fragen an Sivori stellte, um aus der nachfolgenden Stille die Antworten ziehen zu können.

Seine Karriere erlebte seither Höhen und Tiefen. Derzeit waren es eher Tiefen, und die Unsicherheit seines Künstlerlebens drohte erneut über ihn hereinzubrechen. Er hoffte nur, dass er jeden einzelnen kostbaren Ratschlag seines Lehrers auf immer im Gedächtnis behalten würde.

Doch es waren nicht allein die musikalischen Hinweise, die er von Sivori bekommen hatte. Nie hatte er die Violine vergessen können, auf der sein Lehrer ihn hatte spielen lassen. Es war eine »ganz besondere Vuillaume« gewesen, wie Camillo Sivori erzählt hatte, neben Paganinis Vuillaume das zweite Instrument des Franzosen in seinem Besitz.

Damals war er fünfzehn gewesen. Sein Spiel hatte Sivori aufrichtig begeistert, und er hatte es Sfilio anschließend noch mehrmals ermöglicht, auf dem Instrument zu spielen, sogar einmal bei einem öffentlichen Konzert.

Doch nach dem Tod seines Lehrers war alles anders geworden. Die Familie Sivori lebte völlig zurückgezogen und isoliert, und Sfilio hatte lange nicht den Mut aufgebracht für einen Besuch.

Bis vor drei Jahren.

Er erinnerte sich noch daran, als wäre es gestern gewesen.

Damals ging er zu Sivoris Schwester und bat um eine Unterredung.

Ganz offen sprach er von der Violine seines Lehrers, die ihn als Fünfzehnjährigen so inspiriert hatte. Er erzählte von dem Unterricht, von den Gesprächen mit Sivori, davon, wie sehr ihm sein Meister fehlte. Überraschend stellte sich heraus, dass die Schwester über Sfilio und die Violine genau Bescheid wusste. Sie bat ihn um etwas Zeit zum Nachdenken. In dem Moment kam es Sfilio so vor, als hinge sein musikalisches Schicksal an einem seidenen Faden. Er hatte gehofft, dass die Schwester ihm das Instrument ausleihen würde. Als sie sich dazu entschied, ihm die Violine gar zu überlassen, konnte er sein Glück kaum fassen. Wieder und wieder beteuerte er, dass er die Geige wie einen Schatz hüten und ihr in seinen Konzerten neues Leben einflößen würde.

Was keiner der beiden wusste, war, dass Camillo Sivori sein Wort gegenüber Cesare Stradivari gehalten hatte. Er hatte das

Geheimnis der *Rosenknospe* ein Leben lang gewahrt. Und so war die Violine auch für seine Schwester immer eine Jean-Baptiste Vuillaume geblieben, gebaut in Paris im Jahre 1863. Antonio Stradivaris Zettel sowie dessen Rosenzeichnung in Inneren waren nach wie vor überklebt, sodass das Mysterium vom Zwilling der berühmten *Messias* wohlverborgen war.

Francesco Sfilio erhob sich von seinem Sessel und legte die Noten zurück neben das Grammophon. Dann trat er zu seinem Geigenkasten und öffnete ihn. Wehmütig betrachtete er die Violine. Was würde passieren, wenn er sie nicht mehr besaß? Wer würde darauf spielen, wie würde sein Nachfolger das Instrument behandeln?

Seine Sorge hatte ernste Gründe, denn seine Karriere war ins Stocken geraten, und er kämpfte ums Überleben. Und er sah nur einen einzigen Ausweg aus dieser Situation: Nach wie vor gab es Kunstmäzene, und auch Konzertmanager boten talentierten Musikern Unterstützung an. Einen Mäzen hatte er nicht. Sollte er stattdessen einen der vielversprechenden Agenten aufsuchen?

Wenn, dann vielleicht den Mann in Florenz, von dem er noch vor Kurzem gleich mehrere Personen begeistert hatte reden hören? Vielleicht nicht jetzt, vielleicht nicht gleich. Aber er würde den Agenten und seine Arbeit in jedem Fall im Auge behalten.

57

Am Sonntagmorgen landete der Flieger um 8:50 Uhr in London Heathrow. Das Ticket war sündhaft teuer gewesen, und überhaupt war die Reise mit logischen Argumenten kaum zu rechtfertigen. Wegen einer Hotelseife und eines vagen Gefühls hatte er sich auf den Weg Richtung Oxford gemacht, um dort ins Museum zu gehen und die *Messias* anzusehen. Di Bernardo musste über sich selbst den Kopf schütteln, während er sich auf den Weg zur Passkontrolle machte. Er wusste ja nicht einmal, was er sich von alledem versprach!

Als er vor das Terminal trat und frische Luft schnupperte, erfasste ihn ein Gefühl der Aufregung. London! Wie gern hätte er sich eine Auszeit genommen und wäre durch die City geschlendert, an der Themse entlang nach Westminster, zu Scotland Yard … So viele Straßen und Plätze Londons trugen Namen, die ihn an Bücher erinnerten. Bücher, die er früher verschlungen hatte, in die er geflüchtet war vor der Realität und vor sich selbst. Seit er in der Questura arbeitete, kam er kaum noch zum Lesen. *Die Herrin des Großen Hauses* staubte auf seinem Nachttisch vor sich hin.

Der Weg von Heathrow in die Innenstadt und von dort bis nach Oxford hätte ihn jedoch zu viel Zeit gekostet. Also stieg er noch am Flughafen in ein Taxi, blickte während der Fahrt zum Fenster hinaus und saugte die ungewohnte Gegend in sich auf. Ab und an kamen sie an einer kleinen Ortschaft vorbei. Düstere Ziegelsteinbauten und zweigeschossige viktorianische Häuser mit ihren typischen Erkern, die einen neuen Anstrich vertragen hätten, reihten sich aneinander. Bald wurde die Landschaft hügeliger. Wie so oft regnete es, und anders als in Italien waren die Wiesen noch wintergrau. Zwischen Weiden und Feldern reckten kahle Bäume ihre dürren Äste empor. Plötzlich sehnte er den Sommer herbei.

Anderthalb Stunden später stand er frierend vor dem Haupteingang des Ashmolean Museum in Oxford. Das Gebäude mit seinen Säulen und der neoklassizistischen Architektur erinnerte ihn an Rom, und für einen Moment haderte er. Warum war er überhaupt hier und jagte einem Phantom nach, statt zu Hause in Ruhe auszuschlafen, sich später in ein Café auf einer Piazza zu setzen und mit Alberto und Del Pino bei einem ausgedehnten Frühstück den Fall zu diskutieren? Dann gab er sich einen Ruck, setzte sich in Bewegung und löste eine Eintrittskarte.

Seine Sohlen quietschten auf dem polierten Holzboden, während er durch die Ausstellungsräume lief.

Der gesuchte Saal war von Licht durchflutet, das durch die hohen Fenster hereinströmte. In den Glaskästen rechts und links standen Streichinstrumente verschiedener Formen. Di Bernardos Blick streifte eine Geige mit so kleinem Körper, dass sie mehr wie ein Spielzeug wirkte. Kurz blieb er stehen, um sich zu orientieren. Mitten im Raum stand ein Museumswächter direkt neben einem hohen Glaskasten. Das musste sie sein, der Grund für seine überstürzte Reise.

Eilig lief Di Bernardo los, bis er direkt vor dem Kasten stehen blieb. Ehrfurcht erfasste ihn. Die *Messias* war nur mehr durch eine Glaswand von ihm getrennt. Langsam umrundete er den Kasten und las die Kurzbeschreibung.

Antonio Stradivari (1644?–1737)
The ›Messiah‹ Violin
1716

Maple and spruce
Length 59.3 cm
Presented by Alfred and Arthur Hill, 1939

Was immer er erwartet hatte: Die Frage, wie das Instrument aussah, war schnell beantwortet. Als Laie empfand Di Bernardo die goldorangefarbene Violine weder übermäßig schön noch hässlich. Es brauchte einen zweiten Blick, um sie als Kunstwerk zu erkennen. Er beugte sich vor, bis seine Nase beinahe das Glas berührte.

Der Boden war aus zwei Teilen Fichte gefertigt. Die Farben des Holzes erinnerten ihn an die Herbstbäume in Umbrien: Rot, Orange, Gold und ein Schimmer von Braun. Der Lack glänzte und schien tief in das Holz gedrungen zu sein, als wäre es geölt worden. Die Vorderseite war einheitlicher in der Farbe, ein rötliches Braun, das zu den Zargen hin heller schien. Auf dem Seitenhalter entdeckte er eine kunstvolle Schnitzerei. Er beugte sich herab; sie stellte die Jungfrau Maria mit dem Jesuskind dar, darüber spielten zwei Engel Harfe und Trompete – die Geburt des Messias.

Auf der Informationstafel neben dem Instrument las er, dass der jüngste Holzring aus dem Jahr 1682 stammte.

Konnte diese Violine dennoch eine Fälschung sein?

Di Bernardo spürte, wie der Gedanke den magischen Moment zu zerstören drohte. Er ließ das Instrument auf sich wirken und fragte sich einmal mehr, was ihn daran so fesselte. Vielleicht das Geheimnis, das sie umgab, nachdem Stradivari selbst sie nie verkauft hatte. Vielleicht auch die Tragik, dass sie einen so wunderbaren Klang haben sollte und doch hier eingesperrt war, zum Schweigen verdammt.

Ein Schild wies ausdrücklich darauf hin, dass es verboten war, die Violine zu fotografieren. Di Bernardo blickte unauffällig zu dem Museumswächter hinüber, der gerade einem Besucher etwas erklärte. Er zögerte. Als Kriminalbeamter sollte er eigentlich ein Vorbild sein und sich an die Regeln halten. Eigentlich. Kurzerhand schob er seine Bedenken beiseite und schoss mit seiner Handykamera sieben, acht Fotos von der Violine. Anschließend tat er so, als würde er eine Nachricht schreiben.

Prompt kam der Museumswächter auf ihn zu. Als er ihn beim Tippen sah, entspannte sich seine Miene. »Ein wunderbares Instrument, nicht wahr? Unser ganzer Stolz.«

Di Bernardo brauchte einen Moment, um sein Englisch zu entstauben. »Ja, Sie können wirklich stolz auf dieses Kunstwerk sein«, sagte er dann. »Wie kam das Instrument eigentlich in dieses Museum?«

»Durch die Familie Hill. Sie haben uns die Violine großzügigerweise überlassen. Seit 1939 sorgen wir uns um ihren Zustand. Und seitdem ist es offiziell verboten, darauf zu spielen.«

»Eine stumme Stradivari also. Und dies ist ganz sicher das Original?«, fragte Di Bernardo unverblümt.

Der Museumswächter zog eine Augenbraue hoch. »Selbstverständlich, Sir.«

»Keine Zweifel an der Echtheit?«

»Nein, Sir. Man hat zwar versucht, das Museum zu diskreditieren, aber sehen Sie sich die *Messias* doch an! Eine Violine, die es so kein zweites Mal gibt. Ein Unikat! Und sie gehört hierher, zu uns.« Er machte eine ausladende Geste mit den Armen, als wolle er den Raum mit einschließen.

Maninfiors Worte kamen Di Bernardo in den Sinn. *Trauen Sie niemals dem Urteil einer Autorität, die etwas zu gewinnen hat, indem sie eine Fälschung für ein Original ausgibt.* Damit hatte er gewiss recht. Di Bernardo fragte sich unwillkürlich, was es für das Museum oder gar für England bedeuten würde, sollte sich die Geige als Fälschung erweisen. Die Folgen wären kaum abzusehen. Und ausgerechnet er, ein Commissario aus Lecce, gedachte, den Stein ins Rollen zu bringen, indem er sich zu einem selbst ernannten Geigenfachmann erhob. Die Frage war allerdings, wie er beweisen wollte, dass die echte *Messias* sich nicht hier, sondern in Rom befand und dort Anlass für einen Mord und einen Überfall mit beinahe tödlichem Ausgang gewesen war ...

»Darf ich Sie um einen Gefallen bitten, Sir?« Di Bernardo griff in die Brusttasche seines Sakkos und zog ein Foto von Maninfior heraus, das er noch in der Nacht ausgedruckt hatte. »Ich komme aus Rom und suche einen alten Bekannten, zu dem ich leider den Kontakt verloren habe. Aber man sagte mir, dass er vor einer Weile in Oxford und auch hier im Museum gewesen sei. Haben Sie diesen Mann zufällig gesehen?«

Der Museumswärter betrachtete das Foto aufmerksam und schüttelte dann den Kopf. »Ich kann es nicht sagen. Wir haben täglich Hunderte Besucher.«

»Verstehe. Aber wenn ich Ihnen das Foto gebe, wären Sie so nett, es Ihren Kollegen zu zeigen? Es liegt mir sehr viel daran, den Mann zu finden.«

»Es wird mir ein Vergnügen sein, Sir.«

»Vielen Dank.« Di Bernardo schrieb seine Telefonnummer auf die Rückseite des Fotos und schüttelte dem Wärter zum Abschied die Hand. Dann trat er noch einmal vor den Glaskasten, betrachtete die Geige und sog alle Einzelheiten in sich auf, bevor er sich zum Gehen wandte.

Das *Welcome Home Inn* war Teil eines vergilbten Reihenhauses im Zentrum der Stadt und mindestens dreihundert Jahre alt. Die Fassade des Gebäudes neigte sich leicht nach vorn, als hätte jemand dem Haus einen Schubs gegeben. Mit seiner schmalen Holztür schien es von den Nachbarhäusern eingedrückt zu werden. Darüber prangte ein eisernes Schild mit dem Namen des Inn – unverkennbar dasselbe Design wie auf der Seifenpackung. Di Bernardo trat ein und schloss die Tür hinter sich. Der Straßenlärm verstummte abrupt, als hätte jemand die Lautstärke heruntergedreht. Im Innern roch es nach abgestandenem Bier und modrigen Wänden.

Der Commissario ging auf die Bar zu und setzte sich auf einen Drehstuhl, der ihm am vertrauenswürdigsten erschien. Auf der Theke, die offenbar auch als Rezeption diente, sah er eine Visitenkarte liegen, auf der die Namen der Hotelbesitzer standen: *Andrew & Beth Willis.*

Kaum hatte er Platz genommen, trat eine korpulente Frau Anfang fünfzig aus einem Nebenraum und stellte sich hinter den Tresen. »Was kann ich für Sie tun, Sir?«, fragte sie geschäftsmäßig. »Wir haben noch ein Doppelzimmer frei.«

Der Commissario erhob sich und lächelte. »Es tut mir leid, Sie zu stören, Mrs. Willis. Ich bin auf der Durchreise und möchte daher kein Zimmer reservieren, sondern Sie nur etwas fragen.« Er griff in seine Brusttasche und zog ein weiteres Foto von Maninfior heraus. Dann wiederholte er die Geschichte seiner angeblichen Suche nach einem Freund, der neulich in Oxford gewesen sei.

Die Frau studierte das Foto und schüttelte dann den Kopf. »Nein, tut mir leid, an diesen Herrn erinnere ich mich nicht. Wann soll er denn hier gewesen sein?«

»In den vergangenen fünf Monaten, Genaueres weiß ich leider nicht.«

»Seit Dezember bin ich immer nur am Wochenende hier. Wenn Sie möchten, werde ich meinen Vater fragen. Warten Sie einen Moment, bitte.«

Sie ging die Treppe hinauf und kam kurz darauf mit einem alten weißhaarigen Mann wieder herunter. Sie stützte ihn; die

Treppen schienen für ihn nicht einfach zu bewältigen zu sein. Di Bernardo musste unwillkürlich an seinen eigenen Vater denken. Seit Neujahr hatte er ihn nicht mal angerufen, gestand er sich ein und spürte ein schlechtes Gewissen.

Als die beiden den unteren Treppenabsatz erreichten und sich wie in Zeitlupe dem Tresen näherten, war die Ähnlichkeit zwischen ihnen unverkennbar. Der alte Herr stützte sich an der Theke ab und begrüßte ihn. Seine Tochter reichte ihm die Brille. Als er sich das Foto dicht vor die Augen hielt, runzelte er die Stirn. Dann plötzlich klarte seine Miene auf. »Meine Knochen sind zwar alt und gebrechlich, aber mein Geist funktioniert noch«, sagte er und klopfte sich gegen die Schläfe. »Ja, der Gentleman war hier. Ich hoffe, er hat nichts ausgefressen?«, fragte er schmunzelnd.

Di Bernardos Puls beschleunigte sich. »Sind Sie ganz sicher?«

»Absolut. Er hatte den gleichen Akzent wie Sie.«

»Wissen Sie, wann das war?«

»Hm, Beth, sieh doch mal in unserem System nach. Wie war noch mal sein Name?«

»Lorin Maninfior.« Di Bernardo buchstabierte den Namen und wartete gebannt auf Beths Reaktion.

Doch sie schüttelte den Kopf. »Nein, ein Mr. Maninfior ist nicht eingetragen.«

»Unsinn«, sagte ihr Vater. »Lass mich mal nachsehen … Er war nach dem Lieder-Festival da. Ich weiß noch, wie ich zu ihm gesagt habe, dass er das verpasst hätte. Wo er sich doch so für Musik interessierte.« Umständlich scrollte er mit der Maus durch das Reservierungssystem. »Da! Dritter bis fünfter November. Mister Guiseppe Panozzo aus Cremona. Ein Einzelzimmer. Bezahlt hat er in bar. Das war er.«

»Aus Cremona. Und Sie sind sich ganz sicher, dass es derselbe Mann wie auf dem Foto war?«

»Ja, doch, das bin ich. Er war groß für einen Italiener. Eine echte Persönlichkeit. Ich habe ihn gefragt, ob er wegen der Stradivari hier sei, weil er doch auch aus Cremona kam wie der große Geigenbauer. Da hat er mir ein Foto von der *Messias* gezeigt, das er heimlich gemacht hat, haha. Das tun sie alle, die Touristen, obwohl es verboten ist.«

Di Bernardo fühlte sich prompt ertappt. Aber sein schlechtes Gewissen war gleich wieder verflogen – endlich hatte er einen Erfolg vorzuweisen! Lorin Maninfior war hier gewesen, obwohl er es bestritten hatte. Unter einem anderen Namen. Die Reise hatte sich definitiv gelohnt! Übers Telefon hätte er das niemals herausgefunden.

»Sie wissen gar nicht, wie sehr Sie mir geholfen haben«, sagte er und verabschiedete sich überschwänglich von dem alten Herrn und seiner Tochter. Dann trat er beschwingt auf die Straße hinaus und machte sich auf die Suche nach einem Pub.

58

In der George Street im Zentrum wurde Di Bernardo fündig. Es war einer dieser typischen Pubs, irgendwas zwischen ursprünglich und Touristenabzocke, aber Letzteres war ihm egal. Die dunkelgrün gestrichene Fassade mit den hohen Fenstern sah einladend aus. Als der Commissario eintrat, empfing ihn der Geruch nach fettigem Essen und Ale, das in die hölzernen Tische gedrungen war und dort vor sich hin muffelte. Die Bar selbst war beeindruckend, mit allen erdenklichen Sorten von Spirituosen und Zapfhähnen für Ale, Guinness und heimisches Starkbier.

An der Theke bestellte er Ale und Wurstsalat und schoss ein Foto für Alberto von der Bar. Dann suchte er sich einen Platz an der Backsteinwand, zog den Mantel aus und beäugte die klebrige Patina auf dem Tisch vor ihm. Mit einem Papiertaschentuch wischte er diskret darüber, allerdings ohne reinigenden Effekt: Die Schmutzschicht begann zu glänzen, und Di Bernardo hoffte, dass wenigstens Gläser und Besteck ordentlich gespült wurden.

Das Bier war abgestanden und zu warm, und was den Wurstsalat anging, schien der Koch eine Vorliebe für Essig zu haben. Balsamico war es allerdings nicht. Di Bernardo verzog das Gesicht und hielt sich an sein Bier. Einen Vorzug hatte das Essen jedenfalls: Er begriff, dass er tatsächlich in England war.

Seine Gedanken kreisten um Maninfior. Dass der Geigenbauer hier gewesen war, war natürlich noch kein Beweis, dass er der Mörder von Cornelia Giordano war. Aber er hatte einen falschen Namen angegeben, was seinen Aufenthalt verdächtig machte. All das war für Di Bernardo wie ein Hebel, den er bei seiner Befragung ansetzen würde, um Druck auf den Mann auszuüben.

Er griff nach einem Stück Graubrot, biss ab und legte es zurück in den Korb. Nicht nur der Wurstsalat war sauer und labbrig, sondern auch das Brot. Seine Mutter hatte früher krosses dunkles Brot selbst gebacken; er erinnerte sich, wie sie in der Küche gestanden und den Teig geknetet hatte, die Hände mehlbestäubt. Wie lange war das her?

Aus einem Gefühl von Nostalgie durchsetzt mit Schuld nahm er sein Handy zur Hand und wählte die vertraute Telefonnummer im südlichen Lecce.

Drei Klingelzeichen später vernahm er ein *Pronto*. Die Stimme seines Vaters klang munter wie eh und je.

»Ciao, Papà.«

»Dionisio! Was oder wem verdanke ich die Ehre?«

Prompt meldete sich Di Bernardos schlechtes Gewissen. »Es tut mir leid, dass ich mich nicht schon eher gemeldet habe.«

»Du musst dich nicht entschuldigen. Ich weiß doch, dass du viel zu tun hast. Und du warst ja über Weihnachten hier. Also, was kann ich für dich tun?«

Di Bernardo lächelte in sich hinein. Typisch Papà. Trotz seiner Herzlichkeit war er kein Mann der großen Worte, sondern klar und vor allem ehrlich in allem, was er sagte und tat. Vielleicht war er auch deshalb so beliebt gewesen als Lehrer für Altgriechisch und Literatur am Liceo Classico Palmieri. Man wusste immer gleich, woran man bei ihm war. Das gab Halt. Und so erzählte Di Bernardo ihm ohne Umschweife von dem Fall Giordano.

Als er erwähnte, dass er gerade in Oxford war, unterbrach ihn sein Vater. »Du bist in Oxford? Hast du dich auf die Spuren deines Großvaters begeben?«

Für einen Moment wusste Di Bernardo nicht, was sein Vater meinte.

»Lass mich überlegen …«, fuhr sein Vater fort. »Wie alt bist du jetzt?«

»Zwanzig?«, erwiderte Di Bernardo.

Sein Vater lachte. »Mach dich nur lustig. Du wirst deinen Jungen irgendwann das Gleiche fragen. Ich weiß ja, dass du fünfzig bist. Nicht zu fassen, dass ich so einen alten Sohn habe.«

Di Bernardo grinste. Dann berichtete er seinem Vater, was ihn nach Oxford verschlagen hatte.

»Ah, so«, sagte sein Vater. »Dein Großvater jedenfalls war 1971 in Oxford. Er hat dort einen Archäologen getroffen, wie hieß er noch … Ich weiß es nicht mehr. Der Mann war damals Kustos des Ashmolean Museum. Sie hatten sich im Nahen Osten kennengelernt.«

»Erinnerst du dich, ob Großvater die Stradivari gesehen hat? Hat er davon erzählt? Die *Messias?*«

»Hmm. Er war eigentlich wegen bestimmter Münzen da, glaube ich. Es ist wirklich lange her.«

»Wir müssten Fotoalben haben von der Zeit«, überlegte Di Bernardo. Er wusste noch, wie er auf dem Schoß seines Großvaters in dessen altem Ledersessel gesessen hatte. Mit großen Augen hatte er zugehört, wie sein Opa von Abenteuern in fremden Ländern erzählt hatte. Er versuchte, sich zu erinnern, ob es ein Oxford-Album gab. Gut möglich, dass sein Großvater damals von der Geige gesprochen hatte – und der Moment, in dem Di Bernardo Arabellas Instrument in den Händen gehalten hatte, in sein Unbewusstes gedrungen war und dort einen Widerhall gefunden hatte.

»Was macht Alberto?«, fragte sein Vater in seine Gedanken hinein.

»Er will Jura studieren. In Rom.«
»Rom? Das ist gut. Die Familie ist sowieso viel zu weit verstreut. Kommt doch mal wieder runter nach Lecce, ihr zwei.«
»Das machen wir. Ciao, Papà, und vielen Dank!«
»Wofür?«
Di Bernardo lachte. »Dass du mich nicht für verrückt erklärst und denkst, ich würde bloß einem Phantom hinterherjagen, weil ich hierhergefahren bin.«
»Probleme löst man am besten, wenn man den gewohnten Rahmen verlässt. Das habe ich meinen Schülern immer gepredigt, in der Hoffnung, dass sie daraus etwas fürs Leben lernen.«
»Nicht nur deinen Schülern«, sagte Di Bernardo leise und verabschiedete sich von seinem Vater.

Ohne es zu ahnen, hatte sein alter Herr ihn in seinem Tun bestärkt. Er hatte hierherfahren müssen, um das Gewohnte, den alten Trott zu verlassen. Um den Rahmen zu sprengen. Nur so hatte er vermeiden können, dass der Fall Giordano ihm entglitt und am Ende noch zu einem Cold Case wurde. So wie seine beiden ungelösten Fälle in Kalabrien.

Manchmal musste man eben Umwege machen. Und wenn sie bis nach Oxford ins *Welcome Home Inn* führten.

Er spürte neue Zuversicht. Und konnte es kaum erwarten, Maninfior in die Zange zu nehmen.

Als er gegen 23 Uhr in Rom Fiumicino landete, war er angenehm überrascht, dass Del Pino in der Ankunftshalle auf ihn wartete.

»Commissario, wie war's?«, rief sein Ispettore und lief ihm entgegen, als wäre Di Bernardo gerade von einer Weltreise zurückgekehrt.

»*Buona sera*, Roberto. Wo ist Alberto?«, fragte er.

»Der hat morgen Schule, ich habe ihn vorhin nach Hause gefahren. Wir haben vorher noch für Sie gekocht, das Essen war sicher schrecklich in England, oder?«

Di Bernardo grinste. »Warmes Bier und Wurstsalat, wie klingt das für Sie?«

»Apokalyptisch«, sagte Del Pino und schüttelte sich.

Als sie im Wagen saßen, erzählte Di Bernardo von seinen Erlebnissen.

»Und was tun wir jetzt?«, meinte Del Pino.

Di Bernardo seufzte. »Erst mal muss ich mit Borghese reden. Dann ist Maninfior dran.«

Del Pino reckte den Daumen und lenkte den Wagen auf die Autostrada.

Di Bernardo lehnte sich zurück und ließ sich von Del Pino Richtung Rom kutschieren. So ein Männerhaushalt hatte definitiv seine Vorteile, dachte er. Er wurde abgeholt, nach Hause gefahren, man kochte für ihn, und das alles ohne Vorwürfe, weil er von früh bis spät gearbeitet hatte. Und er musste nicht mal Konversation machen.

Nachdem er sein Mitternachtsmahl verspeist hatte, ließ er sich zufrieden aufs Sofa sinken und schickte Alberto eine Nachricht. Dann griff er nach seinem Laptop und sah seine Mails durch. Die Kollegen aus Genua hatten sich noch immer nicht gemeldet. Und was den Experten betraf ...

Er spürte, wie sein Puls sich beschleunigte, als er sah, dass er eine Antwort aus Paris bekommen hatte.

Kurz zögerte er, die Mail zu öffnen. Wenn er es tat, war Schluss mit den Spekulationen. Dann würde sich zeigen, ob er Zeit und Geld verschwendet hatte und erneut in einer Sackgasse steckte – oder ob es endlich eine echte Spur gab.

Er atmete durch, öffnete die Mail und starrte auf die Zeilen. Eine Zahl fiel heraus wie eine Kugel bei einer Lotterie. *1686.*

Die dendrochronologische Prüfung anhand der hochauflösenden Fotos zeigte: Das Jahr, in dem das Holz für Arabella Giordanos Violine gefällt worden war, war 1686. Dasselbe Jahr, aus dem das Holz der *Messias* stammte.

Di Bernardo rieb sich die Augen und las den Text ein zweites Mal. Und erfuhr: Die Übereinstimmung der Jahreszahl war nicht alles. Das Holz von Arabellas Geige war mit dem von Antonio Stradivaris *Messias* von 1716 *identisch*. Die oberen Decken beider Geigen stammten von demselben Baum, einer Fichte. Demnach war Arabella Giordanos Geige zweifellos eine Kreation aus Stradivaris Werkstatt.

Wozu wäre ein Geigenbauer imstande, dem solch ein Instrument durch Zufall in die Hände gespielt wurde?

»Tut mir leid, Jean-Baptiste Vuillaume.« Dionisio Di Bernardo ballte die rechte Faust. »Und Happy Birthday, *Messias*. Dreihundert Jahre alt und immer noch taufrisch.« Als ihm klar wurde, dass er selbst diese Geige in den Händen gehalten hatte, sprang er auf. »Del Pino?!«

Aus der Küche klang Geschirrklappern. Sein Ispettore war mit dem Abwasch zugange.

Di Bernardo lief zu ihm in die Küche. »Wir hatten recht! Das Holz ist von 1686!«, rief er.

»Echt jetzt? Arabellas Geige ist eine Stradivari?«

»Sieht ganz so aus.«

Del Pino grinste über beide Ohren. »Sauber, Commissario!«

»Kommen Sie, legen Sie endlich das Geschirrtuch weg. Das muss gefeiert werden!« Di Bernardo zog Del Pino mit sich und goss ihnen beiden einen Laphroaig ein.

»Salute!«, rief Del Pino und stieß mit ihm an.

Di Bernardo spürte der Spur des Whiskys nach, die angenehm in seiner Kehle brannte. Dann reichte er Del Pino seinen Laptop. »Hier, lesen Sie selbst.«

Del Pino stellte sein Glas ab und vertiefte sich in das Gutachten. Dann sah er den Commissario nachdenklich an. »Also, so, wie ich das verstehe, ist Arabellas Geige die *Messias*, oder? Dann ist die Geige in Oxford nur eine *Imitation précise* von Vuillaume und die Ausstellung ein einziger Schwindel?«

»Ich weiß es nicht. Es scheint mir irgendwie verworren. Aber mir fällt jemand ein, der es weiß.«

»Und den knöpfen wir uns morgen vor.«

59

Florenz, 6. Februar 1910

Das riesige Haus erinnerte Francesco Sfilio an einen Palazzo. Er hatte einen derartig zur Schau gestellten Reichtum nicht erwartet. Eingeschüchtert nahm er auf einem Sessel im Stil Louis-quatorze Platz. Sein Blick fiel auf das Gemälde zweier musizierender Engel an der Wand gegenüber. Der eine spielte Harfe, der andere Violine; beide blickten geradezu verliebt auf ihre Instrumente. Während des Wartens stieg seine Aufregung. Würde der Manager zustimmen, ihn als Sologeiger zu vertreten? Würde er auf das übliche Honorar verzichten und stattdessen Sivoris Vuillaume als Bezahlung akzeptieren?

Er drückte den Instrumentenkasten fest an sich. Es war der letzte Ausweg, der ihm blieb. Bis zuletzt hatte er hin und her überlegt und nach anderen Möglichkeiten Ausschau gehalten, doch vergebens. Er versuchte, sich mit dem Gedanken zu trösten, dass es ganz im Sinne seines Lehrers gewesen wäre. Camillo Sivori hatte ihm eine Solistenkarriere gewünscht, ihn auf den großen Bühnen der Welt und nicht in Armut zugrunde gehen sehen. Es war an der Zeit, für seine Karriere ein Opfer zu bringen. Doch allein die Vorstellung, die Geige wegzugeben, schnitt ihm ins Herz. Sie war ein Teil von ihm geworden, und nicht nur das: Sie war auch das letzte Verbindungsglied zu seinem einstigen Meister. Er hoffte, dass er die Violine würde zurückkaufen können, sobald er seine Karriere vorwärtsgebracht hätte. Gewiss könnte er das. Sie gehörte ja ihm.

Carlo Giordano trat aus seinem Büro und bat Sfilio herein. Giordano war um die vierzig und eine stolze Erscheinung. »Ich habe von Ihnen gehört, Signor Sfilio«, sagte der Manager. »Als Schüler von Maestro Sivori, der seinerzeit Paganinis einziger Schüler war, sind Sie zweifellos ein hervorragender Geiger. Unser Management ist noch jung, aber bereits recht erfolgreich. Wie ich Ihnen geschrieben habe, bauen wir Karrieren gegen Bezahlung auf ...« Der Satz blieb in der Luft hängen, und über Sfilios Gesicht legte sich ein Schatten. »In Ihrem Brief erwähnten Sie eine Violine, die eine Barzahlung ersetzen könnte. Darf ich einen Blick darauf werfen?«

Francesco Sfilio öffnete den Kasten und zog das Seidentuch beiseite. Dann nahm er die Violine heraus.

Die Stille war angespannt und zugleich schwer zu greifen. Der Manager betrachtete das Instrument eingehend, drehte es um, kniff die Augen zusammen und blickte wieder zu Sfilio. Etwas hinderte ihn offenbar daran zuzugeben, dass diese Violine etwas ganz Besonderes war. Vermutlich war es der Instinkt eines Geschäftsmannes, der sich seine Existenz mit dem Artist-Management aufgebaut hatte, sprich: Künstler und Musik verkaufte.

Sfilio selbst empfand die Violine an diesem Morgen als besonders schön. Das Holz war strahlend und frisch, der Klang hatte sich mit jedem Jahr befreit und weiterentwickelt – etwas, das Giordano nur ahnen konnte.

Der Manager drehte die Violine ans Licht und blickte in das F-Loch. »Wie ich es mir dachte. Eine *Messias*-Kopie von Jean-Baptiste Vuillaume. Nun, ich will ehrlich sein. Sie ist ein Juwel, Signor Sfilio! Und dabei habe ich viele Violinen in den Händen gehalten.«

»Ich wusste, dass sie Ihnen gefallen wird.«

Carlo Giordano erklärte sich einverstanden, dass Sfilio ihm die Geige als Honorar überließ. Es war nicht das erste und nicht das letzte Mal, dass eine Verhandlung auf diese Weise endete.

»Ich muss Sie kurz allein lassen«, sagte der Manager. »Dann unterschreiben wir den Vertrag. Bitte entschuldigen Sie mich.«

Carlo Giordano verließ den Raum, und Francesco Sfilio blieb regungslos zurück. Er hatte erreicht, was er sich erhofft hatte. Seine Karriere war ab sofort in guten Händen. Dennoch kam keine Freude in ihm auf. Noch hatte er Zeit, sich den Schritt gut zu überlegen. Aber es half nicht zu leugnen, dass er mit dem Rücken zur Wand stand. Der Geldmangel, immer weniger Konzerte, und jünger wurde er auch nicht ... Er musste nach vorn schauen, an eine Zukunft glauben. Carlo Giordano war seriös, mutig und hatte exzellente Kontakte. Er war kein Geiger, insofern würde er die Vuillaume nicht selbst spielen. Aber er war ein Kunstkenner, der den Wert eines solchen Instruments einzuschätzen wusste. Er würde es mit Respekt behandeln.

Sfilio erhob sich, nahm die Geige und setzte sie ein letztes Mal an. Vergeblich versuchte er, eine Träne wegzublinzeln, die sodann seine Wange herunterlief und auf die Decke der Violine fiel.

60

Als Di Bernardo am Montagmorgen aufwachte, sickerte Sonnenlicht durch die Jalousien. Draußen ratterte eine Vespa vorbei. Für ein paar Minuten gönnte er sich den Luxus, sich noch einmal umzudrehen. Dann fiel es ihm wieder ein: Das längst überfällige Gespräch mit Borghese erwartete ihn.

Del Pino stand rasiert und gekämmt in der Küche und kochte Kaffee. Fehlte noch, dass er ihm ein Brot schmierte, dachte Di Bernardo.

»Der Haarschnitt«, sagte er und nahm einen Schluck. »Steht Ihnen gut.«

»Danke, Commissario. Alberto hat echt viele Talente.«

»Oh ja, die hat er. Ich hoffe bloß, dass er sich jetzt mal auf eins konzentriert.« Di Bernardo sah auf die Uhr. »Auf zur Hinrichtung. Nehmen wir meinen Wagen.«

Anders als sonst war an diesem Morgen weniger Verkehr. Das Zentrum der Stadt war zu dieser frühen Stunde zwischen zwei Welten gefangen – eine gigantische antike Theaterbühne, auf der die Handlungen des modernen Lebens dargeboten wurden.

Mit gemischten Gefühlen parkte Di Bernardo vor der Questura.

»Soll ich mit rein?«, fragte Del Pino.

»Danke, aber da muss ich allein durch. Wobei ... wenn ich in fünfzehn Minuten nicht erlöst bin, dann erfinden Sie was und eisen mich los.«

»*D'accordo.* Wollen Sie einen Kaugummi? Nichts irritiert Vorgesetzte mehr, als wenn man mitten in einer Standpredigt eine Blase zerplatzen lässt.«

»Das haben Sie also immer mit Absicht gemacht?« Der Commissario zog eine Augenbraue hoch und musterte seinen Ispettore.

»Unter die Wiederkäuer bin ich jedenfalls nicht gegangen«, murmelte der.

Di Bernardo verdrehte die Augen. »Wir warten übrigens noch auf die Alibis aus Genua. Machen Sie den Kollegen im Norden mal ein bisschen Dampf.«

»Sehr gern.«

Di Bernardo legte den Mantel in seinem Büro ab, streckte den Rücken durch und machte sich auf den Weg zum Questore.

»Commissario ... Di Bernardo, richtig? Ist so lange her ... Welch eine Überraschung«, begrüßte Borghese ihn. »Das ist ja wirklich nett, dass Sie den weiten Weg in mein Büro auf sich nehmen. Und das so ganz ohne Aufforderung. So ganz von sich aus. An einem Montagmorgen eine derartige Eigeninitiative zu zeigen ist geradezu vorbildlich. Ich kann mich wirklich glücklich schätzen mit Ihnen.«

Der Commissario ließ die bissigen Bemerkungen stoisch über sich ergehen. Unwillkürlich musste er an Del Pinos Kaugummiblasen denken, und seine Mundwinkel zuckten vor Belustigung. Schnell hatte er sich wieder unter Kontrolle – doch nicht schnell genug.

Borghese knallte einen Stapel Akten auf den Schreibtisch. »Was fällt Ihnen ein, meine Anweisungen zu missachten und dann auch noch so dämlich zu grinsen?! Staatsanwalt Ruggieri hat täglich – ich wiederhole – *täglich* einen Bericht von Ihnen erwartet. Und was hat er bekommen? Nichts. Und als er mich fragte, was los wäre, was konnte ich ihm da für eine Antwort geben? Keine! Morgen sind es zwei Wochen, seit Cornelia Giordano ermordet aufgefunden wurde. Und Sie haben noch immer keine Spur. Verdammt! Haben Sie dazu etwas zu sagen?«

»Sehr gern, Questore«, gab Di Bernardo mühsam beherrscht zurück. »Wenn Sie mich dann bitte mal zu Wort kommen lassen würden?«

Borghese verschränkte die Hände vor seinem Bauch und kniff die Augen halb zusammen.

»Wir haben eine Reihe von Musikern identifiziert, die alle ein starkes Motiv für einen solchen Mord hätten. Wir haben sie befragt und überprüft, doch jeder Einzelne hat ein Alibi. Daraus folgern wir, dass der Verfasser des Drohbriefes nicht der Mörder ist. Mithilfe des privaten Kalenders des Opfers haben wir Indizien für Bestechungsversuche gefunden, die Ermittlungen hierzu wurden allerdings von Ihnen unterbunden. Wir haben sämtliche Nutznießer des Testaments unter die Lupe genommen – ohne Ergebnis. Cornelia Giordano hätte für vergangenen Dienstag einen Termin bei Dottor Tononi, ihrem Notar, gehabt. Wir waren bei ihm, doch er konnte uns nicht sagen, worum es bei diesem Termin gegangen wä…«

»Ich habe Sie nicht gebeten, mit Ihren gesammelten Misserfolgen zu prahlen, Di Bernardo«, fuhr Borghese ätzend dazwischen.

Di Bernardo bedachte ihn mit einem wütenden Blick. »In zwei Wochen hatten wir einen Mord, einen Überfall, den ich als versuchten Mord einstufe, und eine Drohung im Form einer toten Taube im Geigenkasten von Arabella Giordano. Wir haben nach einem gemeinsamen Nenner für diese drei Taten gesucht, Widersprüche in den Aussagen verfolgt und sind in Sackgassen gelandet. Bis jetzt.« Er räusperte sich und zupfte an seiner blau-pink gestreiften Krawatte. »Ich habe die neue Spur ernst genommen, obwohl vieles dagegensprach.«

»Himmel, kommen Sie endlich zum Punkt!«, donnerte Borghese.

Di Bernardo legte zwei Fotos, die er am Morgen ausgedruckt hatte, auf den Schreibtisch. »Auf dem hier ist die *Messias* aus dem Museum in Oxford zu sehen, auf dem anderen Arabella Giordanos Vuillaume. Erkennen Sie den Unterschied?«

»Ich fasse es nicht. Sind Sie jetzt unter die Musikhistoriker gegangen oder was?« Borgheses Gesicht nahm eine ungesunde Farbe an. »Wer hat das Foto in Oxford gemacht?«

»Ich«, sagte Di Bernardo und zuckte die Achseln. »Ich war gestern dort.«

»Sie waren *was*?«

»Ich war gestern in Oxford«, wiederholte Di Bernardo.

Borghese erhob sich von seinem Schreibtischstuhl und richtete sich drohend auf. »Sie treiben sich in Oxford herum und dilettieren als Geigenfachmann, und währenddessen ist der Täter immer noch auf freiem Fuß?«

»Die Geigen haben mehr gemeinsam als das Aussehen«, sagte Di Bernardo. Er legte Borghese einen Ausdruck des dendrochronologischen Tests seines Pariser Experten unter die Nase. »Sehen Sie es sich doch mal an. Beide Geigen gleichen sich aufs Haar. Das Holz wurde gegen Ende des siebzehnten Jahrhunderts gefällt. Es stammt von ein und demselben Baum. Ich habe Arabellas Geigenbauer Lorin Maninfior dazu befragt. Er hat behauptet, die Geige in Oxford sei eine Fälschung. Arabella war mit ihrem Instrument nicht zufrieden. Also machte er ihr den Vorschlag, ihr eine wertvolle Geige aus seiner Sammlung zu überlassen und gegen ihre Vuillaume einzutauschen ...«

»Wirklich nett. Und gibt es in all dem Wirrwarr vielleicht irgendwas Konkretes? Oder streben Sie in Wirklichkeit eine Karriere als Romanautor an?«

Di Bernardo maß Borghese mit einem strengen Blick. »Die *Messias* hat einen Versicherungswert von dreißig Millionen. Als Geigenbauer hätte Maninfior die Möglichkeit gehabt, herauszufinden, ob es sich bei Arabellas Geige um das Original handelt. Mit einem Tausch hätte er einen Gewinn von rund neunundzwanzig Millionen gemacht. In Oxford habe ich herausgefunden, dass Maninfior im Herbst vor Ort war. In dem Hotel, in dem er übernachtet hat, trug er sich unter anderem Namen ein.«

Der Questore legte den Kopf schief und musterte ihn. »Weiter.«

»Mehrere Experten sind der Ansicht, die *Messias* wäre eine Fälschung.«

»Wie wird so eine dendrochronologische Prüfung durchgeführt?«

»Mit hochauflösenden Fotos.«

»Dann taugt Ihres wohl nicht dazu«, sagte der Questore mit einem abschätzigen Blick auf Di Bernardos Handyfoto. »Nun gut. Es ist Ihnen gelungen, mich zu verblüffen. Auch wenn ich noch lange nicht überzeugt bin.«

»Arabella Giordano besitzt ein Instrument, das Museumswert hat«, fuhr Di Bernardo fort. »Nichts deutet darauf hin, dass sie die Wahrheit über ihre Geige weiß. Aber unser Geheimnisträger weiß davon. Somit ist Arabella weiterhin in Gefahr.«

Es klopfte, und Del Pino trat ein. Kaugummi kauend. Sein Rettungskommando. »*Buongiorno*, Signor Borghese. Störe ich?«

Der Questore brummte etwas.

»Genua hat sich gemeldet, Commissario.« Del Pino reichte Di Bernardo den Bericht. »Ich dachte, Sie wollen das sofort sehen.«

Di Bernardo starrte darauf und verzog das Gesicht. »Wir haben ein Problem«, sagte er. »Sowohl Chiarello, der andere Geigenbauer, als auch Maninfior waren vom 23. bis 27. in Genua.«

»Daniel Chiarello? Das Schlitzohr? Könnte er auch in den Fall involviert sein?«

»Theoretisch schon. Genauso wie seine Tochter Michelle. Sie haben mit ihrem Anwalt gedroht.«

»Es wäre mir eine persönliche Freude, diesen Halunken zu überführen. Zeigen Sie mal her.« Borghese lehnte sich vor, streckte die Hand nach dem Bericht aus und überflog ihn. »Typisch Genua, tun immer nur das Nötigste.« Er sah auf. »Hier steht bloß, dass sie an der Veranstaltung teilgenommen haben. Das muss gar nichts heißen. Die sollen herausfinden, an welchen Tagen die Geigenbauer wie lange da waren. In welchem Hotel sie übernachtet haben. Was sie abends getrieben haben. Wo sie die Nacht verbracht haben. Ich bin neulich mit dem Zug von Genua nach Rom gefahren, über Mailand, das waren gerade mal viereinhalb Stunden. Mit dem Auto braucht man länger.« Borghese ließ sich wieder auf seinen Stuhl zurücksinken.

»Und was machen wir inzwischen?«, fragte Di Bernardo.

»Gehen Sie und sehen Sie zu, was Sie aus Maninfior rausholen können. Lassen Sie sich was einfallen. Fantasie haben Sie ja.«

61

Kurz nach halb elf waren sie bei Maninfiors Werkstatt angekommen.
»Sollten wir ihn nicht einfach in die Questura schleppen?«, fragte Del Pino.
Di Bernardo schüttelte den Kopf. »Bei einer offiziellen Vernehmung wird er mauern. Bei sich zu Hause fühlt er sich sicherer. Da haben wir eine größere Chance, dass er unvorsichtig wird, wenn wir den Hebel ansetzen.«
»Haben Sie schon einen Plan?«
»Erst mal konfrontieren wir ihn mit Oxford. Dann sehen wir weiter.«
Sekunden nachdem sie eingetreten waren, kam Anita Morelli zu ihnen. Sie war blass, ihre Augen waren gerötet. Dennoch trug ihr Gesicht Spuren einer Schönheit, der weder Erschöpfung noch das Alter etwas anhaben konnten.
»*Buongiorno*, Signora, bitte verzeihen Sie die Störung. Wir möchten uns nur ein wenig mit Signor Maninfior unterhalten.«
Sie deutete ein Nicken an und bat sie wie zuvor in die Wohnküche. Kaum hatten Di Bernardo und Del Pino Platz genommen, trat Lorin Maninfior zu ihnen. Er trug einen grauen Arbeitskittel, der mit Holzstaub bedeckt war. »Ich habe heute nicht mit Ihnen gerechnet«, sagte er an den Commissario gewandt und sah stirnrunzelnd zu Del Pino.
Di Bernardo stellte seinen Ispettore vor. »Wir waren zufällig in der Gegend und wollten die Gelegenheit zu einem kleinen Plausch ergreifen.« Fast klang es, als hätte er sich selbst auf eine

Tasse Kaffee eingeladen. Doch Anita Morelli machte keine Anstalten, sie zu bewirten.

»Ich habe sehr viel zu tun heute, aber natürlich sind Sie willkommen. Wie laufen Ihre Ermittlungen?« Er blieb demonstrativ vor ihnen stehen, die Hände um die Lehne seines Stuhls gelegt. Di Bernardo schlug gemütlich die Beine übereinander. »Die Ermittlungen laufen gut. Deswegen bin ich hier.«

»Es ist nicht mein Fall, Commissario, sondern Ihrer.«

»Und ich bin gerade dabei, Ihren möglichen Anteil an meinem Fall einzuschätzen. Erzählen Sie mir doch, wo Sie am Abend des 24. Januar waren.«

»Vor zwei Wochen? Da war ich in Genua, wie ich Ihnen bereits gesagt habe.«

»Die Veranstaltung ging bis abends spät?«

Maninfior umklammerte die Stuhllehne, sodass seine Fingerknöchel hervortraten. »Abends habe ich meine E-Mails erledigt und Rechnungen geschrieben. Signora Morelli kann es bestätigen. Oder möchten Sie einen Blick in mein Postfach werfen? Vielleicht auch noch meine private Korrespondenz lesen? Unter mein Bett schauen, ob ich dort irgendwelche Waffen lagere?«

»Die E-Mails können Sie auch vom Handy aus verschickt haben«, sagte Di Bernardo unbeeindruckt.

Der Geigenbauer verschränkte die Arme vor der Brust. »Lösen Sie eigentlich jemals Ihre Fälle, Commissario?«

»Fast alle.«

»Hören Sie, ich bin nicht verpflichtet, Ihnen meine Unschuld zu beweisen. Sie dagegen brauchen Beweise, um mich zu beschuldigen.«

»Ich habe Beweise.«

»Ach ja? Das ist ja interessant. Hochinteressant. Wenn ich nicht hundertprozentig wüsste, dass Sie mir mit lauter Unsinn kommen, würde ich jetzt wohl meinen Anwalt anrufen.« Er schnaubte. »Lass uns allein«, sagte er unwirsch zu Anita Morelli. Kaum war sie gegangen, wurde er aufbrausend. »Kommen Sie mir jetzt wieder mit Arabella und ihrer Geige? Oder was soll das hier?«

»Ich wollte Sie eigentlich etwas ganz anderes fragen, Signor Maninfior. Warum haben Sie mir Ihre Reise nach England verschwiegen?«

Die Frage traf Maninfior wie ein Schlag ins Gesicht. Für einen Moment war Di Bernardo sich nicht sicher, was als Nächstes passieren würde. Dann hatte der Geigenbauer sich wieder in der Gewalt. »Sie sind eine interessante Person, Commissario«, sagte er ruhig.

»Ich nehme es als Kompliment.«

Maninfior lachte abschätzig. »Das war klar. Neugierig sind Sie auch.«

»Nicht neugieriger als Sie, Signor Maninfior.«

»Meine privaten Reisen gehen niemanden etwas an. Stehe ich etwa unter Verdacht, weil ich vor zehn Jahren eine *Storia d'amore* in Manchester hatte?«

»Manchester? Vor zehn Jahren? Aber nicht doch. Es geht um Ihre Reise Anfang November letzten Jahres. Nach Oxford. Die Reise, wo Sie im *Welcome Home Inn* übernachtet haben. Andrew Willis hat sich noch gut an Sie erinnert. Offenbar gab es dort einen kleinen Irrtum mit Ihrem Namen, so etwas passiert manchmal.«

Maninfior wandte sich ab und trat zum Fenster. Er atmete tief durch. »Gut. Ich war in Oxford. Ich wollte sehen, ob die *Messias* ein echter Stradivarius ist.«

»Und, ist es Ihnen gelungen, das Geheimnis zu lüften?«

»Habe ich nicht bereits darauf geantwortet?« Sein Tonfall bekam etwas Gönnerhaftes, als er weitersprach. »Commissario, so unbedarft können Sie doch nicht sein. Das Ashmolean wird niemals zugeben, dass die Geige kein Original ist. Und das Letzte, was die dort wollen, ist, in eine laufende Ermittlung hineingezogen zu werden. Was immer Sie vermuten oder gar entdecken, man wird Ihre Arbeit mit allen Mitteln sabotieren. Es steht einfach zu viel auf dem Spiel. Geld, Ehre und noch mal Geld.« Er trat wieder an den Tisch, setzte sich und neigte sich vertraulich vor. »Ja, ich gebe es zu, die Herkunft der *Messias* hat mich interessiert. Doch es war mir nicht einmal möglich, ein brauchbares Foto von ihr zu machen. Nach meinem Oxford-Besuch habe ich die Finger davon gelassen. Nur Gott allein weiß, was Sie mir unterstellen wollen.«

»Haben Sie irgendwann während Ihrer Arbeit mal eine Geige entdeckt, die viel wertvoller war als angenommen?«, fragte Del Pino.

»Schön wär's. Leider verhält es sich genau andersherum. Es kursieren eine Menge Billig-Violinen mit falschen Etiketten.« Maninfior blickte demonstrativ auf die Uhr.

Di Bernardo tat, als verstünde er den Wink, und erhob sich. »Nun, ich wollte Ihre Zeit nicht vergeuden. Danke für Ihre Auskünfte. Wir haben auch noch einiges zu tun. Letzte Nacht ist in Arabella Giordanos Wohnung eingebrochen worden. Es wurden verschiedene Wertsachen gestohlen, die Wohnung sieht schlimm aus.«

»Eine echte Katastrophe«, warf Del Pino ein, der offenbar verstand, was Di Bernardo hier gerade improvisierte. »Hoffentlich ist ihr Instrument gut versichert.«

Maninfior sprang auf. »Was?« Sein Gesicht wurde purpurrot. Seine Augen verdunkelten sich, eine Sehne trat an seinem Hals hervor. Kurz fürchtete Di Bernardo, der Geigenbauer würde einen Schlaganfall erleiden. »Was sagen Sie da?«

Di Bernardo zog fragend eine Augenbraue hoch. »Tut mir leid, Signor Maninfior. Worum geht es genau?«

»Arabellas Geige ... Hat man ihre Geige gestohlen?«

»Einige Juwelen sind weg«, sagte der Commissario. »Zwei Gemälde, das iPad und der Laptop. Die Geige? Nein, die ist noch da. Warum fragen Sie?«

»Ihr ... Ihr Assistent hat doch von ihrem Instrument gesprochen.« Er blickte Del Pino konsterniert an.

»Da habe ich mich wohl geirrt«, sagte Del Pino schulterzuckend und schob sich einen frischen Kaugummi in den Mund.

Maninfiors Gesicht war mit roten Flecken überzogen.

»Dieser Diebstahl hat Sie ja sehr getroffen«, bemerkte Di Bernardo und tat besorgt.

»Ja, nun ... ich hatte Sorge um Arabellas Vuillaume. Sie ist ein Meisterwerk, wissen Sie.«

»Ja, ich habe die Violine im Konzert gehört. Sie klingt fast wie ... wie eine Stradivari aus der goldenen Epoche.«

Maninfiors Augen flackerten. »Sie werden langsam zum Experten auf diesem Gebiet«, sagte er.

»Nicht doch. Ich habe nur etwas zitiert, was ich in einer Kritik gelesen habe.« Er verzog den Mund zu einem Lächeln. »Wir wollen Sie nicht länger aufhalten. Kommen Sie, Roberto. Wir finden allein hinaus.«

Draußen holte Di Bernardo tief Luft. »Das war leichter als gedacht«, meinte er. »Kommen Sie, wir kaufen uns da drüben schnell eine Porchetta und warten dann im Wagen. Ich bin gespannt, was er vorhat.«

Del Pino grinste auf dem Weg zur Bar. »Sein Gesicht. Haha. Ich dachte, er platzt.«

Die frischen Brötchen waren mit krossem Spanferkelbraten geradezu beladen. Del Pino seufzte. »Borghese, Maninfior und so eine Porchetta. Was für ein Morgen.«

62

Zurück in der Questura erstattete Di Bernardo gegenüber Borghese Bericht.
»Warum haben Sie ihn nicht hergebracht?«, fragte der Questore.
»Weil er in einer Sache recht hat. Oxford wird sich querstellen, wenn es um die Frage nach der Echtheit der *Messias* geht. Namhafte Experten sind gescheitert und wurden widerlegt. Inzwischen wurden weitere Untersuchungen untersagt.«
»Sie wollen sagen, wenn er leugnet und nicht kleinzukriegen ist, dann sollten wir uns besser keine Illusionen machen, dass Oxford uns zu Hilfe eilt.«
»Exakt.«
»Was haben Sie jetzt vor?«
»Die Sache mit dem Drohbrief aufklären.«
Borghese spitzte die Lippen, dann nickte er. »Nun gut. Dann machen Sie mal. Und geben Sie mir Bescheid, was dabei herauskommt.«
Di Bernardo kam sich vor wie ein Schüler, der einen Verweis kassiert hatte und sich jetzt besonders gut betragen musste. Es war ja nicht so, dass er etwas gegen den Questore hatte, im Gegenteil, er hätte es übler treffen können. Doch er handelte eben gern spontan, und für Borgheses Politik hatte er, nebenbei gesagt, rein gar nichts übrig.
»Ich hätte größte Lust, in Giordanos Schmiergeldaffäre rumzustöbern«, sagte Del Pino, als sie zurück in Di Bernardos Büro waren.

»Oh ja, wem sagen Sie das. Aber das ist verbotenes Gebiet. Kommen Sie, wir sehen zu, was Genua macht.«

Die Kollegen aus dem Norden waren wider Erwarten fleißig gewesen. Daniel Chiarello hatte sein Hotel in der Nähe des Palazzo Doria Tursi am 24. Januar gegen achtzehn Uhr verlassen, um nach Monte Carlo zu fahren und im Casino zu spielen. Dort war er von mehreren Personen gesehen worden. Auf der Place du Casino und an anderen Stellen waren Sicherheitskameras installiert; die Kollegen waren noch dabei, das Material zu sichten, konnten für den Abend, an dem Cornelia Giordano ermordet worden war, aber bereits sein Alibi bestätigen. Seine Tochter hatte ihn begleitet, hatte jedoch am 25. abends das Hotel gegen zwanzig Uhr verlassen und war mit dem Wagen und einigen Ausstellungsstücken zurück nach Rom gefahren.

Di Bernardo rechnete nach. Arabella war nachts um zwei Uhr gefunden worden und stark unterkühlt gewesen, da sie bereits seit mindestens zwei bis drei Stunden im Freien gelegen hatte. Das ging sich nicht aus. Mit Unbehagen dachte er an seinen letzten Besuch bei den Chiarellos zurück und fühlte sich geradezu erleichtert, dort nicht ein weiteres Mal aufschlagen zu müssen.

»Und von Maninfior haben sie noch nichts?«

Del Pino schüttelte den Kopf. »Der Kollege schreibt, sie hätten sich zuerst Daniel Chiarello vorgeknöpft, weil er bereits mehrfach mit der Polizei zu tun gehabt hätte.«

»Schicken Sie denen noch ein Bild von Anita Morelli. Man kann ja nie wissen.«

»Wird gemacht, Chef. Und jetzt?«

»Ich möchte noch wegen der Geige recherchieren. Treffen wir uns gegen fünfzehn ... nein, warten Sie, lieber um sechzehn Uhr und knöpfen uns dann noch mal Bellamy vor.«

Del Pino rieb sich die Hände. »Nichts lieber als das.«

»Ach, und finden Sie heraus, ob Riccardo uns etwas wegen der Webseite und dieser Collagen sagen kann.«

Die Straßen in Trevi waren am Nachmittag heillos verstopft. Di Bernardo bog scharf links ab und verfluchte sich im nächsten Augenblick dafür. Ein Stück voraus waren zwei Touristenbusse in der Gasse stecken geblieben und versuchten nun, rückwärts wieder hinauszugelangen. Er blickte in den Rückspiegel; mehrere Wagen waren ihm gefolgt. Mit Gehupe, Gewinke und lautstarken Flüchen versuchten die Fahrer der Busse, sich zu verständigen. Er legte den Rückwärtsgang ein und fuhr langsam an. Zehn Minuten später hatte er seinen Alfa Romeo aus der Falle befreit und wischte sich die Stirn.

»Kleiner Vorgeschmack auf die Touristenzeit«, sagte Del Pino.

Im nächsten Moment klingelte Di Bernardos Handy.

»Commissario, hier spricht Giovanni Cinnante. Mein Kollege und ich sollen für Arabella Giordanos Sicherheit sorgen.«

»Was ist passiert?«, fragte er alarmiert.

»Heute Mittag waren zwei Männer bei Signorina Giordano, Vincenzo Giordano und Boris Tinelli. Sie sind vor zwei Stunden gegangen.«

»Irgendetwas Besonderes?«

»Als sie rauskamen, haben sie ziemlich gestritten. Ich bin ihnen unauffällig hinterher.«

»Haben Sie hören können, worum es in dem Streit ging?«

»Ja doch. Der eine, Vincenzo, hat dem anderen vorgeworfen, dass er Arabella zu sehr unter Druck setzen würde. Darauf sagte Boris, er, also Vincenzo, würde doch auch glauben, dass sie ihre Mutter umgebracht hätte. Da ist Vincenzo fast ausgerastet und hat gesagt, er solle damit aufhören. Das wären leere Anschuldigungen. Sie wären eine Familie und würden zusammenhalten.«

»Und dann?«, fragte Di Bernardo stirnrunzelnd. Von der Idee, dass Arabella schuldig sein könnte, hatte er sich eigentlich verabschiedet.

»Dann haben sie sich gegenseitig Vorhaltungen gemacht. Boris drohte damit, dass er zur Polizei gehen würde. Dass man Arabella ihre angebliche Amnesie nicht durchgehen lassen dürfe. Dass es schließlich um ihre Mutter ginge, auch wenn die ein Drachen gewesen sei. Dann wurde es kurzfristig etwas laut – Sie wissen schon. Was danach kam, habe ich nicht ganz verstanden. Vincenzo erinnerte seinen Bruder an einen Pakt.«

»Einen Pakt?«

»Ja, irgendeine Geschichte von früher, mit einem Aufzug, der in die Tiefe gestürzt ist, wobei sie fast umgekommen wären oder so. Daraufhin hätten sie sich geschworen, immer zusammenzuhalten. Und wegen dieses Pakts würde er Boris jetzt bitten, nicht zur Polizei zu gehen.« Der Polizist räusperte sich. »Boris hat daraufhin abfällig gelacht und ein paar Schimpfworte in Vincenzos Richtung abgelassen. Dann hat er mich bemerkt, ist in seinen Lancia gestiegen und davongefahren.«

»Und Vincenzo?«

»Ist auch weggefahren.«

»Hm. Gute Arbeit.«

»Danke, Chef. Wir sind jetzt wieder auf dem Weg zurück nach Parioli.«

»Wieso zurück? Warum sind Sie nicht dort?« Irritiert blickte Di Bernardo zu Del Pino. Hatte er etwas verpasst?

»Signorina Giordano hat das Haus verlassen, mit ihrer Geige. Sie ist mit dem Taxi nach Aurelio gefahren. Wir sind hinterher. Auf der Via Gregorio VII hat das Taxi gehalten und dort auf sie gewartet. Sie ist ausgestiegen und in der Geigenbauwerkstatt verschwunden.«

»Und dann?« Di Bernardo spürte, wie ihm kalter Schweiß über den Rücken rann. Arabella. Sie war geradewegs in die Arme Maninfiors gelaufen. »Was ist? Sagen Sie schon. Ist sie noch dort drinnen?«

»Nein, nein. Wir fahren gerade zurück nach Parioli. Keine fünf Minuten später kam sie wieder rausgerannt, ist ins Taxi gestiegen, und wir wieder hinterher. Wir biegen gerade vom Lungotevere delle Navi nach Parioli ab.«

»Hören Sie zu. Folgen Sie ihr weiterhin. Wenn sie daheim ist, lassen Sie den Eingang des Hauses keine Sekunde unbeobachtet. Postieren Sie sich am besten direkt davor. Ich schicke Ihnen ein Foto unseres Verdächtigen. Wir sind in etwa zehn Minuten da.«

»Wird gemacht, Commissario.«

»Und wenn sie woanders hinfährt ...«

»Melde ich mich sofort. Verstanden.«

Di Bernardo nickte Del Pino zu. »Senden Sie ihm das Foto von Maninfior.«

»Was hat das jetzt zu bedeuten?«, überlegte Del Pino.

»Sie war wegen ihrer Geige unterwegs und brauchte etwas«, sagte Di Bernardo. Selbst in seinen Ohren klang es dünn.

»Oder es war ein Vorwand«, entgegnete Del Pino. »Sie steckt mit drin und hatte etwas mit ihm zu besprechen.«

»Also halten Sie Arabella immer noch für schuldig?«

»Zwischenzeitlich war ich mir ziemlich sicher, dass sie es nicht ist.«

»Und jetzt?«

»Die stecken unter einer Decke. Er hat sie gehen lassen. Wenn er es war, der sie überfallen hat, dann wird er ja nicht gerade scharf darauf sein, ihr zu begegnen. Sie kommt in seine Werkstatt, und er vertraut darauf, dass sie sich nicht erinnert? Und kurz darauf geht sie wieder?«

»Aber wer hat sie dann überfallen?«

»Boris«, sagte Del Pino wie aus der Pistole geschossen. »Er hält sie für schuldig, das hat Giovanni Cinnante doch selbst gesagt. Deshalb hat er sie konfrontiert. Daraufhin gab es Stress, vielleicht war der Überfall in Wirklichkeit ja ein Unfall. Sie war bewusstlos, Boris dachte, sie sei tot, und hat sie in Panik in der Villa Ada aus dem Auto geworfen.«

»Hm, möglich wäre es. Aber Sie haben eine Sache vergessen. Boris hat ein Alibi.«

»Für den 24., ja. Aber nicht für den 25. Erinnern Sie sich nicht? Er ist einen Tag früher von Catania nach Rom geflogen, als er behauptet hat. Er war am 25. mittags hier.«

»*Maledizione!* Rufen Sie Campresi an, er soll Boris Tinelli ausfindig machen. Ich will ihn in der Questura haben, wenn wir bei Arabella fertig sind. Campresi soll jemanden mitnehmen, falls er nach Tor Bella Monaca muss. Aber nicht Giorgia!«

Del Pino rieb sich zum zweiten Mal an diesem Tag die Hände. Di Bernardo spürte es auch. Die tausend Mosaiksteinchen dieses Falles fielen endlich an ihren richtigen Platz.

63

»Dionisio! Was bin ich froh, dass Sie da sind«, sagte Arabella. Sie war noch blasser als am Samstag, die Wangen wirkten eingefallen. »Bitte kommen Sie doch herein. Und Sie natürlich auch, Ispettore ...«

Der Commissario setzte sich mit Del Pino auf das antike Sofa im Wohnzimmer. Bequem war es nicht, dafür aber bestimmt teuer. Er sah, wie Roberto mit der Hand über den hellen seidigen Stoff fuhr. Er konnte nur hoffen, dass sein Ispettore saubere Finger hatte.

Arabella nahm auf dem Sessel neben ihm Platz, stand aber sogleich wieder auf und begann, unruhig im Zimmer auf und ab zu laufen. »Es ist so viel passiert in den letzten Stunden, ich weiß gar nicht, wo ich anfangen soll. Boris und Vincenzo waren heute Mittag hier. Es war schrecklich. Boris hat mich beschuldigt, ich hätte Cornelia umgebracht. Wegen meiner Geige.« Ihre Stimme zitterte. »Er sagte, ich wäre nicht zufrieden mit dem Instrument gewesen und ... und ich ... hätte sie aus dem Weg räumen wollen.« Sie suchte nach einem Taschentuch und wischte sich die Tränen fort. »Ich habe ihm gesagt, dass ich mich an nichts erinnern kann, und darauf meinte er, ich würde simulieren. Dann ... vorhin, nachdem Boris und Vincenzo gegangen waren, habe ich Angst bekommen. Angst, dass Boris recht haben könnte. Dass ich Cornelia wirklich ermordet habe. Aber es war nicht so, wie er behauptet hat. Dass ich die Amnesie nur gespielt hätte. Das müssen Sie mir glauben.« Sie fing an zu weinen.

»Bitte, Signorina Giordano, setzen Sie sich. Lassen Sie uns alles in Ruhe durchsprechen«, sagte Di Bernardo in dem gleichen sanften Tonfall, in dem er auch Alberto als Kind immer getröstet hatte.

Matt ließ Arabella sich in den Sessel zu seiner Rechten sinken und starrte ins Leere. Dunkle Schatten lagen unter ihren Augen. Was immer sie getan oder hoffentlich nicht getan hatte – es ging ihr schlecht. So viel war klar.

Sie beugte sich vor, schob die zusammengefalteten Hände zwischen ihre Knie und sah ihn an. »Ich muss Ihnen etwas sagen. Ich habe Sie angelogen.«

»Wusst ich's d…«, begann Del Pino, aber Di Bernardo trat ihm auf den Fuß.

»Erzählen Sie mir alles. Von Anfang an. Bitte«, sagte er an Arabella gewandt.

»Am Samstag, als Sie und ich im Caffè delle Arti saßen, da sagten Sie etwas über meine Erinnerung. Sie sei wie eine Tabula rasa. Ein leeres Blatt sozusagen.« Sie fuhr sich durchs Haar und sprach stockend weiter. »Der Moment war so … eigenartig, wie wenn ein Blitz eine völlig dunkle Szene kurz erleuchtet. Ich habe Bruchteile gesehen, dann verschwand alles wieder.«

Del Pino sog geräuschvoll die Luft ein, doch Di Bernardo warf ihm einen warnenden Blick zu. Er selbst saß auch auf glühenden Kohlen, aber mit Ungeduld oder gar Härte kamen sie hier nicht weiter. »Es muss sehr schwer sein, das Gedächtnis zu verlieren«, sagte er, in der Hoffnung, dass sie den Faden nicht völlig verlor. »Was genau wollten Sie mir damit sagen?«

»Ich … Als Boris und Vincenzo weg waren, ging es mir nicht gut. Ich wollte mich irgendwie dazu zwingen, mich zu erinnern. Da habe ich wieder an Samstag gedacht, an den Moment. Ich habe ein Fenster gesehen. Einen Raum … aber ich kam nicht drauf, wo er sein könnte. Mein Kopf schmerzte. Also dachte ich mir, ich mache eine Pause und spiele ein bisschen Geige. Wenn ich Geige spiele, geht es mir immer gut.«

»Es sei denn, Sie sind mit Ihrer Geige nicht zufrieden«, warf Del Pino ein, bevor Di Bernardo einschreiten konnte.

Arabella fing prompt wieder an zu weinen. Dann schnäuzte sie sich, holte tief Luft. »Sie haben recht. Und ich war schon wieder nicht zufrieden. Etwas stimmte nicht mit dem Steg. Also bin ich mit meiner Geige zu Maninfior gefahren. Als ich da in seiner Werkstatt stand, ich weiß nicht, was da in mich gefahren ist. Mir wurde plötzlich schwindlig, dann brach mir der Schweiß aus. Wie in Trance bin ich zurück zum Taxi. Und ich dachte die ganze Zeit: Tabula rasa. Tabula rasa.«

»Haben Sie Maninfior gesehen?«

»Ich weiß nicht mal, ob ich mich an ihn erinnert hätte. Ich war nur deshalb bei ihm, weil Sie mich auf ihn angesprochen hatten, Dionisio.«

»Haben Sie ihn jetzt gesehen oder nicht?«, wollte Del Pino wissen.

Arabella schüttelte den Kopf. »Nein. Der Türöffner ging, aber da war keiner.«

»Und was haben Sie dann gemacht?«

»Auf dem Nachhauseweg habe ich Tabula rasa gegoogelt. Irgendwann fand ich Arvo Pärts ›Tabula Rasa‹, ein Konzert für zwei Violinen und Orchester. Zu Hause habe ich die CD rausgesucht, die ich bis dahin noch nie angehört hatte. Es ist ein fantastisches Stück. Zwei Violinen solo, zwei Noten, scharf und entschlossen, im Abstand von vier Oktaven. Dann der sanfte Einsatz des Streichorchesters in a-Moll …« Sie sah auf. »Mir wurde eiskalt, und dann – dann war alles wieder da.«

»Ihr Gedächtnis?«, wollte Del Pino wissen.

Arabella nickte nur.

Di Bernardo ließ ihr Zeit.

»Sie meinten, Sie hätten uns angelogen«, sagte er schließlich in die angespannte Stille hinein.

»Ja, das habe ich. Cornelia und ich haben nicht um irgendein Festivalgeld gestritten. Es ging um den Tausch meiner Geige. Lorin Maninfior hatte eine relativ günstige Guadagnini-Violine für mich gefunden. Ich habe ihm meine Vuillaume als Teilzahlung dafür versprochen, ohne Cornelia um Erlaubnis zu fragen. Doch dann hatte ich das Gefühl, es wäre falsch, ihr nichts davon zu erzählen, auch wenn es ein gutes Geschäft für mich war. So als würde ich sie irgendwie hintergehen. Also habe ich beschlossen, meine Tante zu überreden, dass sie zustimmt.«

»Und Cornelia hat Ihnen verboten, die Geige wegzugeben«, sagte Di Bernardo und spürte, wie sein Puls sich beschleunigte. Auch Del Pino neben ihm wirkte zappelig.

»Ja. Weil sie einen sentimentalen Familienwert hätte. An dem Abend war ich schrecklich wütend auf Cornelia. Marina Adamová hat natürlich alles mitbekommen. Als Sie dann hierherkamen und ich erfahren musste, dass Cornelia ermordet worden war… da hatte ich plötzlich Angst. Marina konnte mich noch nie leiden, und ich dachte mir schon, dass sie die Gelegenheit nutzen würde, mich zu beschuldigen. Also habe ich die Geschichte mit dem Festival erfunden.«

»Was passierte am nächsten Tag?«

»Am Tag nach Cornelias Tod bin ich abends zu Maninfior gegangen und habe den Geigentausch abgesagt. Es kam mir irgendwie falsch vor. Ich werde nie mehr die Gelegenheit haben, den Streit zwischen Cornelia und mir zu schlichten. Das Einzige, was ich tun kann, ist, ihren Willen zu respektieren. Oder?«

Sie sah Di Bernardo fragend an, und er nickte. Er hätte es genauso gehalten.

»Was geschah dann?«

»Als ich in die Werkstatt kam, lief dort eine Aufnahme von Pärts ›Tabula Rasa‹.« Sie hielt erschöpft inne.

Doch Di Bernardo konnte jetzt keine Rücksicht auf sie nehmen. »War Lorin Maninfior verärgert, dass der Tausch nicht zustande kam?«, wollte er wissen.

»Verärgert? Er war wütend. Schrecklich wütend. Erst versuchte er, mich zu überreden, und nannte lauter Gründe, warum die Guadagnini so viel besser für mich wäre. Dann fing er an herumzuschreien. Ich hatte überhaupt nicht damit gerechnet, dass er so heftig reagieren würde. Es ging doch nur um einen Geigentausch, eine französische gegen eine italienische! Und er hätte nicht mal groß davon profitiert. Doch er wollte sich einfach nicht beruhigen. Da reichte es mir, und ich beschloss zu gehen. Dann ...« Sie wurde noch blasser und atmete so flach, als wäre sie einer Panik nahe.

»Was war dann?«, drängte Di Bernardo.

»Er versperrte mir den Weg und schloss die Tür ab, sodass ich nicht raus konnte. Ich bekam es mit der Angst zu tun und schrie ihn an, was das solle. Da packte er mich von hinten und presste mir den Arm gegen den Hals, bis mir die Luft wegblieb. Ich war kurz davor zu ersticken! Irgendwann ließ er mich los. Er schlug mir ins Gesicht und packte mich und schüttelte mich so heftig, dass mein Kopf mehrmals gegen die Wand schlug. Und dann ... dann sagte er ... sagte ...« Sie keuchte.

»... gerade jetzt, wo das Hindernis beseitigt ist«, vervollständigte Di Bernardo den Satz.

Arabella nickte und schöpfte Atem. »Cornelia war in seinen Augen das Hindernis«, sagte sie nach einer ganzen Weile. »Sie war das Hindernis, weil sie mir nicht erlaubte, ihm meine Geige zu überlassen. Ich weiß nicht, was an dem Tag in ihn gefahren ist. In dem Moment wollte ich bloß meine Haut retten. Also sagte ich ihm, er könne meine Geige haben, wenn er mich nur in Ruhe ließe. Aber er packte mich nur noch fester und schüttelte mich. Da sah ich aus dem Augenwinkel, dass in der Wohnküche ein Fenster offen stand. Das war meine einzige Chance. Ich trat ihm mit voller Wucht gegen das Schienbein und rannte los. Es kam mir wie eine Ewigkeit vor, bis ich endlich zum Fenster gelangte. Dort kletterte ich aufs Fensterbrett und drehte mich noch einmal hastig um. Ich habe noch nie so viel Hass auf dem Gesicht eines Menschen gesehen. Er versuchte, mich zu packen. Da sprang ich hinaus.« Arabella barg den Kopf in den Händen und schwieg.

»›Tabula rasa‹ und das verlorene Gedächtnis«, sagte Di Bernardo langsam. »Wer würde da schon auf ein Violinkonzert kommen.«

Den Rest der Geschichte rekonstruierte er selbst. Beim Sturz aus dem Fenster war Arabella hart mit dem Kopf aufgeschlagen und bewusstlos geworden. Lorin Maninfior – der ihm gegenüber behauptet hatte, er sei in Genua gewesen – hatte sie mit ihrem eigenen Auto zur Villa Ada gebracht. Wahrscheinlich hatte sie irgendwann im Gespräch mit ihm den Satz fallen lassen, dass sie dort gern spazieren ging. Es war längst dunkel gewesen, die Temperatur unter null gesunken, dann hatte auch noch der Schneeregen eingesetzt – ideale Bedingungen für sein Vorhaben. Er hatte Arabella ein Stück den steilen Weg entlanggetragen und sie im Wald abgelegt. Ihr Handy hatte er etwas abseits platziert, nicht zu nah, damit sie nicht um Hilfe hatte rufen können, und nicht zu weit weg, damit es wie ein Unfall aussah. Während Arabella stundenlang bewusstlos dagelegen hatte, waren alle Spuren vom Regen verwischt worden.

Selten hatte Di Bernardo einen Täter getroffen, der gleichzeitig so viel Glück und Pech gehabt hatte. Die verletzte und unterkühlte Arabella, die in der Nacht hatte sterben sollen, war gefunden und ins Krankenhaus gebracht worden. Und als sie aufwachte, war ein großer Teil ihrer Erinnerung gelöscht gewesen und damit auch die Erinnerung an den Geigenbauer Lorin Maninfior. Den Mörder ihrer Tante.

Mitten in seine Überlegungen hinein sah Arabella auf und blickte ihm direkt in die Augen. »Das ist noch nicht alles, Commissario«, flüsterte sie entgeistert.

Di Bernardo sah sie fragend an. Dann, plötzlich, verstand er. »Meine Geige. Sie ist bei Maninfior.«

64

Di Bernardo hielt auf der Via Gregorio VII in zweiter Reihe, schaltete den Warnblinker an und sprang aus dem Wagen. Unter wüstem Gehupe rannte er über die vierspurige Straße zu Maninfiors Haus. Sein Verlangen, den Mann zur Rede zu stellen, brannte ihm wie Tabasco in der Kehle. Del Pino folgte dichtauf.

Auf sein Klingeln reagierte niemand. Ungeduldig trat Di Bernardo von einem Fuß auf den anderen und sah an der Häuserfront empor.

»Hoffentlich ist er nicht mit der Geige auf und davon«, sagte Del Pino und drückte gegen die Tür. Sie sprang auf.

Ohne zu zögern, traten sie ein und sahen sich um. Eine unnatürliche Stille empfing sie.

»Signor Maninfior! Signora Morelli!«, rief der Commissario, aber er bekam keine Antwort. Die Tür zur Bibliothek war nur angelehnt. Er öffnete sie einen Spaltbreit und warf einen Blick hinein, doch da war niemand. Die Haare in seinem Nacken stellten sich auf. »Signora Morelli?«, rief er, diesmal lauter. Eine unheilvolle Ahnung überkam ihn. Was, wenn sie sich Maninfior entgegengestellt hatte? Sich geweigert hatte, mit ihm zu fliehen? Der Mann hatte schon ein Leben auf dem Gewissen.

Di Bernardo zog seine Pistole. »Kommen Sie!«, raunte er Del Pino zu und nahm die Treppe hinauf zur Werkstatt.

Als Di Bernardo die Tür zum Verkaufsraum aufstemmte, durchfuhr ihn schneidendes Entsetzen: Lorin Maninfior war nicht geflüchtet. Der Geigenbauer lag auf dem Boden, die Arme schützend nach vorn gestreckt, während sein Kopf in der zerschlagenen Glasvitrine steckte. Unter seinem Oberkörper war die Geige eingeklemmt, die in der Vitrine ausgestellt gewesen war.

Fassungslos starrte Di Bernardo auf die Lache Blut, die sich rund um Maninfiors Kehle ausgebreitet hatte. Er beugte sich hinab, um den Puls des Mannes zu fühlen. Aber es war längst zu spät. Statt einen Mörder festzunehmen, war er an einem neuen Tatort angekommen.

»*Che caz*…«, fluchte Del Pino. »Ich rufe Ricci und die Spurensicherung an. Sonst noch jemanden?«

»Campresi. Und Giorgia, für den Fall, dass Anita Morelli nach Hause kommt.«

»Wo steckt sie?«, fragte Del Pino alarmiert.

Di Bernardo trat in die Wohnküche. Auf dem Tisch standen zwei benutzte Tassen, eine Mokkakanne und ein Teller mit einem zur Hälfte gegessenen Sandwich. Er ging weiter, in den Flur, sah in das Gäste-WC, wo er zwei Tage zuvor die Seife gefunden hatte, und schaute in die privaten Räume des Geigenbauers. Auch dort gab es keine Spur von Anita Morelli.

Sein Gehirn arbeitete auf Hochtouren. Hatte er sich geirrt? War Maninfior am Ende gar nicht der Mörder, sondern dessen nächstes Opfer? Er begab sich zurück zum Tatort und ließ das Bild, das sich ihm bot, auf sich wirken. »Die Art, wie Maninfior daliegt, erweckt den Anschein, als sei er von hinten angegriffen worden und in die Vitrine gestürzt«, sagte er grübelnd. »Cornelia ist auch hinterrücks gepackt worden. Aber das ist wohl die einzige Gemeinsamkeit.«

»Nicht ganz«, erwiderte Del Pino.

Fragend blickte Di Bernardo von dem Toten zu seinem Ispettore.

»Na ja, beide Opfer hatten vor ihrem Tod Besuch von Arabella Giordano.«

Es dauerte dreißig kostbare Minuten, bis Di Bernardos Team mit Blaulicht eingetroffen war, die Leiche und der Tatort fotografiert worden waren und Dottor Ricci sich an eine erste Untersuchung machen konnte. Dreißig Minuten, in denen sie die Streifenpolizisten vor Arabellas Haus zu erhöhter Vorsicht gemahnt, die exakte Uhrzeit ihres Besuchs bei Maninfior festgestellt und den Taxifahrer identifiziert hatten, der Arabella gefahren hatte. Dreißig Minuten, in denen der Commissario den aufgeschlagenen Terminkalender in der Bibliothek kontrolliert hatte – für heute waren drei Termine am Vormittag eingetragen. Arabellas Besuch stand nicht darin. Dreißig Minuten, in denen das Mosaikbild, das Di Bernardo sich von den Vorfällen der vergangenen zwei Wochen gemacht hatte, erneut auseinandergefallen war.

»Das Glas der Vitrine ist dünn und zerbrechlich. Beim Sturz wurde die Drosselvene verletzt, daher kommt das ganze Blut.« Dottor Ricci sah auf. »Damit man so nach vorn stürzt, muss gut nachgeholfen werden.«

»Kann eine Frau das getan haben?«

»Ich denke schon«, sagte der Gerichtsmediziner. »Da der Stoß von hinten kam, braucht es keine übermäßige Kraft, jemanden auf diese Weise zu Fall zu bringen und ins Jenseits zu befördern.«

»Können Sie schon etwas zur Tatzeit sagen?«

»Der Körpertemperatur und den Totenflecken nach ist er mindestens anderthalb und höchstens vier Stunden tot. Die Leichenstarre hat noch nicht eingesetzt, also irgendwas um zwei bis etwa vier Stunden.« Er hob die Hände. »Ich weiß, das ist Ihnen nicht genau genug. Aber wie immer kann ich ohne gründliche Obduktion nur vage Angaben machen.«

Di Bernardo tigerte unruhig hin und her. Dem Zeitfenster nach könnte Arabella Giordano die Tat begangen haben. Aber nach wie vor war er nicht überzeugt. War er befangen? Möglicherweise.

Del Pino hingegen trug den Gesichtsausdruck einer Katze zur Schau, die fette Beute gemacht hatte. Er grinste in sich hinein und schien es kaum abwarten zu können, dass Arabella endlich verhaftet wurde.

»Dionisio?«, sagte Federica Giglioli in diesem Moment. »Wir haben die Leiche auf die Seite gedreht. Schauen Sie mal, was da liegt.«

Di Bernardo wandte sich um und ging neben Federica in die Hocke. Unter der eingedrückten Violine, die unter Maninfiors Brust begraben gewesen war, lag eine frische rote Rose.

Seltsam. Und zugleich irgendwie passend. Geigen waren Maninfiors Leben und seine Leidenschaft gewesen. Eine Leidenschaft, die ihm womöglich einen gewaltsamen Tod beschert hatte.

Federica nahm die Rose und steckte sie in einen Beutel der Spurensicherung. »Sind Sie etwa hergekommen, um Maninfior zu verhaften?«, fragte sie.

»Ja, das bin ich.«

»Hoffentlich müssen Sie nicht wieder von vorn anfangen.«

»Möglicherweise doch. Wir sind davon ausgegangen, dass er Cornelia Giordano ermordet und anschließend das Gleiche mit Arabella Giordano versucht hat. Aber jetzt ist alles wieder offen.«

»So ein Mist«, sagte Federica, und Di Bernardo konnte ihr nur zustimmen.

Im nächsten Augenblick machte sich Del Pino vom Fenster aus bemerkbar. »Signora Morelli ist unten, sie geht Richtung Tür.«

»Ich gehe zu ihr runter«, sagte Di Bernardo sofort. Erleichterung durchfuhr ihn, dass wenigstens Maninfiors Gefährtin noch am Leben war.

Anita Morelli trug zwei große Einkaufstüten. Als sie ihn sah, stellte sie die Tüten neben der Haustür ab. Sie war blass und ungeschminkt, das Haar ungekämmt, die Augen waren gerötet. Zu beiden Seiten ihres Mundes verliefen tiefe Falten. Es schien, als wäre sie seit dem Morgen um Jahre gealtert. »Was ist los, Commissario?«

»Es tut mir sehr leid, aber …«

»Warum sind Sie hier?«, unterbrach sie ihn scharf. »Haben Sie Lorin nicht schon genug belästigt?«

»Signora Morelli, bitte. Ich muss Ihnen leider mitteilen, dass Signor Maninfior tot aufgefunden wurde. Mein herzliches Beileid.«

Anita Morelli geriet ins Wanken. Di Bernardo stützte sie am Arm.

»Herzversagen?«, stammelte sie.

»Nein, Signora. Wir vermuten, es war Mord.«

Alles Blut schien aus ihrem Gesicht zu weichen. Dann verzog sich ihre Miene zu einer Fratze aus Hass und Verzweiflung. »Daran ist Arabella schuld. Sie ist an allem schuld!«

65

Der Commissario warf einen Blick auf Anita Morelli. Sie hatte den Kopf auf Giorgias Schulter gelegt und die Augen geschlossen. Giorgia war ein Glücksfall für die Questura. Sie hatte die Fähigkeit, Trostworte zu finden, wo es eigentlich keine gab, und die Menschen allein mit ihrer Anwesenheit zu beruhigen.

Di Bernardo schloss leise die Tür der Bibliothek und nahm den beiden Frauen gegenüber Platz. Sein Blick wanderte zu den Regalen, die bis zur Decke reichten. Er versuchte, sich vorzustellen, wie Maninfior in die Bücherwelten eingetaucht war, abends, nach getaner Arbeit in der Werkstatt. Und jetzt lag er ermordet oben in seinem Verkaufsraum, bereit zum Abtransport in die Gerichtsmedizin.

Ein Verbrechen, das Di Bernardo nicht hatte verhindern können. Das geschehen war, während er irgendwo im Stau gesteckt oder Arabellas Worten gelauscht hatte. Ihren Worten oder ihren Lügen.

Anita Morelli schien seine Anwesenheit zu bemerken. Sie öffnete die Augen und starrte ihn verloren an.

»Es tut mir sehr leid, Signora Morelli, aber ich müsste Ihnen ein paar Fragen stellen. Wann haben Sie Signor Maninfior zum letzten Mal gesehen?«

»Heute Nachmittag.« Ihre Stimme klang heiser. »Lorin war nervös und ungehalten. Wenn er in der Stimmung war, wollte er lieber allein sein. Deshalb bin ich in die Stadt gefahren und einkaufen gegangen.«

»Wer könnte Ihrer Ansicht nach einen Grund haben, ihn zu töten? Jemand muss ihn gestoßen haben, sodass er vornüber in die Glasvitrine im Verkaufsraum fiel und verblutete.«

Anita Morelli riss die Augen auf. Sie hatte Maninfiors Leiche sehen wollen, doch Giorgia hatte sie in die Bibliothek gezogen und ihr geraten, abzuwarten, bis die Gerichtsmedizin mit ihrer Arbeit fertig war. Schweiß trat ihr auf die Stirn. Es musste ein absoluter Schock für sie sein.

»Signora Morelli … Können Sie mir sagen, ob heute jemand hier war?«

Sie fing sich wieder, verkrampfte jedoch die Hände in dem Mantel, den sie noch immer trug. »Am Morgen Signor Polastri wegen seines Cellos, danach eine ältere Frau, die eine Viola in Zahlung geben wollte. Anschließend … anschließend Sie und Ihr Ispettore. Lorin wollte ja mit Ihnen allein sprechen, also habe ich ein paar Erledigungen hier in der Bibliothek gemacht. Als ich wieder hinaufging, war der Geiger von Trastevere hier, Gianfranco Castilla. Er wollte, dass Lorin sich den Riss an seiner Poggi-Violine ansieht.«

»Wann war das?«

»So gegen dreizehn Uhr. Anschließend habe ich gekocht, und wir haben … zusammen gegessen.« Die Worte kamen schleppend. Vermutlich wurde ihr nach und nach bewusst, dass es die letzten Stunden mit Maninfior gemeinsam gewesen waren, an die sie sich gerade erinnerte.

»Was ist dann passiert? Kam noch jemand vorbei?«

Anita Morelli sah auf, und ihr Gesichtsausdruck veränderte sich. »Die Schlampe«, zischte sie.

»Wie bitte?«

»Na, Arabella Giordano. Aber ich habe sie nicht gesehen. Hatte kein Bedürfnis danach.«

»Woher wussten Sie dann, dass sie da war?«

Sie zuckte die Schultern. »Weil sie nach Lorin gerufen hat. Doch dann ist sie ziemlich schnell wieder gegangen.«

Di Bernardo runzelte die Stirn. »Noch einmal. Sie haben mitbekommen, dass Signorina Giordano hier war und wieder gegangen ist? Ist das ganz sicher?«

»Ja, warum?«

»Können Sie ungefähr sagen, wann das war?«

Anita Morellis Augen blickten ins Leere, als drifte sie ab. Sie strich sich das Haar hinter die Ohren, dann sah sie ihn an. »Entschuldigung, Commissario. Was haben Sie gefragt?«

»Wann Arabella Giordano hier war und wann sie wieder gegangen ist.«

»Das muss so gegen Viertel vor vier gewesen sein. Ich war hier in der Bibliothek. Als ich die Tür ins Schloss fallen hörte, bin ich hinaufgegangen und wollte uns einen Kaffee kochen, aber Lorin war ziemlich unwirsch. Das habe ich Ihnen doch schon erzählt, oder? Dass ich in die Stadt gefahren bin. Ich habe den Bus genommen zur Porta Maggiore. Ich weiß noch, wie ich auf die Uhr gesehen habe. Es war kurz nach vier, als ich eingestiegen bin.«

Nach Angabe der Polizisten war Arabella um 15:47 Uhr ins Taxi gestiegen und geradewegs nach Hause gefahren. Sie konnte es nicht gewesen sein. Di Bernardo verspürte ein Gefühl der Erleichterung.

»Vielleicht ist die Schlampe ja zurückgekommen«, fuhr Anita Morelli fort. »Vielleicht hat sie bloß darauf gewartet, dass ich gehe.«

Di Bernardo nickte nur. Es war sicher weise, nicht weiter darauf einzugehen. Doch eine Frage hatte er noch. »Sie haben vorhin gesagt, Arabella sei schuld. Was genau meinten Sie damit?«

Anita Morelli sah ihn ausdruckslos an. Dann begann sie zu zittern. »Kann ich mich ein wenig ausruhen, Commissario?«, bat sie. »Ich kann immer noch nicht begreifen, was passiert ist.«

»Ja, selbstverständlich. Ich sehe nachher noch mal nach Ihnen. Sollen wir jemanden für Sie anrufen, der herkommt?«

Sie schüttelte den Kopf. »Das erledige ich nachher selbst.«

Di Bernardo stand auf, hielt jedoch inne. »Nur eine Frage noch ... Können Sie mir sagen, wo Sie und Signor Maninfior am 24. abends waren? Ich weiß, es ist schon fast zwei Wochen her ...«

»Am 24. hat meine Schwester Geburtstag. Lorin und ich waren in Genua, bei der Ausstellung der Geigenbauer, und sind anschließend zu ihr nach Arenzano gefahren.«

Di Bernardos Gedanken rotierten. Das war nun gar nicht das, was er hören wollte. »Sind Sie ganz sicher?«

»Absolut sicher. Sie können sich die Rechnung vom Restaurant ansehen, in dem wir gegessen haben, wenn Sie mir nicht glauben. Sie liegt da vorn auf dem Schreibtisch.«

»Wenn es Ihnen nichts ausmacht?«

Anita Morelli stand auf und griff nach einem Ordner, dann nahm sie eine Rechnung heraus und reichte sie ihm. Das Datum stimmte. Sein Blick fiel auf den Namen des Restaurants in Arenzano. Er würde sein Team gleich darauf ansetzen.

»Danke, Signora. Sie haben mir sehr geholfen. Ich lasse Sie jetzt ein wenig ausruhen.« Er nickte Giorgia zu, flüsterte ein »Bis später!« und ging nach oben.

In der Wohnküche traf er auf seinen Ispettore. »Was Arabella angeht ...«

»Ja?« Del Pino war die Aufregung bis in die getrimmten Haarspitzen anzumerken. Fast tat es Di Bernardo leid, seine Illusion zu zerstören. Aber nur fast.

»Anita Morelli hat gegen Viertel vor vier Arabella kommen und wieder gehen hören. Anschließend wollte sie mit Maninfior einen Kaffee trinken. Da war er noch ziemlich lebendig.«

»*Maledizione*«, schimpfte Del Pino. »Das hätte so gut gepasst!«

»Morelli war bis etwa sechzehn Uhr hier, dann ist sie mit dem Bus in die Stadt gefahren. Sie meinte, Arabella sei vielleicht noch mal wiedergekommen.« Di Bernardo zuckte die Schultern.

»Netter Versuch, Commissario.«

Di Bernardo lachte. Del Pino konnte man nicht so leicht etwas vormachen. Natürlich wusste er, dass Arabella für die Zeit danach ein polizeilich gesichertes Alibi hatte.

»Noch etwas anderes. Und das gefällt mir gar nicht. Laut seiner Freundin hat Maninfior ein Alibi für den 24.« Er reichte Del Pino den Restaurantbeleg. »Campresi soll dringend überprüfen, ob Maninfior und Morelli an dem Abend dort waren. Und zwar schnellstmöglich. Die Kollegen in Genua haben uns hängen lassen, was Maninfior angeht.«

»Faule Bande«, sagte Del Pino. »Aber wenn er ein Alibi hat ...«

»Dann stellt sich die Frage, wer sonst Cornelia Giordano umgebracht haben könnte.« Er stöhnte, als er Del Pinos grinsendes Gesicht sah. »Kommen Sie mir jetzt bloß nicht mit ...«

»Arabella«, sagte Del Pino und schlug ihm auf die Schulter. Dann machte er sich auf die Suche nach Campresi.

Di Bernardo wandte sich an Federica Giglioli. »Arabellas Geige ist noch nicht wieder aufgetaucht?«

»Meine Leute haben eine Menge Geigen gefunden, aber nicht die, die Sie uns beschrieben haben«, sagte sie bedauernd.

»Haben Sie schon alle Räume durchsucht?«

»Den Keller und den Dachboden noch nicht. Und die Bibliothek.«

»Signora Morelli ruht sich dort gerade aus«, sagte er.

In diesem Moment kam Giorgia die Treppe hinauf.

»Was machst du denn hier?«, fragte er.

»Anita hat mich um einen Tee gebeten, also koche ich ihr einen«, sagte Giorgia.

»Ach so. Sag mal, hast du einen Geigenkasten in der Bibliothek gesehen?«

Giorgia füllte den Wasserkocher und meinte dann: »Ich bin mir nicht sicher ... Welche Farbe?«

»Schwarz.«

Plötzlich ertönte Del Pinos Stimme. »Commissario! Schnell!« Di Bernardo rannte die Treppe hinunter, gefolgt von Giorgia.

»Was ist los?«, rief er.

»Ich habe Morelli gerade die Straße überqueren sehen, sie hatte es ziemlich eilig.«

Giorgia riss die Tür zur Bibliothek auf. »Hier ist sie nicht. Aber da ist eine Hintertür ...«

Di Bernardo stürzte durch die Bibliothek und die schmale Tür und gelangte hinaus ins Freie.

Draußen ging ein heftiger Regenguss nieder. Del Pino folgte ihm. »Da hinten!«, rief er.

Anita Morelli rannte die Via Gregorio VII auf der gegenüberliegenden Straßenseite hinunter und winkte hektisch nach einem Taxi.

Di Bernardo zog im Laufen die Autoschlüssel aus seiner Tasche. »Zu meinem Wagen«, sagte er.

Der Alfa Romeo blockierte noch immer den Verkehr auf der rechten Spur. Di Bernardo warf sich völlig durchnässt auf den Fahrersitz und startete den Motor. Del Pino schaffte es gerade noch auf den Beifahrersitz, bevor er anfuhr.

»Sehen Sie sie?«, fragte er und versuchte, sich zu orientieren. Die Sicht war denkbar schlecht.

»Sie ist gerade in ein Taxi gestiegen, da vorn ...«

Di Bernardo gab Gas, wurde aber von einem dreirädrigen Lieferwagen ausgebremst, der ohne zu blinken die Spur wechselte.

Das Taxi hatte indessen mehr Glück: Es fuhr auf der linken Spur weiter die Via Gregorio VII hinunter. Di Bernardo wech-

selte die Spur, fuhr dicht auf den Wagen vor ihm auf und betätigte die Lichthupe, um ihn von der Spur zu drängen. Den Fahrer schien das nicht im Geringsten zu beeindrucken.
»Geradeaus geht es in den Tunnel«, sagte Del Pino. »Bleiben Sie besser auf der linken Spur. Falls sie vorher abbiegen.«
»Da kann man nicht links«, erwiderte Di Bernardo. Einen Atemzug später waren sie im Tunnel. Das Taxi war vielleicht zweihundert Meter vor ihnen.
»Wo kann sie hinwollen? Was hat sie vor?«
»Ich weiß es nicht«, murmelte Di Bernardo und überholte den Wagen vor ihm von rechts. »Aber wie es aussieht, ist sie auf der Flucht. Was nur eins bedeuten kann.«
Als sie aus dem Tunnel kamen und sich dem Tiber näherten, scherte das Taxi plötzlich auf die rechte Spur aus und bremste scharf. Di Bernardo sah, wie Anita Morelli hastig ausstieg und zwischen den Autos mit ihren wild gestikulierenden Fahrern hindurchlief.
Er zog den Wagen rüber, parkte hinter dem Taxi und stellte den Warnblinker an. Ein schräger Akkord von Autohupen und Flüchen untermalte seine Aktion. Der Commissario sprang aus dem Wagen und lief los. Anita Morelli drehte sich um. Als sie ihn bemerkte, fing sie an zu rennen.
Der Regen drang ihm bis auf die Haut und rann in kleinen Bächen seinen Rücken hinunter. Del Pino hatte zu ihm aufgeschlossen. Di Bernardo zögerte kurz, weil er langsamer war als sein junger Kollege. Dann stolperte Del Pino über einen Kanaldeckel, und sie waren wieder gleichauf.
»Sie läuft auf die Brücke!«, rief Del Pino. »Will die sich da runterstürzen oder was?!«
Vielleicht fünfzehn Meter trennten sie noch von Anita Morelli. Der Regen peitschte ihnen erbarmungslos ins Gesicht. Sieben Meter. Dann fünf.

Anita Morelli lehnte sich über die Balustrade. »Ich werfe sie runter, Commissario«, schrie sie und funkelte ihn an.

In dem Moment sah Di Bernardo, was sie unter dem Mantel verbarg. Es war ein schwarzer Geigenkasten.

»Lassen Sie das, Signora Morelli«, rief Di Bernardo. »Bitte. Das hilft niemandem mehr, am wenigsten Lorin Maninfior oder Ihnen selbst.«

»Sie haben ja keine Ahnung«, entgegnete sie.

»Sie täuschen sich. Wir wissen alles über das Instrument. Wir wissen auch, was es Signor Maninfior bedeutet hat. Wenn Sie die Geige in den Fluss werfen, geht das alte Meisterwerk unwiederbringlich verloren.«

»Und die Versicherung würde Arabella höchstens eine Viertelmillion ausbezahlen«, brummte Del Pino. Kaum merklich näherte er sich Anita Morelli.

»Bleiben Sie bloß, wo Sie sind«, drohte sie. Regenwasser lief ihr in Strömen über das schwarze Haar und das Gesicht. »Was schert mich dieses Meisterwerk. Die Geige hat zu viel Schaden angerichtet«, rief sie verbittert. »Sie hat mir Lorin weggenommen … Ach, zum Teufel mit Lorin! Sie hat mein Leben ruiniert!«

Sie hob den Kasten über den Kopf. Di Bernardo stürzte auf sie zu.

Doch er war zu spät. Anita Morelli holte weit aus und schleuderte den Geigenkasten in den Tiber.

66

»Was ist denn das hier für eine Menagerie?«, fragte Di Bernardo entgeistert, als er mit Del Pino in die Questura trat und dort Arabella Giordano, Boris Tinelli und Vincenzo Giordano nebeneinander auf den Besucherstühlen warten sah.
»Äh«, machte Del Pino. »Ich habe Carlo Alogna Bescheid gesagt, er soll Arabella herbringen, damit sie befragt werden kann.«
»Sie haben *was*? Wann war das?«
»Nachdem Maninfior gefunden wurde. Sie war doch verdächtig.«
»Und es ist Ihnen entgangen, dass sie längst entlastet ist?«
Del Pino zuckte die Schultern. »War keine Zeit mehr dafür.«
Di Bernardo verdrehte die Augen. »Außerdem haben wir immer noch nicht Cornelias Mörder gefunden. Beziehungsweise ihre Mörderin.«
»Danke, dass Sie mich daran erinnern.«
In diesem Moment wurde Boris Tinelli auf ihn aufmerksam. Wutentbrannt sprang er auf und lief auf ihn zu. »Commissario, das ist Freiheitsberaubung. Sie haben keinen Grund, Arabella festzuhalten.«
»Jetzt mal halblang, Signor Tinelli. Wir haben soeben den Überfall auf Ihre Cousine aufgeklärt. Wenn Sie die Güte hätten, dass wir uns eben umziehen? Anschließend kümmern wir uns gern um Sie.« Er ließ Boris einfach stehen und zog Del Pino mit sich in sein Büro. »Haben Sie etwas Trockenes dabei?«
»Mein Trainingszeug«, sagte Del Pino.

»Besser als nichts. Ziehen wir uns um und treffen uns in fünf Minuten hier, um die Fakten durchzugehen.«

Eine Viertelstunde später hatte Di Bernardo den nassen Anzug gewechselt, sich am heißen Kaffee aufgewärmt und mit Del Pino alles Notwendige besprochen.

Anita Morelli war in Verwahrung und wurde psychologisch betreut. Sie würde wohl erst morgen wieder vernehmungsfähig sein. Ein Team von Polizisten und Tauchern durchforstete die Gegend nahe dem Ponte Principe Amedeo, doch von der Geige gab es bisher keine Spur. Eine knappe Pressemeldung war rausgegeben und Borghese verständigt worden. Wie es aussah, drohte Di Bernardo später noch eine Pressekonferenz. Die gute Nachricht war, dass Ruggieri in Neapel zu tun hatte. Das Giordano-Trio draußen auf dem Gang hatte er noch um einen Moment Geduld gebeten, mit mäßigem Erfolg. Die Kollegen in Genua hatten herausgefunden, dass am Mittwoch, dem Tag nach Cornelias Tod, Maninfiors Stand auf der Ausstellung von Anita Morelli betreut worden war. Das passte zu Arabellas Aussage, dass sie Maninfior am Abend des 25. in seiner Werkstatt in Rom angetroffen hatte. Doch was war mit Cornelia Giordano? Ob es Di Bernardo gefiel oder nicht: Maninfior war tatsächlich am 24. in dem Restaurant in Arenzano gewesen. Der Kellner und zwei Stammgäste hatten es bestätigt.

»Was jetzt?«, fragte Del Pino und vergrub die Hände in der Bauchtasche seines neongelben Hoodies.

»Wir müssen uns noch einmal eingehend mit dem Motiv beschäftigen«, überlegte der Commissario. »Ob wir wollen oder nicht.« Er spürte die nasse Kälte noch immer auf seiner Haut. Del Pino hatte gerade zum dritten Mal geniest, und Di Bernardos Hals fing an zu kratzen. Es war kurz vor zehn und der Fall nur zur Hälfte geklärt. Es war ätzend.

»Ich werde das Gefühl nicht los, dass ich nach wie vor etwas übersehe«, brummte er. Etwas, das Borghese gesagt hatte. Aber es war zwecklos, er kam nicht drauf. »Holen Sie bitte Arabella herein. Wir müssen es ihr sagen.«

Di Bernardo war selbst betrübt, dass das schöne Instrument verschwunden war. Als er Arabella sagte, dass Maninfior tot war, fuhr sie vor Schreck zusammen.

»Ich wollte ja, dass Sie ihn festnehmen. Aber dass er tot ist ...« Sie schauderte.

»Was Ihre Geige angeht ...« In knappen Worten berichtete er ihr von dem, was auf der Brücke passiert war.

»Meine Geige? Im Tiber?« Für einen Moment hatte es ihr die Sprache verschlagen. »Ich weiß, ich hatte immer etwas an ihr auszusetzen«, sagte sie dann und senkte den Blick. »Aber sie war immerhin ein Geschenk von Cornelia.«

»Und nicht nur das. Wir haben Ihnen noch nicht alles gesagt. Cornelia bat Sie, die Geige nicht zu tauschen, weil sie einen sentimentalen Wert für die Familie hätte.«

Arabella nickte betrübt.

»So wie es aussieht, stammt Ihre Geige jedoch aus dem Jahr 1716. Das Holz ist das gleiche, das für die echte *Messias* verwendet wurde.«

»Was? Was sagen Sie da? Aber das ist doch ...« Sie verstummte mitten im Satz und fuhr sich mit der Hand an die Kehle.

Kurz fasste Di Bernardo die Ergebnisse der dendrochronologischen Untersuchung zusammen, die er anhand der Fotos hatte durchführen lassen. »Es ist ein Rätsel, das wir erst vollständig aufklären können, wenn die Geige gefunden wird.«

Arabella stützte die Ellbogen auf den Tisch und legte den Kopf auf die Hände. Sie verharrte reglos in dieser Position, während Di Bernardo geradezu spürte, wie sie die neuen Informationen zu verarbeiten und zu einem Bild zusammenzusetzen versuchte.

Als sie wieder aufblickte, zog sie die Stirn in Falten. »Warum hat Anita das getan?«, fragte sie entgeistert. »Wusste sie davon?«

»Maninfior wusste es. Das war der Grund für seinen Tauschvorschlag.«

Arabella schüttelte den Kopf. »Meine Geige... eine Stradivari aus der goldenen Epoche... Und ich habe sie ständig verbessern und ändern wollen! Wie unsensibel kann man denn sein?! Deshalb also ist Lorin so wütend geworden. Und was Anita angeht – sie war eifersüchtig auf mich. Dabei ging es ihm gar nicht um mich. Es ging ihm um meine Geige.«

»Wenn die Geige sich schon länger in Familienbesitz befindet, dann gibt es vielleicht Hinweise. Briefwechsel, ein Tagebucheintrag, irgendetwas ...«

»Bisher wusste ich von nichts, aber ich kann natürlich danach suchen. Auch wenn ich im Augenblick keine Ahnung habe, wo Cornelia einen solchen Hinweis versteckt haben könnte. Hoffentlich wird die Violine schnell gefunden. Der Koffer ist wasserdicht, aber was passiert, wenn sie länger im Fluss schwimmt, das kann ich nicht sagen.«

»Ich halte Sie selbstverständlich auf dem Laufenden. Immerhin sind Sie jetzt in Sicherheit.« Er stand auf, Arabella tat es ihm gleich.

»Bis bald, Commissario«, sagte sie und schenkte ihm ein müdes Lächeln.

»Bitte schicken Sie mir Boris Tinelli herein«, sagte Di Bernardo zu Del Pino, sobald sie gegangen war. Der blickte ihn fragend an, doch Di Bernardo schüttelte nur knapp den Kopf. Er wollte sich nicht erklären. Weil er selbst noch nicht wusste, welche Spur er da gerade verfolgte. Es war nur ein loser Faden, nicht mehr ...

»Signor Tinelli, ich verstehe, dass Sie ungehalten sind, also lassen Sie es uns kurz machen. Ich habe noch eine abschließende Frage.«

»Reicht Ihnen mein Alibi nicht?«

Di Bernardo ging nicht darauf ein. Er rief die Notiz zu der Befragung Tinellis in seinem Computer auf. »Am Donnerstag, den 26., haben Sie auf meine Frage, wie oft Sie Ihre Mutter sehen, geantwortet: ›Nachdem ich von zu Hause ausgezogen war, nicht mehr so oft.‹ Als wir die Mails Ihrer Mutter durchgegangen sind, fanden wir allerdings Hinweise darauf, dass Sie in letzter Zeit einen regen Kontakt hatten und wohl häufig telefoniert haben.«

»Tja, wie Mütter halt so sind.«

Di Bernardo gähnte und lehnte sich demonstrativ auf seinem Stuhl zurück. »Ich habe Zeit.«

»Was wollen Sie hören, verdammt?!«

»Wie wäre es mit der verdammten Wahrheit?«

Del Pino grinste, doch Di Bernardo merkte ihm an, dass er angestrengt zu kombinieren versuchte, in welche Richtung dieses Gespräch gehen würde.

»Da Sie sich gerade nicht erinnern können, Signor Tinelli, helfe ich gern ein bisschen nach. Elsa Ortalli begegnete Ihnen im Haus, als Sie etwas für Ihre Mutter besorgen sollten.« Er blickte erneut in den Computer und scrollte vor. »Unterlagen für ein amerikanisches Visum für einen Künstler. Sie sagten, Sie hätten etwas in Parioli zu erledigen gehabt und ihr deshalb den Gefallen getan. Sie verstehen sicher, dass das selbst in meinen Ohren ein wenig weit hergeholt klingt. Warum hätte Signora Giordano Sie mit dem Botendienst überhaupt beauftragen sollen?«

Boris' Kiefer mahlten, doch er schwieg.

Di Bernardo spürte ein Kribbeln im Nacken. Er beugte sich vor. »Ich sage Ihnen, warum, Tinelli. Weil sie Sie in die Arbeit in der Agentur einbinden wollte.«

Boris' Nasenflügel blähten sich. »Ja, verflucht«, sagte er und schlug auf den Tisch. »Und warum auch nicht?«

»Wie kam es dazu?«

Er zuckte die Achseln, doch sein unbeteiligtes Getue nahm Di Bernardo ihm nicht ab. »Zuerst haben wir uns bloß über die Musikszene unterhalten. Dann hat sie angefangen, mich um meine Meinung zu verschiedenen Künstlern zu fragen. Mich sogar mitentscheiden lassen. Ich habe gemerkt, es macht mir Spaß. Anfang Januar sagte sie zu mir, sie könnte sich vorstellen, mir die Agentur hier in Rom zu übertragen. Nein, warten Sie ... ›anvertrauen‹, das war das Wort. Sie wollte mir ihre Agentur in Rom anvertrauen.«

»Die Agentur hat Büros in London, New York und in Mailand?«

»Alle Wege führen nach Rom, heißt es doch so schön. In Mailand werden keine internationalen Konzerte abgewickelt. Aber ich wollte unbedingt international tätig sein. Das ist es doch, was die Musik ausmacht. Dass sie keine Grenzen kennt.« Auf seinem Gesicht bildeten sich rote Flecken. »Und ich Idiot habe Cornelia geglaubt, dass sie endlich Vertrauen in mich hat. Es diesmal ernst meint. Ich habe mir überlegt, wen ich unter Vertrag nehmen würde. Musiker aus anderen Stilrichtungen vielleicht. Jazz-Ensembles. Ich dachte mir, ich könnte der Agentur mit der Zeit meine eigene Handschrift verleihen.« Er lachte bitter.

»Und was ist dann passiert?«

»In der Woche vor ihrem Tod sagte sie zu mir, sie hätte mich in ihrem Testament berücksichtigt. Dann ist sie ermordet worden. Und wissen Sie was? Sie hat mich schon wieder verarscht. Ich habe nicht die Agentur, sondern eine Villa in Florenz geerbt. Eine Stadt, die ich hasse. Ich bin hier zu Hause, in Rom. Meine Freundin lebt und arbeitet hier.« Er grub die Finger in seinen Mantel. »Cornelia hat mit mir gespielt. So wie sie es mit allen macht.«

Di Bernardo nickte abwesend. »Das muss furchtbar enttäuschend für Sie gewesen sein.«

Mit einem Mal sah er die Lösung ganz klar vor sich. Schweißtropfen bildeten sich an seinen Schläfen. Beinahe wünschte er sich, einen Fehler zu begehen.

Aber das, was er da sah, war keine Skizze mehr. Es war ein klares abgeschlossenes Muster.

67

»Ich weiß wirklich nicht, was Sie von mir wollen.«
Di Bernardo verengte die Augen und sah sein Gegenüber konzentriert an. »Ich muss zugeben, ich bin lange nicht darauf gekommen. Ihre Trauer, die Betroffenheit – alles wirkte so … echt.«
»Das ist lächerlich. Natürlich trauere ich. Sind Ihnen die Verdächtigen ausgegangen, oder was? Ah, jetzt verstehe ich.« Vincenzo Giordano lachte abschätzig. »Mein werter Bruder hat mich beschuldigt. Sie sollten nicht alles glauben, was er Ihnen so erzählt.«
»Danke für den Tipp.«
Vincenzo stand auf. »Ich verschwende hier nur meine Zeit.«
»Sie standen Ihrer Mutter sehr nahe«, sagte Di Bernardo ruhig.
»Ich habe sie geliebt!«, stieß Vincenzo hervor.
Der Commissario wog den Kopf. »Ja, das glaube ich Ihnen sogar. Sie haben seit etlichen Jahren hart für sie gearbeitet. Haben sogar Ihr Studium dafür aufgegeben. Während Ihr Bruder Boris auf Partys ging und mit Drogen handelte, haben Sie auf Ihr Privatleben verzichtet und Tage und Nächte hinter dem Schreibtisch verbracht.«
»Erzählen Sie mir etwas Neues.«
»Gern. Nämlich Folgendes: Sie haben Ihre Mutter geliebt, aber das beruhte nicht auf Gegenseitigkeit.«
Vincenzo biss die Zähne zusammen.
»Ihre Mutter hat nämlich nur sich selbst geliebt. Sich selbst und die Macht.«

»Wie kommen Sie bloß auf solchen Unfug, Commissario? Sie wissen nicht das Geringste über Cornelia!«

»Möglicherweise. Und dennoch ... Sagen Sie es mir. Was haben Sie am Ende für Ihre jahrelangen Bemühungen bekommen? Was war der Dank Ihrer Mutter?«

Vincenzos Augen zogen sich zusammen. »Die Agentur in Rom.«

Di Bernardo nickte. »Ja, das war der ursprüngliche Plan. Doch im Leben läuft nicht alles nach Plan, nicht wahr? Wir können das, was außerhalb unserer selbst passiert, nun mal nicht kontrollieren. Als Ihr Bruder im Winter wieder mehr Kontakt zu Ihrer Mutter hatte und Sie merkten, dass sie ihn in die Agentur einbezog, wurden Sie nervös. Oder eifersüchtig? Schließlich kannten Sie Ihre Mutter. Sie hatte großen Spaß daran, Menschen gegeneinander auszuspielen. Es ist immer Vorsicht geboten, wenn man auf narzisstisch veranlagte Personen trifft. Solange man ihr Ego bedient, profitiert man davon. Doch schon morgen kann man selbst derjenige sein, der zu ihrem Spielball wird.«

Vincenzo ballte die Hände zu Fäusten. »Das Verhältnis zwischen Cornelia und Boris war denkbar schlecht. Die beiden sind sich kaum mehr begegnet.«

»Da haben wir andere Informationen. Sie begegneten sich sehr wohl. Es nützt nichts, ein Handy zu stehlen, den Akku rauszunehmen und die SIM-Karte zu zerstören. Die Gespräche sind alle beim Anbieter gespeichert. Boris und Cornelia hatten sich eindeutig angenähert. Was für Sie unmittelbar zum Problem wurde.«

»Boris war nie an der Agentur interessiert. Warum hätte das für mich in irgendeiner Weise gefährlich werden sollen, gesetzt den Fall, es wäre wahr?« Er klang überheblich.

Aber Di Bernardo hatte noch ein paar Argumente in der Tasche. Argumente und Vermutungen, jedoch keine Beweise, keine Spuren, keine Zeugen. Er konnte bloß pokern – hoch pokern.

In diesem Moment klopfte es, und Giorgia trat ein.

Vincenzo starrte sie an, seine Hände begannen, kaum merklich zu zittern.

»Signor Giordano«, sagte sie und nickte Vincenzo zu. »Commissario, darf ich zuhören?«

Di Bernardo nickte nur. Plötzlich spürte er, wie sein Mund trocken wurde. Ihm kam ein schrecklicher Verdacht. Was, wenn Vincenzo derjenige war, der Giorgia aufgelauert hatte?

»Signor Giordano, eine Frage. Haben Sie kürzlich den Klingelton Ihres Handys geändert?«

Sein Vorstoß brachte Vincenzo völlig aus dem Konzept. »Sie … Sie haben sie ja nicht mehr alle. Was soll das?« Für den Bruchteil einer Sekunde sah er zur Tür. Di Bernardo suchte Del Pinos Blick, dann nickte er kaum merklich in Vincenzos Richtung, Er bemerkte, wie Del Pino die Muskeln anspannte und in Habachtstellung ging.

»Zurück zur Agentur. Die Versöhnung zwischen Ihrer Mutter und Ihrem Bruder war Ihr Untergang«, fuhr er fort. »Als sie Ihnen sagte, dass Boris die Agentur in Rom eines Tages erben würde – wie ist es Ihnen da ergangen? Es scheint mir ein grausames Spiel gewesen zu sein, Ihnen all das zu nehmen, wofür Sie jahrzehntelang hart gearbeitet hatten. Grausam und demütigend. Und es war ja alles schon geplant. Der Notartermin, haben Sie davon gewusst?«

Ein Blick in Vincenzos Gesicht war Antwort genug. Überraschung, Demütigung, Enttäuschung und Hass zeichneten sich auf seinen Zügen ab. Er wirkte wie ein gefangenes Tier in einem Käfig.

Di Bernardos Worte klangen wie Peitschenhiebe, als er fortfuhr. »Eine Woche nach ihrem Tod. Ein Termin bei Dottor

Tononi. Eingetragen per Hand in ihren privaten Kalender und nicht in den offiziellen, den sie im Intranet mit Ihnen teilte.«

Vincenzos Gesicht lief rot an. Plötzlich ging ein Ruck durch ihn; er wandte sich ab, riss die Tür auf und stürmte hinaus auf den Gang.

Di Bernardo sprang auf, lief um seinen Schreibtisch herum und folgte ihm. Del Pino war schneller. Vielleicht zehn Meter trennten ihn noch von Vincenzo, und er schloss weiter zu ihm auf.

»Stehen bleiben!«, rief Di Bernardo und zog seine Dienstpistole. Doch es war sinnlos, Del Pino war zu dicht an Vincenzo dran.

Jetzt war Vincenzo am Treppenabsatz angekommen. Hier war er ein leichteres Ziel. Di Bernardo rannte los. Da meinte er, eine Klinge in Vincenzos Hand aufblitzen zu sehen.

Im nächsten Moment stieß sich Del Pino von der Treppe ab und warf sich auf Vincenzo.

»Neiiiin«, schrie der Commissario und blieb wie erstarrt stehen. Roberto konnte das Messer aus seinem Blickwinkel unmöglich gesehen haben. Ineinander verknäult polterten er und Vincenzo die Treppe hinunter.

Auf Del Pinos Sweatshirt breitete sich ein Blutfleck aus. Drei Sekunden später hatte Di Bernardo die beiden erreicht. Sekunden, die ihm wie die längsten seines Lebens erschienen.

Da sah er, wie sein Ispettore sich blutüberströmt auf Vincenzo wälzte und dessen Arme an den Handgelenken auf den Boden presste.

Di Bernardo brauchte nur noch nach dem Messer in Vincenzos Hand zu greifen. Mit der Pistole hielt er den Mann in Schach.

Giorgia lief mit schreckgeweiteten Augen herbei, hinter ihr folgte Borghese mit Verstärkung im Schlepptau.

Aber Di Bernardo hatte nur eins im Sinn. »Roberto ... Wo sind Sie verletzt?«, stieß er hervor.

Del Pino zeigte ihm den Schnitt, der seitlich am Kopf bis zum Hals hinunter verlief. »Er hat mich am Kopf erwischt. Ziemlich scharfes Ding. Ich hab das Messer nicht gesehen.«

»Verdammt.«

»Hätte schlimmer kommen können«, sagte Del Pino. »Ist bloß schade um den tollen Pulli.«

»Ich kaufe Ihnen einen neuen, Sie Held!«

»Wie bist du auf ihn gekommen?«, fragte Giorgia ihn später, als sie im Besprechungszimmer zusammensaßen.

Del Pinos Schnittwunde war geklammert worden. Auch am Handgelenk hatte er einen Schnitt, der verbunden worden war. Der Pullover in der grässlichen Neonfarbe war voller Blutflecken, was Di Bernardos Ispettore ein dramatisches Äußeres verlieh. Dem konnte selbst das Kaugummikauen nichts anhaben, das er wiederaufgenommen hatte. Vermutlich zum Stressabbau, dachte Di Bernardo.

»Ich weiß es selbst nicht«, sagte er zu Giorgia. »Bis zuletzt habe ich im Dunkeln getappt. Natürlich hätte es ein fremder Täter sein können, den wir nur durch Zufall erwischt hätten. Wir hatten eine einzige Abweichung in den Aussagen, und die drehte sich um Boris Tinelli und dessen Kontakt mit seiner Mutter. Als Boris damit herausrückte, sie hätte ihm die Agentur in Rom in Aussicht gestellt, war im Grunde alles klar.«

»Aber Sie haben vorher zu mir gesagt, dass Sie das Gefühl hätten, etwas zu übersehen. Was war das denn?«, wollte Del Pino wissen.

»Es war etwas, das Signor Borghese gesagt hat.« Di Bernardo wandte sich dem Questore zu. »Sie meinten, Sie wären neulich mit dem Zug über Mailand nach Rom gefahren. Irgendetwas hat da bei mir Klick gemacht, auch wenn ich es noch nicht greifen konnte. Wir hatten uns Vincenzo Giordano nie genau vorgenommen, schließlich hatten wir ja das Flugticket und die Bahnfahrkarte. Er konnte jedoch in unter drei Stunden zwischen den beiden Agenturen hin und her pendeln. Damit war sein Alibi – der Zugfahrschein von Mittwoch früh – wertlos.«

»Sauber«, meinte Del Pino, und auch Giorgia nickte anerkennend.

»Ich habe ja gleich gesagt, dass ich Sie bei der Aufklärung unterstützen werde«, meinte Borghese und verschränkte selbstgefällig die Hände vor dem Bauch. »Das ist doch schön, dass wir zwei zusammen den Fall gelöst haben.«

»Absolut«, sagte Del Pino trocken und ließ eine Kaugummiblase platzen.

68

Einige Tage später

Der große Tisch im Caffè delle Arti, den Di Bernardo für sein Team reserviert hatte, bog sich vor Köstlichkeiten. Die Februarsonne, die durch die hohen Fenster hereinfiel, tauchte das Innere des Lokals in ein warmes Licht.

»Gibt's noch Käse?«, fragte Del Pino und hob den Kopf.

»Hier, aber lass uns was übrig«, meinte Federica Giglioli und reichte eine Schüssel mit duftendem Parmeggiano weiter.

»Und was ist mit frischem Pfeffer?«

Di Bernardo, der schon wusste, was als Nächstes kommen würde, schob Del Pino vorausschauend den Brotkorb mit der noch warmen Foccaccia hin. Kurz fragte er sich, ob er seine Leute besser zum All You Can Eat in der Hostaria Vecchia in Trastevere eingeladen hätte, aber ein Blick in Giorgias Gesicht verriet ihm, dass sie die besondere Stimmung im Cafè genoss.

Alle waren seiner Einladung gefolgt, auch Sergio Granata und sein Verstärkungsteam, die Kollegen von der Spurensicherung inklusive Riccardo Magno, Francesco Campresi und Salvatore Ciampi, Anna Cantoni – und Alberto.

Als die Tonnarelli verspeist waren, lehnte Di Bernardo sich zufrieden zurück. Es ging doch nichts über eine gute Pasta! Während sie auf den nächsten Gang warteten, klopfte er an sein Glas. »Sie wissen ja, dass ich nicht gerne Reden halte, aber dass wir diesen Fall lösen konnten, verdanke ich …«

»Borghese«, fiel ihm Del Pino ins Wort und klatschte sich auf die Schenkel. Die ganze Runde fiel in sein Lachen ein.

»Der Witz ist immer noch gut«, sagte Federica. »Wie gern wäre ich dabei gewesen.« Di Bernardo musste grinsen. »Also, Dionisio«, fuhr Federica bestens gelaunt fort, »Sie haben gemeint, Sie mögen keine Reden halten, was ich prima finde. Deshalb stoßen wir doch lieber alle an, und damit ist gut.«

Der Commissario hob lachend sein Glas. »Auf das Team *Messias!*«

Der Wein floss reichlich für die Mittagszeit. Sie konnten nur hoffen, dass heute kein Mordfall mehr reinkam.

»Apropos *Messias*. Weiß man schon was von der Geige?«, warf Salvatore Ciampi ein.

Di Bernardo schüttelte den Kopf. »Mittlerweile befürchtet der Suchtrupp, dass sie ein ganzes Stück flussabwärts im Schlick gesunken ist.«

»Wusste Anita Morelli denn, dass sie eine Stradivari ist? Sie hat gleich gestanden, oder?«

»Ja, Salvatore. Ich war inzwischen viermal bei ihr und denke, ich habe alle Fakten zusammen. Es gab einen Streit, in dessen Folge sie Maninfior gestoßen hat. Als er in die Vitrine fiel, verlor er viel Blut, doch wenn sie Erste Hilfe geleistet und einen Krankenwagen gerufen hätte, dann wäre er vermutlich noch am Leben. Sie war ziemlich eifersüchtig, offenbar war Maninfior ein notorischer Fremdgeher. Aber es ist die alte Leier – sie hat ihn nicht verlassen, weil sie nicht allein sein wollte und irgendwie hoffte, es könnte noch einmal so werden wie früher. Die beiden waren wohl mal eine Weile sehr glücklich.«

»Traurig, wenn man sich auseinanderlebt«, sagte Giorgia und blickte ihn lange an.

Di Bernardo räusperte sich. »Der Anfang vom Ende begann vor einem halben Jahr – das waren ihre Worte. Arabella Giordano hatte damals ihre Geige in die Werkstatt gebracht, weil sie nicht zufrieden damit war. Maninfior nahm sich immer viel Zeit für sie und ihr Instrument. Einmal beobachtete Anita Morelli, wie er spätabends in der Werkstatt die Geige öffnete. Ab dem Moment änderte sich sein Verhalten, er war wie besessen. Wie sie später herausfand, machte er einen dendrochronologischen Test, der das Holz auf die Stradivari-Epoche datierte. Darüber hinaus entdeckte er, dass die Violine im Jahr 1716 aus demselben Holz wie *Le Messie* gebaut wurde.«

»So weit waren wir doch auch gekommen«, warf Del Pino ein.

»Genau. Und da es zwei voneinander unabhängige Tests mit demselben Ergebnis waren, können wir wohl davon ausgehen, dass es sich wirklich so verhält. Maninfior glaubte seit dem Moment jedenfalls fest daran, dass Arabellas Violine die echte *Messias* wäre und die Geige in Oxford eine Fälschung. Ob es sich wirklich so verhält, werden wir womöglich nie herausfinden.«

»Doch, Dionisio«, ertönte eine vertraute Stimme hinter ihm. Di Bernardo fuhr herum.

Es war Arabella Giordano. Er hatte gehofft, dass sie kommen würde, war sich aber angesichts der Anklage gegen Vincenzo nicht sicher gewesen.

»Setzen Sie sich doch«, bat er sie und stand auf. »Ich hole noch einen Stuhl.«

Arabella nickte scheu in die Runde. »Das geht leider nicht. Ich habe nur kurz Zeit«, sagte sie zu ihm. »Ich bin gleich mit Boris verabredet. Wir müssen entscheiden, was aus der Agentur wird, jetzt wo ... Sie wissen schon. Aber ich habe etwas für Sie.« Sie reichte ihm zwei Päckchen. Das eine trug eine Schleife. »Bitte machen Sie sie später auf, wenn Sie allein sind. Und entscheiden Sie dann, was an die Öffentlichkeit gelangen soll und was nicht.« Sie zeigte auf das eine Päckchen, das sich nach einem dünnen Stapel Briefe anfühlte. »Das stammt aus Cornelias

Nachlass. Offenbar hielt sie es viele Jahre lang auf dem Dachboden versteckt. Keine Ahnung, wann und ob sie es mir jemals zeigen wollte.«

Di Bernardo hatte Mühe, seine Neugier zu zähmen. Und das andere Päckchen …

»Ach, da ist noch was«, sagte Arabella leise. »Ich frühstücke unter der Woche meist hier. Aber selten vor zehn oder elf.« Sie lächelte ihn sphinxhaft an, dann verabschiedete sie sich und war verschwunden.

Di Bernardo spürte Giorgias Blick, als er sich setzte, doch er tat, als bemerke er ihn nicht. Zwischen Arabella und ihm lagen Welten, ach was, Sonnensysteme! Außerdem gab es da noch diesen ominösen Adrian Müller, den Pianisten, der übernächste Woche von seiner Tournee zurückkehren würde. Giorgia und er selbst hingegen umkreisten ein und dieselbe Sonne – die Gerechtigkeit. Die Zeit würde zeigen, ob sich ihre Bahnen erneut berühren würden.

»Schade, dass sie gegangen ist«, sagte Campresi. »Vielleicht hat sie noch Informationen, die man aus ihr rausholen könnte.«

»Und da wollten Sie sie rasch mal hier zwischen Nudel- und Fleischgang befragen?«, meinte Sergio Granata lachend. »Wir sind schon eine seltsame Truppe.«

»Ich wüsste halt gern, ob sonst noch etwas auf Vincenzos Konto ging.«

»Das tut es«, sagte Di Bernardo. »Ich war heute Morgen lange bei ihm. Nach seinem Geständnis ist er von seinem hohen Ross gestiegen und zeigt sich mit einem Mal recht kooperativ.«

»Was die Angst nicht alles mit den Menschen macht«, warf Salvatore ein.

»Ich denke gar nicht mal so sehr, dass es Angst ist«, erwiderte Giorgia. »Die Agentur war sein Leben. Seine Mutter hat dafür gesorgt, dass es nichts anderes gab. Keine Familie, nicht mal eine feste Partnerin. Und dann wollte sie ihm auch noch die Agentur nehmen. Das muss man erst mal sacken lassen.«

»Nun, ich denke, er hat es sacken lassen«, überlegte Riccardo. »Und dann hat er reagiert. Die eigene Mutter umzubringen, und das auch noch derart akribisch zu planen …«

»Das spricht für den Hass, in den seine Gefühle für sie umgeschlagen sind«, sagte Di Bernardo. »Und der Mord ist nicht spurlos an ihm vorübergegangen, wie er uns das anfangs glauben machen wollte. Wir können von Glück sagen, dass er unvorsichtig geworden ist. Um ein Haar hätte er Giorgia überfallen.«

»Was? Er war das?« Campresi sprang auf. Offenbar hatte auch er sich in Giorgias Netz verheddert und noch nicht wieder daraus befreit.

Giorgia erzählte den anderen von dem plötzlichen Handyklingeln hinter dem Baum.

»Ah, jetzt kapiere ich«, sagte Del Pino. »Deshalb haben Sie unseren guten Jungen nach dem Klingelton gefragt. Das hat ihn völlig aus dem Konzept gebracht.«

»Ja, und das war noch nicht alles. Ich habe einen weiteren Schuss ins Blaue gewagt und richtig gelegen. Sergio, die Karten fürs nächste Fußballspiel gehen auf Sie.«

Granata prostete ihm zu. »Der Prostituiertenmord im Gianicolo. Dionisio hat Vincenzo dermaßen weichgeklopft, dass er auch den gestanden hat. So mag ich meine Kollegen«, sagte er lachend.

»Gibt's sonst noch was, das wir ihm in die Schuhe schieben können? Den Drohbrief? Die tote Taube?«

»Die tote Taube geht auf Maninfiors Konto. Er war Anita Morelli zufolge der Ansicht, Stress würde Arabellas Amnesie verstärken. Also machte er ihr welchen.«

»Das muss ein ganz schöner Druck gewesen sein, unter dem er stand«, überlegte Giorgia.

»Mein Mitleid hält sich in Grenzen«, sagte Del Pino frei heraus.

»Dann wäre nur noch der Drohbrief offen«, überlegte Campresi. »Und sonst? Können wir sonst gar nichts mehr tun?«

»Setzen Sie sich, und gehen Sie mir ein Stückchen aus der Sonne«, sagte Di Bernardo.

»Cicero.« Del Pino zwinkerte ihm zu. Mit seiner langen Narbe sah sein Ispettore zum Fürchten aus. Hoffentlich heilte sie bald ab. Und das neue grellgelbe Shirt ... Di Bernardo schüttelte den Kopf und seufzte.

»Was machen deine Pläne mit der Partei?«, fragte Giorgia Alberto.

»Das wird. Ich hoffe, ich kriege einen Studienplatz hier in Rom. Und sobald wir die Partei gründen, wird Roberto mein Pressesprecher«, sagte er grinsend.

»Klar doch«, meinte Del Pino und riss sich ein Stück von der Foccaccia ab. »Wir brauchen bloß noch einen griffigen Namen.«

»Team *Messias* gefällt mir, wäre das nicht auch was für dich?«, meinte Giorgia.

»Das klingt so religiös«, sagte Alberto.

»Hast du's nicht so mit der Religion?«, fragte Federica über den Tisch hinweg.

»Also, daran ist mein Vater schuld.«

»Weil er sonntagmorgens nicht aus dem Bett kommt und deshalb die Messe verpassen würde?«, warf Giorgia lachend ein.

»Nee, weil er mir schon als Kind immer mit dem Spruch gekommen ist: Glauben heißt nicht wissen.«

»Seneca?«, warf Del Pino kauend ein.

»Könnte sein«, überlegte Alberto.

Di Bernardo verdrehte einmal mehr die Augen. »Buddha!«

Del Pino zuckte die Achseln. »Knapp daneben.«

Später, als seine Leute beim Espresso angekommen waren, öffnete Di Bernardo das erste Päckchen von Arabella. Er hatte richtig getastet: Es waren Briefe, sie schienen schon alt zu sein. Er zog den ersten aus seinem Umschlag. Er stammte von Carlo Giordano, dem Großvater Cornelias, und begann mit den Worten: »*In caso di mia morte ...*«

Im Falle meines Todes bitte ich darum, dass dieser Brief an denjenigen übergeben wird, der im Besitz der Vuillaume-Le-Messie *ist. In meinem Testament habe ich bereits verfügt, dass die Geige nicht verkauft werden darf, und das hat einen besonderen Grund.*
Am 6. Februar des Jahres 1910 kam ein talentierter Geiger zu mir nach Florenz, Francesco Sfilio. Damals war die Agentur noch im Aufbau, und jene Künstler, die von mir vertreten werden wollten, zahlten eine Vermittlungsgebühr. Sfilio war hochbegabt, doch mehr noch als sein Spiel und seine künstlerischen Fähigkeiten faszinierte mich die Geige, die er mir anstelle des fälligen Geldbetrages angeboten hatte. Ich konnte es kaum erwarten, dass er wieder ging und mich mit dem Instrument allein ließ. Selten hatte ich solch ein Kunstwerk gesehen. Natürlich akzeptierte ich die Geige als Bezahlung. Wie sich herausstellte, hatte sie einst dem großen Camillo Sivori gehört. Ich rechnete mir aus, dass sie mit den Jahren noch an Wert gewinnen würde. Sfilio war ein armer Narr, er hoffte wohl, ich würde ihn darauf spielen lassen. Doch nachdem ich besagte Geige in einem seiner Konzerte gehört hatte, plagte mich die Neugier, und ich beschloss, dem Geheimnis ihres betörenden Klanges auf den Grund zu gehen.
Ich beauftragte den Geigenbauer Davide Nicolosi, das Instrument in meinem Beisein zu öffnen. Dabei bemerkte ich, dass der Zettel mit dem Namen Vuillaumes sich geringfügig

gewölbt hatte. Durch ein Vergrößerungsglas inspizierte ich die rechte obere Ecke, die sich vielleicht um etwa zwei Millimeter vom Boden gelöst hatte. Auch die linke Ecke schien im Begriff, sich abzulösen. Ich überlegte, ob Nicolosi die Ecken korrigieren sollte. Doch stattdessen entschieden wir uns, den Zettel mithilfe von heißem Dampf abzuziehen und neu aufzukleben. Ich konnte damals nicht einmal benennen, was es war, das uns dazu bewog, doch etwas erregte unsere Neugier. Vielleicht die Weise, wie der Klebstoff aufgetragen worden war, offenbar nur an den Rändern. Dabei war es nicht einfach mit dem Wasserdampf, wollten wir doch vermeiden, dass die Tinte verlief. Als es schließlich so weit war und der Zettel sich ein Stück weit löste, entdeckte ich darunter völlig unerwartet eine Zeichnung per Hand. Eine Rose.
Und Minuten später das vertraute Zeichen.
Die Buchstaben A S in der Mitte eines Kreises.
Darüber ein Kreuz.
Meine Hände begannen zu zittern. Nicolosi half mir, den Vuillaume-Zettel vollständig abzuziehen. Und dann sahen wir es ...

>   *Bocciolo di Rosa*
> *Antonius Stradivarius Cremonensis*
> *faciebat anno 1716*

Es war eine Sensation. Ich konnte es nur so deuten: Die berühmte Messias *hatte einen unbekannten Zwilling. Zwei Meisterstücke, etwa zur gleichen Zeit entstanden und in allem völlig identisch. Vuillaume musste aus Gründen, die ich mir nicht ausmalen konnte, den echten Zettel überklebt haben, um die Herkunft der Geige zu verschleiern. Der einzigen Geige, der Antonio Stradivari selbst einen Namen gegeben hatte.*

Ich muss nicht extra erwähnen, dass Nicolosi tragischerweise in der darauffolgenden Nacht ums Leben kam.
Das Geheimnis dieser Geige muss mit allen Mitteln geschützt werden. Ihr Wert wird in Zukunft unschätzbar sein. Vielleicht hätte ich schweigen und das Geheimnis mit ins Grab nehmen sollen, doch ich habe es nicht über mich gebracht. Vielleicht ist es die Eitelkeit, ein solches Instrument zu besitzen. Vielleicht ist es aber auch das Glück, es je in den Händen gehalten und, mehr noch, seinen beseelten Klang gehört zu haben.

Di Bernardo faltete den Brief zusammen und wünschte sich, der Last dieses Geheimnisses zu entkommen, das offenbar noch ein Menschenleben gefordert hatte. Plötzlich sehnte er den Sommer herbei. Er wollte am liebsten nicht erst im August, sondern schon morgen in Apulien zu sein und auf die wogenden Wellen des Meeres blicken. Abends den Sonnenuntergang bewundern und nach der Hitze den frischen, salzigen Luftzug genießen.

Vielleicht sollte er schon im Frühjahr für ein paar Tage nach Lecce fahren. Sein Vater würde sich bestimmt über einen Besuch freuen. Er würde ihn überraschen. Manchmal im Leben kam das Glück doch ganz unerwartet. Und so war es oft am besten.

Als er in den nächsten Umschlag griff, fand er ein Gedicht auf Englisch. *The Last Rose of Summer. Poem by Thomas Moore.* Die letzte Rose des Sommers. Er würde es später zu Hause lesen, wenn Ruhe eingekehrt war.

Neugierig zog er an der Schleife des zweiten Päckchens. Im Innern entdeckte er, kunstvoll gefaltet, eine safranfarbene Krawatte, ganz in seinem Stil. Daneben lag eine rote Rosenblüte, frisch wie am frühen Morgen, wenn noch die Tautropfen auf den Blättern liegen.

Epilog

Commissario aus Rom löst Rätsel um Stradivaris Geheimnis

Sensationelle Entdeckung: Die *Messias* hat einen Zwilling

Millionenschwere Stradivari im Tiber versunken

Taucher geben Suche nach *Bocciolo di Rosa* auf

Die Meldungen in den Nachrichten überschlugen sich geradezu. Eine frustrierte Frau hatte ihren Lebensgefährten umgebracht und eine Geige in den Tiber geworfen. Er glaubte, den Namen des Geigenbauers schon einmal gehört zu haben. Lorin Maninfior. Die Musikwelt war eben klein.

Die wahre Sensation aber war die Geige, eine ganz außerordentliche Stradivari aus dem Jahre 1716. Die *Rosenknospe*, der unbekannte Zwilling der *Messias*, deren Existenz über dreihundert Jahre lang verborgen gewesen war. Und ausgerechnet er hatte sie in der Böschung des Tibers gefunden.

Zu Hause angekommen, hatte er Schlimmes befürchtet. Er hatte einmal von einer Stradivari gehört, die in den Fünfzigerjahren ins Meer gerissen und tags darauf gefunden worden war. Es hatte Monate und vermutlich ein halbes Vermögen gekostet, um sie zu restaurieren.

Als er den Kasten schließlich öffnete, stockte ihm der Atem. Vorsichtig nahm er das Instrument heraus.

Durch den Reißverschluss des Geigenkoffers war Wasser gedrungen, doch es war nicht so schlimm, wie er befürchtet hatte.

Mit einer kleinen Lampe versuchte er, im Inneren der Geige zu erkennen, ob die Feuchtigkeit Schaden angerichtet hatte. Er sah den Zettel, der sich in der Mitte gewölbt hatte. Ein wenig Wasser war durch die Zargen gesickert. Eigentlich wäre es das einzig Richtige, dass ein Geigenbauer das Instrument öffnete, sorgsam trocknete und wieder zusammenkleben würde. Eigentlich. Aber bis dahin …

Auch der Bogen hat trotz der Feuchtigkeit nicht sonderlich gelitten, nur das Bogenhaar war lockerer als gewohnt. In Gedanken versunken, nahm er ihn aus dem Kasten und entdeckte einen portugiesisch klingenden Namen, der über dem Frosch ins Holz eingraviert war.

Er selbst hatte nie die Mittel gehabt, eine alte italienische Violine zu kaufen. Aber er hatte es auch nie für notwendig gehalten. In seinen Augen waren die Cremoneser Geigen ein Mythos, überschätzt und heillos überteuert. Was den Klang anging, so dachte er, musste man doch nur an die zahlreichen Blindtests denken. Selbst Stargeiger gaben modernen Violinen oft den Vorzug, wenn sie nicht wussten, welches Instrument sie gerade hörten oder auf welchem Instrument sie gerade spielten. Stradivari, Guarneri, Bergonzi, Gagliano – alles Namen, die doch längst entzaubert waren!

Und jetzt das. Die wertvollste Violine der Welt war ihm geradezu in die Hände gespielt worden. *Messias'* Zwilling. Er wusste, er sollte sie bei der Polizei abgeben. Doch was würde dann mit ihr geschehen? Als Sensation würde sie in einem Museum landen, für immer eingeschlossen in einem Glaskasten. Keiner würde mehr auf ihr spielen, so wie auf der bedauernswerten *Messias*. Aber er konnte seinen Fund doch nicht einfach verschweigen und das Instrument behalten …

Vielleicht sollte er zuallererst daran denken, was für das Instrument am besten wäre.

So begann er mit der Arbeit. Er zog die Saiten, die bereits locker hingen, komplett ab und nahm die kunstvoll geschnitzten Wirbel heraus. Den Steg legte er auf den Tisch neben sich. Mit den Fingern fuhr er über das leicht feuchte Griffbrett. Den Kinnhalter hatte er in wenigen Sekunden abmontiert. Nur den Saitenhalter abzunehmen hielt er für nicht notwendig. Er untersuchte die Geige auf frische Risse, die nach dem Aufprall entstanden sein konnten, fand aber nichts Auffälliges. Als Nächstes beschloss er, das Instrument bei Zimmertemperatur mehrere Stunden lang offen liegen und atmen zu lassen.

Es waren die längsten Stunden seines Lebens. Schließlich, es war schon spät am Abend, hielt er den Zeitpunkt für gekommen. Noch einmal blickte er ins Innere der Geige. Die Zargen hatten zu trocknen begonnen.

Es erforderte einiges an Fingerspitzengefühl, den Steg richtig zu platzieren und die Saiten eine nach der anderen aufzuziehen. Dann stimmte er das Instrument und spannte den Bogen.

Als er schließlich die Geige an die Schulter legte und die ersten Töne darauf spielte, wusste er, dass er über seinen Fund schweigen würde, solange er lebte. Sie war ein Juwel der Geigenbaukunst. Dieser Klang! Obwohl das Holz feucht geworden war, schien es dem Ton nicht geschadet zu haben. Und es war noch mehr, das mitschwang, ein Hauch Magie vielleicht. Aus dem Klang sprach eine Geschichte zu ihm, die Geschichte einer Geige, die plötzlich in sein Leben kam. Wobei ... eigentlich war *er* in das Leben der *Rosenknospe* getreten und völlig unverhofft zu einer der Personen geworden, die ihr Leben seit 1716 begleiteten. Einen Moment lang fühlte er sich so erhaben, als würde er fliegen.

Er würde alles tun, damit ihr Klang wieder erblühen konnte. Und er wusste auch schon, welches Stück er als Erstes auf ihr spielen würde.

Er fuhr mit dem Bogen über die leeren Saiten. Wie von selbst gingen die Töne über zu Johann Sebastian Bachs Chaconne aus der Zweiten Partita für Violine solo in d-Moll. In diesem Augenblick wurde ihm bewusst, dass Johann Sebastian Bach und Antonio Stradivari zur selben Zeit gelebt hatten, wenn auch an verschiedenen Orten. Der farbenreiche Ton aber, der mal zart, mal kräftig, mal samtig und mal durchdringend war, schien sie einander nahezubringen, als erzählten sie einander von ihrer turbulenten Vergangenheit und ihren einzigartigen Schöpfungen.

Warum, so fragte er sich, war die Geige zu ihm gekommen? Warum war er ausgerechnet an dem Tag an genau der Stelle am Tiber spazieren gegangen und hatte die Böschung hinabgeblickt?

Er nahm die *Rosenknospe* von der Schulter.

Wer immer das wusste, wusste viel mehr als er.

ENDE

Nachwort

Antonio Stradivari gilt neben Giuseppe Guarneri del Gesù als der bedeutendste Geigenbauer der Geschichte. Er wurde um 1644 in Cremona (Italien) geboren und starb mit dreiundneunzig Jahren. Von seinen eintausendzweihundert Violinen sind heute noch rund 650 erhalten. Sie wurden und werden unermüdlich kopiert, und viele zeitgenössische Geigenbauer lassen sich von Stradivaris Arbeit inspirieren.

Die meisten Stradivari-Violinen haben neben dem unverwechselbaren Aussehen einen geschmeidigen, strahlenden und ausgeglichenen Klang mit einer beeindruckenden Projektion. Diese Qualitäten sind Gold wert, wenn man als Solist das Publikum bis zur letzten Reihe eines großen Saals erreichen muss.

Als Geigerin werde ich oft gefragt, was das Geheimnis von Stradivaris Klang ist. Es gibt dazu viele Vermutungen: eine spezielle Lackmischung, die Wahl des Holzes, die Öle und Harze, die besonderen Pigmente ... Meine persönliche Antwort ist dennoch einfach: Wenn man es genau wüsste, gäbe es kein Geheimnis mehr. Genau wie niemand bisher das Mysterium der Musik und ihrer Wirkung auf den Menschen entschlüsseln konnte.

Stradivaris berühmteste Violine trägt den bedeutsamen Namen *Messias*. Ihre Schönheit ist betörend, und eine der Aussagen über ihren Klang lautet, »als würde man die Engel singen hören«. Die Violine wurde im Jahre 1716 gebaut, doch sie wirkt, als hätte sie Stradivaris Werkstatt gerade erst verlassen. Sie hat keine Schäden oder Risse, der Lack ist völlig intakt. Das Instrument wurde so gut wie nie gespielt (nur wenige Geiger durften es in der Vergangenheit kurz ausprobieren) und gilt auch heute als »unberührt«. Aus unbekannten Gründen entschied Antonio Stradivari, die Violine als einziges seiner Instrumente nicht zu verkaufen. Auch Stradivaris Söhne Francesco und Omobono behielten die Violine, solange sie lebten. Erst im Jahr 1775 wurde sie von Stradivaris jüngstem Sohn Paolo an den Kunstsammler Graf Cozio di Salabue verkauft.

Als die Violine im Jahre 1827 in die Hände des italienischen Instrumentenhändlers Luigi Tarisio kam, reiste er quer durch Europa und prahlte dabei mit einer »fantastischen und unvergleichbaren« Stradivari in seinem Besitz. Obwohl viele die Geige gern gesehen hätten, zeigte er sie zwanzig Jahre lang niemandem. So sagte eines Tages der französische Violinvirtuose Delphin Alard zu Tarisio: »Ihre Violine ist wie der Messias. Alle warten auf ihn, ohne dass er jemals erscheint.« Daher der Name.

Nach Tarisios Tod 1855 eilte der französische Geigenbauer Jean-Baptiste Vuillaume nach Mailand, um die *Messias* zu suchen und nach Paris zu bringen. Tatsächlich fand er die Violine auf einem Dachboden versteckt. Als ein genialer Kopist und Verehrer Stradivaris baute Vuillaume etwa fünfundzwanzig Kopien der Violine. Auch Vuillaume konnte sich zu Lebzeiten nicht von der *Messias* trennen und nannte die Geige »das Wunder der Wunder«.

Im Jahre 1939 erwarben die Gebrüder Hill aus London die *Messias* und stellten sie dem Ashmolean Museum in Oxford als Dauerleihgabe zur Verfügung, unter der strengsten Bedingung, dass sie auch weiterhin nicht gespielt werden dürfte.

Der »Messias-Mythos« geriet im Jahr 1998 ins Wanken, als ein amerikanischer Experte das Instrument auf Herkunft, Ursprung, Handwerk und Dokumentation prüfte. Das Unerwartete geschah: Ein dendrochronologischer Test zeigte zum Beispiel, dass das Holz erst *nach* Stradivaris Tod gefällt worden sei und somit überhaupt kein Werk des Meisters sein könnte. Diese Entdeckungen lösten einen Skandal aus, der gleichzeitig zu einer internationalen Sensation wurde. In der Folge wurde der Experte von den Museumsbehörden gezwungen, sein Urteil über die Violine zurückzuziehen. Weitere Arbeiten an dem Instrument sowie Fotos wurden untersagt. Seitdem ist der Zugang zur *Messias* in Oxford verboten.

Obwohl ein späterer Test die Violine als authentisch bestätigte, ist es schwer, die Zweifel völlig beiseitezuschieben. Denn dabei steht einiges auf dem Spiel: Ist es eine »Stradivarius«, so ist die Violine von unschätzbarem Wert. Handelt es sich um eine Fälschung, sieht der Fall ganz anders aus. Und falls die Violine im Ashmolean Museum tatsächlich eine Fälschung sein sollte, stellt sich die Frage: Wo befindet sich die echte *Messias*?

Ich fand, dass eine Geige, deren Versicherungswert bei dreißig Millionen Euro liegt, die nicht berührt werden darf und an deren Authentizität immer noch zumindest im Stillen gezweifelt wird, ein guter Aufhänger für einen Kriminalroman sein könnte. Dabei ging es mir nicht darum, mich in der Geschichte pro oder contra *Messias* einzusetzen, sondern eine dritte, ganz neue Möglichkeit zu erfinden. So kam ich auf die Idee mit dem völlig unbekannten Zwilling der *Messias*, genannt *Bocciolo di Rosa* (Rosenknospe).

Während sich die Informationen über die *Messias* in dem vorliegenden Kriminalroman auf historische Tatsachen stützen, sind die »Rosenknospe« und ihr Weg von 1716 bis zum heutigen

Tag das Ergebnis meiner Fantasie. Dieses Instrument ist in dem Krimi noch wertvoller als die *Messias*, weil Stradivari ihren Namen ausnahmsweise selbst erfindet und per Hand auf den Geigenzettel schreibt, neben der selbst gemalten Rose. Ich gebe zu, es klingt romantisierend, so wie einige meiner Schilderungen des großen Meisters, aber man wird doch noch ein wenig träumen dürfen!

Als Konzertgeigerin halte ich oft alte und sehr alte Instrumente in den Händen. Dann frage ich mich: Wo und bei wem war diese antike Violine, bevor sie in meine Hände gelangte? Wo waren die Instrumente vor hundert, zweihundert oder dreihundert Jahren, und wer hat sie gespielt?

Ich fantasiere gern über das Leben der Geigenbauer, über ihre Arbeit und die Zeitepoche. Wie wäre es zum Beispiel, Jean-Baptiste Vuillaume kennenzulernen und ihm beim Arbeiten über die Schulter zu blicken? Oder sich in Antonio Stradivaris mythischer Werkstatt umsehen zu dürfen? Mit Giuseppe Guarneri del Gesù ein paar Worte auszutauschen, während er seiner legendären Violine *Il Cannone* den letzten Schliff gibt? ...

Und so beschloss ich, einige von diesen außerordentlichen Persönlichkeiten in dem Roman »Tödliche Sonate« lebendig zu machen. Es war spannend und nicht einfach, sich in einer Zeit zu bewegen, die man nur aus Büchern oder Erzählungen kennt. Die Tatsachen mit Fantasie zu vermischen war am Ende dennoch ein dankbares Abenteuer.

Alle Personen aus der Vergangenheit wie Antonio, Francesco, Omobono, Paolo und Cesare Stradivari, Jean-Baptiste Vuillaume, Camillo Sivori und Francesco Sfilio, denen der Leser in diesem Roman begegnet, sowie der Graf Cozio di Salabue und Luigi

Tarisio, die nur erwähnt werden, haben zu den angegebenen Zeiten gelebt. Einzig in der letzten Szene mit Francesco Sfilio habe ich dem »Messias-Zwilling« zuliebe dessen Karriere um einige Jahre verlängert. In Wirklichkeit war dieser hervorragende Geiger im Jahr 1910 bereits erblindet und hatte seine Konzerttätigkeit aufgegeben.

Tödliche Sonate wäre ohne mein geliebtes Geigenmodell kaum entstanden: eine herrliche J.-B.-Vuillaume-Geige aus dem Jahr 1870, eine präzise Kopie der *Messias*, die zur Privatkollektion meines Lebensgefährten Manrico Padovani und mir gehört. Da wir beide Violinsolisten sind, »leihen« wir einander dieses Instrument gerne für Konzerte aus. Dieser Violine wurde außerdem eine besondere Ehre zuteil: Als die *Messias* von Stradivari zum ersten Mal nach über hundertsechzig Jahren wieder nach Italien gebracht wurde, war unsere Vuillaume drei Monate lang bei einer Ausstellung im Museo del Violino in Cremona neben dem Original zu bewundern.

Mich persönlich hat dieses wunderbare Instrument außerdem beim Krimischreiben inspiriert, vor allem an den Stellen, wo ich Konzerte oder Tagträume mit der Geige in der Hand beschrieb. Es war ein großartiges Gefühl, in die musizierenden Figuren sozusagen »hineinzuspringen« – ob im achtzehnten Jahrhundert oder heute!

Natasha Korsakova

Danksagung

Ein riesiger Dank an meine Eltern Yolanta und Antonio sowie an meinen Lebensgefährten Manrico: Ohne eure Liebe, Motivation und immerwährende Unterstützung – kurz gesagt, ohne euch wäre dieses Buch nicht entstanden.

An meine Mutter Yolanta: Dein unerschütterlicher Glaube an mich und an die Idee, einen Kriminalroman zu schreiben, war und bleibt meine größte Inspiration!

Caro Papà: Deine Tipps und Anregungen zu der »ewigen Stadt« waren genauso toll wie unentbehrlich – dank Dir wird Rom immer mehr zu meinem Zuhause!

Manrico: Deine Hilfe und Teilnahme an den historischen Szenen waren fabelhaft, wie auch das Gefühl, den Weg der Violinen und die Künstler aus der Vergangenheit gemeinsam zum Leben zu erwecken!

Große Begeisterung und Dank an Angela Kuepper: für ihr vortreffliches Gespür für die Geschichte und die Charaktere, für ihren Humor, Ermutigung und Vertrauen in meine Schreibfähigkeiten, die mich immer wieder aufs Neue inspiriert haben.

Dieses Buch hätte nicht das Licht der Welt erblickt ohne die einzigartige Unterstützung der Agence Hoffman. Ein besonderer Dank an Andrea Wildgruber, die dem Manuskript eine

Chance gegeben hat, und an meinen fantastischen Agenten Uwe Neumahr, der von Anfang an fest an das Projekt geglaubt hat!

Und ... natürlich an das Heyne-Team, das ich ins Herz geschlossen habe und bei dem ich mich als Autorin sehr glücklich fühle. Angesichts der Schwierigkeit, jeden Einzelnen in diesem wunderbaren Verlag zu erwähnen, möchte ich mich vor allem bei Anke Göbel bedanken, einer scharfsinnigen und verständnisvollen Verlagsleiterin, die dem Krimi ihr Vertrauen schenkte und ihn ins Programm des Heyne Verlags aufgenommen hat.

Danke genauso an meine Lektorin Steffi Korda für die guten Tipps und Hinweise.

Danke von Herzen auch an:

Murielle Kuepper – mit Deiner Hilfe ist Alberto viel lebendiger geworden!

Meine Freundinnen Kira Ratner und Ulrike Germano, die mit viel Geduld und Hingabe das noch rohe Manuskript gelesen haben.

Gianfranco Granata für die gemeinsamen Autofahrten und Spaziergänge in Rom.

Ornella Robbiati für den besten praktischen Rat, den ich bekommen konnte.

Jaime Herrera, dessen Artikel über Stradivaris *Messias* ein wichtiger Impuls war.

Barbara Lauer für den virtuosen Einfall.

Carolina Rohner für die Unterstützung meines Gerichtsmediziners.

Pierre Schoeni für die schönen Aufnahme-Stunden des Soundtracks.

Und an die besonderen Personen, die es zwar leider nicht lesen können, die mich aber seit Langem im künstlerischen Leben begleiten: Antonio Stradivari (mit Söhnen) und Jean-Baptiste Vuillaume. Ihre Violinen sind bezaubernd, und menschlich standen sie mir nie näher als in dieser Geschichte. Und falls Ihr, liebe Leserinnen und Leser, die Szenen aus den vergangenen Jahrhunderten unterhaltsam fandet, dann ist es zum großen Teil der Verdienst dieser herausragenden Geigenbauer. Falls Ihr Euch aber gelangweilt habt, dann ist es allein meine Schuld.